U0922070

天津市文史研究馆馆员著述系列

刘炎臣文集

刘炎臣 著

天津出版传媒集团
天津古籍出版社

图书在版编目（CIP）数据

刘炎臣文集 / 刘炎臣著. — 天津 : 天津古籍出版社, 2015.1
（天津市文史研究馆馆员著述系列）
ISBN 978-7-5528-0308-2

Ⅰ. ①刘… Ⅱ. ①刘… Ⅲ. ①刘炎臣－文集②文史－文集 Ⅳ. ①C53

中国版本图书馆CIP数据核字(2015)第022703号

刘炎臣文集
刘炎臣/著
出版人/张玮
*
天津古籍出版社出版
（天津市西康路35号　邮编300051）
http://www.tjabc.net
三河市中晟雅豪印务有限公司印刷
全国新华书店发行
开本 880×1230 毫米　1/32　印张 15.125　字数 355 千字
2015 年 1 月第 1 版　2015 年 1 月第 1 次印刷
ISBN 978-7-5528-0308-2
定　价：38.00元

目录

人物春秋

旧津风物

菊坛忆往

社会万象

且看黄花晚节香（代序）

杨大辛

故友刘炎臣，生于晚清光绪末年，国家正处于内忧外患、危难动荡的历史时期，从而传播社会舆论与国民呼声的新闻事业有所发达，20世纪30年代二十多岁的刘炎臣选择了新闻记者这个职业。此后刘炎臣虽然在新闻界闯荡多年，却始终属于“草根”记者，因为他所任职的报馆或为之撰稿的，多是娱乐性、趣味性、消闲性的小报。当年在天津此类报纸颇为风行并拥有广泛的读者，但若办好这种小报也非易事，必须有几个知识渊博、文笔精练并善于观察捕捉社会动态的能手，而刘炎臣就是其中的佼佼者。

刘炎臣经过多年历练，广泛接触过各阶层、各行当、各角落的人群，广征博采，积累了丰富的社会信息；与此同时，又结识了某些乡贤宿儒，切磋学问，提高学识。总之，在刘炎臣的思想信息库里，五花八门，雅俗兼备，堪称“杂家”。

新中国成立后，此类格调低俗的小报为时代潮流所淘汰，刘炎臣转业到工厂当个小职员，赖以养家糊口。他的记者生涯就此划上句号，前半生辛辛苦苦积累下来的“文史财富”也只能在头脑里窖藏起来。

1978年党安排我到市政协负责文史资料的编辑工作。政协开展此项工作的目的是“存史”、“资政”、“育人”，主要征集“三亲”（亲历、亲见、亲闻）史料，为此聘请了多位阅历深、交游广的老先生协助工作，其中就有刘炎臣。我因此与他相识，此后合作共事十多年，相处融洽。历史机遇激发了刘炎臣的积极性。他不曾料到，当年的“新闻”记者如今成为“旧闻”记者，而且大有用武之地，深藏在脑海里的历史见闻“井喷”般地涌流而出（包括他的亲身经历与专题采访），有力地支持了我的编辑工作，也使《天津文史资料选辑》大为增色。已经默默无闻的刘炎臣在晚年脱颖而出，成为熟谙津沽掌故的知名文化人，他的文章频频出现在多家报刊上，获得好评。最让刘炎臣心情激动的是1987年受聘为文史研究馆馆员，达到了人生的顶峰。刘炎臣怀着感恩心情，在不同场合为弘扬桑梓文化而不遗余力地做出贡献。我想起北宋诗人韩琦的诗句：“莫嫌老圃秋容淡，且看黄花晚节香。”岂不正是晚年刘炎臣的写照吗?!

刘炎臣谢世已将近二十年，文史研究馆汇编他的文稿刊行文集，使我深受感动。文史研究馆嘱为文集写篇序言，情不可却，拉拉杂杂地写了以上这些文字，聊以复命，并藉此表达我对故友的深切怀念！

甲午菊月，时年八十九岁

人物春秋

李叔同——弘一大师的一生

前　言

在近代天津历史人物中，提起李叔同——弘一大师①，都知道他是一位多才多艺、知识渊博的艺术家；更因为他中年后毅然披剃出家，以维护南山律宗为己任，又成为中国乃至国际佛教中的有名高僧。

李叔同出身富有的书香门第，他前半生在俗阶段，从童年读

① 李叔同一生的名字很多。他学名文涛，后又名广侯。弱冠奉母到上海，入南洋公学时名成蹊，又名广平，号漱筒，又号瘦桐。二十六岁丧母后改名哀，字哀公，又字惜霜。同年他留学日本时名岸，号叔同，一作俗同。三十一岁归国以后，在上海入南社，又名凡，名息，字息翁，又字微阳，号黄昏老人。三十七岁出家前二年改名欣，字俶同，号欣欣道人，旋又名婴。三十九岁出家后，法名演音，号弘一。

除以上所了解到的二十二个名字外，从他与亲朋写信和其他书写的文件、题款等，又发现有很多别署，如：一音、弘裔、昙昉、论月、月臂、入玄、亡言、圆音、为明、胜臂、玄会、胜月、智藏、胜髻、善解、一相、善月、严髻、胜慧、无依、智幢、无缚、焰慧、增上、杂华、胜解、为舍、如实、为导、不著、胜幢、无作、髻严、月幢、玄人、慧炬、善臂、大慈、安住、无等、僧胤、泓一、慧幢、静观、无住、广心、如眼、龙辟、性空、无畏、清凉、善梦、即仁、大慁、月音、髻目、髻光、无得、吉目、胜音、澄览、南社旧侣、摩颐行者、大心凡夫、晚晴老人、薝蔔老人、二一老人、善梦老人、晨晖老人、澹泞道人等等，共达七十个之多。

诗书，头脑聪慧清楚，喜好旧体诗词，擅长书法金石。他认为“士先器识，而后文艺”，“应使文艺以人传，不可人以文艺传”。并说“有文无行”终归是“匠”，表明了他高尚的节操。他为抒发其胸中感怀，生平写有许多诗词，造诣颇深。他的书法，力摹汉魏六朝，蕴藉有味。金石篆刻，取法秦汉，鉴赏之精，异乎寻常。当清末欧风东渐的年代，他出国留学日本，在学习西洋绘画、音乐的同时，更欣赏新剧。他的西画，宗米勒（Millet）派，带有印象色调。所作乐曲，歌词典雅，一歌一曲，风行海内。为了演新剧，在日本自创“春柳社”，演出《茶花女》等西洋名剧。他演剧的时间虽不长，其所组织的春柳社，是中国最早的一个话剧团体，开中国人演话剧的先河。由日回国后，曾执教于天津、杭州、南京等处达十年之久，以美术淑世。后来在全国教音乐、西洋画的教师，多得其薪传，如名画家丰子恺、音乐家刘质平等，皆其得意高足。概括言之，李叔同在他前半生的成就，为中国美术史、音乐史和新剧史，都开辟了一个新纪元，被尊为中国新艺术界的老前辈。

李叔同做出了如上所述的贡献之后，忽然于绚烂至极，归于平淡，立意埋名，遁世出家。他放下万缘，一心学道，不务名闻利养，甘淡泊，守枯寂，过起了一领衲衣，芒鞋藜杖的苦行生活，迈进了他后半生的僧腊阶段。在这后期的二十四年中，他专心致志地精研佛教戒律，使失传多年的南山律宗再度兴起。他到处宣讲，被尊为南山律宗弘一大师，并进而奉为律宗第十一世祖。这不仅是我三津人士的光荣，也是近代中国佛教界所仅见者。

这篇有关李叔同一生的史料是依据他生平两大阶段所经历的片断事迹综合编写而成，虽不完备，亦可窥见其一生面貌及其思想变化的迹象。

家庭出身

李叔同先世本为浙江平湖人，其先人由南方北来天津，经营盐业和银钱业，遂寄籍沽上。父李世珍，字筱楼，清朝进士，与合肥李鸿章、桐城吴汝纶为会试同年，出自瑞安孙渠田学士门下，曾官吏部主事。生平精研王阳明之学，旁及禅宗，颇具功力。晚年耽禅悦，在津设有义学，并于光绪二年（1876 年）二月创立备济社于天津河东（社址在河北区粮店后街孙家胡同西口路南，早已停办，原址坐南向北大门已堵砌，院内房屋均并入天津牙膏厂），抚恤贫寒孤寡，施舍衣食棺木，旧时为津人所称颂。有妻妾数人，嫡出的长子名文锦，早即夭折；庶出的次子名文熙，字桐冈，又字敬甫，先天羸弱。李筱楼恐其次子再夭亡，复纳妾王氏，即李叔同的生母。

李叔同在其弟兄中行三，光绪六年庚辰九月二十日（1880 年 10 月 23 日）生于天津河东地藏庵，二年后迁居河东山西会馆南路西大门，即现在的河北区粮店后街六十二号，现在这个深宅大院的内部房屋结构多已重新改建，大门左右两个半米高的石头门墩尚存，仍保持原有的格局。当年在这个大门前檐横悬着一块“进士第”匾额，是显示李叔同父亲功名的，早已不存在了。

李叔同出生时，他父亲年已六十有八，母亲王氏仅二十余岁，他长兄文锦比他年长近五十岁，仲兄文熙长于他十二岁。父亲殁于光绪十年甲申八月初五日（1884 年 9 月 23 日），当时李叔同年只五岁，依母教养成人，因之终生孝敬和怀念生身的母亲。

光绪二十三年丁酉（1897 年）正是清廷光绪皇帝力图变法维新的年代，李叔同十八岁，与俞氏在津结婚。俞氏家族以茶为业，原住津西芥园大街。她生有二子，长子名準，1900 年生；

次子名端，1904 年生。李叔同留学日本时又曾纳一日姬为妾，偕同回国，居于上海，1918 年离沪东返。原配俞氏故于 1922 年农历正月初三日。

李叔同的仲兄文熙，曾为名医，生子二人。其一子名麟玉，字圣章，为法国留学生，曾任北平国立中法大学校长；另一子名麟玺，单名玺，字晋章，后更取名娇，字雄河，又字勿笑，也好佛，人称雄河居士，曾服务于天津银行界。

李叔同虽生长在一个丰衣足食的家庭里，但从懂事以后，对家里并没有什么好感。因为他父亲和他的生母，是老夫少妻，父亲故时，生母仅是一少妇，而且又属于簉室，置身于一个成员复杂而多事之家，很难相处。李叔同感于生母的处境，为此彷徨、惆怅，闷闷寡欢，性情乃日趋孤僻。

李叔同的父亲李筱楼七十二岁时，因患痢疾，自知不起。将临终时，嘱咐家人，延请僧人朗诵金刚经，静聆其音。最后安详而逝，如入禅定。停灵期间，每天延请和尚诵经不绝。和尚唪经的举动给年幼的李叔同很深刻的印象，这对他后来出家不是没有影响的。

李叔同幼年时性情特殊，常是趋于偏激。他从十几岁喜欢养猫，养了许多只，并且是敬猫如敬人，直到十多年后他去东京留学时，仍未改其奇特的个性。有一次竟然从日本拍来一封家电，询问自己养的那些猫是否平安。其爱猫成癖，有如此者。

早期在津接受旧教育

李叔同幼年聪慧，五岁开始即从他母亲习诵名诗格言。六七岁时，其兄督教极严，不得少越礼貌，每日授以《百孝图》、《返性篇》、《格言联璧》等，又攻读《文选》，居然能琅琅成诵，人多异之。八九岁时，有王孝廉者，到普陀出家，返居天津无量庵，当时李叔同的大侄媳早寡，曾向王孝廉学大悲咒、往生咒等，他常从旁听之，不久也能背诵。同时又从乳母刘氏习诵《名贤集》，并从常云庄受业，读《孝经》、《毛诗》和《唐诗》、《千家诗》等书。十岁始读《孟子》和《古文观止》，十一岁乃读《四书》。十二三岁略习《训诂》、《尔雅》、《诗经》之类，并喜好学习《说文解字》，开始临摹篆帖。十四岁力摹篆字，尤喜猎碣。十五岁乃致力篆书，读史汉精华数篇，并读《左传》。闲居时必习小楷，常摹刘石庵所临文徵明《心经》甚久，兼事吟咏。当时他能写出像“人生犹似西山日，富贵终如草上霜”这样诗句。十六七岁时，从天津赵幼梅（元礼）学词，喜读唐五代诗词，尤爱王摩诘诗。又从唐静岩学篆隶及刻石，学习很快，骎骎日上。由此可知，他对于金石之学在不足二十岁时即已深入。与此同时，他又兼习八股文，文理清秀，识者称奇不置。李叔同又与孟定生（广慧）、姚品侯、王吟笙、姚召臣、冯玉夫、曹幼占、陈嚣洲诸戚友研究金石书画，与严范孙、周啸麟、王仁安诸戚友往来也最密切。因从以上天津艺林名士游，故对诗词、文章、书法、篆刻等，均造诣较深。

李叔同生长在天津封建社会，从童年接受旧教育，饱读经史子集及其他杂学，与当时天津士林学者多有接触，是所谓学有根底的。这为他后来能从古代典籍中精研南山律，创造了有利的条件。

戊戌政变后离津赴沪

1898年戊戌变法维新运动失败后，康有为、梁启超由北京逃来天津在六国饭店暂避。当时李叔同十九岁，他目击时艰，爱国心切，他说："老大中华，非变法无以自存!"极同情康、梁之所为，曾自刻一石章，文为"南海康翁是吾师"，聊志景仰之意，因之有人说他是与康、梁同谋者。这时他知道北方事已无可为，遂携眷奉母离津南去上海（他家有银钱业外庄在沪，委人照应）。初到上海，赁居上海法租界卜邻里。

李叔同年少才盛，旧学新知，俱有根底，到沪后首先加入"城南文社"。该社系袁希濂于光绪二十三年（1897年）秋闱报罢集合同志假许幻园的城南草堂组织的，故名城南文社。每月会课一次，以资切磋。课卷请由张蒲友孝廉评阅，定其甲乙。孝廉精研宋儒性理之学，旁及诗赋。李叔同参加后，所为诗文，冠绝一时。

许幻园居上海城南，颜所居曰"城南草堂"。他家中富有，为人慷慨，在当时成为一新学界领袖人物。许设有"沪学会"，常悬赏征文。李叔同时常应征投稿，每一艺出，辄冠其曹，许认为是一奇才，有相见恨晚之感，特辟其城南草堂的一部分，让李叔同奉母而居，两人从此相交益笃，情同管鲍。

1899年，李叔同二十岁，奉母移居上海青龙桥城南草堂，与许幻园同居一处。他除诗文词赋而外，又极好书画，与当时文艺界蔡小香、张小楼、许幻园和袁希濂等同称莫逆，五人乃结成金兰之谊。

光绪二十六年庚子（1900年）李叔同二十一岁。这年正月在上海作二十自述诗，自为叙，他谈道："俯仰之间，岁已弱冠，回思曩事，恍如昨晨。欣戚无端，抑郁谁语？……"又自叙《李庐印谱》，这是他把所收藏的有名篆刻和他自己的金石作品，加以编辑排印而成。在自叙里，谈论我国奏刀篆刻艺术的历史和历代的派别。三月间他与在上海的书画名家组织"上海书画公会"，地点在福州路杨柳楼台旧址。这个组织是一个集合书画名家品茶读画的场所，每星期出版《书画报》一份。他因此结交了一部分新朋友，如当时的常熟乌目山僧宗仰、德清张伯迟、上海名画家任伯年、朱梦庐、书家高邕之等。入冬，李叔同把自己所写的诗，编为《李庐诗钟》出版；又写了一阕《老少年曲》，在这里他谈道：“梧桐树，西风黄叶飘，夕日疏林杪，花事匆匆，零落凭谁吊。朱颜镜里凋，白发愁边绕，一霄光阴底是催人老，有千金也难买韶华好。……”当时李叔同年方弱冠，而在他的《二十自述诗叙》和《老少年曲》里，竟流露出如此哀怨伤感的词句，说明他少年时思想是沉闷的。

光绪二十七年辛丑（1901 年），李叔同二十二岁，他为了深造，在上海考入南洋公学，授业师为蔡元培（孑民），与谢忱（无量）、邵闻泰（力子）、项骧等人同窗。南洋公学在上海徐家汇交通大学故址，最初是由盛宣怀奏办，于清末光绪二十二年（1896 年）四月八日开学，入学者皆为江浙两省的优秀茂才。李叔同进入该学时名李成蹊，为经济特科班高材生。因庚子之变，那年乡试停考。光绪二十八年（1902 年）各省补行庚子乡试。这年李叔同二十三岁，他与王海帆同赴浙江应试，报罢后，仍回到南洋公学学习，课余之暇，并担任某报笔政。据说李叔同在南洋公学毕业后即由端方以官费派赴日本留学，但有一说他去日本留学是自费，未知孰是，姑并志于此。

东渡日本

李叔同自幼便同情他母亲的身世，在成长以后，非常敬爱他母亲。他二十岁以后，奉母南迁上海，寄居城南草堂，读书侍母。不幸的是，他二十六岁（1905 年）时母亲病逝。他感到失去慈亲的苦恼，就像游丝飞絮一样，飘荡无根，对于家庭故乡，没有什么牵挂了，于是他就去日本留学。临行时他填了《金缕曲》一阕，词曰："披发佯狂走。莽天涯，暮鸦啼彻，几株衰柳。破碎河山谁收拾，零落西风依旧。便惹得离人消瘦。行矣临流重太息，说相思刻骨双红豆。愁黯黯，浓于酒。 漾情不断淞波溜。恨年年絮飘萍泊，遮难回首。二十文章惊海内，毕竟空谈何有？听匣底苍龙狂吼。长夜凄风眠不得，度群生那惜心肝剖。是祖国，忍孤负。"李叔同在1905年就是怀着这样的沉痛心情离开祖国，东渡扶桑。

李叔同到了日本，进入上野美术专门学校。中国留学生之得入日本美术学校的，李叔同是第一人。名画师高剑父是与他同为中国最早的留学东瀛的同学。他除在上野美术学校专攻绘画外，又在音乐学校学习洋琴，复从黑田清辉、川上音二郎两人游，习美术、音乐。从此以后，他既精于描写，又擅歌咏。这时，他的生活大大改变，把原来的长发辫剪去，改为中分式的短发，并脱下长袍马褂，换穿西装，一变而为一位风流潇洒的美少年。在这段生活中，早浴、和服、长火钵，诸如此类的江户趣味，他都尝试过。所过的生活，是相当考究的。

在学习绘画的同时，李叔同对戏剧也产生了浓厚的兴趣。他得到日本戏剧家藤泽浅二郎的帮助和指导，与曾孝谷（延平）大胆地组织了一个戏剧团体春柳社。加入的有欧阳予倩、陆镜若、马绛士等人。春柳剧社成立后，第一次公演《黑奴吁天录》，相继演出的，尚有《茶花女遗事》、《新蝶梦》、《血蓑衣》、《生相怜》等，都是近世西洋名著。这些戏在上演时，那时凡是在东京的中国留学生，差不多都出席观看，演出的成绩非常良好。特别是李叔同饰演的茶花女尤为誉满东瀛，其演剧天才，深为日本人士所惊叹。

李叔同与曾孝谷于1906年在东京组织的春柳剧社，实开中国新剧之先河。

毕业归国任教津沪浙宁

李叔同留学日本约六年，1910 年毕业返国。首先就任天津工业专门学校教员，转年执教于直隶模范工业学堂，任国画教员。他本是出身富有之家，但这时他的家庭遭变，百万资产一倒于义善源票号，损失五十余万元，再倒于源丰润票号，也有数十万元，从而倾家荡产，他个人的财产也受到了影响。

1912 年春，李叔同又离开他的生长地天津，第二次去上海，任教城东女学，为音乐教习。

李叔同在上海参与了“南社”的集会活动，结识了柳亚子、朱少屏、黄宾虹、胡朴安、雷铁厓、叶楚伧、黄季刚、马小进、陈柱尊诸人。

1912 年春夏间，陈英士在上海创办《太平洋报》，主笔为叶楚伧，总理为朱少屏，编辑为陈无我。当时该报特辟《文艺画报》一份，由李叔同主编文艺，用连史纸石印单张，随报附送，极受读者欢迎。这时，李叔同又与柳亚子等创办“文美会”，主编《文美杂志》，内容均系会友所作的书画及金石印章拓本，全是手稿，极为精美。只是在开会时，由会员彼此传观，并未印行。文美会创办未及一年，即无形结束。

《太平洋报》的寿命也很短，1912 年秋，因为负债停办。李叔同乃离沪赴杭州，任教于浙江两级师范学校。当清朝末年，国立艺术师资很少，多延聘日本学者来我国任教。该校校长经子渊，因当时浙江省内外各校缺乏艺术教师，为培养师资，特在校内开办高师图画手工专修科，聘请李叔同主授图画和音乐。转年浙江两级师范学校改组为浙江省立第一师范学校，李叔同仍继续任职，先后达七年之久，造就出很多图画和音乐人才。在这里他结识了姜丹书、夏丏尊、钱均夫、马叙伦等志同道合的朋友，经他培养出来的高足有丰子恺、刘质平、李鸿梁、黄寄慈、金咨甫、吴梦非、李增庸、吕伯攸、曹聚仁、傅彬然等，后来均蜚声于文艺界。

1915年，李叔同在任教浙江省立第一师范学校的同时，又应江谦之聘，兼任南京高等师范的功课，时常往返宁、杭之间。这年他曾在南京组织“宁社”，借佛寺陈列古书字画、金石，蔬食讲演，已有“归佛”之想。后在杭州西湖孤山之西泠印社参加南社举行的临时雅集，再一次与柳亚子等人欢聚。

李叔同从任教杭州一师到兼课南京高师，直到他1918年秋后出家，在这近七年之间，经他栽培出来的绘画和音乐人才，遍于国内各地，为传播西洋美术做出了贡献。但从此以后，他忽意态消极，弃俗薙染，转入后半生吃斋念佛生活，是一个大的转变。

出家前试验断食的始末

李叔同于1918年披剃出家。他在出家之前，曾于1916年在浙江省立第一师范学校和南京高等师范教课的秋间，去到大慈山虎跑寺试验断食，兼旬始返。他的这个行动，是受朋友夏丏尊的影响。

有一次夏丏尊从日本的杂志上见到一篇关于“断食”的文章，说“断食”是身心“更新”的修养方法，自古宗教上的伟人，如释迦、耶稣，都曾断过食。“断食”能使人除旧换新，改去恶德，生出伟大的精神力量。李叔同经夏丏尊的介绍读了这篇文章，很感兴趣。后来李叔同秘而不宣地竟独自去实行“断食”

了，这是他出家前一年新年假期间的事。

李叔同的家眷住在上海，平时他每月回上海两次，年假和暑假，他当然都要回上海的。阳历年假很短促，仅有十天，那年放年假以后，夏丏尊就回家了，但到假满返校，却未见李叔同归回。过了两个星期，他才姗姗而来。据他说在年假中他没有回上海，而是去虎跑寺试验“断食”去了。

李叔同那次独自试验“断食”，共经历三个星期之久。据他说第一星期逐渐减食至尽，即渐减食量，并渐薄其质，由两碗而一碗，而半碗，而断粒，由饭而粥，而汤，而水。第二星期除水以外，完全不食。第三星期起，一反第一星期的顺序而行，以至复原，即由粥汤逐渐增加到平常的食量。据他说，经过这样由断食而再复食，不但并无苦痛，而且身心反觉轻快，有飘飘欲仙的感觉。他“断食”以后，食量大增，且能吃整块的肉（平日虽不茹素，也不多食肥腻肉类），自己觉得是“脱胎换骨”了。用老子“能婴儿乎”之意，改名李婴。据夏丏尊说，这时李叔同只是看些宋元的理学书和道家的书类，佛学尚未谈到。

李叔同于虎跑寺试行“断食”归来以后，曾自书“灵化”二大字，并附注：“丙辰新嘉平，入大慈山，断食十七日，身心灵化，欢乐康强，书此奉稣典仁弟，以为纪念。欣欣道人李欣俶同。”下嵌二印，一为“李息”，一为“不食人间烟火”。

李叔同自虎跑寺“断食”归来，虽仍回到学校任教，可是他在生活上不同于以前了。他开始茹素，持念珠，看佛经，并在住室内供上了佛像。有一次，他曾访晤友人马一浮居士，告以虎跑寺如何清静，僧人招待他如何殷勤等等情况。马趁机对他阐述佛教教义。转年，即 1917 年新春岁首，李叔同皈依虎跑寺的退居老和尚了悟为在家弟子。

散尽资财，弃家为僧

1918 年，李叔同乘学校放暑假的机会，下了决心，出家为僧。首先他悄悄地清理个人平日所存的衣物，其中包括书画、笔砚和印章等艺术精品，分别赠给了北京国立美术专门学校和他的朋友、学生、校工等，留作纪念。所雕刻的金石，完全赠与杭州西泠印社。该社接受后，为了永留纪念，特把这一批珍贵的金石作品，封存于石壁里，以保存之，题名曰“印藏”。

李叔同少年时，得朱慧百、李苹香二妓赠送的诗画扇页各一件，他极为珍视，曾装裱成为卷轴。当他这次入山修梵之前，乃将此画轴送给其好友夏丏尊，并自题端曰“前尘影事”。还有所收藏的当年赠与歌郎金娃娃词的横幅，也一并送给了夏丏尊。

他把这些视做极珍贵的文物散尽后，自己带走的只是些布衣和几件日常用品而已。行前并与其得意门生即后来成为名画家的丰子恺、音乐家刘质平合影留念。李盘双膝高坐炕上，丰（右）刘（左）分坐其两侧地下。一切料理完毕，即离开学校。当同人们送他出校门时，他执意不许再送，约期再会。黯然而别。独自去到虎跑寺，于农历七月十三日拜了悟和尚为师，正式剃度出家，法名演音，号弘一。从此以后他与世隔绝，非佛书不书，非佛语不语，见了旧日友好，总是劝人念佛，全心全意地过佛门生活了。

李叔同在遁入空门前，天津、上海各有一处眷属，当他下决心出家，全没有告诉这两处眷属。他的元配夫人俞氏，已生有二子，久居天津，她听到她丈夫要出家的消息，想前往求见一面而不得。嗣后李每次遇有家信来，并不拆阅，即托人在信封上批写“该本人业已他往”字样，原封退回。

李叔同留学日本时，曾纳一日姬，回国时携归，住在上海。她听到李要出家，携儿求见一面，也不可得，绕屋悲啼，难过万分。李叔同让人告诉她："当以我为患虎疫死，勿再惦念。"

李叔同出家后，一心向佛，谢绝各方酬酢。遇有来访者，均以病辞不见。

李叔同本为世家子弟，颇富资财，未出家以前，过着优适生活。在他出家以后，却一反常态，竟能严守戒律，刻苦精进。他律己至严，治学至勤，操行至苦，长年累月地过着苦行者的生活。

精研南山津宗兴灭继绝

李叔同于1918年农历七月十三日离俗出家，九月到灵隐寺受比丘戒。当时马一浮送给他一部《灵峰毗尼事义集要》和《宝华传戒正范》。他读了以后，悲欣交集，因而发心学戒。

1920年夏，弘一大师到达浙江新城（新登）贝山，得《弘教律藏》三帙，并求到《南山戒疏》、《羯磨疏》、《行事钞》和《灵芝记》等有关律学著作。转年正月，他自新城贝山返回杭州，披寻四分律，以戒相繁杂，难以记诵，乃用列表撮记其要的方法编录，以求简明，便于初学。三月到了永宁（温州），挂褡于城南庆福寺（庆福寺位于温州的东城下，俗名城下寮），读律之暇，继续编写律学，直到1924年八月间在普陀山，才亲笔写成《四分律比丘戒相表记》，其中把原有极繁杂的戒律，列表讲解，条理分明，所加按语，易于领会。

弘一大师慨于中国僧界之所以往往为人所诟病，全是由于不守戒律，所以他积数年之功，专心精研律学。佛教讲究律宗，即以戒律为宗，有所谓五戒、十戒、菩萨四百戒、比丘二百五十戒、比丘尼五百戒，这是诸佛的本原。从唐朝南山宣祖重兴，到南宋灵芝照祖继兴，佛教界尊为典范。但自南宋以后，南山律教失去真传。弘一大师誓护南山律宗，遍考中外典籍，以校三大部及其他律藏，有承先启后，兴灭继绝的功绩。他自己很珍视这一部作品，由穆藕初慨捐七百元，委由中华书局缩本影印一千部，分赠各方，并立有遗嘱："本衲身后，毋庸建塔及其他功德，只乞募资重印此书，以广流布，于愿已得。"

弘一大师在僧腊的二十四年的后半生，云游四方，惟以律部注疏自随，包括《行事钞资持记》、《四分律行宗记》、《羯磨疏随缘记》等南山律学三大部的内容，到处宣讲。

1937 年弘一大师应青岛湛山寺之请前往讲律时，首先讲到学律只能"律己"、不能"律人"的问题。他说："学戒律的须要'律己'，不要'律人'。有些人学了戒律，便拿来'律人'，这就错了。"接着他又以自己的亲身经历，用天津的土语，阐明了这个问题。他说："记得我在年小时，是生长在北方的天津。那时的我，生就一张利嘴，整天在指东划西，净说人家的不对。那时我有位老表哥，一天他用手指指我说：'你先说说你自个。'这句是北方土语，意思就是'律己'啊！直到现在我还记得，真使我万分感激。大概喜欢'律人'的，总看着人家不对，看不见自己不对。"弘一大师在晚年，就是怀着这样忏悔的心情，感到自己过去的不对，结合讲律，劝导人要明于责己，不要求全于人。他又谈到，在遇到有人诽谤自己时："何以息谤？曰'无辩'。人要是遭了谤，千万不要辩，因为你越辩，谤反弄得越深。譬如一张白纸，忽然污染了一滴墨水，这时你不要再动它了，它不会再向四周溅污。假使你立时想要把它弄干净，一劲地去揩拭，那么结果这墨水一定会展拓面积，接连沾污一大片的。"他所作的这些"开示"，均可发人深省。

弘一大师在青岛讲律，还讲过《随机羯磨》，这部书是唐朝南山道宣律师删订的，内容古朴，言简意赅，从南宋以后，因为律宗渐衰，已经多年没有人来阐扬讲说。

在 1937 年，弘一大师已是五十八岁了，仍是志在四方，无时不想努力宣传南山教律。这年他曾发愿想从福建去南洋群岛一带旅游，计划从新加坡再去当时的暹罗，宣讲律学。因此，他发心愿再温习英语。惜因故未能成行。

以书法宣扬佛法

李叔同在未出家时，精研书法、绘画、音乐、演剧、篆刻乃至诗词等艺事，皆有独到之处。出家以后，各种艺术都放弃了，只是为了宣传佛书佛法，仍坚持书法。他造诣深湛，得者宝之。他曾谈过写字方法："须由篆字下手，每日至少要写五百个；再学隶，入楷；楷成，学草。写字最要紧的是章法，章法七分，书法三分，合成十分，然后可名学书。"

当 1929 年弘一大师五十岁时，他的旧友夏丏尊将他在俗所临的各种碑帖集在一起，名《李息翁临古法书》，由上海开明书店出版发行。在这里弘一大师写了一段自叙："居俗之日，尝好临写碑帖，积久盈尺，藏于丏尊居士小梅花屋，十数年矣。尔者居士选辑一帙，将以锓版示诸学者，请余为文冠之卷首。夫耽乐书术，增长放泆，佛所深诫，然研习之者能尽其美，以是书写佛典，流传于世，令诸众生欢喜受持，自利利他，同趋佛道，非无益矣。冀后之览者，咸会斯旨，乃不负居士倡布之善意耳。……"也说明了他以书法宣扬佛法的用意。

弘一大师曾一度发愿，要刺血写经，但经印光法师劝阻，告以不必这样做，以免因"血耗"而"神衰"，乃未果行。晚年把华严经的偈句，集成楹联三百，有人请他写字，总是写用那些偈句集成的联语。用笔更来得自然，于南派为近，但以前学北碑的功夫，终不可掩，因之愈增其美。据大师自己说，他生平写经写得最精工的，要算1926年在庐山牯岭五老峰后的青莲寺所写的《华严经》“十回向品”、“初回向章”，含宏敦厚，饶有道气，所以他很珍视这一部分原稿，力嘱在付石印时，万不可将原稿污坏。

“念佛不忘救国”

1937年，弘一大师五十八岁，他应青岛湛山寺倓虚和尚的邀请，由厦门经上海赴青讲律。不久七七事变爆发，北方逐步为日军所侵占。当时青岛已成为军事上的争点，形势十分紧急，有人认为上海暂时比较安静，劝他南下。他说：“今若困难离去，将受到极大的讥嫌，虽然青岛有大战事，也不愿退避。”在谈话间表现出一种坚毅无所畏惧的态度。

到了“八一三”以后，弘一大师致函上海友人，说要由青岛回上海，再到厦门去。那时上海在日军侵略下，炮火连天，友人劝他暂住青岛，但他又非要回厦门不可。不久他果然由青岛来到上海，住了两天，乘船返回厦门，当他回到厦门，当地战风突又紧张，又有友人劝他向内地退避，他不同意。他说：“为了护法，不怕炮弹！”继而又说：“时事未平靖以前，仍愿住在厦门，倘遇变乱，愿以身殉！”并自题其所居曰“殉教堂”。不久日军舰队迫近永宁，开元昙昕法师往谒，献给他几朵菊花，他偶有所感，托菊寄兴，赠之以诗：“亭亭菊一枝，高标矗晚节。云何色殷红，殉教应流血。”于此可见，弘一大师在日本侵略者的面前，把个人安危置之度外。有一次在吃斋的时候，他曾涕泣地向他的弟子们说："吾人所食，中华之粟，吾人所饮，温陵之水。我们身为佛子，不能共纾国难，为释迦如来张些体面，自揣不如一只狗子。狗子尚能为主守门，吾人一无所能，而犹腼颜受食，能无愧于心乎？"他那种为保国护教，凛然不屈的精神，使听者为之动容。当时凡有向他求书者，就写"念佛不忘救国"以报之，借此宣传抗战思想。

厦门陷落时，弘一大师正在漳州，局势岌岌可危，他的高足丰子恺虑及他的安全，特函请他赴桂林躲避。他复信说："朽人年来老态日增，不久即往生极乐，故于今春在泉州及惠安尽力弘法，近在漳州亦尔。犹如夕阳，殷红绚彩，瞬即西沉。吾生亦尔，世寿将尽，聊作最后之纪念耳。……缘是不克他往，谨谢厚谊。"故谢而未往。

六旬初度各方寄赠祝寿诗词

1939年，弘一大师六旬初度，剃度出家也已二十一年。除了他的弟子丰子恺为他画《续护生画集》六十幅和佛像一千尊奉寿外，各方净友又为他募印手书的《金刚经》及《九华垂迹图题赞》，并征集诗文纪念，澳门《觉音月刊》和上海《佛学半月刊》，为他出了专刊，以示庆祝。此外，在各方陆续寄到的诗词中，有他幼年好友天津的王吟笙、曹幼占、姚彤章，还有杨味云、马一浮、柳亚子、吕碧城等人写的祝贺诗词。其中以王吟笙的三十二句一百六十字的寿诗，最能道出大师童年时期的文艺教养，柳亚子的诗最富有革命思想。

王吟笙，名新铭，天津人，清光绪二十三年丁酉（1897年）举人，长于李叔同十岁，工诗词，擅书画，从事教育工作多年。新中国成立后曾被聘为天津市文史研究馆馆员，终于1960年。

他给李叔同所写的寿诗：

世与望衡居，夙好敦诗书。
聪明匹冰雪，同侪逊不如。
猥以十年长，谦谦兄视余。
少即嗜金石，古篆书虫鱼。
铁笔东汉字，寝馈于款识。
唐有李阳冰，摹印树一帜。
家法衍千年，得君益不坠。
为我治一章，深情于此寄。
忆自君南游，悠悠数十秋。
树云思不已，岁月去如流。
比闻君祝发，我发早离头。
君为大法师，我犹浮生浮。
老赓翰墨缘，远道寄楹联。
经言开觉路，书法示真诠。
笔墨俱入化，如参自在禅。
装池张座右，生佛在吾前。

柳亚子清末在上海创南社，以文字宣传革命思想。他当年与李叔同在南社、文美会，都有因缘，时相过从。柳亚子曾说："弘一大师俗名李息霜，与苏曼殊称南社两畸人。"自李披剃大慈山，柳遂与之断绝音耗二十多年。1939 年弘一大师六旬诞辰时，正闭关闽海，柳亚子特为赋诗二截，以祝其寿，并予劝勉：

君礼释迦佛，我拜马克斯。
大雄大无畏，救世心无歧。

闭关谢尘网，吾意嫌消极。
愿持铁禅杖，打杀卖国贼。

当时我全国人民正积极参加抗日战争，柳亚子对其二十多年前的旧交李叔同寄意，不要只是消极念佛，要拿起铁禅杖，打杀卖国贼，以增强抗战的力量。诗句中洋溢着革命思想。

吉祥西逝

1942年弘一大师六十三岁，年初从泉州百原寺移居温陵养老院晚晴室，并请得妙莲法师同来。综合当年接近他的同道友好们所记述的他临终前半年的情况，说他从五月间就感觉一天比一天衰老，自知将不久于人世，但仍应请讲经，并力疾为人书写联语和中堂等。当阴历八月十五、十六日讲经时，精神虽然兴奋，然声音语气已微带黯然神伤的情况。八月二十三日为转道、转逢二老写大柱联后，下午即觉身体发烧。二十四日食量遂减。二十五日复为学生写字。二十六日食量竟减去四分之三，仍照常写字。二十七日整天断食，只饮开水，医药悉被拒绝。二十八日叫妙莲法师到卧室写遗嘱。二十九日嘱临终助念等事。三十日整天不开口，独自默念佛号。九月初一日上午居然还能为黄福海居士写纪念册二本，下午写“悲欣交集”四字交妙莲法师，这是他最后的绝笔。初二日命妙莲法师写“回向偈”。初三日因妙莲法师再请吃药，表示“不如念佛利益及乘愿再来度生”等嘱。初四日晚七时四十五分呼吸稍促，八时整圆寂于泉州不二祠温陵养老院，结束了他不寻常的一生，终年六十有三。

弘一大师“吉祥西逝”后，翌晨缁素弟子焚香献花礼拜。初六日晨刻入龛。午刻送龛去承天寺安座。至十一日晚八时，在化身窑火化。其遗骸分两处建舍利塔，一在泉州清源山弥陀岩，一在他当年落发处杭州虎跑寺。后者系 1953 年由其弟子丰子恺居士等倡建，1957 年广洽法师集净财增筑。

关于弘一大师遗骸分两处建舍利塔的消息，当时曾登载《天津日报》。天津大悲院住持惠文法师及居士陈嚣洲、曹烜五、龚作家、徐二庸等，为了响应纪念大师，同时倡建弘一大师纪念室于大悲院大殿东偏斋堂。净室两楹，搜罗了不少的大师遗像、遗墨及纪念物等，陈列其中，供众瞻仰。可惜，于 1966 年秋间十年浩劫开始时一律散失！

龚作家　刘炎臣

（《天津文史资料选辑》1981 年总第 17 辑）

殷墟文字专家王襄事略

清光绪二十四年（1898 年）前后，河南省安阳县小屯村陆续出土一些古代的龟甲兽骨，上面刻有画痕，经考定，原来是一种古代文字，它是商王朝利用龟甲兽骨占卜吉凶时，写刻的卜辞和与占卜有关的记事文字，为盘庚迁殷到纣亡 273 年间的遗物，是研究我国古文字和商周社会历史的重要资料。自从 1928 年有系统的挖掘和学者的不断研究，已成为一门专门科学——甲骨学。因为这些文字出土于殷墟，又称为“殷墟文字”。据《甲骨文编》的记载，已发现的甲骨文字在 4500 字左右，可认识的约 1700 字。在这 1700 多的可识字中，有天津著名殷墟文字研究专家王襄先生流下的辛勤汗水。

王襄先生不但研究古文字学，也研究古器物学，举凡吉金、碑碣、陶器、汉简、印玺、古币等，无不深入研究，写成专著，对我国古代文化史、社会史做出了重大贡献。

我们怀念这位老一辈学者，回忆了他的生平事迹，特别侧重他在研究古文字和古文物方面所取得的成就，写成这篇不完整的资料，并经王老先生的弟子李鹤年、唐石父和其哲嗣王翁儒等同志审阅，吸收了他们所提的一些意见，附此表示谢意。

一、青少年时代

王襄，字纶阁，初号符斋，嗣又改号簠室。光绪二年（1876

年）生于科第联翩之家，初居天津城东门里仓门口，后迁大刘家胡同。父亲名恩翰，字桂生，乙酉科举人，曾执教于游氏家塾，殁于1921年。母亲吕氏，殁于1900年。伯父名恩湝，字晋贤，丁丑进士，翰林院检讨，记名御史，殁于1902年。叔父名恩肜，字筠生，乙丑举人，曾执教于樊氏家塾，殁于1900年。

王襄自幼讷于言而敏于行。七岁开始随其大兄入私塾读书，母亲辅导极严，每日由学塾归家，母亲必问学习进度，晚间就灯下课之，对于当天所学的每一段新书，让他及时温习，直到全能背诵、讲解而后已。转天早起，还要他朗诵一遍，习以为常。年十一，改入樊氏家塾，从叔父筠生读。

为求深造，十八岁又拜列王仁安（守恂）门墙，主攻科举学业，苦学五年，学识大进。光绪二十三年（1897年）二十二岁，补天津县学生员。因才华超众，为学使徐会澧所识拔，当时正是光绪戊戌变法运动的前夕，潮流趋向维新。王襄不甘落后，在旧学的基础上，进而阅读了大量的新书，研究新学说和自然科学，如《天演论》、《动物学》、《植物篇》、《九数通考》、《梅氏全书》以及《时务报》。他朝夕钻研，孜孜不倦，从而扩大了知识领域。并坚持逐日写出读书札记，名之曰《课余日知》，这是他在青少年时代积累的第一本著述。同时，他还兼研金石文字。

在求知上，王襄并未以此为满足。光绪三十二年（1906年），他已三十一岁，学习兴趣仍非常浓厚，考入了清末由农工商部成立的京师高等实业学堂（即北大工学院的前身）矿科，学习五年之后，到汉阳煤矿实习，毕业后奖为举人，授知县，分发河南省，指定尽先录用。

二、奔波江南五省

宣统三年（1911 年）秋天，正当为反对清王朝的腐朽统治，中国资产阶级旧民主革命风起云涌的时候，王襄奉派赴河南开封候补。当时他的老师王仁安，也正由刑部出任河南省巡警道，因有师生情谊，被委充警务公所总务科帮办文牍。这是他在旧社会走上工作岗位的开端。但是，仅仅经历了短促的三个月，由于武昌革命军宣布起义，全国各地纷纷响应，乃辞职返津，时年三十有六。

经过辛亥革命风云，中华民国建立。1914 年三十九岁时，经朋友介绍，王襄进入盐务稽核所，任文牍科员。从这时起，曾先后调到福建的平潭、广东的广州、四川的射洪、湖北的新堤、浙江的杭州，最后回到北方长芦，1939 年辞职，归返天津故乡。从 1914 年三十九岁，到 1939 年六十四岁，跑遍了大江以南的闽、粤、蜀、浙、鄂诸省，连续劳形于案牍工作达 25 年。

王襄在这些年月，跋涉万余里，所担任的文牍工作虽极繁忙，工作地点虽常调动，但是，他始终没有忘记研究甲骨学、考古学和文字学。1931 年他由浙江调赴湖北途中，忽然发觉随身携带的一只满盛甲骨的箱子不慎遗失，不禁大吃一惊，为此抑郁不欢四十多日。没想到经过这样长的时间，竟会有人把原物送还了他。因为盗窃者看到箱子里存放的许多片大小甲骨，不懂得是什么东西，认为没有什么价值，乃辗转给他送还。王襄收到这批心爱的宝物，细加审视，毫无所失，喜极之余，对送还人赠以厚酬，以示不负于人。他终身认为这是一件意想不到的奇怪事。

王襄入四川时，道经遂宁，访问过张问陶故居，在射洪，游览过陈子昂读书台。又曾在三台游览草堂寺、琴泉寺等名胜古迹。他曾得到赵宋时代的铁钱十几枚，如获至宝，喜不自胜。在杭州时，他住在金衙庄，那里曾是他老师王仁安宦游浙江时的办公处所，师生一先一后同居一室，视为巧遇。1934 年由杭回津时，特意绕道开封一游，参观了新郑出土的古文物，登上禹王台，游览了中原古迹。1936 年六十一岁调到长芦，因公去冀中，道经北京，重游了阔别多年的古都。由于这些旅游机会，得偿其好古访古的夙愿。

六十四岁回到家乡。因工作收入微乎其微，全家生活非常艰苦，只好依靠典当、卖字，苦度岁月。尽管处在这样困境，他一如既往，坚持埋头研究甲骨、考古和文字等学术工作。

三、研究古文字学的卓越成就

1. 殷墟龟板出现天津

王襄早在光绪二十二年（1896 年）二十一岁时，就爱好研究古代彝器的款识、金石之学，并且还学习摹印。每逢听到乡里有收藏秦、汉时代玺印的，总要想方设法乞求拓本，作为他进行研究的师法，从此他爱好古文物的兴趣，日益浓厚。

在当时，殷墟甲骨还没有被发现，仅仅是有通行的字学书籍，资料并不多。过了几年，虽然发现有殷墟出土的龟甲兽骨，但人们却不识为何物，同时也不相信从这类出土古物中能考察出我国文字的古老历史，只是拿它当做来历不明的东西看待。

光绪二十四年（1898 年）冬十月，有山东潍县古物商范寿轩（亦名守轩），将龟甲兽骨携来天津，求教于王襄。据范谈此古董系河南安阳农民收获花生时发掘出来的，不识为何物。当时孟定生（广慧）在座，经孟仔细鉴定，揣度为古简。于是促范继续访求，以便搜罗更多，再进行研究。

次年秋，范寿轩再来天津，携甲骨先至孟定生处求售。当时范住在西门外马家车店，王襄曾亲往拣选。根据龟板出土的地点和它的刻文，王有所领悟，断定它是殷墟故物，当即与范议价。范索价极昂，一骨之值，竟索十数金。经过两方协商，按字论值，一字一金（见王襄记载，一金究系何单位，则未得知）。当时王襄及孟定生均因资力有限，仅买到一些零星小片，对于珍贵的大片龟板，未能到手。王襄买到这类小片龟板，经过探索，知其中有龟甲、兽骨两种，断定是古代占卜所用的用品，上面的文字，就是占卜时的刻记，所谓命龟之辞与占验之兆。王、孟两人所未能收买较珍贵的大片龟甲，范寿轩遂携往北京，售与王懿荣。王懿荣为清末山东福山人，故后谥号“文敏”，由于他不吝惜资财收购，范遂将价格更加提高。

来津求售甲骨的范寿轩其人，据《山东潍县志稿·人物艺术本传》记载：“范春清，字守轩，范家庄人。好贩鬻古器，与弟怀清游彰德小屯，得商爵一。次年复往，屯人出龟甲相示。春清以钱数千购四十片，去京师，谒王文敏懿荣，见之惊喜不置，曰：‘君等真神人也，何处得此?’以厚值偿之。春清家小康，有田十余亩，以好购古器，荡其产。懿荣及刘鹗、端方诸公，皆器重之，而甲骨文始显于世。”从这段文字记载，对收买者仅着眼于王懿荣等所谓名公巨卿，对天津的王襄却只字未提。其实范姓商人从1898年首次来到天津，每有所获，多是先经当时年仅二十三岁的王襄过目。但因其资财所限，力不从心，有许多甲骨才转入王懿荣之手。过去有所谓甲骨最早发现于天津之说，就是指此而言的。

王襄曾谈到他自己最早期发现甲骨的经过，他说：“当发现之时，村农收落花生果，偶于土中捡之，不知其为贵也。潍贾范寿轩辈，见而未收，亦不知其为贵也。范贾售古器物来余斋，座上讼言所见。乡人孟定生世叔闻之，意谓古简，促其访求，时则清光绪戊戌冬十月也。翌年秋，携来求售，名之曰龟板，人世知有殷契自此始。甲骨之大者，字酬一金，孟氏与余，皆困于力，未能博收。在全甲之上半，珍贵逾他品，闻售诸福山王文敏公。”（见 1935 年《河北博物院半月刊》第 85 期王襄《题易穞园殷契拓册》）

1900 年庚子义和团运动，八国联军攻陷了天津，外国兵烧杀奸淫，无所不为。这时二十五岁的王襄，扶持他母亲避难于天津城西，母因惊吓，旋即病逝。叔父筠生，也不幸于此时故去。在王襄遭遇国家和家庭这样变乱的时期，该潍县古物商范寿轩又来到天津，仍是求售甲骨等古物。奈何在这个大灾难变乱时期，人心惶惶，救死不暇，哪有人肯出钱购买这类东西，范迫不得已，乃贬值求售。王襄手头本不富裕，仅折凑了津钱十千，终于把这批古董买到了手。转年范又来，王襄所获益多。孟定生以所得贞卜文写本出示，王襄录为一编，凡四百三十品，王襄自己集所藏者为二编，凡二百二十品，三编为十四品。这三编共拓六百六十四品。成书一卷，名曰《贞卜文临本》。

2. 刻苦钻研至老不衰

王襄从 1906 年在京师高等实业学堂矿科时，常利用课余时间，往厂肆游览，见到过很多古器物，增加了他多方面的爱好。但限于个人经济能力，买不了所爱好的古器物实物，乃降格以求，仅能买到一些拓本，提供研究，聊以慰藉自己心情。当年北京厂肆知王襄有这样爱好，每逢得到一些拓本，便尽先让他选购。久之拓本日益稀少，售价也日趋昂贵。这使他个人的所好受到了限制，就不再去厂肆留连。偶尔兴之所至，取出自己旧藏的各项文物，包括拓本，多方研求考证。得闲常趋谒乃师王仁安，请益问难，提高认识。

王襄特别喜读有关金石文字书，但无力购买，借阅又限于时日，为了细读，常是不惜精力，借而录之。如董作宾的《甲骨文断代研究》，经过一个多月，虽挥汗如雨，终于夜以继日地抄录完毕。又如《殷历谱》，也全部录下。他所积累的《丛录备忘》，就是他读书时的丛录与笔记。

王襄固一寒士，往年他所遇到的珍贵文物，常被富有者捷足购得。如他曾见到一件“阳陵虎符”，爱不释手。售者索价百元，王襄想买而困于财力，终因与卖主议价未妥，而为豪于资者出善价买去。又如秦权斋的权，宝古精舍的写经，六十佛龛的佛，这些宝贵的文物，也全是先经王襄过目鉴定，由于他买不起，而后才转入他人之手。他每一念及这些旧事，辄不胜惋惜。尝对人谈：“余等寒士，无钱无势，此等珍品，吾辈恒不能得，自是常理。”

王襄存有甲骨拓片一巨册，是他在历年刻苦研究过程中，亲自蘸笔拓成的，是精力所聚的宝贵资料，朝夕把玩，修订补释，自己珍若璆图。乃竟有同嗜此学的罗振玉，见而爱之，叹为大观，得未曾有，而欲借之。王襄不肯，罗多方婉求，竟为携去，终未送回。罗振玉不仅把这些拓片据为己有，且已付印。他从此不敢再来，仅从邮局汇寄二十元，作为补偿。王襄对此，懊悔之至，但无如之何。有人劝他讼告，王襄说：“因为此事而涉讼，未免贻笑士林。”其宽仁雅量，可以说是能忍人之所不能忍。而攫取之人，则至令人不齿了。

王襄向无急言遽色，一贯蔼然可亲，似不能言，但人皆望而生敬，从未见过他与人争论。在治学方面，也是如此。如他治甲骨之学，人多以为怪诞，以为妄作，诋毁他的函件成束。王襄对此，若无闻知，埋头钻研如故，表现了惊人的勤苦好学精神和坚定不移的志趣。他每逢发现甲骨拓本，辄不遗余力，精心抄录，虽至眼昏手颤，仍勉力为之。王国维的《观堂集林》，引证了王襄的《簠室殷契类纂》和《簠室殷契征文》等论著，人们这才信服王襄在治学上功力之深。

新中国成立后，王襄以极度兴奋的心情，更加深入地研究甲骨之学。有人说他成天手不离龟甲，等于是“耍骨头”、弄瓦片，拿着破盆烂罐当宝贝。他听到这类带有讽刺意味的话，毫不在意，仍是乐在其中地从其所好。他订有日课，加紧写作，其埋头治学、老而忘倦的精气神，令人称赞。

3. 生平著述二十余种

王襄在写作上很虚心，不肯把一些自己不满意的东西轻易示人。又为了使青年人看明白，尽量做到精简易懂。概括而言，他一生所研究的，除了甲骨之外，涉及古俑、古简、古镜、画像、其他一般古文物以及诗词等。因为他尝从古文物商人手中求得陈簠斋所辑的古钵拓本，又得到山东福山王懿荣所藏的古簠（簠，读 fǔ，古代祭祀时盛稻、粱的器具）一具。在盛着这个簠的盒上，有王懿荣亲笔题字，王襄崇敬其为人，故自号“簠室”。在他的著述名称上，常冠以“簠室”二字。他所写的著作，有的已经出版，有的尚未印行，特附于文后，聊供参考。

四、品德和作风

1. 生活勤俭

王襄自奉俭约，衣着非常朴素。1936 年，因任职长芦盐务局，经常外出，视察盐政，家人劝他做一件呢大衣，以御风寒，最初不肯，经一再劝导，才勉强应允。但仅是从商店买来返家时，试穿了一次，就存放箱内。在日伪统治时，为生计所迫，还是把那件仅着身一次的呢大衣，拿出来换了小米、玉米面等粗粮。日常饮食，极其简单，即当年历游江南几省时，早晚两餐，也不过是一菜一汤。日伪统治时，王襄正赋闲，生活日益艰辛，尝说："苟全性命于乱世，粗茶淡饭足矣，何敢妄求。"

王襄早年出入，从不乘坐人力车，常徐行于道侧，就是携负行李去车站，也是徒步往复。尝说："奴役人身，甚不道德。"五十岁时外出，两次被惊马所伤，亲友劝之乘车，他仍坚持步行。其体质素健，生活规律，每日黎明起身，亲自洒扫庭除，对于家中什物安排，井井有条，各有定所。

新中国成立前，天津东门里大刘家胡同有一淑修女学，与王襄居第望衡对宇，近在咫尺。后王襄被请接替王新铭为校长。因校中经费拮据，同人们多是义务职，全校只有一位黄姓老工友。王襄每日清晨到校，就同这位老工友，洒扫校内各处。校中有一脏水筲，每日下学后，必须倾倒一次。老工友个人力不能举，则与之共抬，倒在校外脏水沟里，习以为常。邻人劝之可以雇用专人倒筲，花费有限。王襄说："学校经费短绌，同人均系义务职，不敢妄支一文钱。倾倒脏水，是日常事，如每日花几文，累日计算，则所费不赀矣。"他的这种劳动态度和节约公家经费的精神，实非一般人所能及。

2. 喜好读书

王襄一生喜好读书，用功很勤。白天无事时，常是独自正襟危坐于窗前，聚精会神，手不释卷。嗜读之癖，垂老不辍。八十三岁以后，每逢到了天夕，就不再阅读。曾说："灯下不读书，因为晚间精神疲惫，勉强读之，没有什么好处，不如早起读书。"在光线不足的时候，常是独自安静地俯仰案头，默诵幼年所读过的书，包括《诗经》、《尔雅》、《唐诗》和其他古文等。他曾说："书非经常背诵不可，读书不成诵，用的时候就不能得心应手。"他对于自己幼年读过的书，直到晚年仍是背诵如流，脱口而出，足证其功夫之深纯。他主张读书要做笔记。尝说："此乃他日著作时的参考，助我记忆也。"

王襄写文章，多是得自枕上，即乘睡前醒后，在枕上构思，有了一篇腹稿，起床后急濡笔记之。然后经过再三修饰，久而定稿，才用正楷录存。下笔非常审慎，书写一笔不苟。他一生的著作，多是在这样过程中完成的。

3. 磨穿石砚

王襄自幼喜临篆书，或吴清卿《说文部首》，或鼎彝铭文，如毛公鼎等，全能默写。在用笔上是自辟蹊径，颇具六朝气息，有"篆势盘拏，拙中见巧，返璞归真"之妙。有人向他请教篆书用笔方法，他说："墨浓笔饱足矣。"他在教人书法时，曾说："作书如读书然，亦应熟读精思，循序渐进，功在日长，业精于勤，切不可未能走步即学跑跳也。"又劝人不可信笔涂抹，"惟恐积久成习，笔划随意，漫不经心，结构不严正而多浮夸之笔。"

王襄每逢写字，常是亲自磨墨。1963 年秋间，这位八十八岁高龄的老叟，有一次亲手磨完了墨，展开了纸，正要写的时候，砚池里的墨忽然没有了，俯而视之，则墨已遗浸于桌案之上，他这才知道砚池已经穿漏了。这块砚池，是他在 20 年代客居四川时购买的，多年旅游各地，随身携带使用，已是经历了四十寒暑。从磨穿石砚这件事，可知他一生在磨墨写字上，耗去多少精力了。

4. 热心教育

1927 年秋，严范孙、华壁臣等在津创设崇化学会，聘长洲章式之主讲文史。1937 年章式之作古，夏间发生了七七事变，学会颇受影响。1945 年后，崇化学会复兴，设专修科和晚班讲习会，请王襄主讲《左传》于早晚班，兼授书法。他对三传虽已熟读，仍多方寻找参考材料，认真备课。在课堂上讲课时，常向各学员征询意见。不仅严于治学，且勇于负责。他家居城里鼓楼东大刘家胡同，崇化学会在东门内府学，冬冒风雪，夏涉雨潦，向来准时到班，从未间断。有时其他老师未到，学会即派人来请代课，他毫不推辞，应声而往。虽值阴雨风雪，路上泥泞难行，也不稍待，即携雨具步行前去。遇晚班请他代课，有时正在家吃饭，则不待食毕，放下碗筷，立刻出门赴学会，不愿使学员久候。无论寒暑，终年如是。家人或劝阻，他说："学员皆远道而来，不忍使之缺课也。"

5. 爱国精神

在抗日战争日伪统治天津时期，王襄杜门家居。他厌恶当时权势求书者频繁，遂制订较昂贵的润例以绝之。1942 年，日本侵略者为麻醉中国人民，举办"大东亚书道展览会"于东京，特邀请王襄前往参加，王以衰老严词拒绝。他曾对人谈："吾老矣，不能临末变节，外愧国人，内惭子弟。"

当时王襄生活维艰，以垂老之身，每天吃配给的混合面和霉败的杂豆等，以致时而腹泻，时而便秘，但是他艰苦忍受，未尝以此告人。伪天津市公署秘书长方若，好集存古币，得悉王襄藏有古代铅币和南宋银锭，愿以重价易之。王襄认为方若是汉奸，勾结日军，为虎作伥，如果这类国宝归方若所有，势必转手让与日本人。他不为权势和金钱所引诱，坚决拒而不售。曾和亲朋们说："忍饥挨饿，为时短暂，如果古物流入外人之手，恐将返还无日矣。"

1945 年，王襄已是年届古稀，当"八一五"日本降伏消息传来时，举家欢腾，设宴以庆，子侄辈全来参加这一盛会，并借此预祝先生七十整寿。当时他心情欢慰，顾而乐之，高兴地写了一百个寿字以自娱，并题词："曩遭国难，几不知所终，今则大难已定，目睹太平，俯仰欢慰，不虚此生也。"

抗战胜利后的天津，物价混乱，民生益艰。当时有北平某书商，乘此机会，先后介绍一些人来津，愿以重价购买王襄所收藏的甲骨，劝说：“老先生把零星骨片变点儿钱，干什么不好，何必守着干粮挨饿呢！”王未为所动。后来又有人从美国来信，请他出让所收藏的甲骨，王笑而置之，不愿以祖国瑰宝，沦于国外，表现了他维护中华民族气节和保存国宝的爱国精神。

五、光辉的晚年

王襄的大半生，是在旧中国的动乱时代度过的。他虽始终坚贞不渝地埋头于金石甲骨文的研究，但是生活艰苦，未能随心所愿展其所长。1949 年天津解放时，这位谦虚、正直、勤俭、好学的王襄先生已是年逾古稀。他初次看到报纸上发表毛主席著作《新民主主义论》和《论人民民主专政》，反复阅读，有所领悟。又读《实践论》，对于“知”与“行”的关系，更有所体会。他感觉这是毛主席从战斗实践中总结出来的真理，是不同于旧日那种只是静坐室内冥思苦索的理学。《实践论》给他以极大的启发，从而改变了他的治学方法。当时他为写殷贞史，只是因为两个人名，宁可停笔二三年，也要老老实实勤恳地寻找材料，然后才落笔。这时他已年近八旬了。人们都敬佩他晚年的治学毅力和认真负责的写作态度。

1955 年，王襄八十岁寿辰，自己以极度喜悦心情，书写一副对联：“老见异书学一进，今逢上寿计八旬。”在这副联语的边款，写着几行小字：“比年读马克思列宁著作，遇矛盾之理，皆能立解，且合实际，知共产之学，造福社会，不图老耄得此异册，胜读礼运诸篇，因制联自寿，以志心情。”据此可以想见此老晚年在学习马列著作和毛泽东思想时，所得到的感受和他的愉快心情（注：《礼运篇》载在《礼记》，是我国古代幻想大同世界的一篇文章）。

在党和政府的关怀和重视下，王襄在1954年七十九岁时任天津市文史研究馆馆长。1956年八十一岁时加入中国共产党，成为一名光荣的共产党员。又被推选为中国政治协商会议天津市委员会委员、中国科学院历史研究所甲骨文合集编辑委员会委员。晚年他在政治上得到了新生，生活上得到了保障，一生所学，得到发挥和重视。他从此精神焕发，如同枯木逢春，一直以忘我的辛勤劳动，对自己的旧作进行全面整理。在实事求是的科学精神影响下，他在治学上更有所启发，明确了为社会主义文化建设事业服务的方向，先后编校完成了约二十几种著作。他的这种刻苦治学的精神、严肃的工作态度和谦虚朴实的生活作风，受到了学术界和各方面的称赞，为我国旧知识分子追求进步，树立了光辉榜样。

王襄平日起居有节，饮食有度，绝少患病。1956年八十一岁，住在城里大刘家胡同老宅，当夏秋之间，因血压高，院地又坎坷，不慎跌倒，伤及腰骨。虽经骨科苏先生诊治，惟未详查，仅治腿部，致留后患。从1962年八十七岁，身体一年不如一年，步行感觉艰难，出入赖人扶持。后来，生活不能自理。1965年初，突患喘息，心脏衰弱，延至1月31日晚七时，逝于津市第一中心医院，终年九十岁。天津市党政领导，特为组成治丧委员会，3月5日在河南路殡仪馆举行追悼会，葬于北仓第一公墓。中国科学院院长郭沫若为之题墓碑：殷墟文字研究专家王襄同志之墓。

王襄逝世前，立遗嘱把他一生著作的手稿和收藏的文物古籍等，全部捐献国家。在他逝世后，其夫人杨氏，子长儒、翁儒、孟儒、巨儒，女敬儒等，遵照遗嘱，乃将其遗稿、法书和所收藏的文物、拓片、资料等一千余件，全部捐献国家，供诸人民研究。天津市人民政府颁发了奖状。

王襄先生，是我们尊敬的一位乡里前辈，他一生的事迹，是很感动人的。我们要学习他在垂暮的十多年中热爱党、热爱社会主义、热爱马列主义和毛主席著作的先进思想；要学习他严谨治学和自强不息的精神；要学习他虚怀若谷、诚恳待人的态度；要学习他勤俭持家、热爱劳动的生活作风；要学习他为人处事的优良品德。我们编写有关王襄先生这篇历史资料的动机和目的，也正在于使他的先进思想，模范事迹，永传于世，以教育我们的后一代。

附：王襄著述目录

著作名称	写作年代
《课余日知》	1897
《簠室古俑》	1909　（已出版）
《簠室小知录》	1914
《流沙坠简勘误记》	1915
《纶阁文稿》	1918—1959
《簠室题跋》	1920—1957
《簠室殷契类纂》	1920　（已出版）
《纶阁诗稿》	1923—1937
《簠室殷契征文》	1925（已出版）
《入蜀琐录》	1926
《读书管窥记》	1930
《秦前文字韵林》	1931
《古文流变肊说》	1935　（已出版）

《宋钱志异录》	1939	
《古陶今醳》	1947	
《古陶絮语》	1948	（已出版）
《滕县汉石画记》	1950	（已出版）
《殷代贞史特征录》	1953	
《古镜写影》	1957	
《两汉文物举例》	1959	
《簠室楹联集》	1960	

龚作家　刘炎臣

（《天津文史资料选辑》1983 年总第 25 辑）

天津著名画家张城事略

张城字寿甫，笔名瘦虎，又用过鹤守盦馆主、小白云溪客等别号。祖籍浙江绍兴，生于江苏武进，久寓津门。祖父是画家，父亲张翰云也是画家。张城幼承家学，能文善画，一生主要从事绘画事业，对山水人物均有较深的造诣，尤其擅长仕女工笔画，如他所画的杨贵妃，体态雍容华丽，栩栩如生，从其所画的纱帽缝隙中，竟能窥见贵妃的发丝，手法工致细腻，令人叫绝，故有“张美人”之称。他的作品曾多次参加天津画展，博得好评。

张城愤世嫉俗，曾画出许多含有讽刺意味的画，发表在清末严范孙与王幼占等在天津创办的《醒俗画报》上，成为不朽名作。如为讽刺段芝贵希求得到黑龙江巡抚一职，价买坤伶杨翠喜献与贝子载振为妾的丑行而画出的《升官图》，是七十多年前为天津人赞不绝口的一幅杰作。1915 年，他的部分画作被选送到为庆祝巴拿马运河开航在美国旧金山举行的万国博览会上，代表中国艺术品展出，获得铜牌奖。张城还曾为天津文美斋南纸局画过花笺行世，也为天津士林所欣赏。惜生不逢辰，1922 年张城病逝，年仅五十有四。

于昭熙　刘炎臣

（《天津文史资料选辑》1990 年总第 49 辑）

一生热心兴学的林墨青

教育家林墨青先生（1862—1933），从清末光绪庚子后，热心兴学，以一书生，经严范孙先生的推荐和支持，历任直隶学务处参议、津郡学务总董、天津县劝学所总董、社会教育办事处总董、广智馆馆长和《星期报》社长等职，并曾于宣统元年（1909年）被派赴日本考察教育。经过三十年的努力，在天津创办了多处公私立男女小学和各种职业学校、补习学校，造就出难计其数的各项职业人才，门墙桃李遍及海内外。又复开展天津社会教育，移风易俗，改良社会，并赞助地方公益慈善救济事业，久为津人所乐道。

我认识林先生，是在距今55年前的1928年。当时他同严范孙先生创办国文观摩社，正是我在天津私立河东中学毕业之年。经校长李少轩（荣培）、教务主任时子周（作新）函介，我与同班常家骐、王家祺等同学进入该社为学员，参加每星期日上午在西北城角天津社会教育办事处举行的作文会试。在经历四年多的过程中，每届会试之日，我看到林先生来得很早，当时他虽年近七旬，而步履轻健，精神未减，常是严肃地端坐在讲台上，戴着老花镜，专心致志地批阅课卷。其诲人不倦之精神，至今难忘。

我所了解的林先生的历史资料，除了我在半个世纪前师事林先生时所留下的印象外，从与林先生关系较深的王斗瞻学长那里得知甚多。此次回忆编写林先生当年兴学情况，又和龚作家同学进行了史实核对，并承他提供部分材料，得以完成是篇。错误和不足之处，希知者有以教正。

少有文名出类拔萃

林墨青，名兆翰，又字伯嘿，晚年号更生，天津人，生于清同治元年（1862年）正月十四日。父亲林逢春，字荣轩，从事盐业。母亲刘氏。庶母王氏和周氏。林墨青为嫡出长子。

林墨青年十八丧父，四年后嫡母刘氏又病逝。从此一身持家，奉侍两庶母，抚养两幼弟。读书课徒外，继承父业，历任天津盐商晋德茂店穆家、长源店杨家、吉恒丰店张家、永立昌店崔家、益德店王家、同德店严家等各盐店的职务。事虽繁杂，不以为劳，有暇即继续钻研学业，用以自课。他幼年读书范围很广，如《尔雅说文》、《玉篇广韵》以及刘宗周的《人谱类记》、陈宏谋的《五种遗规》等，均曾涉猎，并深有研究。因此，他识字较多，为后来广泛学习经史奠定了基础。同时在他施教的过程中，使许多后学受到了启迪。

清光绪十三年（1887年），林墨青25岁，考入天津县学为生员。县试总教官李兆珍（星冶），极赏识其文章，惊为奇才，把他的试卷拔置第一名。当时掌天津县篆者为宫玉甫，疑李兆珍对林墨青或有私情，乃于县试完毕对李说："试事经过顺平，院内有文昌祠，我们两人应该联名制匾为谢。"当即拟订了两块匾文：一为"斯文在兹"，一为"神人共鉴"，让李兆珍选择。李窥知宫玉甫的用意，于是很直爽地回答说："非用'神人共鉴'，何以明心！"后来，林墨青经过院试，文章仍列第一，才解除了人们的疑惑。由此可见，林墨青从青少年时代，学识文章即出类拔萃，同时也说明李兆珍善于发现人才。

林墨青不仅少有文名，且留心教育之学，从早期即以兴学育才为己任。随着时代的变迁，他的兴学思想日益有所发展。

庚子受辱坚定兴学

当1894年，即清光绪二十年，中国遭到中日甲午战争的失败，1900年光绪庚子，又因义和团运动，引起八国联军入侵。在八国联军攻破天津城时，居民争相外逃，林墨青独固执不肯离去，且拟自焚其住宅，以示殉国的决心，经他庶母王氏和周氏一再苦劝，乃打消此念。他对两位庶母事如生母，故能接受劝解。侵占天津的外国兵，到处乱窜，奸淫掳掠，无所不为。有某外国兵，窜入西门里神机库林墨青住宅（现在西门里中营小学胡同十六号），林不为所辱，该外国兵竟以手批其颊，林对此引为奇耻大辱。

翌年，清廷与八国联军代表签订了《辛丑条约》。林墨青外观国际大势，内察本国情形，忧心忡忡，难以自已。他认为，为挽救危亡，必须力谋雪耻强国之道，雪耻莫急于强国，而强国又莫急于兴学。因当时中国老百姓，充满封建迷信思想，缺乏科学观念，必须开通民智，改良社会，摆脱愚昧的困境，为此，立志兴学之念乃益坚定。这时，从贵州学政卸任后的严范孙，正以戊戌变法免于党人之祸，闲居天津故里，积极提倡兴办学堂，与林墨青志同道合。林即辅佐严范孙兴学，亲任奔走之劳，一时宏规大起，天津公私立小学从此发轫。

首先创办男女小学

林墨青感到，要为直隶省（今河北省）兴学，必先从天津倡导，更因为小学是培养人才的基础，故以兴办小学为急务。在庚子年天津城陷落后的九月间，林墨青即随同严范孙开办“冬寄学社”，旋又发起“严氏小社”，嗣与王竹林建议募捐，创立“东一”、“东二”、“西一”、“西二”、“北一”各学塾。既而又把这几处分散的学塾，利用会文书院地址，改办为民立第一两等小学堂，即后来的天津私立第一小学。又就问津书院地址，改办民立第二两等小学堂。这就是天津有民立小学堂之始，经费由绅富捐集。

继此而兴办者，则为各官立小学堂。从光绪二十九年（1903年）夏，首先就西门里城隍庙，创办天津官立两等小学堂，经费由运署负责筹集，这是天津有官立小学堂之始。接续而成立的各官立小学堂，有河北大寺、行宫庙、慈惠寺、药王庙、直指庵、放生院、育德庵、西方庵、玉皇庙、圣慈庵、陈家沟、葛沽村等男小学，先后共达 17 处之多。从此以后，在天津城东、城西、城北等地全设立了官立小学。只是在城南方面，因为地势低洼多水，人烟稀少，故建学工作稍为推后。

林墨青在天津创兴学堂的初期，只着眼于男子小学。后来，他感到学堂的教育，必须有赖与家庭教育相配合，而欲家庭教育好，又在乎有贤妻良母的辅导，才能收到事半而功倍的效益。于是林墨青又积极兴办女子小学。先后创办的官立女子小学，有毗卢室、弥勒庵、准提庵、白衣庵、白寺、皇姑庵、堤头村、狮子林、草厂庵、无量庵、谢公祠等 11 处，并亲自担任这 11 处女子小学的总董。

其他还设立了公立、民立、私立小学数十处，又改良私塾百余处。与此同时，如师范传习所、体操音乐传习班等，也次第创办，以加强师资的教学质量，一时兴学之风大盛。凡此无不由林墨青悉心规划，奔驰劝导，朝夕不遑，有他的血汗存乎其间。有一日，林墨青因为热心兴学，中暑而病。其恩师李兆珍闻讯，极为关切，特亲自偕同医生往视。李见林呻吟于床笫之间，犹手订兴学规章制度不辍。清末兴办学堂的成绩，很多人认为，足以为各行省之冠者，首推直隶，而足以为直隶之冠者，首推天津。具体到天津，主其事者为严范孙，而襄赞躬与其事者，则以林墨青出力最多。所以后来在天津流行着“学校林立”之说，这是一句双关语，意思是说蔚然兴起的天津各公私立小学，全是经林墨青之手建立起来的。

社会教育相辅相成

林墨青看到在1900年前后的天津，也就是他有志于兴学的年代，虽然已形成为一华洋杂处的通都大邑，但天津人民入学受教育的，不过占十之四五。特别是妇女，在多年“女子无才便是德”的封建思想束缚下，除去极少数人，几乎全失去了读书受教育的机会。他针对这种情况，认为学校教育，不仅要与家庭教育配合，而且要与社会教育相配合，才能更好地收到相辅相成的效果。为此，他在创办男女小学之后，更致力于开展天津社会教育，兼筹并顾，形成他兴学的一部分。

天津社会教育办事处，是林墨青推动社会教育的基地。他所采取的办法是，就社会上的一般习惯，为妇人孺子日常目所习见、耳所习闻的一些事，进行宣传改革，潜移默化，以补学校教育之不足。他在开展这项社会教育时，曾遇到种种障碍和困难，但是他抱有一种忘我的热情，只要认为对社会有好处，他就引为自己应该做的，不计个人利害得失，甘冒当时诟谤怨愤，毅然为之，奋勇向前。如为了革除旧时代留下的妇女缠足和男子留发辫的陋习，林墨青发起组织“天足会”和“剪发会”。前者是为了保护妇女身体正常发育，倡导人们生了女孩不要缠足，生了男孩不要娶缠足女为媳；后者是在辛亥革命后，劝导男子们剪掉自己头上蓄留的发辫。曾为此组织了一些宣传人员，身怀利剪，分布城厢各冲要街口，宣传中国人留发辫是清王朝入关后留下的陋习，而且很不卫生，应该及时剪掉。往来的行人，有的接受劝导，当场剪掉了自己的小辫子，有的犹疑观望，悄悄溜走，有的还有敌对情绪。林墨青不避嫌怨，耐心坚持劝导工作。

林墨青认为，为了开通民智，改良社会风尚，必须做好宣传工作。他所利用的宣传阵地是：宣讲所、《星期报》和广智馆。

首先在天津城附近，成立过四个宣讲所，即天齐庙（东马路）、西马路、地藏庵（河东粮店街东）、甘露寺（北大关）等四处，简称“天、西、地、甘”。每晚派人在那里宣讲，包括读报纸、讲故事、宣传好人好事，灌输科学知识。各宣讲所还附设阅报所，组织半日小学和武士会。半日小学专收容贫寒子弟入学，不收学费，并代备书籍，侧重写算课程，以便尽快地为穷家子弟培养谋生能力。武士会是群众练习武术的组织。由这也可以说明，林墨青在兴学中是包括德、智、体三方面的内容。

随着1915年天津社会教育办事处的成立，林墨青出任该处总董，创办了一份《星期报》，作为宣传社会教育的舆论阵地。这份《星期报》由韩补庵主编，另有编辑、记者王斗瞻、戴蕴辉等。每逢星期日出版一次，用四开毛边纸印刷，按照书页形式排印，裁开装订成册，如同一本书，便于保存。其编辑宗旨，以“培养旧有道德，增进普通知识，筹划平民生计，矫正不良风气”为主，凡社会教育范围以外的事项，概不登载。文体是白话与文言兼用。初名社会教育《星期报》，编印了688号。1929年天津社会教育办事处撤销，《星期报》从689号（广字第一号）起，改由天津广智馆继续出版。林墨青生前经常写文章发表在《星期报》上，表扬好人好事，抨击社会不良现象。

天津广智馆（发起于1921年，建成于1925年），是林墨青晚年最后开办的一项社会教育事业，也是他念念不忘的一项未竟的工作。它是仿照济南广智院创建的，因规模较小，故名之曰馆。该馆展出的内容有天津土特产品、工农生产程序、科学常识图解、风俗习惯介绍等，包括照片、图表、模型和实物，类似一个小型博览馆。当年，它在对广泛启发增进人们的智慧方面是起到促进作用的。

以上所述，是林墨青致力于天津社会教育工作中突出的几件事，其他在改良年画、改良戏曲、组织崇俭会以及维护天津文庙建筑和祀典各方面，也做了大量的工作。

既遭诟谤又受嘉许

林墨青在天津兴学于庚子大乱之后，当时学舍难以寻找，乃大力倡导废庙兴学（以庙宇为学舍，毁掉庙内所供奉的神像全部或一部）。各小学的名称，就各以所在的庙宇名称为名。所需用的学款，除由士绅筹集，主要以各庙的地租和公地租的收入为大宗，因此不免触动各庙宇的经济。旧时天津各庙宇的经济来源，除去居士和香客们的供养，全仰赖庙产和香火的收入。废庙兴学之后，逐渐打破了各庙宇所依赖的经济基础，影响了僧道尼等的生活，不免遭到这些出家人的忌恨，甚至予以种种诋毁，林墨青乃成为众矢之的。更因为在清末，天津居民的思想保守，狃于旧习，普遍存在着迷信鬼神的观念。在废庙兴学中，许多人不愿做拆庙毁神的举动，恐怕受到“报应”。林墨青针对这种情况，常是不惜精力，亲自带领瓦木工们，拆毁各庙神龛和塑像，落后群众不免啧有烦言。当时民智未开，在小学堂成立之初，废弃了旧书，改用新课本，有的家长存在观望态度，不让子弟们上“洋学堂”。特别是家庭妇女们，一般是大门不出，二门不迈，对于让自己的女孩子上学堂，更是裹足不前。凡此种种问题，均为当年废庙兴学中的障碍。但是，首当其冲的林墨青，精力充沛，意志坚定，并没有被这些困难吓倒，而是冲破层层阻力，知难而进。他以惊人的毅力，多方动员，百般劝导，终于使天津的兴学工作，取得突飞猛进的成果，在距今 80 年前，为天津的小学教育的兴起奠定了基础。

庚子义和团运动后，正是袁世凯继李鸿章为直隶总督兼北洋大臣，这时严范孙第一次在津过隐居乡里生活。1904 年严范孙再度出山，代胡月舫总理直隶学校司（后改学务处）。翌年，清廷设立学部，严范孙被命署理学部右侍郎，1906 年改为左侍郎。林墨青是在这种有利于天津兴学的情况下，开展他的兴学工作的。袁世凯对林墨青的热心兴学，深为嘉许，曾为之专折上奏，奖以内阁中书衔。辛亥革命，民国建立，袁世凯窃据大总统之后，又特召林墨青入京，将俾领全国社会教育事务，林力辞未就，仅允兼任京师模范讲演所名誉会长。并上改良学制书，条陈社会教育事项，长达数千言，均属切中时弊、富有建设性的建议，为袁世凯所称许。

林墨青兴办天津小学和开展社会教育所取得的成就，还受到严范孙的称颂。严在写给林墨青的诗中，有“津庠半是旧祠庵，开创经营兴味酣”之句，并自注云：“津邑设学，君实创始，最初十六处，皆君一手规划，商借祠宇，用力尤多。”由此说明了林墨青在废庙兴学中，用心之苦，成绩之大。

1922 年（民国十一年壬戌）旧历正月十四林墨青六十诞辰时，其恩师李兆珍犹健在，特写七律一首奉祝：“相知三十五年前，文字交深有夙缘。随得子陵敷化雨，数来甲纪正周天。上元佳节先期占，内翰荣名昔日迁。劝学愿君长益寿，满城桃李共争妍。”叙述两人相交过程及林墨青辅佐严范孙兴学所取得的成果，跃然于诗句之中。

乡人树碑留念

林墨青体质素健。1926 年和 1930 年，虽曾两次患重病，几濒于殆，但在病后，康强愈恒，食健寝酣，亲戚友好方为之庆幸，说他是得天独厚，秉气刚大。不意经过短暂时间之后，又复为病魔所累，多方医治，迄未奏效。病中所关心的，是他在一生热心兴学中最后手创的广智馆，辗转反侧，念念不已。不幸于 1933 年 4 月 17 日逝世，终年七十有一。林墨青一生热心兴学，三十年如一日，直至“鞠躬尽瘁，死而后已”。

乡人公议，勒碑留念，由高彤皆（凌雯）撰《林君兴学碑记》，华壁臣（世奎）书丹。醵资者有其友好张少元、周岐山等，1934 年镌成。碑为长方形，左右长 135 厘米，上下高 69 厘米，嵌于广智馆（新中国成立之初改为第二博物院，后撤销）壁间，以资永远纪念。兹附录碑文如下，俾后人知其兴学的过程：

> 自国家遘庚子之难，人咸谓欲救危亡，莫急于学。而天津旧有之学，大率教成材，备时需。欲为根本之图，则莫急于小学。严公范孙主此议，林君墨青承其旨而力行之，兼营并举，天津兴学之名于以著。小学必设于都市，故先以会文、问津两书院改为之，二者所费，醵自士绅。于时别筹费而择地以建者，首城隍庙，后复益以营务处。于是城之四衢皆有学：其在城东者，曰盐关厅、曰西方庵、曰过街阁；在城西者，曰慈惠寺、曰育德庵、曰放生院；城北占地广，故建置多，曰河北大寺、曰药王庙、曰直指庵、曰玉皇庙、

曰堤头；惟城南稍后，以民户稀也。自癸卯以迄丙午春，竭经营奔走之劳，凡为民立小学二，官立小学十有三。复于其间置一简易师范、四宣讲所、各半日学堂，而女学亦权舆于此。会君为学务处参议，未几县劝学所立，仍为总董事，凡所设施，岁有增益。越二年出游日本，既归国，属办社会教育，兼管十一女校，遂以广智馆长终。君之办学也，其初固重小学矣，既而知不教于家，徒教于塾无益也，于是更重女子之学。既而又知虽教于家，终夺于外，而一傅众咻之患不可以不除，于是凡风俗之窳足以害人心者，必思有以矫其失而归于正。虽至猥屑身贬，抑而不辞，盖劳心瘁神，视兹事若性命者达三十年，至是而君已颓然老矣。当始莅事，其时人习故常，而忽有改弦易辙之举，闻者怀疑，当者腾谪，甚至僧寮道观，一见君则惴惴以为大祸将至。及其后出入相遇，多君所成就之人，拱而立者道相属也。君讳兆翰，墨青其字，天津县学附生，以办学功，奖内阁中书衔，卒于癸酉。翌年，其友高凌雯为之记，将以勒诸石，俾乡人思之有所式焉。铭曰：事有创始人或尼，榛荆遮道动辄踬。壮夫掉臂忘难易，欲观成效察其既。乡校甡甡桑梓谊，前有作者后莫愧。谓予不信征传记，诲人子弟诵谁嗣。

岁在甲戌冬十一月立石

（《天津文史资料选辑》1983年总第25辑）

“老乡亲”孙菊仙生平记略

著名京剧演员“老乡亲”孙菊仙，原是京剧票友，初从戎作战，嗣由票而伶，并曾供奉内廷为教习。他师事程长庚，而能自成一家，为“孙派”创始人。早在清朝同、光年代，已声誉突起，享名剧坛，虽逾耄耋高龄，犹能粉墨登场，直至逝世前众望未减，始终受人敬重，视为菊国人瑞。现仅就个人闻见所及，略记其生平事迹如次：

一、出身家世业商旧子弟

孙菊仙，天津人，出身家世业商旧子弟，生于清道光二十一年辛丑（1841 年）农历正月元旦，故居在天津城东南角，即现在和平路人民剧场对过裕德里那一块地方。从小读书颖慧，但是不甚用功。娴于音律，喜研戏曲，并好练习武术，致力于童子功，故腰背始终挺硬。原名濂，号宝臣，菊仙是他演剧时所用的别署，未下海前玩票时人称“孙处”①。最早在上海演戏时，为旅沪的天津商人所赞赏，因同里关系，亲切地呼之为“老乡亲”

① 我国旧剧界，对于演剧者，有所谓“内行”与“外行”之分。内行为梨园子弟，或出身科班以伶为职业的，此外即为外行，俗称“票友”。票友以演剧为消遣，从前登台演戏时全隐讳其本名，而称之曰某处，如北京票友出身的老旦龚云甫被称为“龚处”，老生许荫棠称为“许处”，小生德珺如称为“德处”，在天津也有青衣“黄处”等等。

而不名，渐渐流传各地，遂普遍称以“老乡亲”，即在出演“海报”和戏单上，也全以“老乡亲”为其代号。因其歌喉洪亮，特别是在煞尾处，一放一收，吞吐有力，绰号“孙一啰”。生平有侠士风，古道热肠，急公好义，勇于助人，识者尊为“老供奉”或“孙爷爷”。

二、青年从戎转战东南

孙菊仙，咸丰八年戊午（1858 年）十八岁，入武庠为武秀才，再应武举试不第，愤而从戎，而当时清朝正尽全力进剿太平天国革命。咸丰十一年辛酉（1861 年）二十一岁，投清军陈国瑞部，参与镇压太平军战役，受伤二次，改充管理右路军械所差使。同治六年丁卯（1867 年）二十七岁，转入满洲英西林（翰）宫保军营，时已由军中加保至花翎三品衔，候补都司，又保以“游击”记名。旋随英西林至两广总督任，充武巡捕。迨英西林因案被议去职，孙郁郁无所遇，乃赴上海，嗣更北来京师，从此舍弃旧军旅生活，投身梨园。

三、师事程长庚独创孙派

清末自从四大徽班入京后，皮黄剧渐渐兴起，在咸丰、同治年间，北京最著名的京剧老生为程长庚、余三胜、张二奎，剧艺各有独到，形成鼎足之势，而程长庚最为众望所归，尊之为“大老板”、“伶圣”。孙菊仙少年应试武闱时，尝聆程剧于京师，欣然向往，乃投拜其门，学其艺，敬其人。孙曾对人说：“程氏演伍员剧，宛然伍员形象，我师程氏，实师其所师之人。”

孙菊仙与谭鑫培、汪桂芬，均继承程长庚的衣钵，孙兼学余三胜所长，善于揣摩，融会贯通，独具一格，成为孙派。孙体格雄伟，得天独厚，其洪亮的歌喉，唱时纯以气行，字正韵清，吞吐有力，能自由运用其宽窄高下的嗓音，尖腔嘎调很轻快地唱出，特别是尾音一放，令人有声满天地之感。

孙菊仙进入梨园界，最早是隶嵩祝成班，红极一时，为其他各戏班所羡，争相罗致之，竟因此险些闹出一起人命案。梨园行旧例，各戏班邀角，按年使用班主一定的包银，在这一年之内，不能再搭他班。那时有文退庵者，在北京成立四喜班，见到孙菊仙能叫座，自恃个人有财有势，乃以千金强劫孙菊仙转入他的四喜班。事为嵩祝成班主人所悉，以其破坏梨园行共同遵守的规矩，非常气愤，每日身怀利刃，伺于四喜班出演的戏园门前，谋刺文退庵。后经人说合，才免酿出人命。由此可见孙菊仙当年在北京剧坛号召力之强和各戏班班主为争相邀名角搭班而发生的激烈争夺。

四、供奉内廷为慈禧所重

清朝供内廷演戏的管理机构，原来设有南府，后改称升平署。参加演戏的，除一部内学（太监），还从民间各戏班挑选，进入宫内演戏，或充任教习。慈禧西太后掌权时，此风最盛。孙菊仙下海后不多时，就被选入升平署，演戏兼教习。当时慈禧正以戏曲自娱，对于入宫应差的伶人，要求极严。孙菊仙从光绪十二年丙戌（1886 年）与时小福（即时琴香，唱青衣，为后来孙派老生时慧宝的父亲）同时进入升平署，论时间先后，较谭鑫培、汪桂芬等均早，到光绪二十八年壬寅（1902 年）离开，充任供奉达十六年之久。孙颇受慈禧西太后之宠，被赐予三品顶戴。孙菊仙早年在军中时，本为三品职，西太后重赏其三品顶戴，无形中还其原来职衔。谭鑫培、郭宝臣（梆子老生）均无此荣耀，即程长庚任“精忠庙首”（梨园行首领）时，也只是膺赏六品顶戴，已属异数，但与孙相比，也不免有些逊色了。

孙菊仙供奉内廷时，不但演戏和教戏，有时还蒙慈禧特召说“笑话”。慈禧喜听文雅而含春气的趣语，孙善于言谈，因之博得慈禧的好感，不时受到赏赐。

光绪二十四年戊戌（1898 年）变法维新运动，帝（光绪）后（慈禧）两党斗争激烈的时候，有唱旦角的田际云（即响九霄，直隶武清人，于光绪十八年被选入升平署，到宣统二年止），当时与孙同在清宫。田因同类中伤，被诬为“康（有为）党”，孙菊仙不计个人得失，在西太后前设法为田说情，事竟得解，孙之为慈禧所重可知。

五、演戏三要语

孙菊仙从青少年时即爱好戏曲，积有七十多年的演出经验。他在演戏方面，并不是墨守成规，而是有所创造和改进，对词句不协调之处，多有订正。他曾说明演戏有三要：“一要懂得音韵。因为四声与反切，全与歌唱有关系，为了唱到字正腔圆，非通晓音韵学不可。二要通达文墨。在戏剧演出上，要做到使听众对剧中人，如见其人，如闻其声。假如一个演员，胸无点墨，俗不可耐，对剧中人的情致缺乏深刻的体会，即使勉强演出，但不能出神入化，不能把戏唱活了。三要嗓音高下宽窄色色俱备，假如仅仅长于一方面，便非全才之选。如谭鑫培只是能运用他的喉咙，以小巧取胜，而丹田气不足；刘鸿声的嗓子，有高无低。严格而论，这全是有所不足。”孙氏当年说的这一番话，相当中肯，时至今日，仍可供戏剧演出者参考。

六、关心同行热心助人

孙菊仙从青少年时就喜与豪侠游，好提携人，勇于助人。

孙菊仙是由票而伶，他自知票友下海的甘苦，故对于由票友下海的龚云甫、穆长久等，尽力提携，使之成名。龚云甫原为玉器商人，习老旦，穆长久习净角，两人后来均曾被挑选入升平署。

孙菊仙隶四喜班时，梅巧玲唱青衣，也在那里。孙与梅相友善，梅临殁时，特恳托孙照顾他的两子梅雨田和梅竹芬，孙慷慨允诺。后来梅雨田成为名琴师，给谭鑫培操琴，梅竹芬即梅兰芳的父亲。

1900年，因义和团运动引起八国联军入侵，津京沦陷。孙菊仙在北京的寓所被毁，妻妾也相继逝世。他在这次战乱之后，精神上很受打击，就退出清宫，携其子孙去上海居住。当时有孙的老友某，约定与孙乘船同行，不料友忽暴死船中。旧例旅客死于船中的不能留，均弃尸于海。孙不忍这样办，暗用棉被覆盖友人尸，伪装熟睡模样。及船抵沪，孙挟友尸上岸，并备棺装殓，送回故里，虽费逾千金之多，不以为惜。

七、辛亥革命后重莅北京

孙菊仙在上海寓居十年后，又经历一场武昌起义的革命风暴，这时他的资产既尽，而年岁又已逾古稀。改建民国以后，再度离开上海，重莅北京。他有感于局面已改，忆起清宫的往事，触景生情，怆然说道：“我将为李龟年了！”从此自号“学年”。当时北洋总统府遇国庆大典时，邀他参加演唱大型堂会戏，他最初谢绝，经过一再强约，迫不得已而允，但演出后不接受报酬，再邀也就不去了。

孙菊仙一向关心水旱赈灾和养老恤孤等义举，他见义勇为的精神，至老不衰。1918 至 1920 年，即民国七、八、九年间，正是他重居北京期间，时年已近八旬，犹多次演于第一舞台、吉祥园和新明戏院等处，营业戏极少演，多属情不可却的义务戏。从前与孙菊仙同承程长庚衣钵各展所长的汪桂芬、谭鑫培，此时均已先后作古，独孙硕果仅存。但他并不惜年迈，犹敢动《朱砂痣》、《洪羊洞》、《奇冤报》、《鱼藏剑》、《四进士》、《逍遥津》、《葫芦峪》、《雍凉关》、《喜封侯》、《失街亭》、《桑园寄子》和《碰碑》等吃力戏。内行人们为了给他助威，特约吴彩霞配演《桑园寄子》，裘桂仙配演《洪羊洞》，程艳秋（程砚秋）、尚小云分别配演《朱砂痣》。孙在这后期重行奏技北京剧坛时，名声地位和台下人缘仍未稍减当年。其后不久，孙即离开北京，返回天津故里。

八、晚年倦游重返故里

孙菊仙虽生长在天津，但自献技歌坛以后，久居上海、北京，晚年倦游，才又回到故里。返津后，经常与沽上绅商学界旧识过从，度其逍遥林下生活，并未忘情剧艺，仍喜培植后进。尤好忆述往事，娓娓清谈，如数家珍，为乡人所乐闻。

1920 年旧正初一，逢孙菊仙八十生日，严范孙寿之以诗：“少年仗剑去从戎，晚岁赓歌帝眷隆。烂熟五朝闻见录，光宣而上道咸同。”[①] 孙喜其通俗易懂，受而逊谢不已。

1926年，适值天津绅耆们重修东门里文庙落成，他被邀同严范孙、林墨青等拜谒孔庙。孙当时很感慨地说：“我从咸丰八年戊午游庠，现在重游泮水，已是经历了六十八年了。”这一天他曾与严、林等合影留念。

1928年，是孙菊仙诞生八十八年纪念，三津友好为庆贺这位菊国人瑞，特为他举办一次“米”字寿盛会（八、十、八三个字连成一起，是一个“米”字，故称“米”字寿）。在这年，严范孙、林墨青、孙子文等，访晤于其寓所。林墨青主持天津社会教育办事处时，致力于戏剧改良工作，在研究戏剧改革方面，与孙菊仙志趣相合，两人又曾在草厂庵组织鹤鸣社京剧团体，相处更近。

与此同时，孙菊仙得知天津广智馆地势狭窄，难以回旋，不便于布置展览工作，他为了桑梓公益，忘掉自己筋骨衰老，毅然允诺演了一场为广智馆筹建楼房的义务戏，地点在法租界春和戏院（即今之滨江道工人剧场）。这是孙菊仙晚年与严范孙、林墨青等老乡亲们几次的接触和他在津的一次演出。

九、后继乏人艺成广陵散

孙菊仙在九旬之年，犹能粉墨登场，观众们全认为他是剧坛的一杰，当时他不服老的精神，虽然鼓舞了许多旧戏爱好者，遗憾的是耳朵已经失灵。在演出时，场面上的琴师，虽是按着板拉，而孙菊仙只是唱其所唱，与琴师失去了配合。晚年的孙菊

① 清朝最后五代皇帝的年号是：道光、咸丰、同治、光绪、宣统。

仙，有时在一出戏的演出中，好摘下髯口向台前楼上下观众们说话，如果是水旱救灾或其他慈善性质的义务戏，他更要讲些应该济人之急、热心公益的话，以此奉劝观众们要多做好事。观众们对这位“老乡亲”在演出中出现这种情形，并不以为怪，反认为他以如此高年登台演唱，实属太不容易，多以好奇心理拿他当作一件“老古董”加以欣赏。所以他晚年的台下人缘，毫不稍减于从前，每吐放一个腔，照样博得满堂喝彩。这是孙菊仙晚年在津演出的情景。

1931年8月，孙菊仙殁于沽上，终年九十一。因为他生前不愿灌留声唱片，致使后人听不到他的黄钟大吕之音。传其艺的，在内行有北京的时慧宝、天津的刘永奎，在外行有天津的票友尚仙舫、王竹生、李东园诸人。时、刘、尚、王等均早已去世，李又不知去向，孙派老生后继乏人，其声满天地、铿然豪放之音，已成广陵散了。

（《天津文史资料选辑》1982年总第21辑）

赵元礼生平事略

一

赵元礼，字体仁，又字幼梅，号藏斋，天津人。曾祖名起麟，祖父名大智。父名承修，字梅岩，母亲蒋氏。

赵元礼父亲久居直隶省的平谷县，赵元礼于清朝同治七年（1868 年）十二月初一日生在该县城西鹿角村，十九岁时与郭氏结婚，才回到天津。其父于同治十二年（1873 年）五月逝世时，赵元礼年仅六岁。母亲青年守志，秉性温恭，只因环境恶劣，心情抑郁，曾患痨疾，于光绪二年（1876 年）九月逝世，年只二十有八。当时赵元礼九岁，母亲发殡之日，他同妹妹长跪柩前，旁观者多为之流涕。而他的堂兄二人，却不顾襄办丧事，急于搜查家中遗留的各项物品，使此失去怙恃的零丁兄妹，既不知道要加以劝阻，也不明白他们堂兄何以竟会出此。赵元礼晚年偶忆及其童年的遭遇，辄感为痛心事之一。

赵元礼从四五岁时，即开始识字读书，启蒙师是徐二先生，其后还延请了一位陈姓老师，教读了九年。十一岁从玉田县李豹卿（炳之）学，因天赋特别聪慧，十天竟读完了一部《诗经》。十二岁从平谷县贾子伊（天民）学。十三至十七岁，负笈三河县，从三河胡若卿（炳文）学，屏绝世缘，下帷苦攻，读毕六经，并学时文试帖。十八至二十二岁，从南皮县张筱云（永健）

学时文之外，兼学诗赋。少年时经历了许多老师，熟读了大量经史诗词。同学有郭吟舫（春声）、郭毅如（汝振）、解如斋（茂如）、李锡三（鸿钧）、魏莘耕（裕礼）、鲁嗣香（继宗）等。稍长复与严范孙、李锡三以文章随义相切磋，平生学业，实基于此，而最获益处于师友之间者一人，则为严范孙。年十九岁时回津应试，受知于许筠庵学使，以第一人游庠，渐渐有声艺坛。

赵元礼虽工于书法，擅长诗文，但在获取科举功名上，仅仅是“优廪生”，屡试不逮，迄未中举，这是他引以为憾的。弱冠以后，早期在津从事教家馆生活，赖授徒所得束脩和书院膏火以自给。他曾说：“我为童子师。发轫于双井王氏，有学生五六人，因对学生时施责打，有严厉太过之诮。”因此，他在两年之后，又移砚于姚氏家馆。姚氏为天津世族，兼营盐业，所教生徒有姚彤章、姚彤诰、姚彤绶和姚金镛等，教以读经和对字。经过五年，又由姚氏而馆于李唐仙家，课其子寿潜、瑞潜及其女儿等二年。从光绪庚子年，就严范孙的家馆，教其子侄智崇、智怡、锡敏、锡庸诸人以八股试帖。是年五月间，因义和团运动兴起，八国联军入侵，天津发生变乱，严氏家塾，因而辍学。延至冬季，赵元礼经严范孙的推荐，改就天津育婴堂堂董，办理慈善事业，从此不再为童子师。这是赵元礼从事天津社会工作的开端。

天津育婴堂在东门外，收养无归的子女，约五百余人，其中女婴占十分之八九，堂内经费，向系出自天津各盐商。经过庚子之乱，该堂几乎停办，嗣后经各纲总集议，请严范孙为义务堂董，重新整顿。赵元礼受严范孙的邀请，经理其事，代为主持一切，月薪为津钱六十千。经历了二年，对堂内各项设施多所改革，受到严范孙的倚重，引为知己之交。二年后，赵元礼又经严范孙荐于天津太守凌润台，开办工艺学堂，初任董理，继改为监督，又改称庶务长，实则仍执行监督事宜。

庚子以后，海禁已开，天津为北洋开府之地，一些忧国之士，认为非随新的形势发展，采取措施，则不足以图存。赵元礼针对当时兴办实业的方针，在工艺学堂积极培养工艺人才，成绩斐然。以劳绩得保知县。但是，他无心仕进，旋被直隶省派赴日本考察实业，对日本从明治维新以来兴办学校、设立工厂的办法，进行考察和研究，把它运用到天津工艺学堂之内，受到了称赞。

因赵元礼在天津主持工艺学堂有突出成绩，受到周学熙的重视。1908 年 8 月，周学熙电邀赵元礼到北京，委任他负责调查棉花产量及纺纱事宜。8 月底赵元礼偕同孙霁白、施自斋由北京出发，调查保定以南数十州县的棉花生产情况。后又到湖北、上海，调查各纺纱厂的生产，直到腊尾，才返回北京。

1909 年，赵元礼经周学熙委办滦州煤矿。当时他认为自己对于煤矿事业纯属外行，颇有难色，但为了发展国家的煤矿事业，知难而进，从筚路蓝缕，竟获有成就。1912 年，开平、滦州两矿务局合并，他被委充交际员，旋改任秘书。同时又襄赞周学熙、周学辉兄弟，创办北京自来水公司、唐山华新纱厂等企业。赵元礼因一再受到周学熙的器重，而成为亲密的朋友，这种关系一直维持到晚年不变。

1918 年，北京政府组织国会，选举参、众两院议员，徐世昌任大总统，特别支持赵元礼当选为参议院议员。当选人名单公布后，赵元礼很以为是怪事，他曾对人说："事前我未运动，不知何由被选。"事后他才知道，这完全是出于徐世昌的安排。徐见到赵元礼时说："君乡试五次，二次出房而不中，我为之气短，今被举为议员，我颇欣慰。"又笑谓："君不必研究政治法律，可努力学诗，以求深造。"当为赵介绍柯凤孙、周绍朴、张贞午、王晋卿四人，使赵在研究诗的方面，获益不少，不负东海的盛意。

1923年秋，日本关中发生了震动世界的大地震，东京被大火烧了三分之二，附属的小岛为罕见的海啸吞没了很多，死伤的人口约达五十万之多。当时中国人民因日本提出的灭亡中国的“二十一条”所引起的反日浪潮尚未平静下去，但赵元礼本着人道主义，得到这个消息之后，立即召集天津红十字会各董事，举行紧急会议，议决对日本人民予以救济。天津红十字会与天津各界联合会配合，协力承担救灾工作，制作棉衣一千套，送往日本灾区，表现了中国人民以德报怨的伟大精神。

赵元礼从1936年以后，因日本帝国主义侵略中国的势头日加严重，天津的局面不靖，乃迁入租界赁屋而居，从此闭门习静，藉以送日。逐日写日记，名曰《藏斋随笔》，其中包括杂论文艺，兼及养生之道，意之所及，随即记录，以评诗论字的记载居多，余则属于轶闻以及自己侍师交友各事，目击时艰，有触于心，辄笔而记之。其文不激不随，无恩无怨，纯属儒者之言。共写了“十笔”，每一笔为一册，在其生前，写成出版了九笔，其最后遗留下的第十笔，是在他逝世后由其三子宾序和五子荫人集遗稿印成的。另有《藏斋诗集》十三卷、《诗话》二卷，也均已印行。

赵元礼晚年在津与儒林旧友，经常酬酢，他除参加严范孙创立的城南诗社每星期集会外，又与郭啸麓、方地山十余人，每星期二晚间会餐，名“星二会”；与杨味云、章一山十余人，每阴历初一、十一、二十一会餐，名“俦社”；与韩朴庵、刘孟扬十余人，每月初五、二十两日会餐，名“增福社”。当年他们酬酢往来，迭为宾主，言笑晏晏，颇足骋怀，极尽一时之乐。后因“星二会”的王叔掖、叶壁侯病故，“俦社”的张伸金病故，“增福社”的魏信臣病故，情况乃逐渐冷落下来。

赵元礼幼年以十日读完一部《诗经》，被认为是一奇才，这说明他少小时记忆力是很强的，但到晚年，他的记忆力非常差了。他曾谈到他的记性和悟性问题，他说：“幼年记性好，悟性差；老年悟性好，记性差。予年未七十，而记忆已大坏，门牌号数，电话号码，转瞬即忘，殊可笑叹。而于童年钓游之琐事及所读之经书，尚能十忆六七。”

赵元礼素豪饮，五十以后，虽兴致略减，但自 1929 年其元配郭氏逝世以来，由于家世萦怀，体中常觉不适，中西医士咸以戒酒相劝，而逢姻戚喜庆之会，朋僚燕集之局，一时兴到，又复陶然尽爵。1937 年因患寒腿，请人按摩，已见功效。惟腰腿渐不如前，出入须赖其子女随侍，不知病根即伏于此。1939 年因津门发生大水，一迁大陆大楼，再迁中国旅馆，中秋节后，才返回旧居。因为上楼下楼登降劳顿，加以积受潮湿，从八月十九日始患腹泻，忽转成痢，延医诊治，微觉有效。继而痢症转剧，经方进剂，迄不见好，并且恶化为神昏口噤，医家认为险症，不敢再用重剂。延至八月三十日，扶病自书遗嘱，并自题诗数句，延至九月初一日午时溘然而逝，终年七十二岁。

二

赵元礼在近代天津文人中，是名书法家之一，书法苏东坡，但不拘于形似。他自己尝谦虚地谈到这个问题：“予自幼即不喜柳书，同学数人，皆习玄秘塔等碑，予独习鲁公，但亦未能得其神髓。中年而后，专习东坡，形似且难，遑论神妙。”生平好友广交，座上客常满，偶有求书者，辄为之伸毫引纸，顷刻而成，必使之满意而去。他曾与人谈论有关书法各事，以昭示后人。

执笔方法：“予从十三四岁时，经三河胡若愚教我执笔之法，以铁钉连串大铜钱二十枚，插在管顶，如此则笔重，须用力执笔。用草纸裹一鸡卵，握在掌中，如此则掌虚，暗合古人指实掌虚之意，至今不改，故写字较得体。”“予最服膺‘指实掌虚、腕运而手不知’十字，准此求之，百不一失，盖执笔必须十分用力，期于力透纸背，所谓如锥画沙，如印印泥，境界极不易到，先求阳刚，再求阴柔。”

放大临摹：“临摹碑帖，入手须放大写之，取其用笔各法，并而易见，且可以充壮气力，俟俯仰承接之致，有会于心，然后再求其韵味，返华为朴，似为得之，初入手时，总宜走充实刚健一路。”

求其平正：“孙过庭《书谱》云，初学分布，但求平正，既能平正，便追险绝，既能险绝，仍归平正，此真书法之金科玉律也。今人写字，尚未臻平正境界，便作奇邪狂怪一派，不但终生不能入门，且贻后生以无穷之害，此大谬也。予自十六七岁时，即写应酬字，至今涂抹五十年，尚未到平正境界，引为愧怍。年来亲友子弟之来学字者，谆谆告以从平正入手，非迂阔也。”

字与人同：“看字之方式，与看人之方式相同。有甲乙两人来求事，甲则言语清晰，行动整肃，乙则言语杂乱，行动懈弛，予欲用人，必取甲而绌乙也明矣，字之点画不苟，犹人之言语清晰也，字之结构不散，犹人之行动整肃也。不研究写字则已，若研究写字，圣人复起，不易吾言。”

新中国成立前，谈论天津籍的书法家，咸称华壁臣（世奎）、严范孙（修）、孟定生（广慧）和赵幼梅（元礼），誉之为四大书法家。但赵元礼本人，意态谦虚，自愧弗如，并不以此说为然。有一次赵与严范孙闲谈中，曾以这种说法问严：“今吾邑社会中称华严孟赵四人为四大书家，言者津津，华谓壁臣，严即公，孟即定生，赵即鄙人，君谓然否?”严笑而不答，于是赵又说：“姑无论唐之欧虞颜柳，宋之蔡苏黄米，前清之成刘翁铁，我辈望尘莫及，即近数十年内之何子贞、张廉卿、翁松禅、张季直，我辈亦不如也。不过东涂西抹，聊以酬应社会耳，安望传乎！”严点首者再，且曰：“非公不能为此言也。”

赵元礼一生，治事余暇，不废弦诵，举凡诸子百家之书，无不涉猎，除工于书法，且以擅诗名，少年时即见赏天津问津书院院长李越缦。旧时天津除城南诗社，还有星二社、俦社，为诗人墨客欢聚论文吟诗之所，赵元礼全从事其中，常与严范孙、王仁安、华壁臣诸人相唱和，良辰佳节，觞咏不虚。他曾自谈其学诗的进境：“予自十八九岁，即嗜吟咏，师则张筱云，友则严范孙、李锡三两人而已。其后办教育、办实业，交游日广，朋友日多，由民国二年在营口，所作益多，系与邓孝先、黎仲苏、蒋伯伟、郭啸岑等时常唱和，一时称盛。充议员后，徐东海为之介绍柯凤孙、王晋卿等，请益之余，意境一变。其后城南诗社，诗友益多，唱和益夥。厥后见郑苏龛、杨昀谷，意境又一变，而昀老之益我尤多。至章太炎、朱古微、陈弢庵、章一山诸人，仅瞻风采，未能与之言诗也。且古今人之诗集，几乎日不去读，而才力孱弱，所造并不深邃。作诗岂易言哉。”

赵元礼对于诗的看法，他认为要想做好诗，必须多读书，多读古人诗。他说：“人不必因作诗始读书也，然不读书则积蓄不厚，出语必浅薄；不必因作诗始读古人之诗也，然不读古人之诗，则不知韵味之高，格律之协，机杼之熟，出语必致扞格。由前之说，证之杜诗，所谓读书破万卷，下笔如有神也；证之苏诗，所谓腹有诗书气自华也。由后之说，证之成语，所谓能读千赋则能赋，对于诗亦然；证之谚语，所谓熟读唐诗三百首，不会作诗亦会诌也。”

赵元礼对于宋唐子西所说的“作文当学司马迁，作诗当学杜子美”，是扼要之谈。他更欣赏樊樊山所说的“诗贵有品。无名利心，则诗境必超；无媚嫉心，则诗境必广；无取悦流俗心，则诗格必高；无自欺欺人心，则诗语必人人能解。有性情则诗必真，有才力则诗必健，有福泽则诗必腴，有风趣则诗必隽”。他认为在樊樊山的这句话之后，应再加上两句：“有书卷则诗必雅，能煅炼则诗有味。”他并进一步解释其含义：“书卷不是堆砌，煅炼不是晦涩。”

赵元礼总结他自己所写过的诗，他说：“予作诗半生，不下千余首，有为人称赞者，有为人指责者，予皆淡然置之，所谓得失寸心知也。”他感到遗憾的是：“予于诗文等作，虽未入门径，尚可学步，惟苦于不能作联语，不得已以集句搪塞。”据爱好旧体诗词者云，赵元礼的诗，工雅平实，不矜奇异，这是他的诗所以为人所欣赏者。

赵元礼居恒好义，片言出人于危困之境的事，时有可见。他虽不富有，但常不惜倾囊助人，尤其是笃于故旧。如与他交契最深、相处最久的老朋友李锡三，因病客死天津，赵元礼经纪其丧，送其柩回通州原籍，并代为处分其家事，抚恤其遗孀、痴子。且每逢屋梁落月，常为诗哭之。其怀念故人之情，极为感人。

当他将逝世的晚年，正是强敌压境、世变方殷的时候，他积极以煦育汲引人才为己任。如严范孙创立的天津崇化学会，在严逝世后，他与华壁臣等继续维持，经常到会，与主讲章式之等商谈如何加强国学的研究，对培养后学，起过一定的作用。

（《天津文史资料选辑》1990 年总第 49 辑）

华世奎的故事

张达骧家与华氏是累代世交，并有姻联，达骧从 10 岁以来，在自己家和亲友宅第应酬场合上，常常见到此老。刘炎臣从 1928 年以后几年间，参加严范孙、林墨青等创办的国文观摩社，每周作文一次，华氏是被邀请评阅试卷的老师之一，与华氏有师生之谊。我们两人对其言论风采，以及出处行事，略有所知。兹就回忆所及，拉杂写出，以供参考。

一、生平黄金时代

华世奎的父亲，名承彦，字屏周，乡人称之为“老华五爷”，在家经营盐务，未出仕，性极爱好书画。往年张达骧在华家曾见到有署名屏周上款的团扇、折扇数十柄，其中包括当时的名公巨卿如李鸿章、李鸿藻、翁同龢、翁曾源、潘祖荫、孙毓汶和张达骧祖父张之万等人的作品，可见华承彦虽未曾出仕，而其交游却是很广的。

华世奎为华承彦的独生子，字启臣，号壁臣，晚年自署“北海逸民”。生于同治二年癸亥（1863 年），颇为乃父所钟爱，期之非常殷切，自幼督教很严，应对进退，全有矩度，故华世奎成就极早，一生学行，得力于家教为多。光绪五年（1879 年）华世奎 16 岁时入泮，光绪十一年（1885 年）乙酉科拔贡，由内阁中书考入军机处，荐升章京（满语办事之意），在军机处当差。

光绪十九年（1893年），应癸巳顺天乡试，考中举人，仍在军机处任章京。因擅长文移，办事得体，被提升为“答拉密”（满语领班之意）。这个“答拉密”职务，在清廷官场，多称之为“军机领班”，众呼“小军机”，但与领班的军机大臣，不可同日而语。清季军机处大臣中，年老不胜繁巨者为多，庶政势不能不倚重“答拉密”襄赞一切。京内各部、京外各省，遇有必须军机大臣题奏的事件，往往要恳托“答拉密”为之向各军机大臣陈明，统一意见。在军机处方面，全体军机大臣，如对各省督抚有什么指示机宜的官信，多由“答拉密”秉承各军机大臣的意见启稿书写。这项官信，都带天、地、元、黄若干号的字样，其内容乃是追补廷赍未竟之意，但有时也有廷赍所不便明言的内容，故用私人名义交换意见，当时通称这种信件为“内阁官信”。还有，各省道府州县各官的升迁调补，当事人为达个人目的，全要想方设法找门路向“答拉密”提出请求，“答拉密”根据情况，为之安排。不言而喻，“答拉密”这个差事虽小，在军机处内却可左右一切，自然地就能够收到文官自富的好处。华世奎精于翰墨，少年有为，故在他官居“答拉密”的年代，得心应手，深为各军机大臣所喜。

宣统三年（1911年）朝廷内阁改制，以庆亲王奕劻为首的亲贵内阁成立，在内阁设阁丞一员，华世奎由“答拉密”擢升为内阁阁丞。当时内阁协理大臣为徐世昌，徐是华世奎的表侄，两人交情极深。这时二人互相表里，华世奎乃得以左右逢源，称心如意地放手办事，内阁中附设的各局，莫不听命于阁丞，唯华的马首是瞻。

不久，武昌革命军兴，被罢黜的袁世凯重行膺命入京补授内阁总理大臣，袁与华世奎本属多年共事相知的故人，对华更加倚重，并规定阁丞官级为正二品，遂使华的位望居然副相矣。此时可以说是华世奎一生中的黄金时代。

二、书写退位诏书

当辛亥革命风云紧迫时，袁内阁取得隆裕皇太后和摄政王同意退位之后，即命华阁丞书写宣布退位诏书。华世奎写好清廷退位诏书，把它装成一幅横匾，备匾亭一座，由太监抬入太和殿，请摄政王载沣亲自监临，以成此隆重典礼，诏信全国人民。但没想到摄政王到场之后，竟提出了异议，他声明个人并不同意皇帝退位，认为这项诏书可以不下，他频频地连声说："我看算了吧！算了吧!"四顾左右见无人响应，就又连声说了两句："可以不必了！可以不必了!"然后自行出殿去了。华世奎看到这种情形，认为退位是既定之事，绝无有因为王爷一时之言，推翻御前会议决定的道理，当即按照原定步骤，让人把摆设退位诏书的亭子，抬出天安门，宣布了清廷退位。

三、始终忠于清室

民国建立后，华世奎因怀念"故主"，意态消极，乃借省亲，退隐津门，以示"忠于先朝"，"不做贰臣"的夙志。当时北洋政府当权，深知其才，力谋挽回，一时征召的信使，往返于京津，百般劝解，终无成效。华世奎从此自号"北海逸民"，度其超然鸣高的生活。

1924 年，冯玉祥发动北京政变时，李石曾在北京参与驱逐溥仪出宫之役。事后，华世奎对李石曾极表不满，见人辄骂李是"文正孽子"，"李氏罪人"。因李石曾名煜瀛，系李鸿藻之子，鸿藻谥文正，故华发此牢骚以泄愤。

1925年，溥仪出京来到天津，住在日租界张园，华世奎常去“恭请圣安”，以示念念不忘“旧君”。但是，华世奎对郑孝胥是表示不满的。1929年，华世奎曾说郑孝胥在张园诳去宝石价值数十万元，勾结西人，意图创办《万国诚报》。并说郑孝胥视“张园”（指溥仪）为奇货，不定哪一天，“张园”会被他出卖的。表明华世奎时时不忘维护“旧主”权益。

民国成立后，中国男人都先后把脑后的“小辫”剪掉了，而华世奎却自居例外，仍把他的那个小辫当做宝贝看待，不愿剪掉，以表示他对清室的“忠贞”。辛亥革命后不几年，华世奎方隐居乡里，他曾很有感触地在自己早年留着小发辫的照片上写了《甲寅自题小照》诗两首。其一：“荏苒年华五十强，浑如一梦熟黄粱。本来面目存真我，就是儿时华七郎。”（华世奎行七，晚年乡人恭称“华七爷”）其二：“田园株守作闲人，文物衣冠付劫尘。惟此弁髦难割爱，留同彩服寿双亲。”由此可见，他不愿剪掉小辫的顽固心情。

民国初年，南皮县张氏立姑、春姑二女因被天津西头恶霸戴富有骗婚，意图转卖，姐妹双双服毒自杀。“双烈女”惨痛事件发生后，天津好事者，感于这“双烈女”的“贞节”，给她们姐俩出了一场大殡，并立纪念碑，一个是“南皮张氏两烈女碑”，一个是“南皮县张氏双烈女庙碑”，全是华世奎书丹的。有趣的是“双烈女”自杀时是1916年，即民国五年，而华世奎在写年号时，避讳写“民国五年”，写的是“我皇清退位之五年”。

华世奎还反对学生们在做文时用新名词。1928年严范孙、林墨青在天津创办国文观摩社，华世奎被邀请为评阅试卷的老师之一。有一次他出的作文题是《四书》上的一句话“放利多怨说”。学生刘基汉（炎臣）在文中用了“需要”和“社会”等新名词，他在评卷时，认为不对头，在该生试卷顶眉上批写“需要’二字不入文”，又批写“‘社会’二字是新名词，入文终嫌不雅”。其头脑的顽固，可见一斑。

四、被称“中堂”趣事

因为华世奎曾任清末内阁阁丞，显赫一时，因此当他退居津门时，招出一段笑话。

当1926年，褚玉璞以直隶省军务督办兼省长，正盘踞天津。他为了博取礼贤下士的虚名，有时设宴招待所谓名流大老，吕海寰、严修、华世奎等多在被邀请之列。一次督署欢宴名流，吕海寰、华世奎应邀前往，当时褚玉璞对“华七爷”极尽推崇恭维之能事，让座时称华为“中堂”，并言有“中堂”在，当然要请“中堂”坐首座。华世奎问道：“谁是中堂?”接着说：“有镜老（吕海寰字镜宇）在，我不敢僭座。”结果让再让三，还是吕海寰坐了首座。席间，褚每向华接谈，必称“中堂”，华本人也未便再驳，其他在座各位，却莫不忍俊不禁。因此之故，华在知交中一时得了一个“华中堂”的诨号。按清代官场旧习，称大学士为中堂，而大学士又往往充任军机大臣。华在清末被称为军机领班，所以致有无知的褚玉璞误称华世奎为中堂的趣事。

五、发怪论说谐语

华世奎为人，虽极端保守，但颇以道义为重，在谈论人物时，常是怪论横生，且往往杂以诙谐，尽妙尽趣。如他在评述近代教育时曾谈过：“中国局面之坏，坏在两个人身上，前有张文襄（之洞），后有严范孙（修），把局面就弄糟了么!”因他不接受新事物，反对新教育，故发此怪论。实际说来，张乃华的老师，严乃华的亲家（华的长子泽宣为严的女婿）。华的信口而谈，无所规避如此。

1926年冬，清末尚书吕海寰病故天津，吕固为华世奎的挚友，华挽吕联云："闭户闲居，多看几出文明新戏；趋朝行在，又少一个忠荩老臣。"因为当时吕海寰的女儿孟阁，以故为其丈夫盛宣怀之子盛聘臣所黜，正在丑声四播，华世奎遂以闭户看新戏之词以嘲之。

伪满洲国成立时，有人以华世奎为忠于清室的遗臣，特劝他向溥仪上贺表，他未为敌伪所诱，并出以谐语说："掌柜的是旧人，字号改矣，可以不去。"闻者怃然而退。

1937年七七事变时，有人拟请华世奎出头维持天津的临时治安，他仍是未为所动，并说："吾老矣，不能用矣。"以此却之。并私语人说："风烛残年，蜡头无几，何必添彩。"其语言之有风趣又如此。

华世奎平生交友笃挚，坚刚有至性。他曾对人谈及，海内有最知己的朋友三人：一为嘉善的钱能训（干臣），一为宁洲的朱家宝（经田），另一人为肖县的段书云（少沧）。

徐世昌为巡警部尚书时，拟请华世奎为助，华因供职军机处，不能兼顾谢之，为之转荐钱能训。徐委钱为左参议，后来钱任国务总理，与华为生死之交。朱家宝任平乡知县时，正值庚子年义和团之役，他主剿不主抚，平乡境内竟肃然无事。不数年，累迁吉林巡抚，调安徽巡抚，民元后又为直隶民政长官，与华相爱如手足。段书云曾为清河道，为华的畏友。1923年到1924年之间，钱、朱、段三人相继故去，华世奎哀挽至痛，有过人之情。

六、华氏晚境

华世奎一生只于清末供职军机处，辛亥革命后，即未再出仕，退居乡里，除参加友朋诗文酒会酬酢外，以鬻书自娱，自署“北海逸民”，过其安贫乐道生活。华世奎是近代天津书法名家，所写颜体字，功力极深，大自寻丈，小至蝇头，端楷正书，苍劲挺拔。使人感到大不散漫，而小不逼仄，坚刚之气，指挥如意。他生平为人写了许多牌匾和碑记、墓志铭等，在三津留下了不少可资纪念的文物。

华世奎著有《思闇诗集》，是其自咏和与友朋唱和之作，多抒怀明志，曾自端书印行，为其名贵之作。他谈到作诗，曾慨乎论及“穷不必工”和“不穷必不工”的见解。他说：“昔人云，诗必穷而后工。今余所处之境，穷之极矣，诗犹不工何也。可见文字美劣，仍视其学问阅历何如。倘谓穷则必工，则乞儿人人李杜矣。虽然，穷不必工，不穷必不工。坐拥高赀，日奔走乎势利之场，摇笔即作牢骚之语，以冀掩其酒肉鄙俗之气，则是披孟尝之裘，而吹伍员之箫，吾未见其成声也。古人之言，岂欺我哉。”言为心声，从华氏之论诗文，足以窥见他的衷曲，而峻伟端炼，正与其书法同肖其为人。

华世奎作为名书法家，订有“笔单”，往年天津各南纸局多代收书件。每逢岁杪，兼润书扇，以所得润笔，资助贫寒。但多为其门人代笔，扇头必印小章“小直沽人”，因天津旧称“小直沽”，作为暗记，即凡印此小章者，皆属赝品。所写的擘窠大字，也有是别人代书的。他在 1926 年所写的日记自序里谈道：“人生遭际，变化无方。余生平碌碌无所长，惟遇事敢作，不畏难而阻，有所见敢言，不因势而诎。”又谈道：“……四十以前，由中书升入军机，累迁至阁丞，时未十年，侧身卿贰，何其易也。迨五十以后，双亲见背，家事丛集一身，日处忧惶枯灼之中，求片刻宽舒，而不可得，又何其难也。”这是他自述在宦海得意与退隐后为家务所困扰的大概情况。华世奎家本素封，只因好义轻财，不善经营，致晚年卖字自给，时处困境，曾赋有《感怀》诗：“困守寒毡十七年，当年悔否饮廉泉。春衣典尽余尘桁，破砚磨穿亦石田。独恨此身穷不死，尽多同病苦谁怜。觉来又是晨炊近，检点囊中无一钱。”晚年一贫至此，但犹不时资助友朋。

华世奎于 1942 年春夏之交，故于天津里第。伪满“赐谥贞节”，其后人曾印出《华贞节公诗存》一本，内容乃华生前工楷手书的诗稿。

华世奎生前曾说过：“人死如烟，身后事，死者不负责。”所以他在临终时，未留遗言。终年七十有九。

张达骧　刘炎臣

（《天津文史资料选辑》1999 年总第 82 辑）

李麟玉先生事略

一

李麟玉先生，字圣章，1889 年 10 月 20 日出生在天津河东粮店后街“桐达李家”这个仕宦绅商的大家庭里。他的祖父李世珍（1813—1884），字筱楼，清朝同治四年（1865 年）考中举人，继又中进士，一度在北京吏部做官，任主事。后回津经营桐达号钱铺和盐务，也操办过社会慈善救济事业。父名文熙（1868—1929），字桐冈，清光绪年间秀才。通中医，民国初年家道中落以后，即悬壶济世。大伯父李文锦早亡。三叔父李文涛（1880—1942），字叔同，后出家为僧，释号弘一，即弘一法师。

李麟玉少时入塾读古书。1904 年入严范孙创办的敬业学堂（南开中学前身）学习新文化课，1908 年毕业，是南开中学第一期毕业生，当时毕业生共 33 人。同年考入京师大学堂（北京大学前身）理科学习。1910 年由他的姨夫李石曾带领，经西伯利亚去法国留学。在法国期间，先后在南希化学院、图鲁兹化学院和巴黎大学理学院学习，1917 年获巴黎大学应用化学毕业证书。以后，继续在巴黎大学从事络合物研究，导师是著名化学家乔治·于尔班教授。1920 年通过论文答辩，被授予巴黎大学高级理化研究文凭。从此他在化学研究上不断取得成就。

二

留学法国期间，李麟玉也参加社会活动。开始在李石曾等创办的巴黎中国豆精股份有限公司（简称法国豆腐公司）里给华工们讲授国文，组织华工学习。

1916年6月，李麟玉和蔡元培、李石曾、吴玉章等与法国反宗教组织“自由教育会”人士共同组织“华法教育会”。这个组织的主要任务是从事华工教育，创办华工学校，组织留法勤工俭学以及中法间的文化交流等事宜。当时华法教育会的中方会长为蔡元培，法方会长为欧乐，李石曾和法国人贝纳为书记，吴玉章为会计，李麟玉是秘书。

1918年第一次世界大战结束，战胜国在法国巴黎召开和平会议。中国是战胜国之一，也参加了这次巴黎和会。因日本提出要求转让战败国德国在我国山东的权益，首先激起国内学生的反对，而爆发了五四运动。当时李麟玉是中国旅法学生会的秘书，即学生会负责人。他和在法国、英国、比利时的中国留学生组织了“国际和平促进会”，多次就近偕留法的同学在巴黎和中国的南北代表团交涉。在和约签字前夕，中国全权代表、外交总长陆徵祥托病躲入巴黎的圣·克路德医院。当夜，学生、华侨、华工等100多人赶到医院花园，推李麟玉和一位熊姓同学为代表见陆，转达群众意见，坚决反对在和约上签字。开始陆拒不接见，经一再交涉，才由北方代表团的代表之一顾维钧引他们两人一同进入陆的病房。此前，李麟玉暗将由华工段其炜交给的一支手枪藏于衣内，以备一拼。当时，陆徵祥装病不语，由顾维钧在一旁应付，说“陆总长决不签字”，陆徵祥点其首。后由顾维钧引导他们两人外出。当着顾的面，李麟玉向在场的华工、华侨和留学生等宣布见陆徵祥的经过，直至深夜，群众才陆续散去。北洋政府和陆徵祥慑于国内外舆论的压力，才未在丧权辱国的和约上签字。

1920 年冬，周恩来等抵法留学，也受到华法教育会的接待。李麟玉曾多次向南开校友周恩来介绍留法的勤工俭学情况，这件事在 1988 年由中央文献出版社出版的《周恩来书信选集》的《留法勤工俭学之境遇——致严修》一文中有过记载。

三

1921 年李麟玉学成回国，经蔡元培介绍，在北京大学理学院化学系任教，并兼任仪器部主任。1922 年经蔡元培和李石曾商定，由李麟玉在北京筹建中法大学理学院及其预科，到 1924 年夏组建成功，被任为中法大学理学院院长，并兼授化学课程。1926 年，李麟玉参加了北京群众为反对日本帝国主义侵犯中国主权而发起的向段祺瑞临时执行政府的请愿运动。在此之前，即与徐炳昶、李书华等人创办《猛进》周刊，宣传进步思想，反对军阀暴政。因此，“三一八”之后遭到段祺瑞临时政府的通缉。通缉的全部名单，在鲁迅文章《大衍发微》（《而已集》附录）中有详细的记载。

1926 年夏，李麟玉趁在北京大学教授五年可以休假一年的规定，再次赴法国，视察在里昂的中法大学，确定一些章程，内有里昂中法大学的校长要由国内中法大学校长聘任。李麟玉这次在法国期间，还为中法大学购买了为数可观的图书、仪器和实验设备，使学校的教学条件有很大的改善。为表彰李麟玉对中法学术文化交流方面做出的贡献，法国政府授予他荣誉骑士勋章，授勋仪式是 1927 年 8 月 30 日在北京举行的。

李麟玉从1923年在北京安家，将妻子邹氏维沅和13岁女儿孟娟接到北京，卜居东城吉安右巷一号的小独门独院里，由随来的边妈妈（李孟娟的奶妈）、周师傅（边的娘家弟弟）帮助照顾家务。

1926年至1927年间，李麟玉再次去法国回国时，顺路由上海到杭州看望了他的叔父李叔同，当时李叔同已出家，取名演音，号弘一。在这次从海路回国时，是和徐悲鸿同船。徐为李麟玉画的两幅写生画，现还由李孟娟、李卫姐弟珍藏着。

四

1928年国民革命军北伐成功后，北京改为北平。从此以后20多年间，李麟玉把他主要的精力都用于北平中法大学的校务行政上。1928年代理中法大学校长兼理学院院长。1931年辞去在北大担任的一切职务，真除中法大学校长，直到50年代初。1937年七七事变前，李麟玉在北平研究院任化学研究所研究员兼所长，1929年还任北平研究院总办事处主任，1930年，在正、副院长李石曾和李书华不在北平的时候，代为管理全院的日常工作。

李麟玉主持中法大学校务期间，他继续贯彻首任校长蔡元培兼容并蓄的学术思想，校内充满着自由学术空气。马克思主义学说在课堂上占有位置，如王慎时（王思华）教授所开的《资本论》课程，是同学们喜读的课目。这样的学术思想，在抗日战争胜利后到新中国成立前夕，虽受到一些影响，但在中法大学的课堂上仍有徐炳昶、许宝骙等进步教授讲授社会科学课程。

在20世纪二三十年代，中法大学拥有的进步教授居国内前茅，如范文澜、张友渔、夏康农、齐燕铭、曹靖华、钱玄同、刘半农、林砺儒、王慎明、阮慕韩等。前后20多年里，李麟玉在中法大学的工作，约可分为三个阶段：

从1928年到1937年七七事变前的九年里，主要是发展中法大学的事业和应付来自各方面的压力。其间，1929年先在上海成立了中法大学药学专修科（四年制），后又相继在北平成立了中法大学药物研究所（1932年）、理工调查所（1934年）、化学工厂（1935年），还扩充了铁工厂、温泉疗养院等。1934年，国民政府教育部明令中法大学撤销社会科学院和密令辞退有共产党嫌疑的教授。对于前者，李麟玉以改为文学分院应付；关于后者，则不予理会。李麟玉对于当时师生们的爱国进步活动都予以同情和支持。鲁迅逝世后，他支持本校同学在校内开纪念会，北平文教界追悼鲁迅先生的活动，也在中法大学礼堂举行。1936年“一二·九”学生运动时，他以校长身份，出面保释受迫害的爱国师生。其时，国事蜩螗，北平已放不下一张安静的书桌了。

八年沦陷时期，李麟玉坚持爱国抗敌的信念，不屈从日军，不承认汉奸伪组织，不接受伪法令，也不交出校产，一时顶住了敌伪的压力，学校继续上课。当大学和附属中学被迫停办后，他安排学校内迁昆明，组织大部分教学人员登程到大后方去，自己和部分留守人员护校，与敌伪周旋。其间，汪精卫曾指派早年曾经留法的褚民谊来北平游说合作，遭到他的拒绝。1940年纳粹德国侵占欧洲的大片土地，法国政府宣布投降议和。李麟玉维护世界反法西斯的正义事业，拒绝与法国傀儡政权维希政府打交道。1940年秋，伪北大法学院强行进占中法大学的居礼楼和理化生物实验室后，李麟玉和留守人员则被迫退至学校大礼堂和附中院落，在险恶的环境中坚守岗位，李麟玉支持了几位留守教授的研究工作，直至抗日战争的胜利。

1945年抗日战争胜利后，李麟玉和留守人员当即收回被强占的校舍及设施，积极筹备复校。一年以后，主持了昆明和北平两地的新生招考，中法大学即复员回北平原校上课。但不久以后，又在全面内战的环境中，艰难地主持校务。他对于学生们的正义爱国行动，都寄予同情和支持。1947 年五四运动 28 周年的纪念会上，李麟玉应中法大学学生自治会之请向同学们讲了他当年参加反帝爱国运动的情况，鼓励同学们继续为争取科学与民主而奋斗。从 1948 年夏到北平围城前，李麟玉曾几次与市警察局的搜捕人员妥为应付，保护了学生。北平解放前夕，李麟玉拒不南行，迎接解放。

五

新中国成立以后，中法大学改为国立，全部校产归国家所有。1950 年夏，撤销中法大学建制。1951 年李麟玉任中央人民政府重工业部顾问，1957 年任北京工业学院（现北京理工大学前身）副院长。

李麟玉曾任北京市政协第一届政协委员，1959 年以后为政协全国委员会第三、四届委员。他在为全国政协委员期间，将桐达李家的“家庙”（用优质木材精工细制的家族祠堂的模型）和自己珍藏的富有科研价值的矿物标本——大块天然石英石和水晶山子、锑矿山子等分别赠送中国历史博物馆和北京地质学院。

李麟玉还将他叔父李叔同早年的考卷等珍贵文物和资料，赠送给《弘一大师年谱》的著者林子青先生，供研究之用。其中有李叔同早年入天津县学时所作的“课艺”（时文）原稿十多篇、给李麟玉本人的十七通手札真迹和工楷书写的《晚晴剩语》七纸，以及撰述的散文、传记等。还有李叔同 1898—1905 年间在上海读书时的真迹，内有经蔡元培手批的一篇作文和补行庚子、辛丑恩正并科浙江乡试第三场考卷封面一纸。另还有李叔同编著出版的小册子八种和日本记者采访李叔同的剪报一种。八种小册子当中有《辛丑北征泪墨》、《诗钟录编初集》、《汉甘林瓦砚题词》、《法学门经书》(翻译)、《国际私法》(翻译)等5种是他本人的著述，另《唐静岩司马真迹》、《城南草堂笔记》、《天籁阁四种》是他为师友唐育厚、许幻园、宋贞(许夫人梦仙女士)出版的；剪报是1905年至1911年李叔同留学日本时东京《国民新闻》记者对李叔同(当时为李哀)的一次采访，题为《清国人志于洋画》，时在1906年。这些珍贵的文物和资料，对林子青先生1992年增订《弘一大师新谱》时给予了最大帮助，林在《自序》中详细地写道：

> 在增订年谱过程中，给我最大帮助的是大师俗侄李圣章(麟玉)先生。一九六四年四月十九日，约好在他家里见面时，谈了很多话。……告辞的时候，圣章先生捧出一大堆有关大师在俗的宝贵资料说："我看过您写的《弘一大师年谱》，很费一番苦心！这些资料对您将来增订时，可能是有用的，请留下作个纪念吧。"我回家打开一看，完全是我多年想看而找不到的资料，想不到竟会在北京发现！

十年动乱期间，李麟玉的身心虽受到摧残，但对国家的前途和未来一直持乐观态度。

李麟玉生前即提出将其收藏多年的书籍捐献给国家，但临终时，在"文革"中被查抄的全部书籍尚未发还，此事在1985年落实政策后才由其后人完成。这些图书约3万余册，现存中国社会科学院的政治研究所。其中有《皇朝通典》、《皇朝通志》、《宋刻十三经注疏》、《丛书集成》、《古今图书集成》等文献，对研究中国政治思想史和政治制度史，都很有参考价值。

李麟玉先生1975年4月10日病逝。1989年，北京理工大学和北京中法大学校友会联合举行了李麟玉先生诞辰100周年纪念活动，并出了纪念专刊。在《专刊》中的《李麟玉传略》文内写道："先生无愧于一个正直的爱国者，一位受尊敬的教育家和科学家。他还是治学者、育人者的楷模。他的爱国精神，永远值得人们学习。"

师静淑征集　　刘炎臣　王慰曾

（《天津文史资料选辑》1998年总第78辑）

“风筝魏”和他的后代

一、有关风筝的史话

我国人民素有春秋两季放风筝的爱好。风筝旧称“纸鸢”，也有叫“纸鹞”的。

风筝在我国的出现和发展，已有两千多年的悠久历史。我国古代曾有人用木料或皮革制成较大型的风筝，上面可以载人负物，借助风的力量，放飞天空，用作军事侦察和投递求援信号。相传春秋时，“鲁之巧人”公输般（鲁班）做木鸢，载人飞向天空，以窥探宋国都城的情况。还有利用风筝在阵地上空吹奏对方家乡喜闻乐见的歌曲，藉此引起其思乡情绪，以瓦解斗志。如楚汉相争时，留侯张良制作牛皮风筝，在风筝下边安置了三个善吹笛子的人，让他们吹着思乡的曲子，和以楚国的歌声，因而涣散了楚霸王项羽兵士的军心，成为刘邦决胜项羽于垓下的因素之一。

后来，风筝又成为我国宫廷贵族子弟的玩具。五代时有个叫李邺的，在宫中做纸鸢，引线乘风为戏。又在鸢首置一竹笛，“使风入竹，声如筝鸣”。所谓的“筝”，是我国的一种古乐器，这就是风筝命名的由来。从此，风筝逐渐普及到民间，放风筝成为人们的娱乐游戏。

《红楼梦》第七十回里，有放风筝的描述，它的作者曹雪芹所写的《南鹞北鸢考工志》，迄今仍是一部研究风筝的珍贵资料。

二、“风筝魏”的创始人魏元泰

“风筝魏”本名魏元泰，天津人，生于清同治十一年（1872年）六月八日。他父亲魏长清，原是学鞋行手艺的，当过店员，做过小贩。哥哥魏元章，跟他父亲一样，也是鞋行，同时又做木工活。魏元泰从小生长在这样一个清寒的劳动人民家庭，曾入私塾读书，但因生计困难，不得已而辍学。十六岁那年，经人介绍到离家不远的北门里蒋记天福斋扎彩铺学徒，学做“扎彩”（给死人烧的迷信冥器）手艺。掌柜的为了多做一些生意，除了糊扎彩，在春秋放风筝的季节，又兼糊制风筝出售。因此，魏元泰既学会了糊扎彩，又学会了糊风筝，特别是他对糊制风筝有浓厚的兴趣。四年学徒期满，1892年他谢师出门。

他父亲看到自己的儿子学会了一手糊扎彩和做风筝的手艺，感到今后全家生活有了新的希望，便收了自己在街头摆糖摊的生涯，在东门里大街靠鼓楼稍东的地方，找到一间小门脸，为儿子开设了一个扎彩铺，就以自己的名字作为店名，叫“长清斋扎彩铺”。从此，魏元泰在这里糊制扎彩、太平鼓和风筝等品出售，而以风筝为主。当年这间小门脸的门外，经常是挂着一个饱经风吹日晒的纸糊“锣鼓燕”风筝，上有“魏记”二字，作为引人的标记。屋内四周墙上，挂满了种类不同的大小风筝，有小燕、蜈蚣、金鱼、美人、八卦、宫灯等，供顾客们选购。清末，慈禧太后曾派一个太监来津向魏元泰订做风筝。北洋政府大总统黎元洪下台后寓居天津，自己曾带一随从来买过魏记风筝。被冯玉祥驱逐出紫禁城来津住在张园的清朝末代皇帝溥仪，也曾派人来买过魏记风筝。

新中国成立后，1952 年“风筝魏”的产品在全国民间工艺美术品展览会上展出后，魏元泰被吸收为天津市美协会员。

1953 年，“风筝魏”的产品又被文化部陈列在历史博物馆。从 1955 年起打开了向苏联、意大利、澳大利亚、泰国以及美洲等地的销路，“风筝魏”海外扬名。魏元泰曾被选为天津市政协委员。

1956 年，八十四岁高龄的魏元泰，为天津历史博物馆制作了一个由五只白色和平鸽护卫着一颗鲜红的五角星的风筝，尾部系着一条长长的飘带，上面写着“世界和平”四个大字。平稳地放飞到天上，受到风筝爱好者的普遍称赞，对中国维护世界和平的政策起到有力的宣传作用。

1957 年 1 月间，魏元泰得到天津市手工业管理局转发中央手工业管理局为奖励天津老艺人创制新产品参加出国展览而颁发的奖金。当时魏元泰曾特制了“四喜瓜蝶”和“子孙万代”两个绸制风筝，在欧洲、亚洲十几个国家展出，再一次受到国外的好评。同年 7 月间，魏元泰被邀参加在北京召开的全国工艺美术老艺人代表大会，并入选主席团。

1959 年，中华人民共和国建国十周年之际，八十七岁的魏元泰，怀着欢庆国庆大典无比兴奋的心情，不惜精力，为我市庆祝游行队伍特别赶制了一个“彩龙”风筝。是纸头布身，长达一丈六尺，用气球带到天空，象征着东方巨龙的腾飞。这年，中央新闻纪录电影制片厂在三十七号新闻简报中，拍摄了他晚年致力风筝制作和欢度幸福晚年的情景。

1961 年 5 月 14 日，一代能工巧匠因年老力衰不幸逝世，终年八十九周岁。

三、魏记风筝的特点

1. 造型多变

在“风筝魏”以前，天津的风筝，完全是硬翅的，造型也很简单，如“天官赐福”到硬翅膀小燕等。从 1898 年起，二十六岁的魏元泰，将平板式的风筝，改为圆形立体结构，如“宫灯”、“门灯”等造型的风筝。最后他又研究出绸面软翅的风筝。

魏元泰创制的风筝，从造型上分有平板式、弓子式、立体式、串式等类，从仿形上分有飞禽、飞虫、鱼类、人物和方字块等；从结构上分为整体式（硬翅）和组合式（软翅）两类；从尺寸上，分为巨型、大型、中型、小型和袖珍型五类。

原来风筝的骨架，都是用线扎绑。魏元泰按照骨架各个部位，造成穿眼扣榫结构，都是仔细地钻了小孔，串在一起，每一处接头地方都有铜箍，能够拆展折叠。其代表作品为巨型蜈蚣。它是一个长五丈，直径三寸，由一百节身子和二百根可以折成三节的须子组成的风筝；虽然体形如此之大，却可拆散了装在一个仅仅一平方尺左右的纸盒里，携带方便，且可邮寄各地。

2. 彩绘逼真

魏记风筝的彩绘，主要以仿生为基础，采用写意和写实相结合的重彩勾勒、条线夸张的手法；吸收了我国古代建筑彩绘常用的褪晕法（近似工笔画的晕染）。使之近看色彩鲜艳，装饰感强，远望形象逼真，达到了远近俱佳的效果。

3. 特技精湛

风筝，除了拆展折叠式的形体变化外，还有自动往复“送饭”特技、背负锣鼓特技（如锣鼓燕）、变色变字特技、变换方位特技和撒传单特技等。如魏元泰制作的“子孙万代”型的风筝，是由五个蝴蝶和一个葫芦构成的风筝，放飞到天空后，五个蝴蝶围绕葫芦四周，翩翩飞行，形象非常生动。“麻姑骑凤”和“天女散花”是两个绢面立体风筝，在试放时，天空中飘起了身跨彩凤和足踏青云的两个美女，飘飘然宛如神话中的仙女临凡，魏元泰还做过一组四个不同颜色的蝴蝶风筝，用一根线放飞，四个不同颜色的蝴蝶在空中缓缓地自动调换位置。这些特技别开生面，独树一帜，令人叫绝。

4. 飞行平稳

一个风筝质量的好坏，全在扎骨架的基本功是否过硬。竹料要选用坚细纤维的多年生毛竹，坚硬则结构牢固，富于弹性，能较好地减少重量，放飞时容易徐徐上升。魏记风筝骨架各部位的比例关系与实物相似，重心位置合理，动静平衡无误，所以，试飞后决无不拔高、倒栽、偏摆、摇晃等现象出现。产品放飞成功率通常达到百分之百。风筝魏于1915年曾将十多个风筝，作为当时北洋政府的直隶全省出口商品征集展品，送至美国巴拿马国际商品展览会参加竞赛，得到了金奖牌和褒状等纪念品。从此“风筝魏”的名声大振津门，魏记风筝驰名世界。

四、四代相传有贡献

“风筝魏”家，可以说是一个“风筝世家”。魏元泰的儿子魏慎明，虽属嫡系，但因生活所迫，并未继承父业，从小在别处当工人，后来任天津市玻璃器皿厂党委书记。他有子女四人，以长幼为序，魏永祥（男）、魏永贵（女）、魏永利（男）、魏永萍（女）。

继承魏元泰事业的，是他的亲侄子魏慎行，侄孙男魏永昌，侄孙女魏永珍和魏永华，侄曾孙魏国秋等祖孙三辈。兹略记其情况如下：

1. “风筝魏”第二代

魏慎行，是魏元泰的亲侄（魏元泰胞兄魏元章的儿子），生于光绪二十九年（1903 年），卒于 1981 年。八到九岁在私塾读书。1915 年十二岁，开始在家庭作坊从叔父魏元泰学做风筝，得其真传。特别在风筝的动静平衡方面，有独特的建树。

2. “风筝魏”第三代

（1）魏永昌　魏永昌是魏慎行的儿子，魏元泰的侄孙，1934 年生于天津。他在叔祖父的影响和家庭熏陶下，从小就深深地爱上了风筝制作这一行。1948 年十四岁小学毕业，因家庭生活困难，未能继续升学，在家庭作坊长清斋以叔祖父魏元泰和父亲魏慎行为师，正式从师学艺。

魏永昌从学艺到现在，已有三十八年的历史，他为了继承和发展“魏记风筝”这门传统的民间技艺，加强风筝制作的理论研究，不断对产品进行改革和创新。如对风筝的动平和静平，近观和远望辩证关系的研究，使一面风筝的制品既可以作为室内观赏，又可以拿到室外放飞。又如飞禽头部的制作，过去是纸浆胎制成，现在由他改为穿榫立体结构，从而使头部鼓起、眼球凸出，形象更加逼真，造型更加美观。他为了适应形势的需要，近年来先后创制了“百鸟朝凤”、“百花齐放”、“中日友好”和“银球传友谊”等具有新意的风筝。这些不同时期的近二百种样品，曾先后在北京、广州等地和法国、日本、美国、坦桑尼亚等国展出，博得了国内外一致好评。

魏永昌从 1958 年进入天津工艺美术厂，到 1970 年，一直担任该厂风筝组组长。同年，曾同他父亲魏慎行和大妹魏永珍去西郊杨柳青镇传艺，协助该镇建立了一个具有五百名技术工人的天津风筝厂。1977 年，调到厂技术研究室，从事技术工作。1979 年，作为天津市老艺人代表，出席全国工艺美术老艺人创作设计人员代表大会，受到党和国家领导人的接见。

1983年秋，魏永昌应法中友好协会的邀请，飞赴法国，对法国民间风筝爱好者，进行为期九周的培训和传授风筝的制造，使魏记风筝在法国扎根，对中法文化交流做出了贡献。

魏永昌的爱人杭恩兰，得到她公公魏慎行的亲传，在制作风筝技艺上，也有独到之处，现在是杨柳青风筝厂骨架车间工人。

（2）魏永珍　魏永珍是魏元泰侄孙女，魏慎行的长女，魏永昌的大妹，1943年生于天津。从上小学时就利用课余时间随同叔祖父和父亲学艺。1961年初中毕业后，即于是年进入天津工艺美术厂，在风筝组从事风筝制作。她不仅全部掌握了魏家祖传制作风筝的技艺和原理，而且在自己致力风筝艺术的多年实践中，在风筝彩绘方面，又有了进展。她的风筝彩绘色调明快清淡，线条均匀，远近观看皆美。

她认为，祖传的魏记风筝艺术，经历了近百年的创造发展，积累了大量的实践经验和丰富的创作理论知识，有必要将这些进行一次较为全面和系统的回顾、总结，再挖掘和再提高。她说："这个任务，是落在我哥哥魏永昌和我的肩上了。我们准备把这些有关风筝艺术的宝贵东西，写成文字材料，留给后人研究，使魏记风筝艺术更加发展，这是我们兄妹，同时也是我们魏家全家人多年的愿望。"

3. "风筝魏"第四代

魏国秋，是魏永昌的次子，1961年生。1979年高中毕业，1981年6月进入天津工艺美术厂，在风筝组当徒工。因出身风筝世家，一面在厂里学艺，一面经家人指授，进步较快，是"风筝魏"的第四代新苗。

"风筝魏"后继有人，技艺精益求精，使中国民间工艺大放异彩。

（《天津文史资料选辑》1986年总第36辑）

严范孙与崇化学会

以兴学闻名的严范孙，晚年为提倡国学，在天津创办了一个崇化学会，直至天津解放初期，这个组织还继续存在，并由它产生了天津崇化中学，后经地方政府接管，改为今天的天津市第三十一中学。现兹就个人回忆所及，写成这篇资料。

一、创办动机

严范孙在清末以奏请改革学制、兴办新学有声于世。他曾偕同林墨青最早在天津创办官立男小学十六处、女小学十一处，利用庙宇作学舍、成绩突出，为各省之冠。在这种废庙兴学的新形势下，天津各处原有的旧式私塾逐渐被淘汰，新创办的小学，在初期虽仍设有《论语》、《孟子》等旧学课程，但因侧重提倡科学教育，学习经书者乃日见其少，出现了重理轻文现象。严范孙等人“鉴于国学日微，将有道丧文敝之惧”，于是开倒车，又倡议恢复读经，以维护国学不亡。天津崇化学会，就是在这样历史背景下产生出来的。它于1927年，经天津士绅和文坛名流严修（范孙）、华世奎（壁臣）、林兆翰（墨青）、赵元礼（幼梅）、刘嘉琛（幼樵）、高凌雯（彤皆）、徐世光（友梅）、王守恂（仁安）、李金藻（琴湘）、王仁沛（辛农）、杜禹铭（克臣）、赵德珍（聘卿）、杨鸿绶（子若）、金钺（凌宣）等发起筹设。该会取汉诏“崇乡党之化，以厉贤才”之意，故取名“崇化”。

二、学会的组织与人选

天津崇化学会初成立时的组织，设主讲一人。当时有一位长洲（苏州）旧学者章式之（钰），流寓天津闲居，由董事会礼聘担任是席。董事会由三十二人组成，凡参加发起的，均列为董事。经全体董事推举严修、华世奎、赵元礼、林兆翰、徐世光、周登皞、高凌雯、王守恂、李金藻、刘嘉琛、王仁沛、杜禹铭、赵德珍、金钺、杨鸿绶等十五人为常川董事，再由常川董事推举严修为首席董事。另外还推举保管基金董事二人，其余十二位常董轮流值日，协助主讲讲课。任期均为一年，规定每年改选一次，可以连任。学会中设有司事一人，经理账目、文牍、庶务等项工作，由董事会遴选王斗瞻（文光）担任。另设书记一人，负责缮写兼保管文件，也是由董事会遴选。

三、募集基金及呈请备案

崇化学会组成后，并无活动经费，必须筹集基金，乃由董事会决定，印发捐启，广向各方劝募基金。捐启发出后，首先得到当时的直隶省督办兼省长褚玉璞捐助的基金五千元，接着各方响应，陆续认捐者很多，学会的基金很快筹集起来。

募集基金后，即由常川董事严范孙等十五人具名，分向直隶省长公署、直隶省教育厅、天津警察厅和天津县公署等机关办理备案手续。直隶省长公署在批示“准予备案”的指令中提到：“……当此邪说横行之日，全赖诸君子阐扬正谊，用挽狂澜。”1927 年严范孙等为崇化学会呈请备案时，正是风起云涌的国民革命军向北方推进的时候，垂死挣扎的北洋奉系军阀已预感末日就要来临，他们惧怕革命，幻想能借旧的诗书礼教抵挡轰轰烈烈的北伐战争，故在批示中有此哀鸣。

四、学员及学习科目

崇化学会在募集了基金并完成备案手续后，即积极进行招生和讲课工作。它是以招集会员专门研究国学为主，故凡年在十六岁以上、三十岁以下，国文通顺，能作四五百字以上文章者，不拘省籍，皆可报名参加应试，合格者即可被吸收为学员，不收学费，对学习成绩优秀者，发给资金，以资鼓励。

崇化学会规定学习的科目设有义理、训诂、掌故三门。参加的学员，可根据个人文化水平和志趣，自选一门，或兼学三门均可。对于以上三门，如学有门径者，可以自定一书作为日课，再博求其他书籍，供作参考，在自学中随时做出札记。如果是初学，义理门以“四子书”，训诂门以《诗经注疏》作为日课的根本书籍；关于掌故这一门，以《九通》为源泉，因为这一门缺少简而得要的书籍。为了避免茫无头绪，初学者先从事于正经正史的学习，修业期为三年。

该会开办伊始，鉴于考取的学员程度不一，难以立即分班讲授，乃采取一项弥补办法，即先设讲习科，由1927年冬季起，预习冬三月。经过预习以后，从1928年春开始正式学习。学员所认定的书目，包括《论语》、《史记》、《汉书》、《诗经注疏》、《通鉴辑览》和《段氏说文》等等。

崇化学会开课后，严范孙和卢木斋之弟卢慎之，为提供各学员学习参考资料，分别捐献了许多研究国学的书籍。1947年3月，前江西督军蔡成勋的家属将蔡个人所有图书，尽数捐于崇化学会，供众阅览。同年6月，藏书家金敬瑄（致淇）也将他半生辛苦收藏的图书赠与崇化学会，为学员们创造了有利的学习条件。

五、几经变化以至结束

崇化学会从 1927 年创办，因为是经严范孙领衔创办的，最初的会址，即设在他的私邸蟫香馆。1929 年春，严范孙逝世前(3 月 2 日，即旧历正月二十一日)，曾写了一首七言自挽诗：“小时无意逢詹尹，断我天年可七旬。向道青春难便老，谁知白发急催人。几番失马翻侥幸，廿载悬车得隐沦。从此长辞复何恨，九泉相待几交亲。”留呈崇化学会主讲章式之和学会董事高彤皆、王仁安、华壁臣、赵幼梅等诗友。这首诗是严范孙的绝笔，也是留给他最后创办的国学团体的。他的去世引起崇化学会师生的无限悲恸。

严范孙逝世后，崇化学会改由华壁臣主其事，并迁会址于河东二经路。1935 年 8 月间，该会又迁到东门里府学明伦堂，设讲坛于奎星阁之北，华壁臣特颜其室为“崇化室”。仍是由章式之担任主讲，学会的各董事轮流到会值班。

嗣后因主讲老师章式之病逝于北京，一时未能物色适当的继任主讲，临时暂由王斗瞻、骆寿先、石松亭、杜金铭、郭霭春等维持讲学。这些继承维护国学者，原来都是崇化学会早期的学员，这时全成了先生。当时天津已沦陷于日人之手，原有的官方补助费已经断绝，难于继续维持，但又不愿意停办。为了占住明伦堂的房子，改由胡峻门一人独力支持。

后由龚作家联系凤祥帽店的经理张誉闻，应允按月资助一笔经费。于是把鼓楼东第二图书馆馆长老教师郑菊如请出来，还有王纶阁、王斗瞻、龚作家、俞品三、王叔扬、李澄波、井蔚青、郭霭春等，共同维持残局，分别讲课，使奄奄一息的崇化学会，又出现了起死回生面貌。当时重新修改了招生章程，并添了新的课程，规定郑菊如讲《诗经》，王纶阁讲《左传》，龚作家讲《论语》、《孟子》，王斗瞻讲“学统”，俞品三讲《说文》，郭霭春讲“史学”，胡峻门讲《通鉴》，李澄波讲“史地”，井蔚青讲《公文程式》等等。除设有讲习科外，还有学术讲演会，每天晚上讲课两小时，内容包括经学、史学、文学及修身。这种局面，一直维持到天津解放。

天津解放后，崇化学会为适应时代的需要，在文庙创办崇化中学，推举李琴湘为董事长，王斗瞻等为董事，校长先为郭霭春，后易李孟高，龚作家为教导主任。嗣后因扩大招生，又借用文庙东西两庑和大成门外的乡贤名宦祠扩充教室。后来崇化中学由政府接办，经过改组，成为今天的天津市第三十一中学校（地点在北门西旧天津县政府），崇化学会从而无形结束。

（《天津文史资料选辑》1987年总第38辑）

边守靖与恒源纺织厂

边守靖（1885—1956），字洁清，天津静海人，清末秀才。早年留学日本，毕业于东京帝国大学法政速成科。1910 年回国，入同盟会，参与反清和反袁世凯复辟帝制的活动，支持天津学生五四爱国运动。经营曹氏家族所建天津恒源纺织厂，曾两次抵制日商吞并。新中国成立后，曾任天津市工商联常委、天津市人民代表、天津市人民政府委员及全国政协委员。

一、反清之后继反袁

19 世纪末，清政府于甲午战争失败和戊戌变法后，帝（光绪）后（慈禧）两党展开激烈斗争。在这动乱的年代，边守靖加入了孙中山创立的同盟会，并曾被派为华北特派员，在北方进行反清活动。

1911 年武昌新军起义，迫使清廷退位，袁世凯窃取了辛亥革命的领导权，因是边又投入了反袁运动。事为袁所侦悉，派人将其逮捕，但查无实据，乃设法栽赃。命他的党羽在边的衣包中偷偷塞进两支手枪，成为先斩后奏的把柄。边能说善辩，揭露了该枪支系狱卒在饭食中下了迷魂药暗害所致。袁不得已把他交给天津警察厅长杨以德，押解回天津看管。时杨为收买边守靖，让他在天津警察厅当了司法科科长。边衡情度势，乃屈从于杨以德。

二、支持学生爱国运动

辛亥革命后，边守靖任直隶临时省议会议长。当时正是北洋军阀、官僚曹氏兄弟炙手可热的时候，曹锟是直隶督军，其四弟曹锐是直隶省长，难兄难弟，一武一文，把持全省军政大权。边作为直隶省民意机构的代表人物，为便于行事，不能不唯曹氏兄弟马首是瞻。因当时直隶省长公署和直隶省议会都在天津，边守靖与曹锐接触机会颇多，为了相互利用，互换兰谱，呼兄唤弟，形成莫逆之交。因此边不惜倾注全力，为曹氏集团奔走运筹，人称“直系智囊”。

伟大的五四爱国运动在天津展开后，边守靖没有站在曹、杨的立场上，压制学生和各界群众的游行示威，而是以具体行动支持了学生联合会。当时天津的爱国学生们，为向各界通电呼吁和揭发北洋军阀的倒行逆施，常需要拍发电报，边便把直隶省议会使用的电报记账本，交给学生联合会使用，把账记在直隶省议会上。这种“用河水洗船”的办法，受到了学生的欢迎，但却引起了杨以德的不满。他曾对边发牢骚说：“有人在没着落的时候，找到我这儿来，我让他当科长，现在他有点势力了，又要学生了。”弦外之音，是指边守靖“忘恩负义”。

三、支持曹锟贿选总统

袁世凯称帝失败，黎元洪由副总统继任总统，旋与段祺瑞酿成“府院之争”，黎被去职，由冯国璋代理。1918 年曹锟、吴佩孚把徐世昌架上总统的宝座，而在 1922 年直系战胜奉系后，曹、吴又把徐赶下台而迎黎复位。这时实际控制北京大权的曹锟也想当总统，因是于 1923 年 6 月，直系又把黎元洪撵走，为曹氏贿选打基础。当时以曹锟为首的直系军阀集团，分成津、保、洛三派。边守靖是津派的干将，他以直隶省议会议长的地位，常与国会议长吴景濂、直隶省长王承斌、交通总长吴毓麟、内务总长高凌霨、烟酒税务署督办王毓芝等接触，为推动贿选工作，仆仆风尘于津、京、保地区，分头进行磋商。除以天津英、法等租界为基地为曹锟贿选总统进行幕后活动外，边还常出现于北京宣武门外甘石桥俱乐部和北京外交部大楼。当时他们所热衷于研讨的，是如何收买国会议员和筹集贿选费用的问题，而其中是先制定宪法，再进行选举，还是先选举，再制定宪法，成为当时争议的焦点。边守靖在这种乌烟瘴气的局面下，曾密言曹锟，先要选举总统，后再制定宪法，不可动摇，以防失利，从而坚定了曹锟要早日当大总统的企图。在如何拉拢国会议员和凑集贿选经费问题上，边时常参与邀宴国会议员，并在直隶省各县摊派贿选费用等方面，积极献计献策。在收买国会议员上，因议员们自以为是奇货可居，乃待价而沽，不肯轻易出卖自己。因是贿选票价，一涨再涨，最后定为每张选票 5000 元。经手拉票的，除边守靖外，还有王承斌、吴毓麟和王毓芝等，他们分别负责签发贿选支票。经边手签发的支票，上面盖有“洁记”二字，作为暗号，以便查对。经过这场铜臭熏天的肮脏交易，终于把曹锟推上了“中华民国大总统”的宝座。惜好景不长，1924 年秋第二次直奉战争中，冯玉祥发动了“北京政变”，曹锟被囚，曹锐自杀，直系垮台。正如在曹阴谋贿选之初，梁启超曾向其进谏所说：“我公足履白宫之日，即君家一败涂地之时”，不幸而言中了。边守靖在参与曹锟贿选总统时有行贿行为，因是被未接受贿赂的众议员控于北京地方检察厅，一度陷于尴尬境地。由是边守靖结束了他的政治活动，代曹氏家族经管恒源纺织厂了。

四、赌华新之兄创恒源[①]

边守靖原是一位政治活动家，当他同曹锐创办天津恒源纺织厂后，又兼而成为一名中国近代工业的实业家。恒源在他的呵护管理下，两御日商的吞并，直到新中国成立，由官商合办改为私办，由公私合营改为国营。

早在1916到1918年，北洋政府财政总长周学熙筹建天津华新织厂时，曹锐、边守靖等曾到周家拜寿，酒席宴前，周谈及开办织厂大利可图时，曹闻之而动心，拟加入一部分股本，但为周婉言谢绝。曹乃暗自怄气，坚决要自办一个织厂，以与华新织厂对抗。如前所述，当时曹锐是直隶省长，其兄曹锟是直隶督军，盟弟边守靖是直隶省议会议长，集军事、政治、民意之大权于一体，在办事上当然可以收到如臂使指、随心所欲的效果。当时天津有一个官办的直隶模范织厂，厂长是王竹铭，还有一个恒源帆布公司，是恒记德军衣庄股东章瑞廷开办的。这两家工厂相距很近，一家是专纺织，一家是专织布。经过曹、王、章三方商谈，织厂和布厂联合在一起. 仍以恒源为名，改为官商合办。初合办时，直隶模范织厂改称恒源北厂，恒源帆布公司改称恒源南厂，后为便于生产和管理，乃合而为一。合并了的恒源于1917年开始筹办，1920年4月投产。股东有曹锟、曹锐、鲍贵卿、张作霖、田中玉、冯叔安、王鹿泉、宋文轩、边守靖等。资本号称400万元，实际收进了346万元，其中曹氏兄弟及其家族就占83万元，边守靖2万元（是曹锐送给他的）。

华新的厂址，靠近王串场金钟河，不但利于船运，而且工业

① 此标题文义不明，原书如此——整理者注。

用水也方便。为了与华新抗衡，曹锐便仗势垫死金钟河，使华新断绝工业用水。华新不得已，便在厂内挖掘了 48 口井，开了天津工厂打洋井使用地下水的先河。

五、恒源两次抵日吞并

恒源投产最初两年，生产比较顺利。后因棉贵纱贱，日纱又进入我国倾销；加上南方纺织品运销北方，致使恒源生产不力，成本增高，产品滞销。至 1926 年，官股完全撤出，改为私股。进入 30 年代后，恒源负债累累，不得不停产。日商见此情形，企图收买。边守靖为维护恒源，阻止日本人的鲸吞，便商请与金城、中南、盐业等银行联系贷款，改为合作形式，对以前所欠 260 万元，暂时停止付息，再新借入 120 万元，由新建的诚孚公司管理，但产权仍归恒源纺织厂所有。因是，才使其摆脱了困境。

恒源委托诚孚公司管理后，便推举金城银行的杨固之、盐业银行的陈亦侯、中南银行的张金威为董事会董事。为加强设备力量和技术管理，除由日本买进丰田机器外，又邀上海纺织专家曾伯康来津任厂长，董权甫和李振武分任副经理，并责董负责工务、李负责业务。经过这次经济力量的充实，人事的调整，机器设备的改进，产品质量有所提高。同时，从曾伯康任厂长后，他由上海选来一批女工，又在天津地区招收了一批女工。这样一来，恒源纺织厂开了天津纺织业雇用女工的先河。

七七事变后，天津沦于日军之手，日商为了把持天津的纺织业，又开始打起收买恒源的主意。时恒源虽在诚孚公司的代管下，但产权仍归恒源所有。边守靖便以此为由，再一次拒绝了日人收买恒源的要求。

在八年抗战中，边守靖处于沦陷区的天津，日伪组织为了利用他的声望，虽曾多方对他进行拉拢，但边始终未为所诱。相反，为维护恒源纺织厂不被日商吞并，他千方百计予以抵制，因此恒源遭受到日伪的报复，在所谓“治安强化运动”中，硬逼恒源拆毁40%的机器设备，当做废铜烂铁“献纳”给日军。这样做后，还不解恨，又断绝了恒源的原棉供应，以扼杀之。而恒源却未被吓倒，派人深入各棉区自行收买棉桃，经过加工，充做原料，渡过了难关。在北洋军阀官僚投资的纺织厂中，恒源是唯一未被日商吞并的一个。所以在抗日战争胜利后，恒源的职工们非常感谢边守靖。

抗战胜利后，恒源纺织厂赖有一部分美棉救济，得以开工。但值国民党统治时期，纸币贬值，边守靖趁此机会偿还了诚孚公司的债款，使恒源在1946年2月又回到了自己手中。新接收回来的恒源由曹锐之孙曹郁文任经理，刘晓斋任副经理，边守靖担任董事长。1949年天津解放前夕，曹携带家私逃离天津至香港，转道去了台湾。在这种情况下，边守靖只担任董事长不兼任经理职务，一直到天津解放。

天津解放后，边守靖经过抗美援朝、土地改革、镇压反革命和三反、五反运动的洗礼，受到了教育，得到了改造，扩大了政治眼界，从一个资产阶级、私人工商业者，转变为拥护共产党、坚持走社会主义道路的工商业者。1954年公私合营时，恒源是最积极合营的私营企业之一。

郝庆元整理

（《天津文史资料选辑》2002年总第95辑）

砖刻和“刻砖刘”

天津有同一门类的两种艺术，长期以来一直在全国处于独一无二的地位，却未能得到人们应有的重视，这就是天津的砖刻和刻砖。

天津的砖刻

“砖刻”这一古老的画种，是指历史悠久的画像砖（石），它是中国的瑰宝，也是东方最古老的艺术。其特点是以砖（石）为平面，在上面用翻模或刻凿的技法使砖面现出平雕或浅浮雕式的花纹或画面。远在秦代，就已产生了翻模画像砖，发展到汉代达到鼎盛时期，称汉画像砖，后又有汉代瓦当艺术，在历史上并称秦砖汉瓦。这些砖瓦不仅是建筑材料，而且形成了一门独立的艺术，内容极为广泛，计有花纹砖、动物画像砖、民俗生活砖和历史故事及神话传说砖。这些画像砖，原是被认为仅用于厚葬之风盛行的享堂墓室，因此人们不屑于传承接代。据博物馆的同志说，在咸阳一带的汉砖都用于殿，庙、台等处，有的花纹砖发现于阿房宫旧址。可见当时的秦砖和汉瓦，是广泛用于建筑装饰，并非只用于墓葬。

这种艺术自魏晋南北朝以后，长期衰落消亡。新中国成立后，天津版画家马达和李骆公对这门艺术进行了研究，首次用于自己的创作，使砖刻艺术在20世纪50年代的天津一度中兴，另有画家张德育、袁廷奎、王文西、江泽等也先后有砖刻作品问世，遂使天津增添了一个在全国独家经营的艺术门类，使岑寂了两千年的艺术重放异彩，但不久又衰落下去。

党的十一届三中全会后，天津的砖刻第二次兴盛起来。江泽、王文西都有新作品问世。后起者王惕和阎绍民夫妇，首先将汉画像砖加以发展，在天津美术学院王之江、王麦秆和已调至广西的李骆公三位教授的支持鼓励下，在材料、形式和艺术手法上都有新的突破，使小块、单幅的人物画像，发展成大型壁画。他们在1982年创作了大型砖刻壁画《背水一战》。现在他们又致力于把砖刻和刻砖相结合研究，提出用粗放、稚拙的砖刻壁画做室内装潢，再以“刻砖刘”的技艺，搞仿清砖瓦建筑及豪华大厦的外表装饰，更好地发挥实用作用。

天津的刻砖

“刻砖”是指以“刻砖刘”为代表的建筑装饰砖雕。这项天津民间工艺刻砖艺术，也是由平面发展成为浅浮雕、深雕、透雕等。刻砖要晚于砖刻，也是出自民间工匠之手。传至清末民初，被称为“刻砖刘”而独享盛名。

“刻砖刘”本名刘凤鸣，天津人，回族，生于清光绪十六年(1890年)。刻砖这门艺术实际上是始于刘凤鸣的外祖父马顺清和舅父马少清。

1. 马顺清父子的技艺

马顺清从十七八岁起在天津建筑业做泥瓦工。清同治年间，河东有马四海等人刻砖，马顺清很喜欢这些花砖，自己就用土坯模仿，时间长了，就有点儿入门了。他白天干小工活时，听见师傅们闲谈，某处有块“斗板”，花样不错。下了工他马上跑到那儿去看，回到家照人家那样，自己做一块，并不断加工，直做到一样为止。当时他们正给天津“八大家”振德店黄家盖房，有一连四块的刻砖，工头让马顺清做，受到好评。由这以后，马顺清开始从事刻砖艺术。

在天津东门里鼓楼东大街路北，有一所大宅第，主人在扩建跨院后，发现正房斗板上所刻的“和合二仙”脸上不带笑容，出来进去看着别扭。有一天他大宴宾客，在席间说出这件事后，有个叫卞九的客人推荐马顺清给改一下。转天马顺清被约去，在院子端详了一番后，他挎好工具袋，登梯上去凿了几下，就下来了。大家一看，喝！和合二仙笑了，笑得那么自然。从此马顺清的名声更大了。

马顺清的儿子马少清，继承父亲的技艺，比其父的刀法更纯熟，他帮助他父亲创造的“粘砖法”可以说是个突破。

马顺清、马少清父子精于刻砖技艺，擅长磨砖对缝的细活。在天津大宅第的房屋建筑装饰上，多存有他们的手迹。如从前北门里老“八大家”益照临“海张五”家里的祠堂建筑，保存着许多马顺清精刻的各种类型花砖，尤其在这座祠堂的偏殿，马顺清雕刻的花砖存在的时间最长。西北城角清真大寺有马少清的刻砖真品。其他散落于天津城厢及其附近乡镇等大宅第的马氏父子的刻砖作品，因年代远，变化很大，逐渐湮没，没法查考了。马氏父子的刻砖作品层次分明，造型考究，树木屋宇错落有致，特别是对房屋的处理，既不是三度空间，也不是平面排列和散点透视，在只有二三厘米厚的空间里，使人感到天地广阔。

2. 青出于蓝的“刻砖刘”

刘凤鸣小时常去姥姥家，耳濡目染，受到很大影响。他开始是用土和泥，做成像长砖或方砖一样大小的泥块，在上面试着雕刻。看到母亲衣服大袖上的绣花，绣有山水、人物、花鸟鱼虫等形象，他便以此为样板，模仿着雕刻。他从十五岁起，正式向外祖父马顺清学习刻砖，以后又向舅父马少清学习，直到二十八岁才独立创作，到处应活。有一次，他搬运别人已经刻好的花砖，不小心摔破了，转天就是完工的日期，工头非让刘凤鸣赔一块，他一口应承下来。到一间空屋里，叮叮当当刻了一块花砖，工头一看，比摔破的那块还细还好。

刘凤鸣善于观察事物，对于建筑上的油漆彩画，寺院坟茔的砖石雕刻，以及杨柳青年画和旧式花灯上的人物花卉、楼台殿阁等花样，他都用心揣摩，日积月累，脑子里留下许多画稿的印象。他融会贯通，取长补短，不断发挥所学到的刻砖技术。在雕刻中，他将刻砖分成深浅不同的层次，无论是人物、动物、花卉还是屋宇，全按远小近大的原理布局。他使用的工具很简单，只有刻刀、打钻和敲锤等几件小工具。他除了继承马少清的“粘砖法”自己又创造了“堆砖法”。他所刻的《九狮图》，就是运用了堆砖法刻出来的。于是“刻砖刘”之名，渐渐传遍三津。

天津讲究三合院或四合院式建筑，磨砖对缝的虎座门楼，好几层的高台阶，封闭式的院墙。“刻砖刘”所雕刻的花形，起着立体装饰作用。比如屋脊上的大兽，房檐两边的斗板、挂楼、直檐、锁妖、炉口、半活等，还有安装在房顶上的烟囱，雕刻精细，立体感强。“刻砖刘”早年的刻砖，有《全家欢乐》、《龙凤呈祥》、《常年富贵》、《十鹤十鹿》、《扶苏花篮》……早已受到人们的喜爱和赞赏。新中国成立后，他创作了《二万五千里长征》、《毛主席在农民运动讲习所》等。

“刻砖刘”的刻砖艺术经过多年的发展，已不仅仅是在砖上做平面雕和浅浮雕，而是半圆雕以至透雕。层次多、立体感和装饰味较汉瓦更强。他的刻制手法细腻，人物、动物、花鸟、屋宇、桥梁，已非剪影形式，眉目、羽毛、花蕊、叶筋，都有细致的描变，各具特色。他的这一绝技，与杨柳青年画、“风筝魏”的风筝、“泥人张”的泥人，并称为近代天津民间四大工艺。

“刻砖刘”一生，继承马顺清、马少清父子的衣钵，从事泥瓦建筑和刻砖活七十多年，有所发展、创新。1956 年他患了寒腿症和气喘，1966 年以后退休。1979 年 11 月 15 日在西北城角南大寺蔡家胡同住所去世，终年八十九岁。按照回民习俗，葬于赵庄子回民公墓。

“刻砖刘”有子四人，只有幼子刘书儒曾追随他做泥瓦活和刻砖。

（《天津文史资料选辑》1986 年总第 36 辑）

马千里与《新民意报》

在1919年轰轰烈烈的五四运动中，天津涌现出许多先进知识分子，当时在南开大学任庶务主任的马千里，就是其中突出的一位。他在青年时代，就广泛地参加社会活动。拥护孙中山先生的主张，并加入了同盟会。五四运动期间，他不幸被捕。他坚信自己爱国无罪，在狱中就筹划出狱后的斗争途径，决意不回南大任职，开始筹办报纸，从事反对帝国主义和北洋军阀的斗争。《新民意报》就是马千里在那个年代同另外四人在天津创办的，是20世纪20年代初期比较进步的一份对开报纸。周恩来同志当年也曾参与过这张报纸的筹备工作。

《新民意报》于1920年9月15日创刊，1925年1月7日停办，历时四年零三个月，以“讨论社会问题，提倡平民政治”为宗旨。报头是天津书法家孟定生所书，社址最初在南市东兴大街，门前挂的“新民意报社”小牌匾是周恩来同志写的，可惜这件很宝贵的历史文物早已丢失了。

筹办《新民意报》时，马千里等五人各拿出一百元作为开办费，马千里被推举任总编辑，刘清扬之兄刘铁庵任经理。最初由源泰印字馆代印，后来得到李壮飞、宋则久等支持，凑借了两千元，收买了南马路华北印刷局的机器和铅字，改由自己印刷。每日印行七百六十份。由于入不敷出，时时处于摇摇欲坠的苦撑局面。延至1923年7月，因为亏累，有人不愿意再干了，经商议归刘铁庵一人接办，总编辑改由李仲吟担任，马千里仍继续为这份报纸撰写社论和其他议论文章。在那几年里，马千里经常利用《新民意报》这块舆论阵地，猛烈抨击北洋政府的内政、外交，揭露帝国主义的侵略行径及其走狗北洋军阀祸国殃民的黑暗统治。

《新民意报》拥护孙中山先生和冯玉祥的国民革命军。1923年发表文章《祝孙中山先生南下》；1924年1月21日列宁逝世，马千里以《列宁》为题撰写悼念文章；5月1日国际劳动节，又写过一篇题为《劳动节》的社论。

马千里积极支持在五四运动中诞生的天津觉悟社。1923年4月间，觉悟社社员邓颖超、刘清扬等在《新民意报》开辟《觉邮》副刊，发表国内外社员们的来往信件并讨论问题，宣传马列主义。

同年，邓颖超、李峙山、王贞儒、冯梅先等成立女星社。马千里在《新民意报》上开辟了一个《女星》旬刊，宣传妇女解放，维护女权，解答妇女们提出的有关求学、婚姻等问题。

周恩来同志当年被拘天津警察厅时写的《警厅拘留记》，在天津检察厅写的《检厅日记》，都曾在《新民意报》上陆续发表，后来又分别印成单行本。

（《天津日报》1982年11月21日）

傅二虞提供文史资料二十万言

吉鸿昌烈士生前英勇斗争，慷慨就义的动人事迹，流传各地，知者很多。他在戎马生活中有一位得力助手——参谋长傅二虞，则很少为人所知。

傅二虞，名同善，1901 年生于天津西门里任家胡同，今年八十二岁。最初肄业天津模范小学。1914 年，考入南开中学，比周恩来同志低一班，两人同住学校宿舍，隔壁而居，朝夕接触，都是校长张伯苓所熟悉的学生。

傅二虞青少年时，是一个很有风趣的好说好笑的学生。张伯苓对于顽皮的学生，常在“修身班”上点名道姓，历数他犯规矩的事实，最后令这学生站起来，让大家瞧瞧，以使其他学生都知所警惕。被叫出来的学生，在众目睽睽下和笑声、嘘声中，惭愧俯首，无地自容。傅二虞就是曾经被点名道姓的一个。但是，他昂首四顾，旁若无人，一副满不在乎的神气，因而给张伯苓留下了深刻印象。事过三十多年后，1947 年的某一天，傅二虞陪着一位客人拜访张伯苓。晤谈中，张对傅二虞说：“我跟你很面熟，咱们在什么地方见过面吧?”傅二虞这才说：“我也是南开学生。”张听完哈哈大笑。此次重逢长谈后，双方亲热地握手而别。

傅二虞于 1916 年离开南开，转学北京陆军第一预备学校，两年后升入保定陆军军官学校第九期炮兵科。1923 年毕业，被派往上海吴淞口第十师见习。1925 年投冯玉祥将军的西北军，历经升迁，直至担任中将参谋长，先后辅佐吉鸿昌将军达八年之久，参赞戎机，多谋善计，是吉鸿昌将军器重的幕僚。他参加过冯玉祥将军组成的察哈尔抗日同盟军和在抗日战争中的台儿庄大捷等战役。

1934年吉鸿昌将军就义后，遗子吉兰泰才三岁，女儿吉瑞芝尚在襁褓中。傅二虞不顾当时国民党反动派对吉鸿昌烈士家属的仇视，资助吉夫人胡洪霞抚养、教育烈士的遗孤。吉兰泰成年后，与傅二虞的长女傅昭成为夫妇。

1949年，身在傅作义将军营垒里的傅二虞参加起义，随后参加革命和建设工作。1963年，他被聘为天津市文史研究馆馆员。在近二十年之中，他为天津市政协文史资料研究委员会写出了有关西北军军政、人物内幕文史资料十二篇，共约二十万字，多数发表在《天津文史资料选辑》，或由全国政协出版的《文史资料选辑》选登。

目前，西北军系统的军政人员多数都已物故。年逾八旬的傅二虞是健在的几位了解西北军内幕情况的人物之一。他虽在病中，仍然经常接待各方面的来访人员或回答有关单位函请审核的史实，对提供当代文史资料，特别是属于西北军的史料，做了大量可贵的工作。

（《天津日报》1982年11月28日）

提倡国货的宋则久

1919年五四运动前后，天津有一位抵制日货、提倡国货的民族资本家。他叫宋则久，于同治八年（1869年）出生在天津一个钱铺店员之家，幼年读私塾，十五岁开始，曾先后在天津几家绸布商店当学徒、店员，三十二岁任估衣街敦庆隆绸布庄经理。当时洋货充斥，国弱民穷。宋则久认为只有振兴实业，提倡国货，才能杜绝漏卮。1913年，他辞去担任了十三年的敦庆隆经理，独资接办官办的天津工业售品所，从此大力提倡国货。后来，这个商店先后改了三次店名——天津国货售品所、天津百货售品所、中华百货售品所，以天津国货售品所这个店名使用的时间较长。新中国成立后，于1956年公私合营，1958年并入南市商场。售品所在天津先后存在了四十六年。

宋则久为提倡国货，建立宣传阵地，1915年2月15日创刊《售品所半月报》，以“提倡实业、鼓吹国货、激发道德、矫正风俗、灌输知识、传递技能”为宗旨。它的内容，有言论、要闻、小说，还辟有《孩童小岛》园地，刊登童话、笑话、歌谣等小品文艺。用毛边纸一面印。自1915年出版，中间两度停刊，先后出版了七年。

宋则久曾创办《白话报》和《售品所半月刊》，还编写出版过不少专著。他编写的范围，除属于一般常识性的《写信法》、《社会常识》、《民德与宗教》、《宋则久专著》、《西装服饰礼俗考》而外，特别致力于工商事业的专著，有《买卖法》、《白话珠算讲义》、《中国新簿记法》、《商务修身浅说》、《货币学白话讲义》、《售品所授徒讲义》、《售品所章程规则》和《十年商业进行策》等等。宋则久的这些专著，完全是从他个人读书感受的心得体会，以及在他经营工商事业实践中积累的经验和遭遇的挫折教训，如实写出来的。他就以这些教育他的职工。他既善于使用他的职工，又善于培训他的职工，使售品所的上自经理、副理，下至勤杂工，全要明白如何经管企业和如何接待顾客，提高了每个人必具备的素质。同时，宋则久还将一些专著，标价公开售卖，以广流传，更发挥了广泛的社会效益。

宋则久出生于商人之家，耳濡目染一些工商情况，又从多方面不断提高自己的才智，终于成为一位饱学的人士。他在著书立说方面，取得如此多产的成就，这在当时天津老企业家中是独一无二的，即使在全国工商界也是罕见的。

（《天津日报》1982 年 3 月 28 日）

严修轶事三则

一

近代著名教育家天津严修（范孙）先生，1894 年（光绪二十年）由翰林出任贵州学政时，贵州巡抚为嵩昆。每遇两人会衔发布告示，下首署双名，照例学政姓名居前，抚臣姓名在后。因为旧时中国文字全是由上而下竖写，横视严、嵩两人并列的姓，由右而左念，恰为明代奸臣“严嵩”二字。严修返里后，每与人谈及此事，引为趣事。

二

1919 年秋，严修南游镇江时，得识江苏丹徒县西北金山江天寺的退院老和尚严修，两人姓名既同，又是生于 1860 年（咸丰十年）的同龄人。当时正是这位严修老和尚花甲初度诞辰，严修特赋五古长诗为老僧祝寿。诗的末两句为“寿师实自寿，严修寿严修”，这又是一件趣事。

三

严修既是诗人，又善于撰对联。民初某年上海出现一饭馆，名为“天然居”。有人利用这个字号，拟一上联：“客上天然居，居然天上客”，在报纸上发表，征求下联，但久无人应征。

一日，严修在天津某报上，看到有五洲药房售卖治妇女病调经补血药名为“人造自来血”的广告。严修略加思索，敏捷地写出：“人造自来血，血来自造人”，以应对上联。可谓妙绝之作，因之受人赞赏，一时流传南北。

（《今晚报》1989 年 6 月 29 日）

华世奎跪请章式之

天津著名书法家华世奎，虽是一位忠于清廷临殁仍留着小发辫的老先生，而他的言谈风采，却富有幽默意味，常使人发噱。回忆62年前，华世奎为崇化学会邀请主讲老师，有过一段跪请章式之的趣事，在天津士林中曾传为美谈。

1927年，以严范孙先生为首的天津几十位老学人出名，创办旧文学团体崇化学会。这年8月12日，严范孙邀集该会各董事开成立会于天津法租界明湖春饭庄，商议请主讲老师的问题。经过讨论，一致同意礼聘当时寄居天津的国学家章式之担任。

章式之，光绪十五年己丑科举人，三十年甲辰科进士。初在江南积极兴学，有声于时。辛亥革命后，住在天津，精研经史、词章、金石、考据诸学，且工于书法，并校勘了多种古籍，著有《四当斋集》，受到南北学者推崇。

当严范孙与华世奎、赵幼梅、林墨青四位老先生，初次去到河北章宅请章式之出任崇化学会主讲时，章婉言辞谢，过几日又去往请，仍未承允诺。

有一天，严、赵、华、林等又在集议。善于言谈的华世奎，对严范孙诸人说："您几位不用着急，我有办法了。"接着又说："走！咱们今天再去试试。"于是，严等四人三次同去章宅。

章式之迎接四老入室，得悉还是为崇化学会主讲事而来，依然谦逊地辞不受命。这时，华世奎站起来，恭敬地走向章式之面前说："我们四人今天来到贵府，好像刘、关、张为请诸葛亮出山‘三顾茅庐’了，如果您仍不应允，我可要在这行大礼了。”边说边要下跪。章式之睹状，为之一惊，急忙扶持华世奎，频频说道：“不敢当，不敢当！恭敬不如从命，我暂时承乏。”事遂定局。

章式之允就了崇化学会主讲，提出以“弘毅”二字为学会的“会训”，意在使学员们既要博学多读，又要持之以恒。即于同年10月25日（农历十月初一），暂假西北城角文昌宫西严范孙私邸的蟫香馆为讲堂，举行开学典礼。学习科目，分为“义理”、“训诂”、“掌故”三门。1929年严范孙逝世，华世奎继续主持会务。章式之仍任主讲，直至1937年5月9日逝于北平。在主讲的十年中，为天津培养出不少长于古典文学的人才。

（《今晚报》1989年7月18日）

第一批留日师范生

光绪二十九年（1903年）秋，直隶（今河北省）学校司派遣二十一人赴日本，学习速成师范，并考察日本学校的规则和教学管理，这是八十年前北洋派遣第一批官费留学日本的师范生。所派遣的人员，除直隶学校司在保定选派的十一人外，还有因天津兴办新学成绩突出，而由严范孙推荐的陈恩荣（哲甫）、陈宝泉（筱庄）、胡家祺（玉孙）、李金藻（琴湘）、华泽沅（芷龄）、郑炳勋（菊如）、俞明谦（义臣）、徐霈（毓生）、刘宝慈（竹生）、刘宝和（芸生，后更名刘潜，为刘宝慈之弟）等十位天津籍人员。

是年十月十二日清晨，这批留学生在河北三条石玉泰栈集合，由直隶学校司的王燕泉（景禧）率领赴直隶总督行辕，向袁世凯辞行。袁世凯出见时，全体学生向他作揖，袁立于阶上"致训"。袁世凯在所谓"训话"中，告诫大家"潜心向学"，不可"惑于邪说如平等自由之议论"，不要"与人往来"。当时孙中山先生正在东京进行组织和宣传民主革命，袁的讲话即在于竭力压制革命思想。

这批留学生，于十月十八日赴塘沽，次日转乘邮轮东渡，严范孙偕同卞赓言、林墨青、张伯苓等赶到塘沽为他们送行。途中，他们曾在长崎、大阪等地参观，十月二十八日到达东京，即入"宏文外塾"。这是一个专为不会日语的外国留学生设立的学校，讲课时配有翻译。转年，在日俄两帝国主义于我国东北国土进行战争时，结束学习返国。

如今，这十位教育家均已先后逝世。他们曾追随严范孙左右，多数出任过省教育厅长或高等学校校长、教授等职，在天津或其他省市，培养出不少教学人才。

（《天津日报》1983年5月8日）

幼教事业拓荒者——严仁清

天津的幼儿教育，最早是从光绪三十一年（1905年）发芽于西北城角严范孙先生家里。现任北京政协委员的严仁清，小时就是由这里保姆讲习所（相当于现在的幼儿师范）附设的蒙养院培养出来的。

这位年逾八旬的老人，生于1902年，是严范孙的孙女。她从五岁先在自己家里创办的蒙养院上学，再升入女小学后。后来她到北京贝满女中附属幼教师范学习，1920年毕业，回到天津。

当时她祖父创办的蒙养院已改称幼稚园，有两位老师郭静荣和刘清扬离去，她祖父便让她在自己家里任教。由于这个幼稚园最初几乎是按照日本经验办学，严仁清接任时正值五四运动之后，便对教育儿童的方法做了修改。她注意培养儿童爱清洁、讲卫生和守纪律的好习惯，并教育小朋友互相友好，尊敬成人；通过各种活动，丰富儿童对自然和社会的知识；培养儿童的语言表达能力；还用美工教学折纸、剪贴、编纸工、泥工、图画等发挥儿童的创造力，另外，在音乐、体育方面都有活动。这些在今天看来已属常事，而在六十年前是难得的。

1925年，严仁清家里的幼稚园停办，她从此离开这里，直到1949年天津解放前夕，严仁清一直在津京两地从事幼教工作，工作的幼儿园，多半是私立的、小型的。

新中国成立后，严仁清仍从事幼教工作，最后是在北京北海幼儿院。她说："我计算了一下，从1920年开始工作，到1972

年退休，一共做了五十多年的幼教工作。我祖父逝于1929年，他当年也不会料到他的后代会有人能继续为他所创办的幼教事业坚持到70年代啊！”

（《天津日报》1983年6月5日）

殷殷向学的郑菊如

郑菊如名炳勋，天津人，生于清同治六年（1867年）。自幼攻读经史，光绪末年兴办学堂，任天津如意庵小学学监。1903年，被保送日本东京弘文学院师范科学习，回国后曾任河北省立第一中学教员、宣讲所《论语》和国文讲师、耀华中学国文系主任、北洋大学教授。1947年，利用天津文庙东西两庑，创办崇化中学，即新中国成立后迁至北门西的市立三十一中的前身。

当1904年严范孙、王奎章兴办教育事业建立私立第一中学堂时，难寻扩充地址，郑菊如先生闻讯即捐助其在南开空地十五亩，建成南开中学。“南开”之名，即由此而来。

1939年春，郑菊如被聘为天津市立第二图书馆馆长，他鉴于馆址地势低洼，易遭沥涝，就另租馆址，运出图书。这一年洪水淹没天津，而存书幸获保全。今天藏于天津图书馆内钤有“天津严范孙先生遗书”图章的许多善本书，即为四十六年前经郑菊如抢救保存的。

现今南开区鼓楼西有一条罗底铺胡同，原为郑菊如故居。郑的先世曾在那里开设美庆成罗底铺已二百年，后定为地名。学人郑菊如毕竟不擅经商，美庆成罗底铺终于倒闭。

1943年郑菊如七十六岁诞辰时，曾写有感怀诗句：“怅望金陵泪满腮，新霜天气倍增悲。几番考试皆前列，十载冤诬雪几时！”原来，他的三子郑泗，是青岛铁路局工程师，曾发明火车头一具，名“郑泗车头”，后因此事遭嫉，被害于南京，含冤迄未得申。

新中国成立后，郑菊如先生被聘为中央文史研究馆馆员，1954年1月21日，不幸病逝京寓，终年八十有七。他一生殷殷向学，老不辞劳，遗著有《毛诗讲义》和古近体诗四卷。

（《天津日报》1985年4月14日）

爱国教育家赵天麟

爱国教育家赵天麟先生，五十四年前——1938年6月27日被天津日本宪兵队特务刺杀。当时处于敌伪统治下的天津爱国人士闻此噩耗，义愤填膺，更激发了抗敌御侮情绪。半个多世纪后的今天，经国务院民政部同意，追认赵天麟为革命烈士。多年来悲痛思念不已的他的家属、亲友和知情的老天津，对此感到无比激动和安慰。

赵天麟，字君达，光绪十二年（1886年）农历七月十六日生于天津。初毕业于天津第一个官立中学堂（俗称铃铛阁中学）的前身“普通学堂”，继入北洋大学堂法律系。1906年以北洋大学第一批官费生留学美国，获哈佛大学法学博士。回国执教北洋大学。民国后出任经过改组的北洋大学首任校长，以“实事求是”为校训。嗣又一度受聘开滦矿务局协理。1931年被选为天津英租界工部局董事会华人董事。1934年就任由“天津公学”改称的耀华学校第三任校长，直迄被刺逝世。

赵天麟具有丰富的教学和治校经验，他出任耀华学校校长，依然是本着实事求是的精神，严格治校。

赵天麟对聘请教师的取舍，一不看介绍人的地位，二不单凭教师的资历，而是认真考核教师的教学水平。有一位英语教师，赵天麟用英语同他交谈了一个上午，才决定聘用。

早年耀华学校学生们的家长，有不少是富商、权贵，有的学生过着娇生惯养的生活，在上学和下学时，家里用包月车甚至用小汽车接送。有的教师在管理学生上有顾虑，赵天麟对教师们讲：“该怎么管就怎么管，家长不愿意，让他们来找学校。”

耀华学校给赵天麟准备了校长办公室。但是，人们很难在校长室找到他。他每天来到学校很早。上课前，大家可以看到他在学校院子里或操场上，同教师和学生们打招呼、谈话。上课时，大家又会看到他悄悄地推开某个教室的门，站在后面听课。下课了，他又出现在教师预备室，同教师们讨论教学内容和学生们的学习情况。考试时，赵天麟在考场帮助教师监场。每个学期终了，他还帮助教师打算盘计算试卷分数。学校开运动会时，从入场式到竞赛后发奖品，赵天麟都是全神贯注地坐在大会主席台上。在学校学年放假期间，赵天麟亲自带领本校应届毕业班的同学去旅游，并到北京参观这部分学生将要报考的几个大学。

他为耀华学校规定一项考核师生迟到的办法，早晨打了上课铃，立即关上学校大门十五分钟。有一次赵天麟因事迟到了，管大门的人要开大门请他进去。他不肯，他和其他迟到的师生一样，站在校门外，十五分钟后，才和别人一道走进校门。

在赵天麟这样不辞辛劳严于治校和教学的精神引领下，当年的耀华学校成就突出。1936 年天津市举行首届高中毕业生会考，耀华学生的成绩，居全市各校之冠，名震沽上。

1937 年七七事变不久，天津也告沦陷。南开大学和中学遭到敌机轰炸，南大师生南迁，南中师生则陷入失业失学困境。面对这种情况，赵天麟顶住种种压力，克服重重困难，凭借耀华学校处在英租界的有利条件，与敌伪展开斗争。他在耀华学校开设“特别班”，收纳南开中学师生。规定耀华学校原有班次和课程不受影响，每天下午四点师生全部离校，把教室、实验室、图书馆等让给南中师生利用。南中师生从午后四点到晚间上课，课程和任课教师仍按南中的安排，也不受变动。天津敌伪教育局施行奴化教育，通令全市各校换用新教材，赵天麟拒绝使用。每逢各项纪念日和每周耀华学校的周会活动，耀华照常升国旗。师生有愿去大后方参加抗战的，赵天麟必设法保护支持，有时还资助路费。有一次天津市敌伪教育局去耀华学校视察时，因其中有日本宪兵，赵天麟当即拒绝他们入校。

赵天麟的爱国主义热情遭到敌伪的忌恨，对之进行威胁利诱，并发出恐吓信。赵天麟坚贞不屈，毫无畏惧，写下遗书，安排后事，以示报国决心。从此不访亲会友，也不去娱乐场所。当时他住在英租界伦敦道（今和平区成都道），距离耀华学校很近，每天从家去学校，从学校回家，照常上下班。1938年6月27日，赵天麟步行去学校时，被两名盯梢的日本宪兵队暗杀团特务枪杀，年仅五十二岁。

（《天津日报》1992年8月22日）

天津五四运动见证人刘嘉狻

六十五年前，五四运动在天津激起了一阵爱国热潮，涌现出一批反帝、反封建的爱国青年。其中一位活跃分子刘嘉狻，今年已八十四岁，他是少有的五四运动在天津的历史见证人。

刘嘉狻于1921年毕业于直隶省立第一中学（现市三中前身）。五四时期，他正是一个十九岁的青年，是学校建立的新剧团的演员。五四运动中，省立一中曾编演过一出话剧《爱国潮》，刘嘉狻是编剧之一。全剧共分上下两集，连续两个晚上演完，剧情是揭露日本与安福系卖国政府曹汝霖、章宗祥、陆宗舆等勾结，秘密谈判，意图侵占我国山东青岛。接着火烧赵家楼，痛打章宗祥，以及学生群众运动兴起，直到罢免曹汝霖、章宗祥、陆宗舆，拒签巴黎和约为止。刘嘉狻饰陆宗舆。这出戏在校外江苏会馆、广东会馆、安徽会馆和上平安影院（今长城戏院）各处公演，连续演出三十多场，场场客满，盛况空前。对天津的五四运动深入发展，起到推动作用。

五四运动之后不久，马千里等人在天津创办了鼓吹民主思想的《新民意报》。刘嘉狻是迄今仅存的两位编辑人员之一（另一位是当代文学家赵景深）。刘嘉狻从《新民意报》创刊至终刊，担任撰写社论，翻译英文稿件。还有五四运动中，担任过天津学生联合会的《醒报》编辑。1928年国民革命军北伐胜利的年代，又组织了世界通信社。论资格，可以说是天津的老一辈新闻工作者了。

新中国成立后，1961年天津市历史博物馆成立五四运动史小组，刘嘉狻被推任副组长（组长为王贞儒），以其亲身经历和见闻，撰写和综合整理出不少五四时期的天津历史资料。去年，他受聘为天津市政协文史资料研究委员会委员，写出《回忆母校官立中学》、《津门旧闻琐记》等，被视为珍贵的第一手历史资料。

（《天津日报》1984年5月6日）

提倡素食和薄葬的王猩酋

《星期专页》五月二十日刊登的读者来信中，提到早年的王猩酋其人。我在半个多世纪以前，曾见过他，略有所识。他是一位研究古文诗词的学者，那时年已半百。此老穿着，从衣服到鞋帽，颇为古怪，不与俗同。其诗文意境辽阔，均为人所喜读。

王猩酋的先世，初居天津县杨柳青，后迁武清县王庆坨。他生于1876年，原名文桂，字馨秋，中年易字星球，猩酋是他晚年使用的字。终生设塾教学，历四十载，门人弟子甚众。

在日常生活方面，王猩酋除喜藏古玩金石，癖好雨花台石子，与一般人不同的特点是，提倡素食和薄葬。他生平不食动物，尝自号“净饭王”。他写有《薄葬说》，反对孟子的厚葬论。

王猩酋为发挥他所主张的薄葬说，提出“人们对于父母，活着不孝死了孝没用”。王猩酋不仅主张薄葬、反对厚葬，更痛斥古代惨无人道的“殉葬”。他说“厚葬而用人以殉，此天下之大恶也。”为了实践他所提倡的薄葬，王猩酋在他逝世的前十年，就预先编制了一个长形柳筐，为殓葬自己做了准备。1948年农历八月二十六日故去，年七十有三。家人遵其遗嘱，将其遗体，放入柳筐，由亲友及门弟子等，共同抬埋，创造了一种别开生面的葬礼。

（《天津日报》1984年6月10日）

早期女音乐教师张冠时

张冠时，名祝春，为南开张伯苓校长的胞妹，是一位令人怀念的天津早期幼教和音乐女教师。她生于1884年，殁于1966年，终年八十有二，今年是她诞生百年纪念。

她的童年受父亲的熏陶，耳濡目染，音乐感极强，并弹得一手好风琴。

成年后进入严氏（范孙）保姆讲习所，除学国文、数学等基础课，还从日籍女教师大野铃子习幼儿教育和弹风琴。她是天津从庚子后办新学早期培养出的幼儿教育，特别是教音乐的人才。

毕业后，她先在卢木斋家办的蒙养园任教，后在温支英（世霖）创办的普育女校任音乐课教师。她思想进步，是一位无神论者，并参与组织天津女子禁烟会、妇女改良会和天足会。

1909年，经乃兄张伯苓介绍，与马千里订婚，互通书信三十余封，交流思想，增进感情。次年结婚时，她破旧习、树新风，新娘不穿红、不坐轿、不跪拜，举行文明婚礼，这在七十多年前的天津，是开了一个先例。婚后，她支持马千里的革命行动，帮助他治家教育子女，并在直隶女子师范附属蒙养园和达仁女校任教多年。

终身从事教育工作的张冠时，教学态度一直是严肃的。她所教授的音乐，虽被列为副科，但是她绝不允许学生们不重视，且强调音阶节拍的练习，使学生们能视谱唱歌。同时，她很重视学生们品质的培养，教育人要光明磊落，大公无私，关心别人，帮助别人。她最忌恨说谎话的人，曾说："不诚实是罪恶之源。"

新中国成立后，张冠时随同长子秋官住在北京，虽已年逾花甲，仍积极参加义务扫盲工作，受到周恩来同志和邓颖超同志的关怀，尊之为师母。1966年春，因病逝于北京。

（《天津日报》1984年12月9日）

办学校建图书馆的卢木斋

在中国近代史上，卢木斋是一位勇于兴办学校和图书馆的有名人物。他虽不是天津人，而从1886年来到天津任教武备学堂，直至1948年故去，与天津的渊源，已逾六十年。

光绪十年（1884年）卢木斋二十九岁，考取秀才，转年三十岁经乡试，以天算对策，冠绝全场，得中举人。1886年被委任天津武备学堂算学总教习。后来历任赞皇、南宫、定兴、丰润等县知县，调补多伦诺尔厅。光绪三十一年（1905年），经袁世凯派遣率直隶官员赴日本考察教务，又先后出任直隶、奉天提学使。

他前后服官垂三十年，提倡各地文教事业，创办公私立图书馆多处。他曾在天津创办卢氏蒙养园、卢氏小学、木斋中学（今二十四中）。现在位于承德道上的天津图书馆，是他七十八年前出任第一任直隶提学使时首创的一个公立图书馆。1928年落成，九年后即被日本侵略者飞机炸成一片焦土的南开大学木斋图书馆，又是他独力捐资十万元兴建的，并捐献图书十万卷。

卢木斋还喜刻印旧籍，藏书极富。晚年犹手不释卷，以遣老怀。所居曰“知止楼”，自号“知止老人”。1948年七月病逝，寿至九十三高龄。

“银房刘胡同”和“银房刘”

今天，在新拓宽的河北大街南头西侧有条银房刘胡同，这是多年沿传下来的老地名。这条胡同的部分房屋，至今仍然住着“银房刘”的家庭后裔。

什么叫“银房”?“银房刘胡同”因何得名?

清朝在天津早期的水旱码头南运河北岸甘露寺（今红桥区文化馆旁）设有“钞关”，通称“天津关”或“北大关”，由它征收水陆出入货物的税银。其内部分设“税房”和“银房”。税房管收税银；银房管熔化税银，把收进的散碎银子熔铸成每个五十两、一百两的元宝。

约在清康熙中叶，有一户从浙江绍兴迁到天津来的刘家，定居在“天津关”西边南运河北岸。这户刘家以高价补了“银房”这个缺，负责设备炉灶，熔铸元宝。银房与前来查点待缴元宝的官员有默契，把铸好的银元宝摆放在前一二排，后面都是用铅熔铸的元宝，以遮人眼目。用这种欺骗手段，把顶替出来的银元宝，在市面上运用周转，从中牟取好处。当年有的银号，与“银房”有秘密往来，用顶替出来的银元宝，充作周转资金。刘家世袭这项肥缺，家道日渐兴旺，从所住的一个普通小院，陆续扩建了好几所富丽堂皇的宅第，发展到与其他盐商当商相媲美的显赫之家，人称“银房刘”，他所居住的那条胡同，便被称为“银房刘胡同”。

光绪庚子年（1900年）八国联军攻占天津后，“天津关”即行裁撤，银房和税房当然也全不存在了。而这个“银房刘胡同”和“银房刘”的称呼，迄今仍流传于天津人之口。

（《天津日报》1984年1月22日）

创办“白傻子布铺”的白筱舫

新中国成立前，在天津南市“三不管”有个为人熟知的“白傻子布铺”。它创始于民国初年，直到今天，老一辈天津人提起“白傻子布铺”，常与小蘑菇的相声《卖布头》联系起来。

“白傻子布铺”的创始人，本名白筱舫，天津北郊区宜兴埠北下坡人，生于光绪十五年（1889年），活了七十八岁。他性格憨厚，待人热诚，在其叔伯兄弟中排行四，因此人称“傻四爷”。

白筱舫年过二十，在“三不管”摆布摊，后又扩而大之，正式设立一个三间的小门面，牌匾写着“华洋信洋布庄”，而人们俗称“白傻子布铺”。

“白傻子布铺”的地址，在南市“三不管”东兴大街和清和大街交叉口一个把角地方。当年这里有好几家布铺，争着做买卖，谁也不让谁，其中以“白傻子布铺”最出名。白筱舫有一套做买卖的手法。每天下午3点，白筱舫照例同他的伙友在门前卖布头。边卖边夸赞他的布头，假如手里拿着是块白布，他就说：“怎么这么白，气死洋白面！”假如手里拿着是块黑布，他就说：“怎么这么黑，赛过猛张飞！”他还说：“白傻子扯着大旗卖布头，买错了退给大洋钱。”他常是这样逗哏地吆喝着卖，围满了人群。白筱舫还能唱京戏，有时唱几口洪亮的“黑头”，有时学唱几口青衣小嗓，又能学唱刘宝全的京韵大鼓，许多顾客虽是买完了布也不愿离去。

白筱舫善于吸引顾客，关于做买卖，他薄利多销，尺码足，不赚人。在20世纪二三十年代，天津方圆三四百里以内，几乎是没有人不知道天津“三不管”有个卖布头的“白傻子布铺”。

在日伪统治天津的40年代初期，白筱舫由于经济周转不灵，不得不把首创并辛苦经营多年的“白傻子布铺”兑给他的徒弟商宝森，店名仍旧沿用旧称，白筱舫也还留在那里，协助照料。最后他南去上海，投靠女儿。“文化大革命”初起时，白筱舫随同儿子北返故里。1967年3月间，结束了他一生传奇式的生活。

（《天津日报》1985年3月17日）

严约敏与“思敏室”

76 年前南开中学在礼堂后边筹建了“思敏室”，意在纪念该校故去的优秀老师严约敏先生。

严约敏名智惺，号约敏。生于光绪九年（1883 年），是严范孙之兄严香孙的哲嗣，亦即今日著名书法家严六符的尊翁。幼年从赵幼梅读经子书，从乃叔严范孙学算法，又向张伯苓学英文，具有新旧学识，素为严范孙所喜爱和信赖。庚子后严范孙创设敬业中学、师范班、女小学和蒙养院，严约敏以师范生资格兼任敬业中学的算学助教，并代办女小学和蒙养院的事务。1906 年敬业中学迁移城南，改称南开中学，严约敏升任“南中”算学正教员。当时天河师范和女子公学缺少算学教员，严约敏还应聘先后去这两校代课。他在清末民初为天津培植了不少算学人才，卓有贡献。

1913 年，严约敏在春假中旅游北京，返津后突感不适，初以为偶患感冒，并未介意，遂因误诊，于 5 月 17 日逝世，年仅 31 岁。噩耗传出，南开学生痛感失一良师，为尊师重教，不没其育人之功，南开师生募款建“思敏室”，以永留纪念。

早年的思敏室，曾作为南开师生俱乐部，南开新剧团团部和存放道具。每逢演戏，便成为通向礼堂的后台。周恩来、马千里、万家宝（曹禺）、时子周等，经常在这里从事话剧排练、演出活动。据悉，现在思敏室改作了荣誉室，用以展览南开师生教学取得的各项成就。

（《天津日报》1989 年 6 月 4 日）

陈哲甫——《周易》教育家

当前国内外重又兴起了研究《易》经热，使我想起以讲授《周易》出名的天津老一辈教育家陈哲甫先生。

20世纪30年代初，陈哲甫应聘在天津国学研究社讲《周易》，我参加听课，受到教诲。

陈哲甫生于1867年，清末举人。1903年经袁世凯选送日本宏文书院师范班学习，归国后任直隶省视学，嗣又赴日本考察教育，对庚子后天津创办学堂教育，做出过贡献。民国初年，先后在北京高等师范、燕京大学和天津的汇文学校教授国文，在国学研究社专讲《周易》。七七事变后去大后方，留居重庆时，与冯玉祥、李德全夫妇密切相处，并为他们及其子女讲诗文和《周易》，著有《学易刍言》。抗日胜利后以八十高龄返回津门故里。应学者敦请，1947年在西门里创立丁亥周易学习社，因年老体衰，六十四卦未讲完，即于1948年初夏逝世。

这位生于120多年前的天津老读书人，不仅精于旧学，且兼通英日文。在封建社会，他反对妇女缠足，主张婚姻自主。他有着多方面爱好，教课之余，好练扔接沙口袋和太极拳；能唱卫子弟书和昆曲的《扫松》、《闹学》、《弹词》；写得很熟练的草书，晚年还改用左手写；冯玉祥将军赠给他《竹谱》一册，经常临摹，聊以自误。他还是一名基督徒。

（《天津日报》1989年11月19日）

旧津风物

天津年俗

前　奏　曲

我国自鼎革以还，实行新历，迄今推行虽然已逾三十余年，但是由于民间积俗相沿，一般人对于旧年依然有点恋恋不舍，所以每届旧历年，无论是穷富，总要兴高采烈热热闹闹地过一场，纵然是求亲告友，典当借贷，也要吃一顿过年的饺子，这是一般人的常情，似乎是非如此就好像有点对不起自己一样。政府当局因为民间习俗关系，除了明令实行新历外，特定旧年元旦为春节，于是乎旧年在春节名义下，老是那样热热闹闹一年一年地普天同庆过下去。

现时的天津市区景象，与当年的简单的"卫"，已是有点大大的不相同了。旧日各租界地区里各具有异样风光，真正保留着天津卫风味的，是在河东、西头和城里一带，笼罩着天津风味最浓厚，尤其是每到年节，更是特别地显示出一番本地风光。以过旧年而论吧，从一进入旧腊，一般人就忙于购办"年货"。出卖"年货"的地点，除去各商店以外，而以宫南北大街一带为售卖"年货"的临时大本营。向例是由旧腊中旬一直到大年三十，宫南北大街一带是要特别活跃一阵子，卖画的，卖春对的，卖瓷器的，卖供花的，卖蜡烛的，以及卖各种各样与过旧年有关系的一切食用物品的，大小货摊，是一份挨一份地摆列在那里。由于那些商贩嘴里吹奏出来的种种吆喝声音，如同一支市声交响乐，不仅是市内居民要到那里观光观光办点“年货”，就是附近四乡的男男女女，也多群集其间采办一切“年货”，所以，在旧腊中下两旬内，宫南北大街一带是要极尽一时热闹忙碌之盛。除此，在旧年腊底，东北城角是卖鲜花贩的集中地，北门外和南门外等处，又是卖花灯和肉类的临时聚集地方。一般小商贩们，利用这些地方卖年货，做一笔投机生意，直迄大年三十夜里为止，才分别结束了这一年一度的临时卖“年货”生涯。总括而说：津卫习俗，从春节起直到灯节止，在这半个月所谓“正月节”期间里，穷的富的，真有钱的，假有钱的，总要吃吃喝喝，玩玩乐乐，大大地热闹一阵子，灯节而后，旧年风味，便形成了残灯末庙的样子，逐渐地冷落下去了，等到过了正月廿五的“填仓”，二月初二的“二月二”，由于这一个正月已是完全过去，所谓“年”的景象至此算是彻底消逝了。这一个记述津市旧历新年风俗的小册子，就是以送信的腊八说起，直到二月二为止，简略写了以下这么一点。

大嫂大嫂你别馋　过了腊八就是年
春节第一炮！

旧历腊月初八日，俗称“腊八”，是过旧历年的第一炮，按腊八本为佛教中事，民间沿用为节日，迄今不衰，据吴自牧《梦粱录》载：“十二月八日，寺院谓之腊八，各寺俱设五味粥，名曰腊八粥”，直到现在每逢腊八节日，仍然是以吃腊八粥（亦名佛粥）作为一种应景的点缀。

天津有句俗话：“大嫂大嫂你别馋，过了腊八就是年。”腊八是过旧历年的第一个紧要日子口，所谓“送信的腊八”，便是指此而言，一到了腊八，离着过旧年的日子已近，忙年的人们便要加紧地忙碌起来了。因为腊八是一个所谓结缘的日子，津俗每逢此日，家家户户要买些种种样样的腊米，熬成腊八粥，彼此馈赠，作为一种相互结缘的意思，有些善男信女们，为了普结善缘，每逢到了腊八这天，全要施舍点结缘豆，在这天清晨，便有许多大人孩子，三五成群地东奔西跑争相接取结缘豆，而且嘴里还嚷着“缘咧！缘咧！”据说吃了这施舍的结缘豆，可以免灾去病，普结善缘。在腊八这天，是天津各理门公所“摆斋”的日子，所谓“摆斋”，就是由理门公所当家的老师傅，柬邀各本门弟子，到腊八这天，齐集公所聚餐一顿素食，餐费是要由大家公摊，有愿特别施助者亦极表欢迎。

附 记

旧历十二月初八日，俗称“腊八”，在这一天僧寺举行“灌佛”重典，顶礼膜拜，并熬粥敬佛，谓之“腊八粥”，又名之曰“七宝粥”。

考熬粥之发轫，本为兰若之斋供，撤下馈赠诸大檀越，又曰“佛粥”，此制始于六朝，届期各庙宇佛门弟子俱忙碌于熬粥，其熬粥所用的材料则为募化而来的，统共有七种杂粮米豆，故群以“七宝粥”称之，这就是所谓“七宝粥”的来历。

据《事物纪原》：“佛腊月八日降伏六师，投佛请死，言佛以法水，洗我心垢，今我请僧洗浴，以除身秽，仍为常缘，则设浴之事，西域旧俗也，亦今腊月灌佛之始。”《天中记》亦载：“八日佛道成，据经佛初成道于泥莲池，故北人以十二月初八日灌沐佛像。”《岁时杂记》又称：“是日僧家以乳蕈、胡桃、百合等造七宝粥，亦谓之‘咸粥’，供佛及僧道檀越。”以上所述，为“腊八粥”之溯源。

宋代吃“腊八粥”风俗盛极一时。宋周密（草窗）《武林旧事》记载：“寺院及人家，皆有‘腊八粥’，用胡桃、松子、乳蕈、柿栗之类为之。”

明陈耀文《天中记》云：“宋时东京十二月初八日，都城诸大寺，送七宝五味粥，谓之腊八粥。”

宋孟元老《东京梦华录》卷十内有云：“十二月街市尽卖撒佛花、韭黄、生菜、兰芽、勃荷、胡桃、泽州饧。初八日街巷中有僧尼三五人，作队念佛，以银铜沙罗，或好盆器；坐以金铜，或木佛像，浸以香水，杨枝洒浴，排门教化，诸僧寺作浴佛会，并送七宝五味粥与门徒，谓之腊八粥，都人是日各家，亦以果子杂料，煮粥而食也。”

《如梦录·节令礼仪纪第十》内有云：“十二月初八日，俗呼腊八，及佛诞之期，施米打斋与前同，大小人家俱煮果粥，谓之腊八粥，以应节气。”

心远山房精钞本《时令纪事》云：“初八日，是日为浴佛节，诸寺作浴佛会，以诸果品五谷煮粥，名腊八粥。”又说：“是日悬猪脂四两于厕，则夏月无蝇。……腊中贮水，来年治一切疾病，制饮食，腊八日水尤神。”

宋陆放翁诗：“今朝佛粥更相馈，反觉江村节物新。”

孙国敉《燕都游览志》云：“十二月八日，民间作腊八粥，以米果杂成，多者为胜。”

清顾铁卿（禄）《清嘉录》卷十二内有云：“八日为腊八，居民以菜果入米煮粥，谓之腊八粥，或有馈自僧尼者，名曰佛粥。”

《东京梦华录》云：“十二月初八日，诸僧寺送八宝五味粥于门徒斗饮谓之‘腊八粥’。”

关于吃腊八粥的风俗，相沿到了明代，达官显宦，争趋熬粥，所有米豆，搜罗备至，更加以种种珍贵的果品，一粥所费，实属不赀。

延及逊清当国，竞求奢侈，李福有腊八粥诗云："腊月八日粥，传自梵王国，七宝美调和，五味香糁入，用以供伊蒲，借以作功德，僧尼多好事，踵事增华饰，吾家住城南，饥民两寺集（时开元、瑞光两寺，官设粥厂济贫民），男女叫号喧，老少街衢塞，失足命须臾，当风肤迸裂，怯者蒙面走，一路吞声泣，吾佛好施舍，君子责周急，愿言借粟多，苍生免菜色，此志虚莫偿，嗟叹复何益，安得布地金，凭仗大慈力，睠焉对是粥，跂望烝民粒。"此诗满纸生愁，感慨无限！

关于熬"腊八粥"所用的材料，相沿到现在，米豆杂陈，种类繁多，每届腊初，津市街头就见有售卖所谓"腊八米"的，这就是提醒人"腊八快到了，快买点米豆熬粥去吧"！主要的材料，有大米、江米、小米、高粱米，附带的还有菱角米、薏仁米、黄米、大麦米等等。此外还要加上各种豆子，如绿豆、黄豆、豇豆、黑豆、白扁豆，以及桂圆肉、核桃仁、瓜子仁、莲子仁、青丝、红丝、玫瑰、落花生诸般干果，总之，越是富有之家，越特别讲究，材料多少简直是无尽无休。

《燕京岁时记》云："腊八粥者，用黄米、白米、江米、小米、菱角米、栗子、红豇豆、去皮枣泥等合水煮熟，外用染红桃仁、杏仁、瓜子、花生、榛穰、松子，及白糖、红糖、琐琐葡萄以作点染。切不可用莲子、扁豆、薏米、桂圆，用则伤味，每至腊七日，则剥果涤器，终夜经营，至天明时，则粥熟矣。除祀先供佛外，分馈亲友，不得过午，并用红枣桃仁等，制成狮子小儿等类，以见巧思。"文中更引《燕都游览志》云："十二月八日，赐百官粥。"

《燕京岁时志》：大白菜者，乃盐腌白菜也，凡送粥之家；必以此为副，菜之美恶，可卜其家之盛衰。又说：雍和宫喇嘛，于腊八日夜内熬粥供佛，特派大臣监视，以昭诚敬，其粥锅之大，可容数石米。

糖瓜祭灶 新年来到

腊八与祭灶，是过旧年前的两个小节，“糖瓜祭灶，新年来到，闺女要朵花，小子要个炮”，这是在天津卫里每到旧腊常常听到一般妇孺所念叨出来的，由这可以知道过了祭灶，紧接着就要过年了。所谓“祭灶”，是祭祀“灶王爷”的日子，“灶王”又称“灶君”，据说他是专司人间烟火的一位神祇，在津卫里除去少数具有特殊情形的以外，全要供奉“灶王”，奉为一家之主，希求他能够“上天言好事，下界保平安”。在寻常日子要虔诚地早晚烧香，等到旧年腊月二十三这天，还要举行一番送灶王爷上天的祭典，这就是所谓的“祭灶”，罗隐有《送灶王》诗：“一盏清茶一缕烟，灶君皇帝上青天。”这祭灶盛典，迄今依然是盛行于民间。

在天津有“男不圆月，女不祭灶”之说，所以这祭灶盛典是要由男子主祭，祭灶供品以糖瓜为主，此外还预备些草料，据说是供给灶王爷上天喂马用的，祭灶典礼是在晚间举行，把一切供品摆好，主祭者焚香叩拜，同时要把供奉一年的“灶王马”焚化了，这是表示灶王升天意思，等到新年再重新换上一个新“灶王爷”神马，表示灶王已在上天交代完毕公事，又已重临人间了。按里俗所传说供奉灶王的由来，据说是灶神按时记录人间功过，有上白于天的权威，所以家家户户必敬必戒地成年奉祀他，等到旧腊二十三“祭灶”这天，要预备糖瓜上供，这不外乎是民间一种取媚于灶王的无聊举动罢了。

附记

夏历十二月二十三日为祭灶日，俗谚有云：“二十三，糖瓜粘”就是指祭灶事而言。

所谓“灶”，就是“灶神”，俗称“灶王”，或称“灶君”，又曰“灶王爷”，古为五祀之一。

所谓五祀，即指门、井、户、灶、中霤（霤：音溜，中霤，即宅神）五祀而言。

《淮南子》云：“黄帝作灶，死为灶神。”若谓黄帝即为灶神，殊无确实考据可证，此不过姑备一说而已。

《周礼》云：“孟夏之月，其祀灶。”据此而言，在三代之时已有祀灶之盛举，惟祀灶之期，则在夏日。更据《论语》王孙贾所问孔子“与其媚于奥，宁媚于灶”而言，可知在春秋之时，亦有祀灶之事。

从古之夏日祭灶后来改为腊日祭之者，始于汉世。据《后汉书·阴典传》载：“宣帝时，阴子方者，至孝有仁恩，腊日晨炊，而灶神形见，家有黄羊，因以祀之，自是暴至巨富。”黄羊，就是胡羊。后世之于腊日祭灶，更荐黄羊者，即本乎此。

《麓澞荟录》载：“北俗称灶神曰灶王，自唐已然，李廓镜听词：匣中取镜辞灶王，罗衣掩尽明月光。”

唐时祭灶，俗如前朝，甚为平常，至宋时始大著，据《东京梦华录》载：“十二月二十四日，交年，都人至夜，请僧看经，借香茶酒送神烧，合家替代钱纸，帖灶马于灶上，以酒糟抹涂灶门，谓之醉司命。”盖宋时以祭灶日为“交年节”，言已近于旧历新年之节日也。或简称之曰“交年”。帖或贴之字误。“灶马”亦即灶神。惟宋时祭灶，则在腊月二十四日，所以焚纸币。诵道佛经咒者，无非送故迎新而为祈福禳灾之义。并于是日之夜。门及床下，以至圊溷（圊溷，音青混，厕所也）皆燃灯，谓之照虚耗（见《岁时杂记》）。此与今日北方祭灶，则在腊月二十三日，及其仪式，均稍有不同。

明时祭灶，亦在腊月二十四日，《酌中志》载："二十四日祭灶，蒸点心办年，竞买时兴绸缎制衣，以示美富。乾清宫丹墀内，自二十四日起，至次年正月十七日止，每日昼间放花炮，遇大风，暂止半日一日，其安鳌山灯，扎烟火，驾升座，伺候花炮，圣驾回宫，亦放大花炮，前导皆内官监职掌，其前导摆对之滚灯，则御用监灯作所备者也。"据此而观，明时祭灶之俗，较宋时益盛，迨自晚明民俗祭灶，颇似有清，踵事增华，则又以清时为甚了。

祭灶之日，典籍记载，极不一致，有的说十二月八日，有的说十二月二十三日，有的说十二月二十四日，而今日流行于民间者，则以旧历十二月二十三日为最普通。

《荆楚岁时记》：十二月八日为腊日，其日并以豚酒祭灶神。

范成大《乐府》序：腊月二十四日夜祀灶，其说谓灶神翌日朝天，白一岁时，故前期祷之。

《津门杂记》：津俗到腊月二十三日晚间，每家送灶神升天，备黏糕饴糖，名曰糖瓜，供之。祝曰：上天言好事，回宫降吉祥。

《天咫偶闻》：二十三日送灶，供饧，是日贴对联，门神。是日也，陈香腊纸锞于灶神之前，供糖瓜黏糕之类于案，又备草料冷水少许，谓以秣灶神之马也。祭时必以糖瓜黏物而口胶，口胶则言语钝，不致多说不善之话矣。并祝曰："好话多说，不好话少说。"盖恐灶神朝天，隐其善而扬其恶，致干冥责也。

《五经异义》：颛顼有子曰黎，为祝融火正，祝融为灶神，姓苏名吉利。

《酉阳杂俎》：灶神名隗，状如美女，又姓张名单，字子郭，夫人名卿忌，有六女。

有人说灶王爷是《封神演义》中的张奎，所以有“灶王爷本姓张，一碗冷水三炷香”这么两句民歌。并且又说他的太太叫高兰英。又有人说，灶王爷的身世，是掌火的祝融，有人说是高辛氏的火正吴回。

《道经》：八月初三日，为东厨司命真君诞辰，故俗称灶神为灶君，北京有灶君庙，庙址在崇文门外花儿市，每年八月由初一日至初三日，开放三天。

南俗则由腊月初一日起，有“跳灶王”之举，至念四日止，念四日夜送灶，七日接灶。

吴曼云《送灶》诗：“媚灶家家治酒筵，妇司祭厕莫教前。剉柴撒豆餧神马，小小蓝舆飞上天。”又云：“春饧著色烂如霞，清供还斟玉乳茶。不用黄羊重媚灶，知君一樸已胶牙。”

王莲品《祭灶》诗：“爆竹声中笑语哗，今宵祀灶遍家家。一年一奏人间事，天网如何尚有差。”

范成大《祭灶》词：“古传腊月二十四，灶君朝天欲言事。云车风马少流连，家有杯盘丰典祀。猪头烂熟双鱼鲜，豆砂甘松粉饼团。男儿酌酒女儿避，酹酒烧钱灶君喜。婢子斗争君莫闻，猫狗触秽君莫嗔。送君醉饱归天门，杓长杓短勿复云，乞取利市归来分。”

谢承举《送神》词：“赤乌堕城尘土昏，人家火急催宵飧，庖夫膳吏递走速，涓尘拥彗当厨门，张筵布箦举灯烛，送神上天朝帝阍，黄饴红饧粲铺案，青刍紫椒光堆盆。空濛烟云下车马，恍惚雾霭飘兰荪，使者已饱马已饲，我欲留神神不滞，星旗云辔去如风，九万天衢片时至，绀裘赤舄趋掖庭，稽首帝前备陈事，切须公语毋隐容，迪者降休逆者祟，公厅纷纷争务繁，私家细琐犹多类，一年一度送神行，记得人间二十四。”

灶王神像，向分两种：一种为一位神像的，俗称为“灶马”，多供于厨房，就是所谓的“东厨司命主”。另一种为两位神像的，男为灶王爷，女为灶王奶奶，其旁更有数女环立。

关于祭灶民间流行的歌谣有很多，如同“腊月二十三糖瓜粘”，“灶王爷本姓张，一碗冷水三炷香，今年没钱买，过年您再吃关东糖”，“糖瓜祭灶，新年来到”，“大嫂大嫂你别馋，过了腊八就是年，年年有个腊月二十三，打了灶王上了天”，“二十二扫房，二十三祭灶，姑娘要花儿，小子要炮，老头儿要顶破毡帽，老婆儿要条新裹脚”，“二十三，祭灶王，一盘子草料，一盘子关东糖”。类此大同小异的民歌不胜枚举。

谈到当年清宫祭灶盛况，在慈禧西太后当权时代，更是铺张华丽，极尽粉饰之能事。先于腊月初九日举行送岁盛典，于是日清晨，由事先奉召进宫的喇嘛，全体聚集在英华殿诵经，一直念到午后三时，全体喇嘛排列成队，念着经步出英华殿，直走到西河沿为止，如此完成了这送岁大典。到祭灶这天，西太后于早晨举行赐宴，各蒙古王公均于是日进贡，宫中对于这一天叫作小“金殿儿”，就是小过年的意思。各蒙古王公所进贡的礼品，计有奶饼、奶皮、蘑菇、藏香之类，均放在长方形的匣子里，分作四种，共有福、禄、寿、喜之别。由总管李莲英将礼单呈西太后，西太后赐览后，恩赐收下，即行设宴，各蒙古王公等领宴后宫中并演戏助兴。是日午后三时举行祭灶大典，由光绪皇帝主祭，祭灶的祭礼中有三只羊，是取灶王爷神马的意思。羊即是用来代替马，所以把这三只羊，均配上马的用品，如口拴笼套，身披鞍鞯，完全作为马的形状，供在灶王爷前。此外，还有糖瓜、匣糖、关东糖、糖饼、盘糖等等。当光绪帝上祭时，并有王爷太监等陪祭，先由光绪帝烧斗香，再行三跪九叩大礼，祭礼非常隆重，祭毕，所有祭物，一律赏与各王公大臣。

扫房

贴对子贴画

津卫各住户，每届旧历年尾，全要扫扫房，把住房各部大加扫除清理一下，表示除旧布新，以迎新年之来临，等到把住房各部清扫以后，除去贴“年对”（春联）以外，还要在室内墙上粘贴“年画”，把屋里点缀得花花绿绿一团火炽新气象。所以，每到旧腊里，在津市街头就可以听见“买画贴”的叫卖声，这些年画小贩，沿门叫卖，吆喝着家家户户的老太太和小孩子们出来买。除此，每逢到了旧腊里，在宫南北大街、西关大街等处，还有不少的画铺、画摊，张贴着许多种类年画，供给着一般人欣赏选购。旧式年画，是用木板刻成，用粉连纸刷成的，出自津西杨柳青。杨柳青的年画，从早就闻名远近各地，在题材方面，完全是迎合着国人传统观念的升官发财心理，什么冠带传流、日进斗金、财神进宝、子孙万代、玉带满门、五子登科、状元及第、大过新年等等所谓的吉祥画面，而且多数是含有语意双关的，如同“年年有鱼”的“鱼”字，鱼者取其有“余”的意思，再有“五蝠（福）捧寿”等等，也是利用字音相同的意思而取其吉庆的意味。就这种旧式年画而论，在含义上固然是已失去时代性，而在印刷方面，由于墨守成规，不知改进，已有被淘汰的趋势，于是由上海而来的“洋画”，逐年增多。所谓洋式年画，是石印的，在画的题材方面，以时代美人居多数，此外有戏出、小胖小、儿童游戏图等，由于工料关系，售价逐年上涨很多。

文人寒士的书春生涯

“教书先生腊月时，书春报帖日临池，要知借纸原虚话，只为些须润笔资”，此咏书春也。每逢旧年岁尾，有一般寒士们，可以过一阵“书春”生活，就是写点“春联”卖卖。“春联”又称“春对”，就是过旧历新年时家家户户所贴的红纸对子，按我国民间，由于多年来积俗相沿，每逢旧年除夕，一般住户均用红纸书写吉祥联语，贴在门户墙壁之上，俗称春对，或称春联。每逢旧腊在津出卖春联的地点，是以分布在宫南北大街、北门外、南门外等处占多数，其他角落虽然也有，但是为数不多。他们所预备的春联，有“门心”、“框对”、“斗方”、“福”字，以及各商店联语、神对等等，所书写的词句，全不外乎是些带有吉庆意味的，多半是充满升官发财意味，拜金主义的色彩浓厚。

附　记

春联名词的起源，当系本于桃符板，后来代板以纸，据陈云瞻的《簪云楼杂话》载：“春联之设，自明太祖始，帝都金陵，除夕传旨，公卿士庶家，门上须加春联一副。”又据《列朝诗集》：明太祖曾赐陶安门帖云“国朝谋略无双士，翰苑文章第一家”，据此，则春联或系起源于明太祖时候。

在春联中有“一夜连双岁，五更分二年”这么一副联语，极切合年景，所以成为一副流行各地的最通俗的春联。昔有人因一时大意，误将此五言联语写于四言联上，无法容纳末一字，乃临时灵机一动，竟将上下联的末尾一字“岁”与“年”两字删去，成为“一夜连双，五更分二”，适贴者为一孤孀，且系内宅房门，亲友见之，以为有意侮辱，大兴问罪之师，幸某君为人谨愿，乡里尽知，叩首谢过，一场风波始告平息，然某君已饱受虚惊了。

津市一般住户在过年贴春对之外，更喜欢贴“春条”，春条的写法，普通则分为一句四字或四句十六字。一句四字的春条，如“金玉满堂”、“日进斗金”、“抬头见喜”、“阖家欢乐”、“喜庆大来”等等。四句十六字的春条，如“宜入新年，福在眼前，阖家欢乐，人口平安”，“宜入新年，年喜相连，连生贵子，子孝孙贤”等等吉祥字句，不一而足。

救命的饺子

“送信的腊八，要命的糖瓜，救命的饺子”，这是在津卫里每逢旧腊常常在一般人嘴里所说出来的几句流口辙，所谓救命的饺子，是指着除夕晚上所吃的那一顿过年饺子，因为习俗上，在旧历年关，是一般买卖家按三节结账一个最紧要的关头，如果欠人家钱的人，假如是偿还不了，债主当然是要在年关时候加紧催索，等到大年三十已经吃过了过年饺子，仍然是偿还不了欠账，债主见到已是临到这一年的最后一刹那时候了，也就无可奈何地认头不再逼索，来个“明年再见吧”不了了之，欠账的主到了这个时候，这才不再东藏西躲地避债了，形同一块石头落了地，安心过年了，这就是所谓“救命的饺子”这句话的由来。

除夕熬夜
妈妈例儿太多

津俗在旧腊除夕这天，家家户户对于忙年的准备，一切全要办理就绪，神马前供品完全摆好，到了夜晚焚香烧纸，举行祀神典礼，因为这是一个“一夜连双岁，五更分二年”的岁尾年头日子，家家户户要在“五更黑下”熬夜包饺子，以迎此新年之来临。在这过年的“五更黑下”，由于相沿的习俗，一般妇女们要依照妈妈经大全上的一切的一切，有许多行事作出来，什么吃栗子枣呀，吃糖堆（糖葫芦）呀，有许多样的吃食要在这夜里吃，栗子和枣取其早立子（枣栗子）的吉庆意思，吃糖堆的意思也不外乎是一种迷信陋俗，而且一般妇女们在除夕这天吃糖堆时候，还欣喜地说着“五更黑下吃个酸里红，到老了不受穷”的吉祥歌，这无非是在此守岁之夜希望后来常走好运罢了，在旧腊除夕里，诸如此类的妈妈经上的事是不胜枚举的。

附　记

崔涂之《除夜有怀》：“迢递三巴路，羁危万里身。乱山残雪夜，孤烛异乡人。渐与骨肉远，转于僮仆亲。那堪正飘泊，明日岁华新。”

王安石《元日》诗：“爆竹声中一岁除，春风送暖入屠苏。千门万户曈曈日，总把新桃换旧符。”

苏轼《上元侍宴》诗：“淡月疏星绕建章，仙风吹下御炉香。侍臣鹄立通明殿，一朵红云捧玉皇。”

蔡襄《上元应制》诗：“高列千峰宝炬森，端门方喜翠华临。宸游不为三元夜，乐事还同万众心。天上清光留此夕，人间和气蔼春阴。要知尽庆华封祝，四十余年惠爱深。”

王珪《上元应制》诗：“雪消华月满仙台，万烛当楼宝扇开，双凤云中扶辇下，六鳌海上驾仙来，镐京春酒霑周宴，汾水秋风陋汉才，一曲升平人尽乐，君王又进紫霞杯。”

我国民间习俗，每逢遇有喜寿丧葬等庆贺或祭祀典礼，在焚香的时候，两旁还要高点蜡烛，把一个庆贺或是祭祀的场所，点缀得一团香烟缭绕、烛光辉煌的火炽气象。旧式蜡烛的简单做法，是用薪苇作中心，把脂膏附着在上面，自古以来，就以燃点这种蜡烛作为取明的工具。后来有舶来品“洋蜡”，渐渐销行于各城市乡镇，所以在旧历年时各蜡摊所卖的蜡烛，除去旧式油蜡外，洋蜡也占有相当的数量。此外，在近几年以来新发明的蜡烛，更有电蜡点油蜡两种，电蜡是仿照旧式蜡烛式样，用木质作成，蜡头上安着有白色枣核形的小电灯泡，中间通有电线，并附带着有一个插电门，用时把它接通到电门上，则蜡头上的灯泡，便大放光明，由远处看来就如同燃点着真蜡一样。点油蜡呢，是用洋铁仿照旧式蜡烛作成蜡桶，在蜡桶内灌入香油或是菜油，再通以线捻引出在蜡头外面，利用毛汲管的作用，燃点线捻，也是形同蜡烛一样。

送财神爷来啦
迎合拜金心理

在这依然保持神道设教味下的天津卫居民，逢年到节，要照例举行祀神，而在旧历新年祀神盛典要特别扩大举行，更是由于历来的传统“拜金”心理，大多数的居民在脑海里充满着发财欲望。为达成这种欲望，大概家家户户的居民和一般商店，在过年时节全要供奉财神马，希望财神爷能够助他一臂之力满足他的发财梦想。津俗在旧年除夕，有许多贫穷的大人小孩在纸马铺买些“财神马”按户地去送，每到一家，嘴里嚷着“送财神爷来啦”，请想充满一脑袋瓜梦想发财的人们听见这种迎合心理的吉祥话，谁肯好意思地加以谢绝把财神爷往外推走呢，所以在津市习俗上，大多数的户主们是欣然把所送到的那一份“财神马”接受过来，给予几个钱。这在有钱的人，固属所费不多，而在贫寒的人们借此送财神为题，却可得惠不少了。像这种送财神的，在除夕晚上不知要接到多少份，这就是俗所谓的送财神到家的办法。

香火兴盛的娘娘宫

自庚子乱后，津市庙宇，率多改作学校，迄今香火犹存而且具有莫大神威的，只有天后宫一处而已。天后宫俗名娘娘宫，是一个香火极盛的庙会，尤其是每逢旧历初一十五两天，烧香拜庙的人更多。旧年元旦，是这一年第一月第一个初一，是新年岁首，一般善男信女们，为希求着这一年顺利，多要在这一天到庙里烧股求顺香，默祷这一年能够“人旺财旺”，所以每届春节（旧年元旦）一群挨一群的红袄红裤的妇女们，来来往往于娘娘宫道上，显示一番新气象。

附　记

每逢到了旧历年岁尾年头，在津市的大街小巷，不时有嗡嗡的抖风葫芦的声音送进耳鼓，把旧年景象点缀得是那么浓厚有味！所谓风葫芦，就是“空钟”，又名“空竹”，在天津全叫作风葫芦，是一般儿童们所喜欢玩弄的一种玩具。天津售卖风葫芦的，论牌子老，是要数刘海风葫芦首屈一指了，刘海风葫芦的创制者，有一段很趣味的历史。他是一位杨村人名屈文台者，从小就好玩儿风葫芦，对于“抖”的技巧，是极其熟练，他由于好玩儿渐渐就以制售这项玩具为业了。他从十几岁就在天后宫里摆风葫芦摊，一直连续经营达五十余年之久。可惜这位屈文台老头子，已是在数年前辞别人间，他的买卖由他儿子继承经营，仍是把货摊摆在大殿月台右方，在摊上依然悬挂着屈文台老头的遗像，作为以广招徕的标识。此外，一份挨一份的风葫芦摊，摆在天后宫内外，在旧年腊月底和春节期间，是要畅销一时的。

按：抖风葫芦，是一项很有益身心的运动，在抖着玩儿的时候，不仅是可使手腿活动，而且还可以练习眼神，像这种轻便的户外运动，大人小孩，无不相宜，是一项很可以提倡的运动。所以风葫芦这项玩具是不同于其他玩物只是玩玩而已。

风葫芦的制法，分为所谓单响与双响两种做法，双响的是在轴的两端各有一个圆形中空的扁平风匣，单响的是只在木轴的一端有个风匣，两端力量不平衡，比较难抖，但是老于此道的人，手术敏捷，抖起来依然是极尽圆转灵活之妙。至于抖风葫芦的姿式，花样愈出愈奇，普通有所谓黑狗钻裆、苏秦背剑、前掷后接、左掷右接、绕线绳、上十字架、扒竿儿等等名称，更有把风葫芦抖得正在急急旋转时候，猛然向天上一扔，高达三四丈，然后用线绳接住，不使落地，仍继续抖转，是非有相当熟练功夫者，不能达此绝妙境界。

在旧正里的儿童恩物，除了玩灯、放炮、抖风葫芦而外，还有一种琉璃喇叭，是用琉璃做成的一种喇叭，吹起来“扑扑登儿”的响。这种玩具因为是琉璃做成的，儿童衔在嘴里吹着玩儿，一不留神就会发生危险，做家长的是应该禁止儿童玩儿这个琉璃喇叭的。

气球，也是在旧历年里所常见的一种玩物，大大小小，颜色很多，用线绳系着随风飘荡空际，是相当有趣。

见面发财　互拜新年

津市过年贺岁曰“拜年”，从春节清晨起，就见有三五成群的大人小孩，全是焕然一新，穿戴得衣冠楚楚，分途去“拜年”。凡是相熟识的见面，照例要彼此说一句“见面发财”、“发财发财”一类吉祥话，彼此拱手，互祝着一年的财源茂盛，究竟这“财”是怎样地去“发”，就不求甚解了。假如是遇到有小孩拜年，还得给与相当金钱，俗谓之“压岁钱”。记得有一首童歌：“一到新年，小孩拜年，趴下磕头，站起要钱。”所以小孩是顶喜欢过年的。

附　记

大书家王伯龙先生，曾作过许多首天津新年竹枝词，极饶风趣，久已传诵一时，兹择录数首于此，聊见津市旧历新年时民间风情之一斑：

照眼旗袍拖地长，绒花压鬓竞时妆。
若非“红孩妖”成队，定是集团新嫁娘。

津市新年，妇女咸着大红旗袍，鞋袜中衣，悉为红色，鬓边绒花斜插，皆红丝绒制成，各式吉语，如必定如意、富贵满堂之类，外乡人见之，认作新嫁娘无疑。

高呼年画珂罗版，长线风牵轻气球。
庙货于今科学化，摩登小姐出风头。

旧时杨柳青年画，多系木刻涂色，工虽拙，而野趣盎然，今则尽改珂罗版印制者，失去过年趣味不少。市场及天后宫，售轻气球小摊极夥，妇女逛庙，争相购买，归来被风牵引，高出头顶数尺，路人咸侧目而视，亦科学时代之出风头趣话也。

舞罢归家一事无，灯前喝雉又呼卢。
闲推牌九真豪爽，狗肉将军女信徒。

推牌九俗名吃狗肉，以一翻两瞪眼，最为爽快也，过年闺中姊妹多作此戏，呼幺喝六，燕叱莺嗔，别饶逸趣。

阿母堂前无意逢，背人不语面先红。
郎来已惯忽羞涩，相对拜年一鞠躬。

初解恋爱之小儿女，每在人前，忽然矜持羞涩，相对拜年，情态尤耐人寻味。

小鸟依人出必偕，并肩拉腕步长街。
比郎今日矮三寸，新换大红平底鞋。

津市过年，妇女多喜着大红平底鞋，较平时忽然矮短二三寸，马路边道，姗姗行来，备生姿媚，“拉腕”为英语 lover 译音，爱人意也。

除夕香闺罢夜眠，岁朝更喜嫩晴天。
天王不拜拜天后，津市家家重女权。

天后宫为津市香火极盛之古刹，岁朝妇女，虔诚膜拜者踵趾相接，是真女权最高之表现！

每届旧年底，梨园各戏班扮演“封箱”结束戏，然后举行

"祭神"盛典，准备转年重起锣鼓，露演"开台"吉祥好戏，故在旧年前后，"封箱"、"祭神"、"开台"，为各戏班连续奏出之三部曲。按梨园惯例，每值元旦，最忌演带有杀、斩、诛、刺、祭、哭等字样之不吉庆戏，必须要露演天官赐福、财源辐辏又发财又发丁一类吉祥逗趣喜剧。若"御碑亭"带金榜乐大团圆、"鸿鸾禧"、"天降麒麟"、"满床笏"、"英雄会"、"青石山"、"龙戏凤"、"闺房乐"、"黄金台"、"摇钱树"、"安天会"、"忠孝全"、"贾家楼"等等，几均为元旦要演之戏，而"御碑亭"带金榜乐大团圆，尤风行一时。

初二接财神
进财进水

在"大年初二"是接财神的日子，家家户户以及一般商店们，在这初二清晨，全要举行接财神的隆重祀典，在举行祀典的时候要以羊肉为主要供品，此外并有供奉活鲤鱼的。大年初二接财神这天，挑水的要在这天清晨给供给平常用水的主顾家挑一挑水，表示送财水，同时又有许多穷人们，绑些小柴禾把，挨家去送，也是表示进财的意思。这项进柴水的钱，并不当时就要，须过了"破五"以后，才按照所送到的家挨户去索取送财钱，这又是津市贫民们借着"年"求财的一个机会。

"忌人"与"开市"
实属无聊举动

津卫在过旧年时候，有所谓"忌人"和"开市"的陋俗。在除夕这天，神佛前摆好供品以后，一般旧式家庭，就临时入于

"戒严"状态，禁止亲戚邻居的妇女们进入，因为是积俗相沿，一般自爱的妇女们，到了这天也就不再到亲戚邻居家里"串门子"了，这就是所谓的"忌人"。等到"大年初三"这天，还须要举行一番"解除戒严"的仪式，这种解除仪式，是在初三这天，邀请一位"全人"主持"开市"，这位"全人"，是由老人担任，她须不是寡妇，而且是子女不缺有福有寿的老太太阶级的人物，才够得上这"全人"资格。这位"全人"在预先被邀请以后，她在大年初三这天早晨，就到邀请的那家里，那家早就预备好了一把柴禾把，立在门旁，还预备点冰糖或其他糖类东西，等到被请的这位"全人"到来，她嘴里念叨着吉祥话，拿着把柴禾把，接过主人预备好了的那块甜头（冰糖之类），喜洋洋地走进屋里，这是表示这位财神奶奶给带财带福来了，所谓"开市"仪式，就这样完了，从此"解除戒严"，任凭亲友家里妇女随意进门，不再"忌人"了。这"忌人"办法，只是限于妇女，而男子除外，这种毫无意识的陋俗，大概是由于从前"重男轻女"的传统观念所遗传下来的吧。

破五吃饺子
捏小人的嘴

津卫习俗，旧正初五这天谓之"破五"，这天是一个吃饺子的日子，因为在包饺子的时候，所谓"包"就是用手一下挨一下地沿着边捏，在"破五"这天吃饺子，是取其捏小人嘴的意思，这是在津卫里相传的习俗之一，假如推敲起来，实是叫人无从作一个圆满的答案，好在一般人谁也不太认真地追求它的出处，反正是每到了"破五"这天，美其名曰"捏小人嘴"吃顿饺子而已。一年之计在于春，一般人在新春岁首，为希求一年事业顺利，全盼望着有“贵人”来扶助，打倒“小人”破坏势力的存在，“破五”这天吃饺子，就是希望把破坏事的“小人”的嘴全捏严实了，把“小人”的嘴全给封堵住了，使他们无从再给人说坏话，那么对于本身所希望成功的事，不至于受到“小人”说坏话的影响而归于失败。还有，各住户的妇女们，在“破五”这天要找出几件旧衣服来拆拆，谓之“拆小人”。总之，在“破五”这天，像上述一切一切的无聊举动，全是取其消灭破坏事的“小人”的意思。“破五”，是过旧年的一个小段落，天津卫习俗，认为一过了“破五”，一切就可慢慢恢复常态了。一般商店，除了“连市”者外，所有为过“年”而关门休息的大小商店，全要以过了“破五”后“大年初六”作为开市大吉的好日子，从此照旧开门营业，所以说“破五”是过旧年一个小段落，过了“破五”紧接着就要忙于筹办上元灯节应行点缀的一切事宜了。

算命祭星　希求顺利

旧年正月节，是一般人认有新春岁首良辰，津卫习俗，一般人——尤其是妇女们，多要在正月节里找一位算命的瞎子，算一算这一年的月令高低，有无贵人扶助，还有到“诚则灵”那一类的卦摊上问问本身流年怎样，希求指示一条明路，梦想能够达到发福生财的种种妄想。流谈相算命的“先生”们，鼓起他们如簧的小嘴，凭着三寸不烂之舌，山南海北，古往今来地神聊一气，用着一种“直言无隐”、“概不奉承”的态度，谈得那么津津有味动人。此外在正月节里，还有一种所谓“祭星”办法，据说男怕罗睺星、女怕计都星，为了免除这两种不吉利的“星”，要在正月初八那天举行一次“祭星”。所谓祭星的仪式，是要在正月初八这天到药王庙里去一趟，在“祭星簿”上登记，烧香之后，等到初八晚上把祭星簿焚化之后，就算完成这“祭星”的仪式了。

春节赌风　盛极一时

在津卫里每逢过旧历新年深深地印在一般居民脑海里的，不外乎是“吃”与“玩”两种事情，就“玩”的一方面而谈是以“赌”为“玩”之中最普遍的。

关于“赌”，是以“打麻将”为一项最普遍而流行的赌，大多数的住家和商店里，在“正月节”期间，全要聚集亲友凑上“八圈”，所以“砰拍！砰拍!”的牌声，时不时地由每个角落里的商店和住宅里传到街头巷尾，此外，掷骰子的，推牌九的，打扑克的，旧式极流行的“斗十胡”纸牌的，种种赌法，可说是不一而足，极尽其五花八门，洋洋大观之盛。在市内像三不管一类的平民娱乐区域里，以“抽签”、“押宝”两项赌法最流行，走在那里，可以看到一堆挨一堆的人群，在那乐其所乐地聚赌。

逛灯去！
上元节的盛举

旧历正月十五俗称“灯节”，又名“上元节”，更因为过这个节是以吃元宵（汤圆）为主要的点缀，所以又叫作“元宵节”。这个灯节是过完了春节后第一个大节。每届灯节，津俗向以相互赠送“花灯”、“元宵”为礼尚往来的酬应品。所以在春节一过灯节到来之前，津市制卖花灯的和点心铺做元宵的工作，总要大忙特忙一阵子。

津俗由旧正初一（春节）起直到灯节为止，在这半个月之内，统名之曰“正月节”期间。旧正月十四至十六日这三天是

“灯节”最热闹的日子。在当年有各种“龙灯”、“狮子”、“中幡”、“高跷”、“法鼓”等胜会时候，在十四到十六这三天以内要一齐出动，沿街竞赛，做出一番庆祝上元佳节的点缀，每逢灯节，家家户户要张灯结彩，而且还有“逛灯”的盛举。在从前津卫商业繁华中心地点，是在估衣街、锅店街一带。每届灯节期间，所谓“逛灯”的地点一般居民也就以估衣街那一带地方为目标，各大小商店到了灯节时候，全预备种种样样花灯，彼此争奇斗胜地悬挂在门前或窗口，五颜六色，灯火辉煌的盛况是极尽一时之大观，“逛灯”的红男绿女，老老少少，拥挤于途，水泄不通，真有排山倒海之盛。到了现在，津卫商业的中心地点，转移到劝业场一带，估衣街和锅店街的繁华，已是失去了它的黄金时代，而且由于物质文明的进步，像虹霓灯等类的新灯彩，日新月异地展示在一般商店门前，原有的古香古色旧型灯彩，和它两相比较，就未免有相形见绌之势了。在近些年来的津卫，每逢到了灯节良辰，“到估衣街逛灯去”已形成有名无实徒兴不胜今昔之感而已。

手打着灯笼都出来　不打灯笼抱小孩

津卫习俗，每逢灯节，在玩的方面说，是以放花炮和逛花灯为民间庆祝上元佳节的点缀，所谓火树银花的热闹情况，在当年天下太平，物阜民丰的津卫里，年年是要极尽一时之盛的。

无论是玩花灯，或是燃放花炮，完全是有钱有闲的人们在过灯节时候一种夸富逞豪的玩闹举动，穷人们只是站在看热闹的地位欣赏而已，记得《草笼诗集》上载有邑贤周自郃景洛先生的踏灯词：“上元灯光富豪夸，士女声喧竞丽华，谁解无私一片月，也曾随我到贫家”，这是当年这位周先生在过灯节时仰望着当空的皓月，情不自禁地发出了这样的感慨语，不啻为一般贫苦之家过灯节写照了。

每逢灯节，津卫的男女小孩们，常是三五成群地在晚间打着各种各样的花灯笼，沿着大街小巷，来来往往相互引以为乐，而且还同声唱着“手打着灯笼都出来，不打灯笼抱小孩”这样的童歌，每逢耳边厢听到这样的歌声，就令人回忆起来孩童时代，青春难再，驻颜无术，令人不禁生有百岁光阴一刹那，人生那得几时欢之感了！

附 记

范来宗诗：“轰连爆竹近还遥，到处喧阗破寂寥。听去有声兼有节，闹来元旦过元宵。太平响彻家增乐，开道声稀巷转嚣。取次东风催劈柳，卖饧时近又吹箫。”

《都门杂咏》：“金吾不禁往来频，春霭良宵气象新。银烛影中明月下，相逢俱是踏灯人。”

元宵为灯节的应景食品，是一种很有悠久历史的食品。据考在宋朝时代已有元宵，见于诗人的吟咏者很多，如周必大有《元宵浮圆子》诗云：“时节三吴重，圆匀万里同。”又吴匏奄《粉丸》诗云：“既饱有人频咳唾，席间往往落珠玑。”又范成大《上元记》云：“吴下节物，捻粉团栾，意即今之圆子也。”

据考，从前清宫御膳房，每年灯节，制造元宵，普通规定，自旧正十一日起做，最初仅七八十种馅子，自乾嘉以后，逐渐增添，至慈禧太后办万寿之年，职司制造汤圆之御膳房庖丁共有百余人左右，每种馅子皆预备数百种，以防临时挑选，或赐赉时有措手不及之虞，于是宫中御膳房属下之点心局，至是乃成为一汤圆作房。十五日晚为全宫中进食汤圆日期，慈禧太后及帝后，每日均有赏赉，如各王公大臣及内监宫女，一律均有赏赐。或十枚，或数十枚，或百枚不定，宫外者皆赏生汤圆，宫中则生熟并赐，最特别者，则精致汤圆，上均绘点花纹及福寿字，另有数种肉馅的，味质亦极丰腆别致，小者如梧桐子，大者可逾小儿拳头，普通之馅分甜咸奶油杂馅肉馅果子馅等诸种，每一汤圆自人工至进用时，平均每枚约纹银六分左右。

灯节奇缘是演述明代四才子唐伯虎、文徵明之故事，剧述祝枝山因寻访唐伯虎来至杭州，住于新解元周文宾家，至上元佳节良辰，二人正当吃酒欢叙之际，祝因周文宾有美人之誉，乃怂恿其改扮女人装束，周一经打扮，果然千娇百媚，美艳无伦，堪称绝代佳人，即祝枝山亦不能认为是男扮女装，于是二人又到街上去蒙混别人，恰遇王兵部府中大放花灯庆祝上元佳节，周文宾乃混在妇女中与祝枝山大开玩笑，未料周竟被王兵部之子王老虎看见，惊为绝色女子，即饬属抢进府中，但恐为老夫人所知，将此假美人暂藏于乃妹月娥小姐绣房，结果周之假扮女装之把戏，已被王小姐识破。此为本剧之概略情节，系根据昆曲名伶马祥麟、侯永奎、侯益隆、吴祥珍等，于 1939 年（民国二十八年己卯）灯节在津市福仙戏院反串演出之经过。全剧穿插滑稽，妙趣环生，周文宾一角，系由马祥麟扮演，在前半部反串小生，后改女装，及被月娥小姐看出破绽以后，当场又易装束，忽弁忽钗，演来惹人喷饭，此外更由侯永奎、侯益隆、吴祥珍等，在此剧内串演“胖姑学舌”一剧，全社人员表演大逛花灯，串演各种杂耍游艺，新奇热闹异常。此情此景，犹在目前，而马等所统率之荣庆昆弋社，已然报散，全社演员除已死亡者外，形同劳燕分飞，各奔前程，再欲重睹此一幕昆曲反串戏，恐非易事矣！

灯节供奉　刺猬老鼠

津俗过旧年（春节）在所供奉的神佛面前，主要的供品是“花糕”，馒头，等到过“上元节”时候，除以吃“元宵”为应景的点缀外，主要的供品是上刺猬、老鼠，这两种东西也是由各蒸食铺制售，是用面粉仿照刺猬和老鼠形状做成的，在上面还驮着元宝。

在旧正十四这天，就要把刺猬和老鼠供奉神佛面前，上供的时候还有一个细讲究，就是在初供上的时候，要把这刺猬和老鼠的前脸朝外，等到烧香参拜以后，就要把那刺猬和老鼠的前脸掉转朝里了。这是表示刺猬老鼠已经把金银元宝驮回家来了，这完全出自妈妈经上的一种财迷梦想，世间哪有这种“飞来福”的事情？究竟为什么要上这种供品，一般人多知其当然而不明其所以然的理由。据老人谈：当初天津海光寺香火极盛，每年必定要用一桌素菜上供。某年，有一位信士大弟子，在灯节里到海光寺烧香求顺，并且在佛前毕恭毕敬地上了一些供果，不料想在一夜的工夫，这些供果竟全然不翼而飞了，这位信士弟子。在闷闷之余，当向该寺住持人探问所以，住持亦不明究竟，双方不免因此发生争议，寺中住持以为此事闹得太离奇，他为表明坦白无私的心迹，便在夜间于佛前烧香念咒，诉说诉说他满腹冤枉。等到转天天亮，在佛前两边蜡台上，忽然发现了一个刺猬和一个老鼠，好像是负荆请罪似的死在蜡台上面。事到这般情形，大家断定那佛前供果一定是被那刺猬老鼠吃去了。那天恰巧是在正月十五灯节，一般人认为这是老佛爷有灵，于是乎家家户户，每届旧正十五日要用面蒸制刺猬老鼠作为上供的点缀品了。据说这就是所以上刺猬老鼠的理由，究竟可靠不可靠，谁也不能确定，当作一件有关津门的神话听罢了。

正月十六　走百病

旧正十六日，俗名“走百病”日子，所谓“走百病”的习俗，由来已久，相传在十六这天，应寻觅一个有桥地方，三五成群地相率以过，谓之“度厄”，“走百病”又叫作“走桥”。津卫习俗在旧正十六日，是妇女活跃的一天，全要出外“串串门子”，相互到各亲朋处闲坐闲坐，据说能够消除疾病，这就是所谓“走百病”的习俗。

原来在津卫里的一般老根旧底大宅门的妇女们，一向是讲究大门不出，二门不迈，规规矩矩地深藏在家里，就是有时候到亲友家里“出门”，也是车来轿去，轻易不肯随便地出现在街上，当年一般妇女，尤其是青年的妇女们，受了多年沿传下来的旧礼教所束缚，是处处不能像男子般那样自由行动。所谓旧正十六这天，要巧立一个名目，叫作“走百病”的日子，是一般妇女借题发挥的一个公开解放日子而已。时至今日，民智大开，潮流日趋“摩登”，一般时髦妇女，早已是打破“大门不出二门不迈”的旧俗，冲开旧礼教束缚圈，不像从前那样受拘束了，所以这妇女界一年一度的正月十六的“走百病”日子，在今日津卫里已不像从前为一般妇女所重视了。

附　记

南朝梁宗懔所撰《荆楚岁时记》云：“燕城正月十六夜，妇女群游，其前一人持香辟人，凡有桥处，相率以过，名走百病。”

《楚通志》云：“妇女相率宵行，以消疾厄，谓之走百病。”

《帝京景物略》云：“正月十六日，妇女著白绫衫，队而宵行，谓无腰腿诸疾，曰走桥。”

《宛署杂记》云：“其夜妇女群游，祈免灾咎，前一人持香辟人，名曰走百病。凡有桥处，三五相率以过，谓之度厄。”

徐釚《词苑丛谈》云：“京师旧俗，妇女多以元宵夜出游，摸正阳门钉，以祓除不祥，名走百病。”

《天咫偶闻》云：“正月十六日夜，京师妇女行游街市，名曰走桥，消百病，多著葱白米色绫衫，为夜光衣。”

张宿《走百病》诗云：“白绫衫照月光殊，走过桥来百疾无。”

高士奇《灯市竹枝辞》云：“鸦髻盘云插翠翘，葱绫浅斗月华娇。夜深结伴前门过，消病春风去走桥。”

《周恭肃集》里周用《走百病行》：“都城灯市由来盛，大家小家同节令。诸姨新妇及小姑，相约梳妆走百病。俗言此夜鬼穴空，百病尽归尘土中。不然今年且多病，臂枯眼暗兼头风。踏穿街头双绣履，胜饮医方二钟水。谁家老妇不出门，折足蹒跚曲房里。今年走健如去年，更乞明年天有缘。蕲州艾叶一寸火，只向他人肉上燃。去年同伴今希有，几人可卜明年走？长安主人肯居停，寂寂关门笑后生。但愿中秋不见月，博得元宵雨打灯。”

填仓填仓　干饭鱼汤

旧历正月二十五日，俗名“填仓”节，“填仓填仓，干饭鱼汤”。这是在津卫里，每逢到了“填仓”这天照例要吃的一顿应时到节的饭食。所谓“填仓”，是农村里流行的习俗，津卫现在虽已跃进为一个国际大都市，所沿传下来的这种“填仓”风俗，每到旧正二十五这天，依然是在一般老根旧户的住家里有点表示。在正月二十四晚上，各住户在院内和屋里，用白粉子在地上画一个小圈，并在圈口画成一个小梯子形状，这个小白粉圈，表示是一个囤，在圈口画一个小梯子，是表示用梯子步步登高走上囤口，好向囤里面倒粮食，这是画白粉圈的意义。在所画好了的粉圈里面，要存上一点米豆等杂粮，另外再把过旧历新年时所挂的“吊钱”撕下，在从前是用“吊钱”包些洋钱、铜元，或是铜钱，压在上面，希望着过个物阜年丰的年头，完全是一种农村风味，在都市里似乎已不怎样感觉什么意味了。据津卫一般妇女谈，在“填仓”这天是老鼠娶媳妇的日子，据说在旧正二十四夜里，是老鼠娶亲的日子，在这天晚上家家户户全要早早睡觉，不可以惊动了老鼠娶亲，完全是一个神话，究不知是何所据而云然的。至于在“填仓”这天要吃干饭鱼汤的意思是犒劳犒劳家里所养的猫，因为“填仓”夜里已是打好了藏粮食的囤，恐怕这天黑下老鼠娶亲，在那囤旁经过，损害粮食，必须要用猫看守防护一切，为了犒劳猫的出力，所以在“填仓”这天要吃干饭鱼汤，好用那残汤剩饭犒劳犒劳猫，这是一项毫无意识的举动，只不过是当作人云亦云的相传的神话听而已。在“填仓”这天，津卫一般妇女，多半是斗斗纸牌玩一天，不动针线活，据说恐怕是用针扎坏了仓官儿眼，这又是津卫里一个“妈妈例”。

二月二龙抬头
焖子是应景食品

旧历二月初二，俗名“二月二”是一个所谓“龙抬头”日子。在这一天，津俗是以吃焖子为应景的点缀。焖子，是用一种粉淀子熬成的，形成了一种冻子那样东西，把它切成像“刀削面”一块一块的，倒在锅里，用香油煎炒，把煎好了的焖子，加入些盐面，麻酱，虾酱油，爱吃蒜的再加入点捣好了的蒜，又咸，又辣，吃着是有点那么一番美的味道。这是在津卫里关于

“二月二”应景的吃。除去吃以外，津卫家家户户，在“二月二”这天清晨，要举行引龙仪式，就是用小灰或黄土，由家里延续地引展到河边，然后再引回家来，如是往返各引龙一条。这是表示把懒龙引出去，把勤龙引回来，据迷信相传“龙能治水”，这种引龙意思，大概是希望勤龙努力工作，好好来几场普降的甘霖，无非是期待着年头好，收成多的一种意思，不过时至今日，这种引龙举动，在“二月二”这天已不多见了。还有，每逢“二月二龙抬头”，在这天津卫里的一般妇女，还有驱除毒虫的妈妈例，在她们嘴里还念着什么：“二月二龙抬头，蝎子蜈蚣不露头”，“二月二敲炕沿，蝎子蜈蚣不露面”一类流口辙式的歌词，据说这样可以免去蝎子蜈蚣的产生为害于人，照例是一桩无聊举动罢了。又因在“二月二”这天，是一个所谓“龙抬头”的日子，所以在这一天又是一个剃头或理发的日子，至于在一般吃饱了不饿的老娘们堆里，这一天全要以斗纸牌消遣或是游逛一天玩玩，来一天“官工”，照例不做针线活，据说在这天不做针线活的理由，是恐怕扎坏了“龙眼”，这与“填仓”那天不做针线活是恐怕扎坏了“仓官”的眼，是有着异曲同工的妙趣；这不外乎是一般妇女巧立名目，借题发挥的脱懒贪玩。

尾　声

由于多年来的积俗相沿，国人对于过旧历年老是在春节名义下大过而特过，所谓习俗使然，这也是一项所难于彻底革除的。关于过年风俗习惯，国内各地大同小异，这本小册子，是就我所知道的仅仅把天津年俗的形形色色，写了一点，个人所感觉到的，津卫过年习俗，有许许多多地方是太近于迷信，奢靡，以现代眼光而论，实有加以革除的必要，站在采风问俗的立场上，我们对于津卫的年俗，是不可不知，但不可无谓地盲从附和。因为现在时代已是与前大大不同了，现在我们已是获得抗战的胜利，国际地位跃进为世界五强之一了，我们要怎样把握住此千载难逢之良机，脚踏实地地迈进复兴建国工作，这才是今后我们每个人所应有的觉悟，所以我们对于以往耗财废事，无谓酬应的奢靡生活，要彻底革除，集合起整个中华民族的人物总力量，从事于胜利后的建国工作，多省一分物力，就是等于增强一分建国力量。这是我写完了这一本《天津年俗》小册子所得到的一点感想。

——炎臣写于乐其所乐斋

（白河书报社，1945 年）

开市大吉

今天是农历正月初六，被认为是“六六大顺”、“开市大吉”的好日子。

在初六这天，天津居民们有互相邀请亲友“吃春酒”的习俗；商业方面又是因“过年”一度休业后，恢复营业的喜庆日子。

经商人是讲究经济效益的，都期望生意兴隆，财源茂盛。旧时天津各商店，多供奉“财神爷”，按时祭拜。在这初六开市的大喜之日，资东或掌柜的，照例是早早起来，在“财神”像前，焚香叩拜，燃放鞭炮，欣庆开市之喜。然后同人们向资东拜年，同人们互相拜贺，展现出一派欢喜团结的新气象。

在初六之前，资东要根据本店全年营业情况的“红单”，按所得的利润，提出若干作为同人们的“馈送”（奖金）。但不是公开付给，而是采取个别方式，由资东分别招同人到自己住室来，经过单独谈话，给予一番鼓励，才把预先包好的红纸包，神秘地递给这个同人，并暗示要保守秘密。得到这项“馈送”的每位同人，谁也不告诉别人自己得到多少，每个人都认为自己所得到的比别人多，因之大家都是高高兴兴，情愿为资东卖命地干事业，以求得到更好的提拔。这是旧日商店主人惯用的一种笼络职工的手段。

但在正月初六以前几天，又是天津各商店“散人”（解雇）的日子，对于不适应工作的同人，要在初二或初四这日子口辞退。

办完了这两项有关人事的工作，从初六起开始节后的营业，恢复周而复始的常态。旧日只有鞋铺或理发所，正月里营业比较冷淡。旧俗正月不买鞋，因“鞋”与“邪”谐音，人们都避讳这个“邪”字，所以不买鞋。还有“小孩正月剃头死舅舅”的传说，所以小孩在正月里不剃头，今天已经没有多少人再相信了。

（《天津日报》1992年2月9日）

春上加春

今年2月4日，即农历壬申年正月初一，是我国一年一度普天同庆的春节良辰，适逢“立春”节气。像这样双春并临，节中有节的好日子，在我国农历里是不常有的。以本世纪的100年而言，只有这么四次：已过去的1905年（乙巳）、1924年（甲子）、1943年（癸未）的春节是“双春”，再加上今年这次巧遇的“春上加春”。

在1943年“双春”来临的早晨，出现过一次日食，大煞了风景。因当时天津正处在日伪统治下，民不聊生，怨气冲天。天津诗人缪炳泽写过一首题为《元旦立春晨值日蚀》的七律：“百年难立岁朝春，满酌屠苏试五辛。万物已随韶景改，八方正击土牛新。中华河岳传神胄，东海风云涤肤尘。蚀没晨曦天意见，或能怨气一朝申。”其气愤不快的心情，于此可见。

“立春”，是我国一年二十四个节气的头一个，它的来临，总是在“六九”之前，俗语说“春打六九头”。在这个节气中，有“立春一日，百草还芽”之说。从此草木开始萌芽，大地充满生机，人们便感到有了宜人的春的气息，这象征着严冬已成过去。

我国自古以来是农业国，官民很重视这个“立春”节气。在旧日有皇帝的年代，最高统治者“天子”，要在这个立春日亲率三公九卿诸侯大夫们到东郊举行“迎春”大典。各地臣民也有“打春”、“迎春”、“送春”、“报春”和“咬春”等活动。

在旧日的天津，据《津门纪略》介绍：“立春前一日，府县以下各官，皆衣朝服，全副仪仗，鼓乐前导，诣东门外天后宫致祭芒神。祭毕舁春牛至府署，谓之迎春。立春日各官祭芒神如仪，祭毕执彩鞭左右鞭春牛三匝，谓之打春。打春毕以泥塑春牛分送同城官绅，谓之送春。打春毕地方争毁其牛……谓之报春。”这被打的牛，不是活牛，而是用泥土造作，后又改为以竹木为架，外糊以纸的牛。在这场热闹的活动中，群众“喧嚣纷扰，官不之禁也，谓之打春牛”。现在人们对“立春”俗称“打春”，即本乎此。因为牛在我国是耕畜的主力，在新春之际用“打春牛”的方式，提醒人们开春了，应该开始忙于农活了，起到振奋人心的作用。

“立春”这天，津沽居民讲究吃紫心萝卜，俗谓“咬春”。还要吃春饼和春菜，用烫面烙成双层的薄饼，称为“荷叶饼”，吃时卷以春菜，其中包括白菜心、紫萝卜、韭菜、菠菜和粉条等，名曰“合菜”。另有炒鸡蛋或炸蛋角等佐食，作为“立春”应节的吃食。在开春时节，吃这些东西，能清痰消食，有益卫生，故这种旧俗今仍存在于一些家庭之中。

（《今晚报》1992年2月10日）

农历三月三蟠桃会

农历三月初三，是“三月上旬之巳日”，古名“上巳辰”。旧时在天津民间，俗称这天为“王母娘娘蟠桃会”的日子。

天津城西小稍直口村，靠南运河下梢地势冲要的南岸，原有一座建自明代的福寿宫古刹，每逢三月三大开庙门，举办“蟠桃会”。据说这是为担负运航漕运御粮船使命的官员们祝祷一路风平浪静的活动，引来许多香客，极尽一时之盛。

有一个时期，三月初三还举行“谢公祠赛会”。所谓“谢公”，就是咸丰三年（1853年）时天津县知县谢子澄。当清朝第七代皇帝咸丰初年，我国南方广西金田，爆发了由洪秀全领导的反清农民运动。在广大劳动人民的响应和支持下，这支被称为太平军的起义农民队伍，打下南京，建立了太平天国。紧接着进行北伐，矛头指向腐朽无能的清政府的京城。太平军迅速打到天津城西小稍直口，天津城厢已面临岌岌可危的状态。有名的“海张五”张锦文，与知县谢子澄相互勾结，组织地主武装，名曰“团练”，并施展诡计，抗击北伐的太平军。北伐太平军被镇压，谢子澄也在这次战役中丧生。谢子澄本是镇压太平军的凶手，当时的反动统治者称谢子澄“御贼有功”，为他修建祠堂。在蟠桃会期间，还要抬出谢子澄“神像”，表演“出巡”丑剧。

从前三月初三这天，天津的学人们，照例聚集西北城角文昌宫祭祀文昌帝君。还有平日捡拾字纸者，这天要把积存的废字纸，送到文昌宫焚化，宫中负责值年的人士，在两廊备有酒食款待，以鼓励人们“敬惜字纸”的美意。

旧时天津的女孩，小时是梳打着发辫。及长才不再打发辫，改梳“盘头”。旧俗是择定三月三蟠桃会这天，为适龄的女孩梳“盘头”，名曰“立头”，取其“蟠桃”与“盘头”字音相似的含义。

上述有关三月三的各旧俗，反映出一定时代的天津地方岁月。由于时代的进展，现在这些均已不存在，成为历史故事。

（《今晚报》1992年4月9日）

天津独有的“皇会”

天津人好胜，讲究玩儿“会”，特别是对于历史悠久的“皇会”，因为它是天津独有的，举办时人们更是兴高采烈，或捐钱，或出力，各尽心愿，共襄盛举。

天津皇会原名“娘娘会”，是为庆祝农历三月二十三“天后圣母”诞辰举办的。旧时，每到这农历三月间，天津居民就沉浸在皇会之中，许多角落锣鼓敲得喧天，男女老少多要添置穿戴，出现了一派儿童欢乐、妇女争妍的气象。同时，四乡八镇和外县农民，虽是忙于春耕，但为看皇会也来津。有的从水路乘木船来，有的由旱路坐大车来。接连而来的“进香船”和“进香车”，都插着写有“天后宫进香”的黄色旗子，停在三岔河口附近河里或两岸。天津的乾隆年间举人杨一崑写过《皇会论》，绘影绘色，淋漓尽致。樊彬的《津门小令》有一首：“津门好，皇会暮春天。十里笙歌喧报赛，千家罗绮斗鲜妍，河泊进香船。”还有人写过七言诗：“三月村庄农事忙，忙中一事更难忘。携儿偕伴舟车载，好向娘娘庙进香。”道出了当年天津出皇会的欢欣景象。

旧日天津出皇会，从农历三月十六到二十三，共经历八天，有五天集中活动，三天分散活动。三月十六是“送驾”，把“天后”送到“娘家”；十八日是“接驾”，把“天后”从“娘家”接回天后宫。传说二十和二十二两天，是“天后巡香散福”之日。十七、十九、二十一这三天，是各个“会”（今称花会）分去各街巷表演，俗称“踩街”。

以三月十六和十八两天为主的皇会出会序列，最前由门幡引导行进。接着有捷兽、龙灯、中幡、挎鼓、老重阁、拾不闲、鲜花会、西园法鼓、庆寿八仙、五虎杠箱、道众行香等“会”。边走边表演，敲打拉唱，吹耍斗趣，形形色色，各显其能。再次是抬着送生、瘢疹、子孙和眼光“娘娘”的四个宝辇，“天后圣母”的华辇和各项仪仗，有次序地沿着“会道”行进。“跑落”和挑茶炊子的姿态，备受欢迎，时博喝好。遇有“截会”的，更加强表演，以表示感谢。

三月二十三“天后”诞辰这天，各个“会”在天后宫内外表演，庙前戏楼演戏庆寿。善男信女进庙烧香，从早至晚络绎不绝，直到二十四凌晨，这连续八天的一场规模庞大的皇会，才告结束。

（《今晚报》1991年5月17日）

农历四月初八“浴佛节”

农历四月初八是民间传说“佛爷生日”，名叫“浴佛节”。

旧时民间多信奉佛教。纪念佛教创始者释迦牟尼的日子，在农历一年里，有二月初八的“出家”、二月十五的“涅槃”（圆寂）、四月初八的“佛诞”和腊月初八的“成道”等四个日子。其中所谓四月初八“佛爷生日”的“浴佛节”，庆祝释迦牟尼的典仪，较其他各日更隆重。

当年，每逢佛节，天津各僧寺，照例举行浴佛礼。一般的仪式是，由方丈法师引领僧众迎请“一手指天、一手指地”的释迦牟尼像，安放大雄宝殿。方丈法师恭立像前，僧众分成两排，相向肃立其后。方丈法师上香顶礼三拜，僧众们也各转身，齐向佛像顶礼三拜。由方丈法师恭唱颂词和浴佛真言，僧众随声同唱，不会者可静听。最后用金盆盛香汤，淋浴佛容，浴佛典仪即告完成。

早年，天津的各僧寺还在这一天向行人施舍结缘豆。后来把这项活动，改在腊月初八释迦牟尼“成道”的日子举行。所谓腊八节舍结缘豆的风俗，就是由此而沿传下来的。

由于天津人信奉佛教的很普遍，从前每到这“浴佛节”，天津的居民们几乎是家家吃捞面，作为庆祝佛诞的表示，有的还要上庙烧香拜佛。又因为释迦牟尼是以慈悲为怀，不主张杀生，故在浴佛节要“断屠”一日，不能宰杀牲畜和家禽等。佛教信徒多吃素食。

天津旧时居民还有一项活动，如在“浴佛节”后日期内，家中有老人死去尚未埋葬，有钱的人家请和尚来家里念一天“洗佛经”。“洗”就是“浴”的意思。念这“洗佛经”，只由一位和尚来念，念时分向四个方向顶礼参拜，既宣扬佛的诞生，又祈求普度众生。在天津解放前河东粮店后街大佛寺（今河北区第二中心小学所在地），有位法名“人园”的和尚，会念这浴佛经。40年代初，该僧犹健在。后不知去向。

旧时四月初八晚间，天津城隍庙在城西举行“赦孤”表演，是突出“善有善报、恶有恶报”的主旨，意在警劝世人弃恶向善。这是在“浴佛节”中，道观与和尚庙相配合的一项活动。

（《今晚报》1992年5月10日）

清明节旧俗

清明在农历二十四节气中的顺序，占春季六个节气的第五位，是我国具有悠久历史的民俗“扫墓”节日。而在这清明的头一天，还有个叫“寒食”的日子，它的故事出自春秋时代。重耳（晋文公）因搜寻忠于他的介子推不得，竟火烧绵山（山西介休县南），迫使隐于此山的介子推被烧死去。从此人们为纪念介子推的惨亡，每到这天不生火，吃冷食，这便是“寒食”的由来。但时至今日，人们多把清明和寒食混为一谈，单说“寒食”者少了。

旧日天津城厢四外开洼尽是坟地。清明前后二十天，居民们照例要去自家坟地烧纸跪拜，名曰“扫墓”，又叫“上坟”。同时用锹培土于墓，俗称“添坟”，以告慰先人，安抚生者。特别是在清明这天，扫墓的人群络绎于途，多不胜数。有的人家因一时不能去坟地扫墓，清明晚上在自家门外烧“封筒”，内装烧纸和金银锞子等纸钱。“封筒”外正面写亡人名字，背面写年月日，给每位亡人烧一份，以表怀念之忱。

有关津人过清明节活动的记述，张焘的《津门杂记》说：“清明日，男妇各上坟，陈祭后，焚纸钱，增土于冢上曰添坟，哭新鬼尤恸。”周楚良的《津门竹枝词》有句：“近郊西南馒头地，清明祭扫纸灰焚。年年墓上培新土，种得松楸直接云。”每届清明，津人习惯包饺子祀祖先，而崔旭在《津门百咏》中吟道：“清明上冢到津门，野苣堆盘酒满樽。直到东坡甘一死，大家拼命吃河豚。”由此可知在一百多年前的清明时节，天津人还像苏东坡那样喜吃河豚，并佐食苣菜以解毒。

慎终追远不忘本的祭祖，是中华民族传统的美德，但涉及烧纸钱等迷信活动，今天就应破除了。

在津沽旧谚中，有“清明坟前土，庄稼佬白受苦”，它是说清明起风刮土于农田不利，我不知这是何所据而云然。还流传“过了清明别欢喜，还有些天凉天气”，这是告诫人们清明虽过，春寒犹在，别放松“春捂”，以防患感冒，这倒是不错的。

（《今晚报》1991 年 4 月 5 日）

光怪陆离的“鬼会”

天津的城隍庙，旧址在城西北角。旧时传说四月初九是城隍生日，从四月初一到初十要举办庙会。庙内外临时搭设多处悬灯结彩的“灯棚”，张挂名人书画，摆设文物，这都是从绅商大户借来的。庙内戏楼上，还演奏昆曲和“十番”古乐。售卖各种耍货和日用品的摊贩，杂集附近，烧香拜庙的人群，往来其间。有时还要举办“鬼会”，包括“排衙”、“出巡”和“赦孤”。

“排衙”，四月初六在府城隍庙举行，由曾在天津府、县衙门当过差的人表演。他们将城隍塑像，从殿内“请”出，升入设在殿前月台上的宝座，并在面前摆一公案。表演城隍审案，仿照知府在府衙门升堂、理事和审案的排场礼制。由一个衙役带领某个“会”或受审者，到公案前叩拜城隍。这时有一人蹲在城隍塑像后，代替城隍说话或审案，如表演“双簧”。

“出巡”，是在四月初八举行。由“玩儿会”的人们抬着乘坐“神轿”的城隍塑像，如同知府出巡排场一样。最前有开道锣、飞虎旗、官衔牌、肃静牌、回避牌和持黑红棍的衙役们。还掺杂各种“鬼”，有所谓开路鬼、大头鬼、小头鬼等等，名目繁多。

“赦孤”，是四月初八晚间在西营门外四座坟旷野表演的一项“老都魁会”。由五位身躯高大者，扮演五个“都魁”，他们化装成戏台上的架子花脸模样，显得威风煞气，频频摇动手持的钢叉，往返奔跑，狰狞可怖。同时还有许多打着糊以绿纸的灯笼，或拿着火把的。在这种森严可怕的气氛中，使观者毛骨悚然，不寒而栗，胆小的和儿童们是不敢看的。五个“都魁”戏要了一阵，最后跑到城隍神轿前，向城隍“交令”，表示“驱除的冤鬼，已离开人间”。这场闹剧便结束了。

当年的“鬼会”，充满荒诞不经、光怪陆离的封建迷信色彩，尽管其主旨是用这种方式警世，要人们做好事别做坏事。津沽最后一次“鬼会”，在1921年，迄今绝迹已整70年。

（《今晚报》1991年6月3日）

“五月当五”的旧俗

农历五月初五，名叫“五月节”，或称“端午节”，还有“端五”、“端阳”、“重五”、“中天”几种名称。这天是我国一大传统节日，天津居民俗称“五月当五”，也简称“当五”。因为这天应景的点缀是吃粽子，故又名“粽子节”，粽子形三角，也叫“角黍”。

天津制售的粽子，有好几种：糕点式的“炉粽子”，分糖馅或豆馅的；用白面蒸制的糖粽子，俗名“糖三角”；用芦苇叶包江米煮熟的米粽子，一般以枣或豆作馅；还有用江米包火腿或咸肉馅的，仿自江南风味。每当这“五月榴花”的季节，正是藤萝开花时。

讲究的津人，“当五”要吃白薄酥皮的“藤萝饼”，糕点店特别预备这项应节的点心。

津沽旧俗，在“五月节”来临时，居民们要在门口或窗前插艾叶，张贴五毒画、朱砂判——钟馗像。

大人们饮雄黄酒，并给小孩在耳鼻等处抹上点滴雄黄，在脖颈间挂一串“老虎褡拉”。所谓“老虎褡拉”，是用彩色丝线缝缀起来的。开头是用蚕茧做成一个小老虎，或只做一面老虎头脸；依次连缀上用碎绸布精制的小簸箕、笤帚、黄瓜、茄子、辣椒、豆角、菱角、三色粽子……最末是缝制一个小红葫芦，其中装入一些花椒，让它散发出有刺激性的花椒味儿。有的男女小孩们，还要穿上用印着“五毒”的绸布缝制衣裳和绣着“五毒”的花鞋。这一系列的活动，含有驱除毒害的意义。除此以外，民间还举办龙舟竞渡。

周楚良作于清咸丰末年的《津门竹枝词》：“沿门端午贴灵符，悬起朱砂判子图。艾虎蒲人同逐疫，雄黄倒挂酒葫芦。”张焘刻于光绪十年（1884 年）的《津门杂记》：“五月端午，有龙船戏。比户贴葫芦门符，插蒲艾，食角黍，饮雄黄酒。系儿以彩线，曰长命缕。又采百草为膏。”

（《今晚报》1991 年 6 月 14 日）

从“夏至”谈起

每年6月21日或22日，也就是农历五月里，是我国二十四个节气中“夏至”来临的时候。在这一天我们所处的北半球是昼最长夜最短了（南半球则反是）。

到了这“夏至”节气，气温逐渐要热起来了，向来是“夏至三庚便数伏”。所谓“三庚”的“庚”，是在十个“天干”中“甲、乙、丙、丁、戊、己”之后排列第七位的日子。“夏至”后的第三个庚日为初伏，第四个庚日为中伏，另在“立秋”后第一个庚日为末伏。这便是人们常说的“三伏”。由于在“夏至”与“立秋”这两个节气之间，还有气候渐热的“小暑”和一年中气候最热的“大暑”，所以照例是“立秋”后有一伏，即“立秋”后的初庚，是末伏的日子。

按天津地区的农事情况，到了“夏至”在田园、旱田和水田各方面，是个抢收早庄稼和播种、耕锄、施肥管理晚庄稼的繁忙季节，向有“夏至锄头不能歇”的俗语。老农民们认为，“夏至”这天如果刮东风，便是闹水灾的象征，故有“夏至东风摇，麦子水里捞”的说法。

进入“夏至”节气，津沽常言：“头伏饺子，二伏面，末伏烙饼炒鸡蛋。”还有人在入伏日，早起喝绿豆汤，以免受暑；用绿豆汤给小孩洗身，据说可以不生痱子。旧时津沽的一些老人，每逢“夏至”后三伏的日子，照例要安排好各日应时的吃喝。相关的流口辙，今犹在民间流传着。

（《今晚报》1991年6月29日）

六月六的旧民俗

农历六月初六日，名“天贶节”。“贶”者赠送的意思。11世纪初，宋真宗赵恒为“镇服四海”，宣扬有“天书”降于六月六日，以迷惑臣民，并订这天为“天贶节”，从此流传下来。

六月六日是年将过半的时候，也正是农田谷物长势旺盛的季节，天津故有“六月六看谷穗”的谚语。又因为这时是炎热的大暑天气，津俗每逢六月六来临，一般居民要把衣服被褥等放在通风的阳光下晾晒，以免因潮发霉。书香门第之家，这天还要把成批的旧书字画，取出晾晒，也是让它们经过曝晒，防止蟫蛀等虫侵蚀。妇女们要在这天洗发，旧日妇女蓄长发梳头，不便经常洗发，只在平日梳头时，用拢子和篦子拢拢刮刮。到六月六这天，要大洗长发，免因溽暑发出馊味。

天津城外西北角，原有稽古寺，寺中附有建于明朝的藏经阁。阁的房脊屋檐，遍布铃铛，风吹铃响，声闻遐迩，因之此阁又俗称“铃铛阁”。阁内藏经卷，多达十六柜，其中包括珍贵有名的《大藏经》，每逢六月六这天，要举行一次“曝经会”。从清代嘉庆年间进士蒋诗（秋吟）留下的诗句“津淀城西稽古寺，藏经高阁号铃铛”和“六月时光会曝经，贝多部帙已零丁”，可以想见当时稽古寺中的藏经阁和曝经会的风貌。不幸的是，光绪十八年（1892年）此阁被焚毁，宝藏也失去。庚子（1900年）后创办的天津第一个官立中学堂——俗称铃铛阁中学，便是在这个旧址上建立起来的。过去的天津老百姓，特别是读书人家，对孔圣人是尊敬的，不敢随便糟蹋字纸。社会上有“惜字社”的组织，经常派出工役，挑着周围写有“敬惜字纸”的圆提盒，去各私塾、家馆和一些读书人家，收敛废字纸，集中火焚，送入河海。尤其是六月六这天，西北城角的文昌宫大量收受居民积存的废字纸和旧书，凡送到那里的，可享一次酒食，以示鼓励“敬惜字纸”之意。

这些津沽旧民俗，现已多不存在了。

（《今晚报》1991 年 7 月 16 日）

五月十三和七月十三

在天津民间，农历五月十三和七月十三，各有一段神话般的传说。

很多人都知道，三国时代“桃园三结义”的“二爷”关羽，后人称为“关老爷”。他当年征战使用的武器，叫“青龙偃月刀”，据说五月十三是“关老爷磨刀”的日子，这天必下雨，因之旧有“大旱不过五月十三”的谚语。

至于七月十三，据说是“头发生日”。旧时每到这天，剃头理发的师傅们要对他们供奉的“罗祖”祝寿，大伙集资聚餐，有时还要请梨园行演戏助兴。因为澡塘子附带有剃头理发的，也要在这天请曲艺演员演唱，以娱顾客。

旧日各澡塘设备很简单，除洗澡池子外，只在店堂内装设一个挨一个的立式木橱柜，作为衣箱，柜前有提板门，可以提上或拉下。每位来洗澡的顾客，可以使用一个这样的衣箱，存放衣帽。经管此项衣箱的伙友，叫“看箱口的”。他们大都善于接待顾客，想方设法侍候好顾客，可以得到“小费”。澡塘伙友事先要准备好很多小包的高级茶叶，在离七月十三前些天，送给常来洗澡的熟顾客各一包，表示友好情谊，知趣的顾客对这一小包茶叶，没有不掏腰包的，至少也得付给现大洋一元或两元，不然显着丢面子。因此，旧日澡塘伙友，在每年七月十三这天，每人总可收进一笔很可观的外快。

（《今晚报》1991年7月27日）

香瓜“咬秋”西瓜“咬秋”

秋，循环往复四季的第三季。我国以农历七、八、九月为秋。旧有“立秋日梧桐始落一叶”之说。《唐诗》：“山寺不解数甲子，一叶落知天下秋”，就是依据这“秋来叶落”吟咏的诗句。

由于“立秋”气温下降，溽暑手不停摆的扇子，这时将失去作用，故津沽有“立了秋，把扇丢，再拿扇，好没羞”的谚语。实际上，“秋后还有一伏”，热浪仍在逼人，若遇阴天下雨，更会造成闷热，扇子还是丢不下的。

旧日津俗，认为立秋日下雨，是秋涝的预兆，俗呼“秋洒”；如秋日不雨，是秋晴的预兆，俗呼“秋吊”。现在有气象台预报气象变化，再没有人关心这项传说了。

每届“立秋”，津沽居民争买香瓜吃，谓之“咬秋”。商店的主人，为照顾职工们过好暑热季节，每年从入伏日起，到“立秋”前一天，每天给职工买西瓜吃，以资却暑。到“立秋”这天，给每人香瓜一个，点缀“咬秋”的习俗。近些年来，“立秋”吃瓜之风，已是由香瓜变为西瓜了。

（《今晚报》1991年8月8日）

八月十五中秋节

农历八月十五是我国传统的中秋节。因为八月十五是在八月的正当中，而八月又是在这秋季的正当中，所以这天叫“中秋”。民国以来规定这天为“秋节”，但在民间向来称为“中秋节”，俗名“八月节”。因为这时正是多种水果丰收的季节，俗说“八月十五定收成”，人们可以大吃大喝，津沽有“八月十五嗵丧”的谚语，比过“五月节”还热闹一些。天津又有“八月十五云遮月，正月十五雪打灯”的俗谚，我只是人云亦云，没有实际验证过。

天津民间旧俗，每逢此节来临，一般居民早饭吃捞面，晚饭吃炖肉，特别富有之家，吃喝更要讲究。这天居民们多备用外方内圆的木模子，用和好的白面包青红丝、玫瑰的糖馅，扣成圆形，自烙家常月饼。较次的是烙糖饼，以点缀团圆的节景。

天津糕点店售卖的月饼，有本地提浆、家常、白皮、翻毛等传统品种，另有京式月饼、苏式月饼。约在20年代传入的所谓广东的改良月饼以皮薄、馅大、松软的特色，在天津大行其道，有豆沙、蛋黄、咸肉、五仁各品种。

天津民间习俗，在中秋节，至亲好友要互送月饼和水果礼物。周楚良的《天津竹枝词》：“斗富夸奢送货财，炎凉世态也堪哀。端阳角黍中秋饼，一盒去时一盒来。”对互送礼品的用心和情景，描写得是如此淋漓尽致。

中秋节之夜，又名“秋夕”，有“拜月”旧俗，名为“圆月”。我国旧时是重男轻女的，认为男人是“一家之主”，有什么事全由男人出头，女人则处于从属地位。惟在中秋节夜晚的“拜月”，有“男不拜月”之说，由妇女居主导地位。这天晚饭后，当圆圆的月亮上升天空之际，津人多在院内庭前，摆设香案，悬上纸印的“月光马”，上面画着“太阴星君像”，下面画着“月宫里玉兔执杵站立捣药像”。纸马前陈列月饼、果品等祭品，由女主人点香叩首“拜月”。然后全家围坐一起，吃喝赏月。有的人家还要举杯畅饮，持螯赏菊，吟诗抒怀，显示出一番团圆欢聚景象。周楚良又写过“裣衽庭前跪阿侬，中秋月下拜从容。西瓜切作莲花瓣，一待蟾宫玉杵舂”这样一首竹枝词。

因此神话说月中有白兔捣药的故事，每届中秋节，津沽有应运而生制售泥兔的，有立式的，有卧式的，有一种“倒沙兔儿爷”，更受人欣赏。为配合中秋节景，沽上各戏院，多演唱中秋应节戏，除去《嫦娥奔月》、《中秋赏月》（即《阴阳河》）、《月宫宝盒》等外，其他如因《武家坡》中有“八月十五月光明”、《捉放曹》中有“八月中秋桂花香”等戏词，也列入应节戏，作一水应节好生意。

（《今晚报》1991 年 9 月 22 日）

八月二十七“圣诞节”

农历八月二十七是孔子的生日。昔时每逢这天，天津士子照例有致祭孔子诞辰的活动。

天津文庙（孔庙）旧有与祭洒扫社的组织，与祭者负责筹办祭孔典礼，担任洒扫者负责殿宇内外的洒扫。农历春秋，天津府、县两文庙，要举行隆重的祀典。春季在二月“上丁日”，叫“春丁”祀孔，秋季在八月“上丁日”，叫“秋丁”祀孔，全是由当时天津地方官主祭。除此以外，便是这八月二十七的“圣诞节”，是由天津地方有名望的耆绅率领士人在文庙举行祀典，名曰“乡祭”。这一天文庙还要举办孔子圣迹图及有关祀孔应用的祭器和乐器等文物展览，以启迪后人。与此同时，天津早年的各书院、义塾、私塾以及后来兴办的学堂（学校）等，这天也是分别悬挂孔子画像、供奉孔子牌位，师生齐集，恭谨叩拜，然后放假一天。居民家家户户吃捞面，并叮咛子孙好好念书。天津闻人李廷玉（1869—1952），字实忱，清末民初宦游南北，晚年退居故里，1931 年“九一八”事变后在海河之东创立国学研究社，出任社长。当年李实忱编有《孔子诞辰纪念歌》，歌词 33 句，概括孔子一生的功绩。每届八月二十七这天，李实忱亲率全社老师和学员在祭奠孔子礼仪中高唱此歌。

（《今晚报》1991 年 10 月 8 日）

九九重阳节

我国农历九月初九旧名“重阳节”。因为古时对九月称“阳月”，九日称“阳日”，九月初九这天，恰为“两阳”相遇之期，故名“重阳”，俗谓“九月九”。1930 年南京国民政府改以阳历九月九日为“重九节”，但未贯彻实行。现在这一天成为“老人节”。重阳节之际，津沽居民旧有登高、吃切糕、饮菊花酒一些习俗。另有几处道观，还举办“攒斗会”的活动。

首先谈一件有关重阳登高避灾的故事。据史料记载，东汉时代有位汝南桓景，他常随费长房游学。费长房曾从“仙人”壶公学仙，得一竹杖，“能鞭笞百鬼”。有一天，费长房对桓景说：九月九日你家有灾难，快让家人们各缝一红袋，内盛茱萸，系在背上登高，饮茱萸酒，可免此祸。桓景按照费长房的指点，全家于九月九日登山。晚间回到了家，发现饲养的鸡犬等均已暴死。费长房闻讯，他对桓景说：这代替了你的灾难。从此每逢重阳节便有人去登高，这就是九月九登高风俗的由来。所谓的茱萸，是一种野生植物，古人认为九月九折下一些茱萸，戴在头上，“可避恶气，除鬼魅”。

往年到重阳节，天津登高的地点是鼓楼或东门外玉皇阁，这在早年的天津算是制高点的建筑。但时至今日，津市各处几十层高的大楼拔地而起，现存的玉皇阁已相形见绌了。重阳节所以要吃切糕，是因为“糕”与“高”谐音，取其步步登高之意。因之在这一天，天津居民多蒸黏糕，街头售卖江米小枣切糕的要利市三倍。“玉皇阁耸好登高，小食家家枣作糕。早饭偕来万庆馆，快呼菊酒醉酕醄。”这是一百三十多年前周楚良在《津门竹枝词》里描写津人重阳登高、吃糕、饮菊花酒的忙乐情景。

“攒斗”也叫“拜斗”，是重阳节天津道观的一项隆重典仪。据说“九月九”是“斗姆元君”的诞辰。从九月初一直到初八晚，天津善男信女，分到玉皇阁、天后宫、水月庵、吕祖堂等道观敬送供香，一封二封不等（每五股香为一封）。各在香纸上写着信士弟子某某某敬献和家庭住址，以了“心愿”。九月初八晚各道观开始举行“攒斗会”，把施主们奉献的供香，从庙院炉台上，层层向上摆放码高，摆成一座底座宽大、向上逐渐窄小的形如香塔模样，高约两丈左右。周围糊以黄表纸，并画上“祈福消灾”符箓。前置香案，摆设蜡台、香炉和供品，香烟缭绕。从初九凌晨当家道士登上法坛，领衔致祭，随着唱念和演奏乐器，从香塔最高处点燃，可连续燃烧一两个昼夜，才全部烧尽。这就是旧日天津所谓的“攒斗会”迷信活动大致过程。一些佛门信士，为纪念“北斗菩萨”，这一天也要吃斋茹素，谓之“吃北斗斋”。

（《今晚报》1991 年 10 月 15 日）

九月十七“财神”生日

农历九月十七，是旧日天津人视为“财神”的生日。天津的风俗，每逢喜寿日要吃“捞面”，因之，这一天照例以吃“捞面”助兴。

从前天津的庙宇虽多，但著名的“财神庙”，只有城里县衙门后一处，早已不存在了。而在一些住户和商店，多供奉“财神爷”纸马。

《津门杂记》在岁时九月中谈道“十七日，祀财神，最盛。”《津门纪略》有“十七日祀财神”的记载。这反映当年天津居民是重视“财神”的，这所谓的“财神”迷惑过许多人，向他焚香叩拜，期求达到发财致富的愿望。

天津旧俗，单独祭祀“财神”的日子，每年两次，一次是旧历新年（春节）的“大年初二”清晨，居民和商店要举行“接财神”的祀典，焚香叩拜，鞭炮齐鸣，另一次便是在这九月十七日的“财神生日”，居民们要为“财神”庆寿，特别是买卖家，掌柜的要与职工们共同好吃好喝欢庆一天。

旧日商店的资东或其代理人掌柜的，成天拨弄算盘珠儿，计算怎么买，怎么卖，哪些货已经脱销，哪些货停滞难卖，都须时常心中有数，以实现“生意兴隆通四海，财源茂盛达三江”的设想。天津旧俗，商店恭庆“财神”生日时，鞭炮震动城厢内外。掌柜的率领职工们，站在柜台前，人手各举一个算盘，频频摇动，哗哗作响，表示生意旺盛的繁忙景象。

工商企业做好买卖，纯赖善于经营管理，才能得到好的经济效益。最灵的“财神爷”，是至上的顾客，一个工商业企业如能多为顾客着想，急顾客之所急，满足顾客需求，招引来更多的回头客，那才是真正的“财神爷”。旧日迷信“财神”，妄想凭借为“财神”烧香叩拜，达到发财致富，那是徒劳的。

（《今晚报》1991 年 10 月 27 日）

居然有“皮袄生日”

津沽旧俗，以农历十月二十五为“皮袄生日”，这天是对于皮货行业尤为重要的日子。《津门杂记》谈十月岁时风俗：“二十五日，曰皮袄生日，俗云：是日晴则一冬凌，是日阴则一冬温。”“凌”就是冰，“温”就是暖和。时值农历十月二十五日，正是“小雪”和“大雪”两节气之间，天气寒冷。售卖皮货的掌柜的，都希望冬天寒冷，以便能多卖皮货，获得较多利润。

旧时本市售卖皮货的商店，多集中在估衣街和锅店街一带，它们全希望争取多做一些好买卖。对于这个传统的“皮袄生日”，店主人是不会放过的。为了鼓励同仁们好好干，各皮货栈要在这天改善一次伙食，以为犒劳。如果这天真是个晴天好日，掌柜的更是笑逐颜开，为同仁们多提些“花红”。至于是否真能如愿以偿，买卖兴隆，那只有天晓得了。

（《今晚报》1991 年 11 月 13 日）

冬至"数九"吃馄饨

我国习惯以农历十月、十一月、十二月为冬。二十四节气"冬至"常是在12月22日或23日。每到"冬至"这天，我们所处的北半球白昼最短、黑夜最长。我国古时把"冬至"这天谓之"日短至"。从这天以后，北半球的白天，就转为由短而长了，所以"冬至"这天又名"长至节"。《津门纪实闻见录》说："十一月冬至日，名长至节，拜贺如年节礼。"张焘的《津门杂记》谈得较详："冬至日同城官绅互相庆贺曰拜冬，是日食馄饨。"辛亥革命后建立了民国，议订"冬至"这天为"冬节"。

"冬至"以后的九九八十一天，是寒冷的日子，熬过了九个"九"，寒冷的冬天便过去。其中的"三九"是一年中最冷的日子，它正当农历"腊八"前后，故又有"腊七腊八，冻掉下巴"的旧谚（也有人说"腊七腊八，冻死蛤蟆"），气候之冷，可想而知。

从"冬至"这天起，因为每九天为一"九"，有"数九"的民俗，读书人家为了消寒，多好用"九九消寒图"来记载"数九"，一般有以下这三种消寒方法：

一种"九九消寒图"是：画上九九八十一个圈儿，从"冬至"这天起，每天用墨笔涂一个圈，涂的记号是"上阴下晴，左雾右风，中黑为雪。"也有人念这样的"九九歌"："上黑是天阴，下黑是天晴，心黑是寒冷，左雾右刮风。"使人听着更明白。这八十一个圈儿都涂尽了，就有了春意。

第二种“九九消寒图”是：勾画九个九笔画的勾边空白字，从“冬至”这天起，先按照第一个勾边空白字的笔画，每天按顺序描一笔，这九个勾边空白字都描画了，“九九”就过去了。

第三种“九九消寒图”是：画一枝素梅，有八十一朵花，从“冬至”这天起，每天用墨笔或色笔涂画一朵。

以上三种“九九消寒图”方式不同，心情则一，都是说明人们盼望严冬尽快过去，春天早日来临。

津沽又有冬至吃馄饨的风俗。“冬至”开始后的天气则是严寒逐渐加强的日子，吃碗馄饨，连吃带喝，既解饱，又热乎，一举两得，于是就流传下来了。

（《今晚报》1991年12月19日）

天津的法鼓会

在旧社会天津，迎神赛会的风气很盛。每逢年节或重要的“庙会”日期，便有人组办“出会”，如龙灯、狮子、高跷、中幡……而“法鼓”更是天津独有的、喜闻乐见的一项活动。

这种具有天津特色的法鼓会，流传于天津民间约有三百年历史，20 世纪 20 年代前后最为盛行。

往日它存在于天津城厢内外和乡区有上百个，是民间自由组织且多是由父子或兄弟沿传下来的“业余子弟会”性质。著名的有天后宫（娘娘宫）前的宫音法鼓、龙亭的井音法鼓、北门里的振音法鼓、侯家后的永音法鼓、西郊区大园村和小园村的西园法鼓、芥园的花音法鼓、大觉庵的金音法鼓、南头窑的同心法鼓、紫竹林的东园法鼓、太平庄的同云法鼓、河东小盐店的和音法鼓、锦衣卫桥的合音法鼓、陈家沟子的乡音法鼓、盐坨的中音法鼓……在名称上多冠有一个“音”字。据说天津最早的法鼓，是大觉庵的金音法鼓会。

天津法鼓的演奏，主要是由一面大鼓、钹、铙、镲铬、铛铛五种乐器组成。演奏时摆好仪仗和乐器，除敲大鼓者一人，其余四种乐器，各备四件，每件由一人掌握，共占用十七人。人数再多也可以，大鼓以外的其他四种乐器，可分别增添，人数越多，声势越壮。以敲大鼓者为主，一起一住由敲钹者领先，敲铙、敲镲铬和敲铛铛者随之而起。有许多敲打的套路，也叫鼓牌子，计有“双桥”、“瘸腿”、“老河西”、“新河西”、“鬼叫门”等几十套路。这种敲打的点子，是从和尚和道士“作法”时演奏的音乐演变而来的，传入了民间，已是消除了宗教色彩。在演奏中全组人员围聚在一起，通力合作，每人眼神要活，精力要足，能引得观众们听看入神，忘掉一切，其迷人处也就在此。

（《今晚报》1991 年 11 月 13 日）

天津旧社会的婚嫁习俗

百里不同风，入国要问俗。各地各有其独特的风俗习惯。天津从明初设卫以来，迄今已有600来年的历史。由于天津是个五方杂处之地，因此其风俗习惯是杂糅各地之长，而逐步形成自己的风俗习惯。

一、父母操心媒婆撮合

天津对于男婚女嫁，与其他各地没有两样。旧时，男女在十七八岁就要结婚。彼时男女都是媒妁之言，家长做主父母包办，没有自由恋爱，不是婚姻自主。当自己子女大了，做父母的时常把孩子婚嫁的事放在心上，俗语说“给儿子说媳妇”，“给闺女找婆家”，这些事大多数都是由母亲操持。男方的家长希望给独生子娶个好媳妇，女方的家长希望给闺女找个好婆家，双方的心情是一样的。

在旧社会，男孩子到了十五六岁时，已经受到相当的教育了，财主家的孩子已经进入中学，一般家庭的孩子也都进入工商界学生意或学徒去了。他们的穿着打扮，已像大人一样，因为都受着封建礼教的约束，绝大多数都是规规矩矩，堂堂仪表。在旧社会，孩子要没有文化，或者再不规矩，在街坊邻居、远近亲友中就会造成不好舆论，他不但找不到工作，连媳妇也说不上。虽然有的家长有势力、有门路，孩子出去做事不算困难，但是他的孩子总是离不开街坊里巷，说媳妇还是要仰仗着街坊邻居。单说“说儿媳妇”这一件事，做父母的要费尽心血，求亲托友找媒婆，想说个门当户对、才貌相等的方才称心如愿。但是无论怎么说，也是不能头清眼亮地看到姑娘的本来面目。各家的父母都想为儿子娶一个孝顺公婆、知道三从四德、贤惠美貌的媳妇，但这种愿望是被动的、徒劳的。倘若娶了一个丑陋无知或是娇蛮成性的媳妇，不但不能组成美满家庭，而且婆媳不和，夫妇不睦，势必造成终身遗憾。所以当年说媳妇就如同请“神”一样。女方家长为闺女择婿也是如此。这是由于旧社会风气不开，父母包办的害处。这个问题穷富是一样的，都得“碰运气”。

旧社会婚姻不自主，就产生了媒婆。男女方的家长全是想通过媒婆这个渠道来完成子女的婚嫁大事。媒婆常串百家门，包括财主大户，她们被认为是“三姑六婆”之一，是旧社会里的寄生虫。各宅门的太太们都离不开她们，因为她们常出入各门各户，谁家闺女、儿子的外表面貌怎样，各家的身份财势如何，她们心里都有底，看到某两家合适，就走动双方，鼓起如簧之舌，想方设法把这门亲事撮合成。她们每说合成一桩婚姻，可以得到不少的谢礼。如果是门当户对，双方亲家和睦，夫妻和美，并且连生贵子，这个媒婆更要“讹”上你了。逢年过节、生日满月、大小喜寿事，也必来道喜拜寿，老的少的都得给她钱，这还不算，何时她走不了爬不动了才算完，还得管她叫妈妈。如果遇上不可靠的媒婆，只为赚钱，她两头瞒着。成亲以后夫妻不和，公婆看不上，儿媳妇又厉害，成天打架吵嘴，把一个家庭闹得乌烟瘴气，这时媒婆就远走高飞，永不登你的门了。

以说媒为生的媒婆，究竟是不可靠的。讲究的家庭，为了郑重对待儿女的婚嫁，常是经“大宾”出头撮合，大宾者，介绍人也。由亲戚、朋友担当“大宾”做媒，介绍成亲，这个形式比较庄重。介绍人“大宾”与男女方都有交情，肯出来撮合，是为了两家结成秦晋之好，毫无图利观念，所以没有什么隐瞒性，或者有的男女两方的家长，也是亲友，由大宾一说即合。

二、合婚定局家长换帖

当亲事初步有成，双方都没有什么意见了，还要找“批八字”的先生合一下婚，看看有没有什么忌犯没有。由媒婆或大宾把女方出生的年月日时辰小帖要来，交给男方，合婚时是由男方到星相家去合。批八字的先生按照男女两人的生辰八字，批写两份，什么“金生水”、“水生木”等等，写了一大套。一般全要经过这样的手续。天后宫有江少波，东门里有鹤鸣堂“马先生”，北门西有蒋雨洲，这都是新中国成立前天津最著名的合婚先生，这一对婚姻成不成，全在他们一批了。另外，贫穷户也要找位算命的先生给算一卦。经过这样合婚或算卦手续，只要两人在“命”上没有什么所谓“相克”、“相犯”的说法，这门亲事就算成了。大局既定，下一步就要“换帖”。

换贴　换帖就是男女双方家长互换大帖，结成亲家，从此算是为儿女订了婚。这次互换的帖，系用大红纸印着“龙凤呈祥”图案的金花大帖，宽约七寸，长约一尺二寸，折叠着，外面还有一个封套，纸庄专卖，名叫“龙凤帖”。封面上写着“全福”二字，内里下首写着各自家长的姓名。在帖里另有一条“金签”，上面写着换帖的年月日，表示在某年、某月、某日定了亲，互相换了帖，认为亲戚了。在选择吉日换帖仪式上，要预备一两桌酒席，借以首先酬谢大宾。随着两家换帖，男方要出订婚礼物，订婚礼物多少，是以经济条件而定。讲究的主儿，有的是用“四大金”为定的，包括金镯子一副，金戒指一对，金簪子一副，金耳环一对。女方以靴帽、文房四宝等四色作为回礼。双方把这“龙凤帖”和礼物都雇人用四对“条盒”托着，八个人每人托着一个“条盒”。托“条盒”的人，全穿上由赁货铺赁来的蓝大褂，戴红缨帽，用青褡布扎腰，还穿上靸鞋、白袜子，并用红绸子在胸前背后扎上十字披红。他们一手托条盒，一手拿着一束大金花。这样一群小小队伍，人们远远一看就知道是换帖的，当年天津大街上常常看到。

写“龙凤帖”的人要有经验，即帖上写的“全福”二字的“全”，一定要写成“入王”，不能写成“人王”，这是在文字上多年沿传下来的习惯和忌讳。旧社会把龙凤帖看成是男女两方订婚结成伴侣的凭证，但在它的上面并没有订婚男女本人的名字，只有双方家长的名字。如事后有纠纷，闹到离婚的程度，在法庭上要退回“龙凤帖”，它在法律上所起到的作用确实是不小，虽无道理但当时习惯上是如此。从这也说明旧时的婚姻制度完全是凭媒妁之言，父母之命，订婚的男女本人完全听人摆布，没有自主权利。

三、婚嫁有期分头筹办

天津旧俗，男女两方从经人介绍初步议婚到换了龙凤大帖，算是结了亲，这时男的就成为女的人，女的成为男的人，谁也不能再有所反悔，静等着到了适当年龄举行婚礼。在准备结婚时，男方家长需提前通知女方家长，请示女方在哪个月份合适。因为旧俗女的出嫁要按“行嫁月”，这又是一个迷信习俗，就是要按女的属相择定出嫁月份，定出可以出嫁的月份之后，还要向女方请“庚帖”，就是请女方提出两个日子来，叫男方选择。照我们今天的说法，就是要错开女的“例假日”。

既定妥了结婚的日期，男女双方家长都要准备家具什物等。旧社会都是老式平房，男方娶来媳妇，大多数都是和婆婆住连房，一明两暗的房子，媳妇住下间。有的大财主给儿子一幢厢房，不过这是极少数。讲究的人家，要按照屋子的大小新打木器家具，例如炕上装上“炕沿”，屋子周围装上护墙板，都是用“大漆”油饰。铺炕的东西有新苇席、羊毛毡条、铺炕的棉褥子，上罩大红布的褥单，摆上绣花绸缎被四床、褥子两床、绣花二人大枕头一对。门窗挂上门帘和窗帘。桌子上边的陈设不必预备，否则到办喜事那天女方送来的嫁妆就摆不开。做被褥和装枕头，都要请“全人”来做这项活。所谓“全人”，就是有丈夫和儿女双全的妇女。还得邀请四位或两位，不许单数。这是天津地方一般的富户为儿子结婚准备的大致情形。至于当年居住在各租界的军阀官僚、前清遗老和一些暴发户们，他们的钱来得容易，就更随心所欲地挥霍无度了。谈到那些穷苦人家，遇到给儿子成家时，只能因陋就简地装饰和添办点必用的衣物，也可以说是娶不起媳妇。

女方在筹办妆奁上更是无尽无休了。俗语说：“陪不尽的闺女，办不尽的年。”财主富户有的陪全副嫁妆，有的陪二十四抬，至少是十八抬或十二抬不等。对应用的生活用品以及穿戴首饰，是应有尽有，甚至连取暖的木炭（旧时冬天取暖生炭火盆）都有。最穷的也要陪一个桶子和一盏油灯。穿的衣服除有几件衣裳外，还有一件围裙，说明女的要扎上围裙围着锅台转。

特别的官僚、买办家庭和富商们，在给闺女预备妆奁时，为了摆阔气、讲排场，要惊动许多工商人员。例如要到金店定做金银珠宝、钻石翡翠各样的首饰，到绸缎庄任意挑选绫罗绸缎和各种细毛皮货，请著名的裁缝到他们家里支上案子，裁剪制作出嫁衣裳。按四季做出单夹皮棉纱的各种衣服，其中也有不属于成套的上身和裤子，上身叫褂或袄，裤叫“中衣”。一年四季的鞋不计其数。还要找木工制樟木箱子一套，共四个箱子，带箱子座，两个拜匣，梳头桌一个，盆档盆架一套。另外要按照男方准备做新房的墙的尺寸，定做迎面的穿衣镜、玻璃对联和横脑以及条后檐的四扇挂屏和对联、抬头镜等，内装名人字画。摆设和日用器皿等，有座钟一座、大理石“插牌”一座、成堂的江西粉彩瓷器，有樽一座、瓶一对、帽筒一对、茶缸子一对、糖缸子一对、肥皂盒一对、漱口盂一对、提架茶壶一把、茶碗四个、端把茶具一套、痰桶一对、胭脂盒一对、粉盒一对等。锡器有锡灯一盏、锡蜡扦一对，还有陪送锡壶的。铜器有铜盆一个、洗脚用的大沿铜盆一个（预备将来接生用的）、铜壶一把。另外还有银制器皿、福建漆器皿、景泰蓝器皿各一套。搪瓷器皿，只有脸盆和痰桶。至于搪瓷的漱口碗，被认为不讲究，没有陪送那个的。钟表有“四百天”座钟，有打八音的座钟，这都是进口货。更阔的财主还有陪“玉件头”的，即玉如意一柄、玉碗一对、玉插牌一对，有的是碧玉，有的是白玉的。珠光满目，富丽堂皇。还有陪送炭火盆的，它是用黄铜做的，带有透梗刻花的铜罩子。附有一抬木炭，全都是精心挑选出一般长的，用大红丝绒线缠着。应有尽有，无微不至。

因此，个别的豪绅富户，还有在女方的陪嫁上钩心斗角的。他认为女方陪送来那么多的东西，想要压倒我们，倒要叫他们见识见识。把所陪送来的东西，先入厅房，因为新媳妇屋里的陈设，已经被男方摆满，以此显示他的豪富势派。

四、喜日来临连庆三天

男婚女嫁正式举办的日子，分为三天：头一天俗说是“催妆”，第二天是“迎娶”，第三天是“分大小”，连着热闹三天。

1. 第一天送催妆礼与过嫁妆

迎娶的前一天，是正式庆贺之日。这一天，男方在院内高搭喜棚，棚也很讲究，有席棚，有带天花板的。讲究的喜事棚，天花板上画有福寿三多的对花图案，四周是玻璃窗户，棚檐上挂着大红宫灯，棚内挂着帔挂灯，沿棚周围挂满荸荠匾灯，显示一番庄严辉煌气象。这种棚搭起来很精巧壮观，赁价需要一二百元。棚内摆上花轿，俗称“亮轿”。轿前摆一对“官衔灯”，全副銮驾，日罩两把。花轿两旁燕排翅地摆着两堂新彩谱。一进大门，沿着箭道摆着高照、全副执事和串灯。跨院摆着样鼓。客厅及院内挂满喜幛和喜联，犹如摆会一样，排场之至。在上房堂屋当中陈设喜堂，迎面挂着“海屋添筹”的五尺大中堂，六尺大红对联。案前设香案，陈列大五祀，明灯蜡烛香烟缭绕。香案上还摆着扎有红彩绸的弓箭板斗（据说当年周公和桃花女斗法，曾用过这类物件，借以“避邪”），板斗内装满高粱，上插秤杆和令箭等物，表示“称心如意”。

花轿 旧社会结婚除了各项仪仗，最主要的是新妇乘坐的花轿，因为女人一辈子才坐一次花轿，所以在结婚时很重视花轿的新旧问题。谁家闺女坐的那顶轿新，谁家闺女坐的那顶轿旧，都成为亲友中常议论的话题。花轿分“头轿”和“二轿”，前者是头等新轿，后者是出赁第二次的轿，所谓头轿和二轿，主要在轿围子上面。天津的旧财主家和官宦豪富在为子孙结婚定轿时，多讲究自出花样定绣新轿围子。预先要与花轿铺经理协商好，把包括轿心子在内的两套新轿围子提前绣制好，原封不动地送到事主家存放，以免花轿铺从中捣鬼，等到迎娶摆轿时，也就是在“亮轿”这天，才由花轿铺找来裁缝，当着事主家面现开“虎眼”。所谓“虎眼”就是穿轿杆的眼。定绣这顶里外两层新轿围子，需要好几百元，用主应与花轿铺经理预先商好，比如工料值500元，双方各摊付多少，在用过之后，这东西就归花轿铺所有了。这种铺张排场，非一般户所能办到的，只有财主家才能摆这个谱儿。

催妆礼 催妆这天是女方送嫁妆到男方家的日子。男方在女方的嫁妆还没有送来的早晨，先要送去“催妆礼”。催妆礼是很讲究的，备有四对条盒和四抬食盒。条盒上铺着绣花的“盒袱子”，上面摆着新妇在转天上轿时穿戴的首饰和衣服。食盒里装着蒸食、炉食（这两种是由糕点店和包子铺定做的，名叫“大福喜”，和现在的千层饼一样大）、宽条切面（叫宽心面）、活鸡、活鸭、活鱼、鲜肉以及四色鲜果、四色干果等。这是富有之家备具的催妆礼物。一般户虽然送得少，但也要东西俱全，由于旧俗相沿，不能不这样办。如果女方家境较贫穷，男方送给一笔钱，就不买东西了，名叫“折催妆礼”，这是极少户。

过嫁妆 男方的催妆礼送到后，女方的嫁妆就开始送过来，男方要安排亲朋迎接。嫁妆多少，按“抬”计算，所谓“抬”就是指由“小货铺”赁来的嫁妆桌而言，每一抬嫁妆桌，叫做一抬。少者十抬，二十抬，几十抬，多者达一百二十抬，或者还有多的，情况不等。女方筹办的嫁妆多的，要在前几天把所有的陪嫁都整理好了。各种衣裳都必须叠好，用红丝线把四角绷上，讲究的衣裳和贵重的首饰，要明显地摆在条盒上。普通的衣裳绷好了红丝线，装在箱子里。其他一切陈设和零星用具，也都要按项分类绑扎在嫁妆桌上的栏杆里，要把各项陪嫁用红线绳与栏杆拴系起来，以免抬起来颠动。各种什物用具都不许空着，里面都要装着应用的东西和红剪纸，并逐项放些栗子、红枣、桂圆，表示祝贺“早生贵子”、“早中状元”，取其吉利的意思。这一天女方也是高搭喜棚，大摆筵席，并把这些嫁妆早就整理好，摆在厅房里、当院里以及罩棚里，让来贺喜的亲友参观，以示荣耀。然后雇用大队人马送往男方。

在预期准备嫁妆的时候，要编写“奁目”。“奁目”就是把所有的陪嫁衣服、首饰和各种摆设、用具等，都要分类详细地、逐项地缮写清楚，装订成册。这项奁目非大南纸局没有，它是用上好的银红色雪涛纸、16 开木版印格，双页折叠，大红绫子双裱封皮，凝金纸标签，大红三珠丝线装订成册，外皮大红绫子封套。要请写字好的人用工整小楷缮写清楚，以便男方照册验收。被邀请缮写奁目，是一件繁重细致的任务。一般的人家也要有一份简单的奁目，名叫“礼单”，是用梅红纸做的股摺，也同样地按饰物种类详细缮写清楚。

过嫁妆的时候，都是在“催妆”那天午饭以后，习惯是女家的嫁妆过到男方，不能看见男方的面条。因为这天是喜事，所以吃捞面，男方必须提前吃面，收拾停当，以便迎接嫁妆到来。过嫁妆时，女方还必须邀请“大宾”护送，以示郑重。但是如此贵重的妆奁奁目和大小箱匣的钥匙等，必须由茶房拿着，到了男家，即由茶房将钥匙交给男方的家长或主事人。

因为经济条件不同，陪送的嫁妆多少是不一样的，但最特别的是无论如何都要陪一个桶子。旧社会，最贫穷的家，陪送闺女也要买一个桶子和一个锡灯，当然质量有好坏。衣服不过有几件单裤褂。随手应用的东西只不过有毛巾、手绢、香皂、漱口盂、洗脸盆、洗脚盆和简单的胭脂粉等，勉强敷衍而已。

在天津有专门制售为陪送闺女用的马桶。过嫁妆时，要在这个桶子里面放上一朵大红绒花、“福喜字”点心和红冰糖，外面用大红布把桶子包起来。还要找一个漂亮干净的小男孩背着，名叫“背桶子的”。临去的时候，是请“全人”递给这个背桶子的小孩，让他背上。到了男方，有“全人”准备着接桶子，还得把这个桶子放在炕梢上，即炕里边靠烟筒根的地方。

在富裕的女家，陪送的嫁妆除了成抬的嫁妆之外，还有八对或十六对条盒，条盒上摆的是各色各样的珠翠首饰以及大衣、斗篷和皮衣等出色的贵重东西。

在“催妆”这一天，女家忙着过嫁妆，男家忙着迎接嫁妆，双方全是喜气洋洋地热情招待前来道贺的亲朋。男方到了晚上，把屋内外一切的灯全点上，从摆在院内的高照到花轿上的四角和顶灯，一律点燃起来。吹鼓手吹起鹤龄鼓乐，配合着穿装打扮好的童子围着花轿转，随转随唱，名叫“童子转轿”。到夜间吹鼓手们还要坐吹大乐和十番，一直吹到五更天明。夜间主家要单另给吹鼓手们准备夜宵，不外是烧饼、果子、面汤。因此，多年以来在天津这个地方还留下一句俗语：“吹鼓手喝面汤——心里有准啦。”

这样热闹了一夜，转天早晨，要按事先由星命家选择好了的时辰起轿，到女家迎娶新娘，准什么时辰娶回来进门，这是不可错的。

2. 第二天迎娶拜堂合卺闹房

第二天是结婚的正日子。迎娶的仪仗，最前头是四棵高照灯、开道大锣、文武执事、飞虎旗、大红旗、肃静牌、回避牌、官衔牌、及第牌、串灯、样鼓、大乐、彩谱、鹤龄、銮驾、子孙灯、官衔灯、日罩，最后是新娘子乘坐的花轿。抱公鸡凉席的、提饭盒的紧随在花轿之后。这样的排场，在清朝时代并不显得有什么不自然，而经过辛亥革命进入了民国，仍沿用这些含有封建色彩的仪仗，就显得有些不伦不类了。全盘的仪仗人员都要穿衣戴帽、穿鞋子。抬轿的轿夫，穿衣戴帽，穿“轿靸鞋”，扎青褡布。为了让他们抬得稳，每人另赏一条新毛巾。吹鼓手是两班，前边是样鼓大乐吹鼓手，后边是随着鹤龄的吹鼓手，都穿新号衣、戴荷叶帽。晚清时戴红缨帽或凉帽。这一伙吹吹打打、浩浩荡荡的仪仗队伍，引导着花轿向女家行进。男方要请两位青年随着轿去迎亲，大致都是新郎的表兄弟。另有两名茶房，夹着红毡条，预备让新娘走在上面。迎亲的两位亲友到达女家时，被让到客厅休息，有人陪着。如女方对迎娶的事情有什么不满意“挑眼”的地方，可向这两位迎亲的提出来。俗语说不做亲是朋友，做了亲成了冤家。但这是很少有的现象。

在迎娶的这天早晨，女方家里早就预先请好三位上年纪的老太太，她们必须是有丈夫、有儿、有女的“全人”，连新妇配成四人（习惯讲究必须是双数），共同料理新妇装扮，名曰“上头”。新妇在各料理人帮着梳洗后，戴上簪环首饰和“冠子”，再戴上凤冠，身穿霞帔和响铃裙，脚穿布底红鞋，最特殊的是，在红鞋的外面还要罩上一双绿袜子。这几位“全人”把新妇料理打扮好了以后，还要让她坐在大圈椅上，这个圈椅不能着地，必须放在炕上。另外，要准备好两条大红毡条，等候花轿来娶时，让新妇踩着红毡走，不能踩地，红毡少，可以来回倒着用。到了这个时候，新妇全身上下都装扮齐了，只等着上轿。料理“上头”的“全人”，把新妇的母亲请进屋来看看。这个场面本来是喜事好事，但母女一见面，感到顷刻之间就要娶走，母女就要分离，相形之下，情不自禁，没有不哭的，一直到花轿走了以后，离开女儿的母亲还是在哭着。

新妇上轿以前，女方家长必须给新妇带上“压腰钱”，表示腰里有钱，永久不空的意思。有的亲友们也赠给姑娘压腰钱，这是女方亲友买主家的好，表示更近乎一层。

娶亲的花轿来到女家时，轿夫将花轿外部装饰拆卸下来，只把花轿里套着的小软轿所谓“轿心”用小杠子抬到新妇上轿的屋门口。当花轿从男家出发时，男家在轿内放上“五谷盘”，盘里有五色粮食，如红高粱、绿豆、白米、小米、红小豆和苹果、冰糖、福喜字点心、大红绒花等，还有一面铜镜子，用这些东西“压轿”，意思是说不能让花轿空着来，并表示是五谷丰登的好年月。这时由抬轿的头目人把放在轿心内的“五谷盘”拿出来，交给女方料理“上头”的“全人”。料理“上头”的人接过五谷盘，还要用那面铜镜子往轿心里照一遍，意思是“驱赶邪气”。担任交送五谷盘这个差事的抬轿头目人，单提另找主家要“喜钱”。

按天津远年风俗，在迎娶新媳妇时，要由亲友中请一童男，穿上新装，坐在花轿内，名叫“压轿”。花轿到达女家时，女家要把压轿的童男接出来，好好招待一番，还要给他“喜钱”，然后让他随着接亲和送亲的人回去。由于花轿里既闷又黑，能胜任压轿的童男不好找。进入民国后，此风乃渐改变，改用“五谷盘子”代替童男。为什么要用五谷盘代替呢？因为人要吃五谷杂粮的，即用一盘五谷代替人的形象，且含有风调雨顺、五谷丰登的意味。

花轿来到女家，新妇并不是马上上轿，吹鼓手还要吹吹打打一阵子，就在这等候新妇上轿时，花轿要重新安装好摆在女家院内，跟前一天摆在男家一样，也叫“亮轿”。这个轿不能白亮，女家要对全体轿夫和打执事的人们，当场赏给“喜钱”。这时抱公鸡凉席的小孩要站在新妇所在的屋子的窗户外面，听候打鸡。当新妇重新整理好穿戴，头上戴好“冠子”和凤冠时，要告诉窗外抱公鸡凉席的打鸡，打鸡鸡必叫，这叫“金鸡报喜”。每个打执事的，全是一份工钱和喜钱，独独这个抱公鸡凉席的小孩照例要拿双份钱。因此，天津又有一句俗语：“抱公鸡夹凉席——双份。”在旧社会里，妇女很重视这个“冠子”，它是戴在妇女头上的一种装饰品，大闺女没有戴“冠子”的，只有在这次临上花轿

"上头"时，才开始戴"冠子"，这意味着她从此不再是大闺女而是结了婚的妇女了。又如：在旧社会，有正夫人（嫡）和如夫人（庶）之分，正夫人能戴"冠子"，如夫人就不能戴"冠子"。在正夫人先死、如夫人"扶正"时，她才能戴"冠子"。俗说如夫人扶正叫"上头"，就是由此说起。

新妇上轿时，由料理的"全人"把一面铜镜子给新妇揣在怀里，表示"心明眼亮"。新妇嘴里还要含块冰糖，一路之上不许糖化了，路途较远的要含一块大块的冰糖。手里还要拿着苹果，以示"平安"。新妇上轿后，不许回头，含泪上轿而去。据说，不许回头是一怕她惦着家，二怕她被婆家"休"回来。

新妇上到轿心子里，得由女方两位男亲把轿心子由屋里抬到屋门以外，名叫"掐轿"。然后再交给抬轿的轿夫抬起来，到大街上装入花轿外层。就在这个时间，全班轿夫准备好，由"八尺"（轿夫的头目）一喊"高"，后边的"八尺"应一声"请"，众轿夫乃一齐上肩，紧跟着"打杵"，众轿夫又齐喊"稳杵道喜"。女方当场赏众轿夫一笔赏钱，意思是希望他们保证一路平稳。另有一种情况，讲究的女家还要陪送一班轿夫，临娶走时，由女家另行陪送一班轿夫抬走，既表示阔气，也显示对男家来的轿夫不放心，恐怕抬不稳，闺女受屈。不过有这样排场的是不多见的。

男家来娶时，派有两位迎亲的。花轿走时，女方家长也要派新妇的兄长或弟弟二人随轿护送，这叫"送亲"。送亲的人到了男家，也是照例被让到客屋里落座喝茶，备有专人陪着，并由陪客的引见男方家长，彼此谈谈话。

在一路吹吹打打声中，花轿回到了男家，各种执事全进到院内，只剩下花轿在大门外。这时男方把大门关上了，得等一会儿再开，这叫"憋一憋新妇的性子"。大门重开后，轿夫将轿心子抬到堂屋门口，轿夫退下来，换上二位男方的亲属，把轿掐到喜堂。这时一切人都要退出，只有二位女宾“全人”叫“料理坐帐的”。她们把轿帘掀起，把新妇搀出来，用金银锞子，以左手金、右手银把新妇手中的苹果换下来。新妇要走碎步小步，不要把绿袜子露出来，更不能叫新郎看见，还要迈过炭火盆，用为燎却“妖邪”。

合卺仪式 新妇站在喜堂的上首，新郎朝向喜堂行三叩首礼，礼毕，用秤杆把新妇戴的“盖头袱子”挑下来，把秤杆仍然插到弓箭板斗里，插好后如果秤星子朝外，就吉庆顺利。然后新婚夫妇并肩坐在两把椅子上，男女的衣襟互不压角。如果谁要压着谁，被压的就怕一辈子。先饮“合卺杯”，也叫“交杯盏”，随后转移到炕沿上吃“子孙饺子”。这所谓的“子孙饺子”，是女家用“催妆礼”的肉包好的饺子，但忌用韭菜。包好了煮到半熟，装在由赁货铺赁来的专用“饭罐”里。在迎娶时，由一个小男孩专提着这个饭罐，随着花轿送到男家，这是准备在新婚夫妇入洞房成礼时吃的，俗称“子孙饺子”。等花轿到达男家时，照例预备“全人”接这个饭罐，不能把送来的饺子如数留下，必须给剩回一部分去。在新婚夫妇饮完“交杯盏”吃这“子孙饺子”时，还有很多迷信讲究。吃的时候，不能咬破了饺子馅。没有吃下去的饺子，亲友们还要问“生不生?”新人必须说“生!”以图吉利。至此，这一幕“合卺”仪式在逗笑声中宣告礼成。这时新郎嘴里嚼着饺子皮就跑出去了，新妇这时将脚上穿的那双神秘的绿袜子脱下来，由陪房妈妈拿走了，同时把怀里揣着的铜镜子掖在炕席底下，把两个“子孙灯笼”点着蜡摆在炕头上（在娶亲仪仗中，有一对子孙灯笼，在新妇娶到家后，全部执事都由花轿铺及时运走，独此一对子孙灯笼留在男家，待三日后才能取回），新妇在炕里盘腿坐好，再请童男童女进来看新媳妇，得要问好不是

"犯克"的属相才行。童男童女首先看了新媳妇之后，算是"解严"，就随便让人进去看了。稍待一会，一切安排好，男方家长要请女方送亲的亲属到新房看一看，新妇的哥或弟弟安慰安慰姑奶奶，并到男方家长面前嘱托一番，这才告辞回去，回复女方父母放心。

洞房"开禁"以后，三天之内不分大小，随便闹洞房，谓之"闹喜"，也有恶作剧的，这要有一个精明强干、能说会道的好"陪房妈妈"来抵挡一气。这个"陪房妈妈"是女方陪姑奶奶来的。这人得八面玲珑，既要维护新姑奶奶，又要不得罪亲友，既要知道一切礼法，以指引新姑奶奶的一切行动，还要有很强的记忆力。因为她和新妇全是新到男方，上下一个人都不认识，要由她把男方上自家长下至各房的长辈、平辈的男女，都得认清记准，才好说话，要叫新姑奶奶对各方面都得应付圆满才行，所以这个人是有才干的，她能赚大钱。有钱的财主家有长期陪下去的。如果这个妈妈是专应这一行的，她还得另去应付别家，长期她还不干。

在迎娶这一天中午，直系亲属和新婚夫妇吃团圆面，晚上吃随身饭。"随身饭"是女方的祖母、母亲、姑母、姨母等给送去的成桌上席，多至连送三天。吃饭以前，陪房妈妈要领着新姑奶奶按次序让着磕头，让过以后才能入席，还要敬酒敬菜。饭后要到婆婆屋里请安让茶。晚上铺炕，又是一次逗趣闹喜的场面。要请两位舌尖嘴巧、能数侃口辙的"全人"女宾来铺。铺炕时要说些吉庆话，如在铺褥子时说"里铺外铺，养活孩子会招呼姑"，铺被时说"里叠外叠，养活孩子会招呼奶奶爷"。同时还在炕上撒满了桂圆、高粱、花生和栗子、枣，边撒边说"一把栗子一把枣，生了孩子满地跑"。有的人把一盒火柴扔在窗台说"窗台放个洋火匣，两人别龇牙"，如此等等打哈哈逗哏的吉庆话，数了一大套，引得亲友们阵阵欢笑，然后才相继散去。铺炕以后，闹房的走净了，陪房妈妈侍候新姑奶奶卸装漱洗，并将油灯点好，灯盏内满盛油和蜜，叫“蜜里调油”，相处关系如蜜里调油，这个灯一宵不能灭。俟新妇收拾完毕，陪房妈妈才请新姑老爷入洞房。

听窗户根　新夫妇入了洞房之后，表面上闹房的气氛虽是平静下来，但是还有的青年男女隐蔽在院里，悄悄地搞听窗户根逗乐活动，听新房里说话没说话。习惯是头一宵新婚夫妇不许说话，但是听窗户根的如果听见洞房里有说话的声音，算是吉利，如果听了半夜一点也听不出来里边说话，那就不顺利。有的甚至大开玩笑，把窗户纸舔破了（旧式窗户多是用粉连纸糊的），往里边窥视。这些人大致都是表哥表嫂之类的亲属。

3. 第三天送两天油与分大小

两天送油　结婚第二天叫“两天送油”，女方给新姑奶奶送梳头用的油。这天送油是由一个女仆陪着新妇家的侄子或侄女送到男家，附带着还有很多礼物，如干鲜果品、糕点和“赏封子”。这项“赏封子”，是用红纸包的钱包，它是新妇送给男方弟妹和亲朋小孩的见面礼。这一天，新郎还要到各至亲近友家中磕头，随身带一名佣人，夹着红毡条，照料一切。

认亲礼　男女双方结亲后，新妇的直系亲属，男方照例要认为是亲戚。至于其他如姑母、舅母、姨母、婶子、大娘等，在新妇结婚第二天，必须向男方家长送点心，这叫做“认亲礼”，也叫“两天礼”。双方建立了相认关系，日后就可以随时礼尚往来。如果这些非直系亲属不送这项“认亲礼”，就等于不认亲，日后新妇在公婆面前就不能提起对这些人的应酬，这是天津旧传的一种风俗习惯。

在重男轻女的旧社会，某个家庭有什么事，向来全是由男子出头，女人向不出头露面，唯独在女方送“认亲礼”和送“随身饭”的礼帖上与男方在收“认亲礼”和收“随身饭”的礼帖上，则是反常的，得由双方的女太太出名，这是在旧社会里女人唯一的特权。因为旧社会里的女人差不多都没有名字，在写这两项礼帖时，既然以女人出名写帖，如果是老一辈的出名，则写“适某某郡某氏正容”，如是平辈或晚辈则写“适某某郡某氏裣袖”。但由于送礼的人多，这样写又不免太概括，不明确，为了让男方确知送礼的究竟是谁，可在礼帖的下角后面写明是新妇的姑母、舅母、姨母，或其他什么亲戚。

分大小　婚后第三天，新婚夫妇要拜谒祖先，拜见翁姑、伯叔和其他亲友，依次礼拜，行叩头大礼，并互送“见面礼”，有给物品的，也有给钱的。这项举动非常复杂和劳累，新妇如果是年轻体弱的，再经过好多天的劳累，两眼一麻黑，任谁也不认识，再磕上无数的头，已经是头晕眼花，神志不清，又不敢抬头看，哪能记得清楚呢，这全靠陪房妈妈的帮助。分完大小以后，新妇不再盘膝坐着啦，要搭讪着说话，摸索着干活，招待亲友，点烟倒茶，行动说话一天一天地随便起来了。

散针线　分完大小以后，新妇派陪房妈妈到各亲戚家“散针线”，也有的叫“送小礼”。这种礼节是新妇给婆家的亲戚中比新妇小一辈或平辈的散送小品饰物，如手绢、钱包、腰带、荷包、腰巾等物品。对方多少要留收一点，一来为引叙新亲，二来是给陪房妈妈找钱。因为散送这类东西时，照例是一份一份地由陪房妈妈用茶盘端着送到应给的人面前，对方收下东西，必须赏给她钱，所以说这是陪房妈妈找钱的好机会。

五、回门请姑爷的礼仪

回门 新妇婚后首次回娘家叫“回门”。有在第四天的或第六天的，还有在第八天的，这要看情况而定。这件事要由陪房妈妈来向男女双方家长传信，再为确定。确定日子之后，在“回门”的前一天，女方备好四色茶食（点心）鲜货礼物送到男方，谓之“接姑奶奶”。有“双回门”和“单回门”的分别。“双回门”是新姑爷和新姑奶奶一同回女方，但并不是两人双双同去，先把新姑奶奶接来，新姑爷必须在饭口时才到。“单回门”只是新姑奶奶回娘家。在“双回门”这天，女方要准备上席迎接，谓之“请姑爷”，邀请平辈的亲戚作陪。事先要下三次帖请，头道帖叫“安驾”，第二道帖叫“恭请”，当天下第三道帖叫“速驾”。当新姑爷来到时，由大门起都有迎接的亲戚，例如大门以内是由姨兄弟迎接，二门以内是表兄弟迎接，客厅之上是由新妇亲兄弟迎接。这是富户人家的排场。

在请姑爷这个喜日子，女方客厅除原有陈设之外，在桌前和椅上扎上围桌椅靠，摆上三明蜡扦，桌上铺上红毡，敬上盖碗茶。新姑爷款坐片刻，被请到后边坐，即到内宅岳母屋里，拜见岳父岳母以及各亲属。然后女方的男女佣人给新姑爷道喜。略谈些许，即请新姑爷入席。

新郎在回门之前，在家中要演礼。当年天津财主家的佣人，有的明白这项的一切礼法，可以临时把这样的佣人约到家来，教导新郎一切待人接物的规矩礼法，谈话时怎样应付的行动以及赴宴吃喝均不得露怯。在“回门”时，就约这位佣人作为临时随身侍从，不离左右，倘有疏漏，即由他给兜揽起来。因为新郎年纪大都不满二十岁，初见世面，以免贻笑大方。

入席时，由陪席的主人按次序挨着位下盅筷。这时家长（岳父）亲到筵前致意，新姑爷要起身致谢。在上菜时，厨房大师傅及外茶房给新姑老爷道喜，新姑爷当场令随从开赏。在这个场面，新姑爷不能喝酒，一般的会喝也不能喝，只不过是点演而已，恐怕被劝醉出丑。饭后，新姑爷复到内宅，向岳父、岳母致谢，叙谈一回，俟仆人献茶后，随即开赏告辞。

女方送东西 结婚、“回门”仪式都办完以后，女方每天都有两个女仆每人抱着两个大红包袱，往男方送，有的连续送到20天之多。据说所送的是新妇在家穿过、用过的东西，其实一次就可以送过来，不过为的是给仆人找钱，叫男方多开发点赏钱。那个时候穷家真弄不起。因为所来的女仆，都是坐着车来，下车时找男方要车钱，临走男方还得赏给她们钱，简直离开钱不行。

六、几种特殊的婚姻

以上所谈到的，是经媒婆或“大宾”撮合成的亲事，是最普通的结婚过程和仪式。下面谈谈几种特殊的婚姻。

指腹为婚 远在晚清时代，有“指腹为婚”的风俗。双方是朋友至交，妻子也都在怀孕，两人这就约定好了“如果咱们两家生男生女，就结成婚姻”，以续友谊。这是在封建社会里的一项风俗习惯。辛亥革命后民国以来，这种风气消失了。

童养媳 在旧社会里，穷苦人家的闺女因无力抚养，到七八岁时，就托媒人找个稍微富裕的主儿，把自己的女孩给人家的男孩做“团圆媳妇”，也叫“童养媳”。男方也是因为家贫，恐怕到孩子成年时无力娶媳妇，故此收养“童养媳”，从小把她接来养活着、使唤着，等于增加了一个劳动力。童养媳可不容易做了，婆婆对待她总是和对自己亲生的闺女不一样。无论孩子多好，也无论这孩子多大，在名义上她是媳妇，所以婆婆在使用上和待遇上和她自生自养的闺女是不大一样的。再者小孩子当童养媳，到别人家自然要拘束害怕，凡是收童养媳的，都是为了替婆婆干活，小孩子干活哪能跟得上大人，劳动力自然不强，晚睡早起，休息不好，自然容易出差错，由此就会受气，甚至遭到虐待，十来年的工夫真是不好过呀！

娃娃亲 两方面是亲戚或朋友，双方有了男女小孩，大人有交情，看着小孩也聪明伶俐，这就给这两个不懂事的天真小孩订下了终身大事，叫做“爱好做亲”。这种做法有它的缺点。一个人由童年到成年，需要经过十几年的时间，倘若在这期间生灾闹病，便是一个重大问题。如有不测招致残废，不能反悔，或竟因此造成这对小夫妻不和，贻害莫大。这也是由于旧社会的风气不开，文化落后，因而造成这种愚亲愚善的不良后果。

抱木为婚 在封建社会的天津，还有“抱木为婚”的风俗。比如，男女双方家长关系很好，两个人经媒妁之言，父母之命，已经订了婚事，但尚未择定吉期嫁娶。在这中间，男的突因病或其他事故不幸死亡，在残酷的封建礼教桎梏下，有“一妇不嫁二主”、“烈女不嫁二夫”的说法，女的为表示“贞操”，要立志“守节”。经双方家长商妥，给死去的男的立一个灵牌，让女的抱着这个灵牌叩拜天地，举行结婚仪式，从此这位女的就成为男家的儿媳妇，凄凉地寡居终身。男家可渲染其事迹，报请有司立坊旌表，以夸耀乡里。而这位“守节”寡居的妇女在吃人的封建礼教束缚下却要隐痛到死！

冥婚 比“抱木为婚”更为荒谬的是“冥婚”的旧风俗。一个将要结婚的男子死了，遇到有一个死了的未婚女子，两方家长可邀人从中说合，不让这两个已死的大小子和大闺女成为“孤坟”，让他俩配成死婚。双方家长在非常难过的气氛中照常办“喜事”，女方过嫁妆，如衣服、箱子和摆设等，完全是由“扎彩作”用纸糊制的。还扎一个女孩子纸人，当做“新妇”在择定好的“喜日”送往男家，与男家的纸人“新郎”交拜天地、完成“合卺”仪式后，把两个纸人烧掉，并把两口棺材合葬在男家祖坟里，算是“并骨”了。这就是所谓的“冥婚”，也叫“配死婚”。

李洁贤　刘炎臣

作者简介：李洁贤，新中国成立前在钱庄、金店工作，经常操办一些婚丧嫁娶等红白大事。

（《天津文史资料选辑》2001 年总第 90 辑）

天津城外之城——新城

天津的县城建于明永乐二年（1404 年），拆于光绪二十七年（1901 年），存在了四百九十七年。而在这座县城东南八十里的海河右岸，还有一座规模较小的新城，是后来兴建的，不大为人所知。

这座新城所在地——芦家嘴，在清朝时是拨归葛沽巡检管辖的村庄之一。新城原先是土坯围子，南北长二百二十六丈，东西长二百六十丈，城内驻扎水师营，并曾设有都统衙署。后来，“营”裁“署”废。同治十一年（1872 年）重建大沽协署，协台驻在这里，可知它在天津地理位置上的重要。

同治九年（1870 年）天津“庚午教案”后，李鸿章任直隶总督。他鉴于天津为北京的门户，而全境散漫，除大沽炮台外，无险可守，于同治十三年（1874 年）奏请批准，将新城原来的土坯围子改用砖建，扩充面积，周围总长九百八十四丈，城高二丈七尺。城内和城墙上，有炮台多座和其他军事设施，与大沽海口的炮台相呼应，是保卫天津的第二道防线。当八国联军攻破大沽口炮台后，因为新城驻有清军，且有炮台设施，曾经在那里展开过一场激烈的争夺战。

庚子后，天津城被拆，大沽炮台废了，新城失去了作用，渐渐也趋于残毁了。

（《天津日报》1983 年 7 月 31 日）

那是海光寺大钟吗?

海光寺大钟原来悬挂在津南海光寺门外。1900 年八国联军侵入天津，海光寺毁于炮火。英国军队乘机把这口大钟抢走，为夸耀他们的“战功”，把它放在英租界维多利亚花园（今解放路解放北园）戈登堂前。至于海光寺旧址，被日本划入日租界，改建了兵营。

旧三岔河口北岸香林院（崇禧观）之西，原有一座建于明代的望海寺。因海河通往北运河的旧三岔河口，河道弯曲，水流不畅。1918 年裁弯取直，望海寺正在新开河道的中心（即现在望海楼前狮子林桥上游河心），势在必须拆除。当时天津地方官厅在八里台吴家窑大街西口路北，找了一块空地，把从望海寺拆除的神像、建筑木料以及牌坊、匾额、炉钟、碑石等物运到这里，照原样盖了一座新庙。这时正是第一次世界大战刚刚结束，我国在名义上也算是战胜国之一，天津英租界就把庚子时抢走的这口大钟送还了我国。但是海光寺早已不存在了，于是把它放在八里台新建的这座庙门外的右侧。

后来，南开大学曾利用这个庙址，设立八里台小学。1931 年，南开大学把这口大钟又从这里运到大学部，以后每逢举行毕业典礼，就鸣此钟，有多少毕业生，就鸣钟多少下。六年后，七七事变爆发，南开大学被轰炸成一片焦土，这口重达一万八千斤的大铁钟，也被日军砸碎，准备拉走制造残杀我国人民的武器，因故未来得及实行。它的一些碎片，渐渐失散无存了。

（《天津日报》1983 年 4 月 24 日）

天后宫戏楼和旗杆

天后宫（俗称娘娘宫）建于六百多年前的元朝泰定三年（1326年）。天后宫山门前，原有一座具有古老戏台建筑风格的戏楼，戏楼的台面不大，只不过有二三丈方圆。这是当年建筑在天津城厢附近街头仅有的一座戏楼。每逢天后宫有庙会的日子，这里常演戏助兴。烧香逛庙的人们，伫立围观，把很窄的宫南北大街，挤得水泄不通。

据老人们回忆，在清朝同治年间，即天津发生“庚午教案”火烧望海楼那年的春天，被誉为“伶圣”的“大老板”程长庚，曾在这个戏楼上演了一场京剧——《盗宗卷》。

目前待修的天后宫，庙内各殿虽已破烂不堪，而庙前曾与戏楼为邻的两根高旗杆，今天仍然矗立在原来地点。这一对旗杆就立在原来的戏楼两旁，整个的高度，相当于新建的十层楼高。旗杆的顶端，各有一个圆顶子，目前均仍完好。旧时每逢年节、庙会或初一、十五，两根旗杆上，各升起一条一丈多长的黄幡，有时还各升一串红纸糊制的灯笼，俗称“十二连灯”。黄幡和红灯，随风飘舞空中，远望灯幡，就可知天后宫的所在。如今戏楼已拆除，旗杆也应视为遗存的文物吧！

（《天津日报》1983年2月13日）

天津城隍庙的两副对联

天津城里西北角城隍庙大殿殿门两侧，旧日挂有对联曰：

“为人果有良心，何用你初一十五烧香点烛；

作事若昧天理，须防我半夜三更铁链钢杈。”

横批是：“你可来了”。

这副联语，特别是“你可来了”四个字的横批，读之不禁使人毛骨悚然，有不寒而栗之感。在从前封建社会以神道设教维护人心的年代，使那些违法乱纪的人看后不能无动于衷，起到警世的作用。

天津城隍庙城隍大殿前，原有戏楼一座，戏楼两侧也挂有木刻对联，文曰：

“善报恶报，循环果报，早报晚报，如何不报；

名场利场，无非戏场，上场下场，都在当场。”

此联语涉戏双关，发人深省，出自天津老一辈诗人梅树君（成栋）次子梅小树（宝璐）的手笔，为传世之作。惜在十年动乱中戏楼被拆毁，木联也不知去向了。

（《今晚报》1989 年 7 月 5 日）

劝业场地名的演变

天津最繁华地带的商场劝业场，是1928年兴建开业的，到今年整整一个花甲——六十年。当年这里是法租界，它西边是法、日两租界交界口俗称“梨栈”，东边是“天增里”。劝业场开业后，“梨栈”和“天增里”的地名，仍流传于许多人的嘴边，而且当时行驶其间的黄牌和蓝牌有轨电车，在这里还设有一个站头，站名就叫“天增里”。天津解放后，由于劝业场的声誉日隆，“梨栈”和“天增里”这两个地名，才渐渐为劝业场的声势所掩，少有人提及了。而到今天，人们谈到“劝业场”三个字，一是指着矗立在和平路与滨江道交口的劝业场大楼，另一种含义是指着劝业场周围那一片地方。

因为劝业场原是隔着一条狭窄的长胡同，与它西边的天祥商场为邻。自1956年私营工商业实行公私合营不久，天祥商场的名称消失了，它原有的楼房，与劝业场大楼连接合而为一，成为扩大了的劝业场。

从此，所有制改变了的劝业场，和平路、滨江道、辽宁路、长春道环绕其周围，四面全有它出入的大门，一天比一天繁荣发展。于是，人们对以劝业场周围为中心的这一大片地方，统统称之为“劝业场”，逐渐叫响了这个新地名——“劝业场”。

（《天津日报》1988年10月6日）

两处“法国菜市”

读2月10日《星期专页》的《菜市街》一文，其中谈及“法国菜市”。据我所知，在被侵占八十多年的天津法租界，先后有两处所谓的“法国菜市”。

早期的“法国菜市”，在今天的承德道（原为法租界十三号路——克雷孟梭广场）天津图书馆那块地方。天津图书馆，原为法租界公议局，在公议局大楼未盖前，那里是“法国菜市”。当时它是三排罩棚，分为肉棚、菜棚、鸡鸭棚。因地势不敷应用，约在1925年，法租界当局另在二十四号路（今长春道）新建一菜市。这个新“法国菜市”，货品全，价钱贵，顾客多为中外富户或由他们的厨师、仆人采购。抗战胜利后，法租界收回，二十四号路改为长春道，这个新“法国菜市”改称长春道菜市，新中国成立后又改为长春道副食商场。

今天新建的副食中心商场，就是在拆除的长春道副食商场地基上盖起来的。

（《天津日报》1985年2月24日）

双烈女碑重竖起

被人们遗忘了多年的南皮张氏两烈女碑，最近在中山公园的一个方亭里又重新竖起来了。

1916 年（民国五年）三月十七日，天津发生了“双烈女”事件。事后，天津官绅为之树碑于河北公园（今中山公园）。此碑是由天津名人徐世昌撰文、华世奎书丹、张寿篆额，十年动乱中被推倒。现经河北区人民政府重行竖起，再一次引起人们对这件事的回忆。

所谓南皮张氏两烈女，是清末东阁大学士张之万和两江总督张之洞的本族，姐姐叫立姑，妹妹叫春姑，随父母来津，处境极艰苦。天津西头恶霸窑主戴富有，乘机使其走狗王宝山，诱骗两女为娼。张氏姐妹经过拼搏，无能为力，双双服毒自杀，以示抗拒，使戴富有及其所勾结的旧司法衙门法官的阴谋诡计未能得逞。

当年曾有人以双烈女的事迹，编排了一出《双烈女》“文明戏”（新戏），在天津南市大舞台演出，它与《杨三姐告状》一剧，同样吸引过天津观众。在这出戏里，因为报了主审此案的执法不公的法官真名实姓，触怒了反动的直隶高等审判厅，审判厅函请天津警察厅，勒令戏班停演。后经改报假名，一场风波才告平息。

张氏双烈女服毒而死后，天津人民对反动司法统治者与恶霸窑主相勾结的罪行，群情激愤。当时天津警察厅长杨以德在舆论压力下，才与地方士绅筹办双烈女后事，为张氏姐妹出了一场大殡，葬于西门外“烈女坟”，平息众怒。在难计其数的挽联和匾额中最引人注目的，是由天津的一位秀才刘道原书写的“直隶高等审判厅伤天害理，南皮张氏双烈女杀身成仁”挽联。

（《天津日报》1984 年 3 月 11 日）

从食品街想到“三不管”

南市食品街建成了，在兴奋之余，又不禁感慨地回忆起新中国成立前这块地方的脏、臭、乱景象。

南市，旧称“三不管”，而南市食品街兴建的地点，正是整个南市的中心。它的东、南、西、北，是包括在荣业、清和、庆善、慎益四条街之中。回顾它的过去，还是记忆犹新。

在食品街的东门，原是上权仙电影院（今淮海影院），当年在上权仙对过的空地上，曾做过杀人的刑场。1927 年 4 月 18 日，江震寰等十五位烈士就是在这里被反动的“直隶督办”褚玉璞杀害。

食品街的东南角楼地方，旧名“三不管”鸟市和德美后，除卖鸟以外，还掺杂着许多医卜星相和江湖撂地的浮摊。每到年节，便出现许多押骰子宝的赌博摊，地痞流氓混迹其间，为非作歹。“鸟市”对面是演出滦州影的“雨来散”，“蹦蹦”和唱评戏的“蹦蹦”棚。食品街的西南角楼附近曾是一个粥厂，1935 年发生火烧施粥棚的惨剧，死伤二百多人，烧而未死的跪地求乞，惨不忍睹。这个惨案当时轰动全国。食品街的西北角楼对过，即南市大舞台后宝庆里，是暗娼集中地，干着伤风败俗的勾当。

食品街的北门，原是天津妓院“五大部”之一的庆云落子馆所在地，是冶游媒介的场所。庆云后的妓院曾因市面不景气，改为暗娼，是被侮辱与被损害的妇女的人间地狱。食品街东北角楼临近荣业大街一带，有许多白面儿馆，有的人因嗜毒过深，无法自拔，最后倒卧在街头巷尾，喂狗而已。

就是在这块藏垢纳污的脏、臭、乱地方，如今，已建起了全国最大的食品街。

刘炎臣　周恩玉

（《天津日报》1984 年 12 月 16 日）

水师学堂地址和东站修建年代

5月2日《星期专页》上，有两篇关于天津紫竹林的文章：一篇是冰心先生写的《紫竹林怎么样了?》，另一篇是杨桂山、于昭熙两先生写的《紫竹林在今图书馆附近》。两文所谈不尽符合史实。

一、在《紫竹林怎么样了?》一文里，冰心先生提到："……那里以前有个北洋水师学堂，是我父亲学习过的地方。……"意思是说北洋水师学堂在紫竹林，其实非也。清末，同治六年（1867年）三口通商大臣崇厚，在天津设立过两个制造军需品的机器局（制造局）：一处在天津海河之西城南海光寺，制造洋枪、炮架和小型火轮船；一处在海河之东大直沽东北（即现在的东郊东局子），按所处方位，称为机器局东局，专制造火药和各种军械，称"东局子"。光绪六年七月（1880年8月）直隶总督李鸿章创办的北洋水师学堂，就设在这个东局子旁边。

二、《紫竹林在今图书馆附近》一文谈到："咸丰十一年，英法联军自北京撤到天津，为了建盖营盘，他们选中了水陆两便的紫竹林以南地区，这里陆路靠近火车站（现在的天津东站），水路濒临海河。……"所谓"这里陆路靠近火车站"，是后来的情形，而不是天津初有英法租界的时候。天津开始通行火车，是在英、法两帝国主义首先在天津分别侵占了英法租界二十八年后的光绪十四年（1888年），那时旧京芦铁路这一段修成了，天津才有了火车，1892年修建了"老龙头"车站，即现在的天津东站。在1860年时，天津还没有铺设铁路，哪能有火车站?

（《天津日报》1982年6月6日）

文庙的泮池

天津文庙初建于明正统元年（1436年），已有552年历史。庙分府庙县庙，两庙并开，规格相似，各有泮池。泮池是架着石桥的圆形水池，《诗经》称泮宫，即学宫。泮宫前的水池乃泮池。在旧日科举取士年代，凡入学的生员，即考取了“秀才”，照例要来到这里，参加一次“芹香宴”，称为“入泮”，这是当年生员们引为荣耀的事。

天津学人、后成为北洋军政官员的李实忱（廷玉）和另一位学人郑菊如，20世纪30年代，与曾任北洋政府国务总理靳云鹏等，曾在府庙的泮池北棂星门前合影，作为“重游泮水”的纪念。

（《天津日报》1988年6月16日）

卫南洼的“峰窝庙”

旧时每届春夏之交，天津民间迎神赛会特别活跃。除三月二十三天后宫庙会和四月初九城隍庙会外，还有四月二十八药王生日的药王庙会。

天津城厢四周，原有好几处药王庙，但都比不上卫南洼峰山庙的香火盛，不仅市区居民去烧香，沿海河各村镇和津南附近几个县的人们也去拜庙。从四月初开始直至月底结束，十五到二十八是庙会最热闹的日子。

峰山庙俗称“峰窝庙”，也有简说“峰窝”的，离天津城厢约三十里，在今天的西郊区大寺乡，是个药王庙。据说这药王是隋唐时代的孙思邈，但庙内还有许多其他神像或牌位。我对这个庙供祀的“神”了解较详，并做过记录。为存这一史料，简介于下：

峰窝庙建筑在一块较高的土丘上，有三层大殿，但无山门。头殿最前是药王像。另有王灵官、雷公、柳真人、药王（又一药王）、药圣、胡六姑、黄三姑、华太爷和一位不详其名的牌位。

中殿供祀伏羲、神农、轩辕、观音大士、禹王、天官玉帝、尧王、舜王、汤王、仓颉、增福财神、青龙、白虎。中殿的东厢殿有药王（又一药王）、扁鹊、华佗、柳仙、黄大仙、胡大仙、胡二仙、白大仙、大仙爷、二仙爷、三仙爷。中殿西厢殿有柳七爷。

后殿供祀如来佛、老君、孔子、弥勒佛、胡大太爷、胡五爷、柳三爷。

庙内共有神像或牌位 43 位，可以说是个包括三教九流的“大杂院”庙宇。其中有些是莫名其妙的人物。

当年从天津市区去“峰窝”，可走水路也可走旱路，沿途茶棚林立，香客往来不绝。同时，赶庙会的乞丐很多，守候大洼土道两侧，少壮者追逐香客，伸手要钱，老残者跪地哀求，惨声震耳。

在近一个月的庙会期间，峰窝庙的四周，布满售卖各种吃喝用的摊贩。特别引人入胜的是，当地农民用麦茎编织的扇子、席垫、草帽、盆碗和其他小型虎、兔、鸡、狗、牛、马、葫芦等等用品和玩具。还有一些撂地说相声、拉洋片和练武卖艺的，有人围观。

（《今晚报》1991 年 7 月 8 日）

孔庙

坐落在本市南开区旧城厢东门内大街路北的孔庙，是天津筑城设卫后32年——明朝正统元年（1436年）初建的，原名“卫学”，距今已有555年悠久历史。后因另有奉祀历代名将的“武庙”，故相对地又称孔庙为“文庙”。它是天津今犹存在的年代较早、规模最大的一座古建筑群，是承袭我国传统金碧辉煌的四合宫殿体系。

从天津孔庙整个平面布局看，它的外边南首，是丹墙青瓦的“照壁”。东西两侧各有一古老颇富艺术性的过街牌楼，并在横额上分别刻着“德配天地”、“道冠古今”四个金黄大字，这是对孔子至高至上的颂词。据建筑专家谈，这两座牌楼是我国古代装点街景特有的建筑，来源于汉代的“衡门”。在两根高大的木柱上，有三层的横额和雕龙华板，是由一攒攒制作精巧的斗拱支持着。这项二柱三楼式的木结构造型牌楼，不仅是天津独有的，也是我国现存牌楼中所罕见的，即使有名的北京各牌楼，也没有这样的形式。这两座牌楼的斗拱等现尚完好，惟因年久，已各用铁棍支护，柱子的下部腐朽，已用水泥加固。热盼今后要更妥善地加强保护，这是吾津人士义不容辞、责无旁贷的。

照壁之内，四进的院落，从南向北，依次建有泮池、棂星门、大成门、大成殿、崇圣祠和东西两庑，有的是孔庙所特有的建筑和专用的名称。天津从明永乐二年（1401年）设卫，清雍正年间由卫改州，再升州为府。府驻天津，而府的首县又是天津，因之旧日的天津地方官，既有知府，又有知县。于是就把初建的孔庙归天津府管，称为“府庙”，从雍正十二年（1734 年），另在其西新建一孔庙，归天津县管，称为“县庙”。府县两庙并列，建筑规模一样，这种格局是国内任何有孔庙地方所未有的。天津孔庙祭孔典礼，主祭官和陪祭官，历来是穿明代服饰，向未改穿过清朝礼服。祀孔音乐也与其他各地不同。

（《今晚报》1991 年 5 月 18 日）

估衣街唱卖估衣声

天津旧城厢北门外路东北侧后面，有一条长街，原来东半边叫锅店街，西半边叫估衣街，这是津沽早期一条繁荣的商业街。近年重修了，展现出新姿，这条长街就通称估衣街了。

所谓“估衣街”，顾名思义，是因为旧日天津的估衣铺，大部分集中在这里，故得此名。估衣，就是旧衣裳。估衣铺售卖的估衣，主要来自“当铺”。如果有人手头一时拮据，可把自己的衣服，送到当铺“当当”，就可得到发给的一张“当票”和相当数目的“当当钱”，以解燃眉之急。在限期内，当主随时可备款凭当票赎回原物。如过期不赎，也不去续期，所当各物就算“当死了”。当铺对所积存“当死了”的各物，定期要处理一次，其中的衣服，主要是成批地卖给估衣铺，再由估衣铺零星卖给用主。商人对所卖的货品，怎么能卖得好，卖得快，全在会卖不会卖。俗语说“三分货色，七分卖”。过去的天津估衣铺这一行，不像一般商店“等主候客”地卖货，而是采取主动办法，把想卖出的估衣，每天在本店门前左右，各摆放一堆，形形色色，单夹皮棉都有，当着围观的顾客面儿，一件一件地抖开，翻过来掉过去地叫卖。而且还要有声有色地喝出每件衣服的大小、长短、尺码、肥瘦、成色和价钱……以吸引顾客购买兴趣。“生意口，估衣行的嘴”，他们都是能说会道的。有的是一个人吆喝，有的是两人一唱一和地叫卖，在当年估衣街两侧许多估衣铺中，经常可以听到响亮的天津乡音唱卖估衣声，崔旭（1767—1845）在他的

《津门百咏》中有这样一首咏估衣街诗："衣裳颠倒半非新，挈领提襟唱卖频。夏葛冬裘随意买，不知初制是何人?"绘声绘色地描写出昔日天津估衣街唱卖估衣的情景。

（《今晚报》1991 年 4 月 27 日）

漫忆天津的屋顶花园

溽暑来临，想起旧日天津的几处夏季屋顶花园。

天津最早的屋顶花园，是日租界旭街（今和平路）新园澡塘楼顶的“楼外楼”，它出现于20世纪20年代初，但不是营业性质。因为这个澡塘主人是浙江宁波人吕幼才，他好客广交游，且喜唱京剧，绰号“宁波二黄”。每当夏季夜晚，常有吕幼才的友好，到他的新园澡塘洗完澡，登上楼顶纳凉，或品茗漫谈，或操弦清唱，共同消遣，引以为乐。当时这新园澡塘虽地处喧哗闹市，但置身它的屋顶，在盆花环绕中，凉风习习，清香四溢，身心为之舒畅。

20年代末期，在陶园、张园、大罗天三个露天游艺场之后，陆续兴办了几处营业性的屋顶花园。如日租界的中原公司（今百货大楼）、法租界的天祥市场、劝业商场、春和戏院、中国大戏院等几处屋顶花园。

中原公司开幕于1928年，楼下几层销售百货，上边五、六层分别是酒楼和游艺场，很能号召顾客。特别是有一个时期，京剧名净侯喜瑞应中原公司经理郑瑞阶之约，参加在酒楼部分卖烤肉，并竖立一面宣传牌，上书“烤肉侯”，侯老板还亲临其境，引人入餐。夏季的游艺场，日场照常演出，夜场则扩大到楼顶“七重天”花园，除京剧外，兼有曲艺。

天祥市场的屋顶花园创办较早，但不如后来居上的劝业商场楼头的“天外天”游艺节目丰富，相形见绌。进入夏季后，劝业场楼上原有的天华景戏院、天宫影院、天纬球社和天晴茶社各部，全纳入屋顶花园的“天外天”范围，且有书摊，吸引一些游客。

春和戏院（今工人剧场）屋顶花园，除放映电影，还有木偶戏，这是别家所未备的。

中国大戏院屋顶花园，在电影之外，以陈士和的评书《聊斋》和小蘑菇（常宝堃）的相声号召力强。有一年麒麟童（周信芳）来津在该院演出，正值暑期，观众可买“通票”，既能在楼下剧场看京剧，又可上屋顶欣赏曲艺，一举两得，观众称便。

在半个多世纪前，这几处屋顶花园，各以新颖节目吸引顾客，男女游人络绎不绝，有的人直逗留到午夜仍不愿离去。当时被称为“小巴黎”的劝业场一带，夏之夜景，可谓灯火辉煌。

（《今晚报》1992 年 6 月 25 日）

中华百货售品所的由来

在和平路与长春道交叉口，原东风毛织品商店旧址，现在建起一座崭新的五层大楼商场。这就是新恢复开业的“中华百货售品所”。久居津门的“老天津”们，看到新牌匾上“售品所”三个字，别离近30年后再度出现在沽上街头，感到无限欣慰。

早在1903年，直隶总督袁世凯派周学熙在天津成立直隶工艺总局和实习工厂，并设考工场，陈列实习工厂的产品，以振兴实业。1912年考工场改名“天津工业售品总所”，但因官办不善，转年招商承办。

爱国商人宋则久为偿其实业救国的宿愿，1913年5月，以20000元接办了天津工业售品总所（即今北门东祥德斋糕点店所在地）及实习工厂的全部货底。当时宋则久的经营方向是，以扶持资助小手工业户、改良和仿洋精制一些日用小商品为主，字号仍沿用“天津工业售品总所”原名，成为国内唯一专售国货的新型私人独资商店，简称“售品所”。

为充实国货货源，宋则久广泛向全国各地采集有名土特产，吃喝穿戴，无一不备。到1923年，经营的商品已达4800多种，超出了原只限于天津工业产品的范围，并为突出专卖国货的特点，第一次改称“天津国货售品所”。

1937年七七事变后，日军侵占了天津。因宋则久经营的售品所一向宣传“提倡国货”、“抵制日货”，在社会上很有影响，因被日军警告不得使用“国货”二字，于是从1938年第二次改名为“天津百货售品所”。

1945年，随着抗战胜利，美国货充斥天津市场，国货产品难以立足。售品所针对当时形势，从1947年增设国外贸易部，经营的范围，已不限于国内，销售的商品，也不都是国货，于是第三次改名为“中华百货售品所”。新中国成立后该所经历了1956年的公私合营，到1958年因天津调整商业网点，才宣告结束。

素以自强不息、斗志昂扬、勇于开拓事业著称的售品所，存在的45年期间，不仅闻名三津，而且有声国际，在中外人士中留下了深刻的印象。

刘炎臣　宋廷璋

（《今晚报》1987年5月17日）

旧时津门的“南纸局”

在书画用纸，讲究用南纸，笔墨讲究用“湖笔徽墨”，旧时天津售卖这类用品的，称之为“南纸局”。

在天津开设的南纸局，我记得著名的有文美斋、文华斋、宝文斋、士宝斋、同文仁、瑞芝阁等。它们专卖书画用纸，如各色描金纸、腊尖纸、冷金纸、雨雪宣、虎皮宣、玉版宣、生宣、熟宣、色宣、矾宣、矾绸……这些都是南纸局的独特商品。还能按照买主的要求，很耐心地代为裁成大小中堂、对联和横竖条幅。另外售卖练习书法用的元书纸、白摺，文人墨客喜爱的各种信笺，包括花卉、百古等花样，古色古香，刻印精美。还承做各大商店使用的旧式账簿和万年红账，各级衙署、团体使用的稿纸、卷宗夹和各项文件用品。其他纸张、砚池、文具，也应有尽有。以文美斋的货色最齐全，闻名三津，它还兼做科学考试专用的“大卷子”。

当年天津有名的书画家，多在各南纸局挂“笔单”，由它们经手代收书画用纸和“润笔”费，成为书画家和爱好书画者之间的桥梁，称便一时。

（《今晚报》1987 年 10 月 6 日）

大罗天的盛衰

六十多年前，天津最早的综合性游艺场叫“大罗天”，在它的旧址废墟上，新中国成立后建立起天津日报社办公楼和五十八中学。

当年在天津的某些人中，流传着一句话：“进了大罗天，死了也心甘”，说明这里是个非常热闹的所在。实际上并不是劳动人民所能涉足之处，而只供旧租界里的军阀官僚、富商大贾以及他们的眷属游乐。

大罗天原建于民国初年，约在1917年左右为曾任天津海关道的蔡绍基所购。大罗天是一座花园式的游艺场，走进大门，迎面是一座影壁，上有陶瓷的“刘海戏金蟾”像。绕过影壁，有假山活水、“天女散花”台。山上有亭，亭名“睫巢”。山后建有“栖佛阁”，内陈陶瓷的“八仙”。据说这类陶制品是从广东佛山县石湾窑定烧的，极为精细。内部游艺，包括京剧、粤剧、新剧、曲艺和电影等。有时放映露天电影后，再加放一场焰火，以吸引游人。

但大罗天好景不长，约在1924年以后，营业衰落，于北伐战争胜利前夕游艺场停办，不久又改为古玩市场。原有剧场分隔成若干小房间，最多时有三十二家，已故画家张大千就与大罗天里的辉云阁古玩店经理相友善，曾在这里作画。溥仪居住天津张园（在大罗天斜对过）时，也来逛过古玩店。一些外国的“游历团”从这里买走不少古玩字画，流入国外。

在1945年日本投降前几天，大罗天为日本人所收买，古玩店或停业或迁出。日本军需部门曾拟在此建仓库，因战败投降而告吹。到天津解放前，曾经热闹一时的大罗天成为一片瓦砾。现在，只剩下了半块残碑，成了历史的物证。

严　忱　来　顺

（《天津日报》1984年1月1日）

再谈大罗天

我曾写过一篇《旧梦重温大罗天》，发表在今年3月10日第四十七期《风物》，内分大罗天游艺场和古玩市场两大部分，仅是就记忆所及，并不完备。最近，从天津市档案馆收藏的档案中，发现有关天津大罗天游园的历史资料，从资料中看出，这当是大罗天游园的前期设施情况，对后来改为古玩市场毫未涉及。为了让读者了解当年大罗天游园较详细的风貌，谨就所见到的近几项档案资料，补述一些情况：

位于天津日租界的大罗天游园，根据它的原地契所载，整个面积是2840坪，按照日本计算地亩单位的“坪”，每坪合3.3057平方米，2840坪约合9400平方米。在此遗址上建成的天津日报社大楼，只占很小的一部分。

在这块南北窄、东西宽的长方形地基上的建筑物，除面向东南的大门前有一座彩楼牌坊外，进入大门，两侧各有一售票处。在今鞍山道（原日租界宫岛街）一侧，叫南售票处并附有办公室；在今山西路（原日租界明石街）一侧，叫东售票处并附有办公室。

戏台建筑在今鞍山道一侧，规模不大，长9丈阔5丈。它是按旧式戏园建筑形式，台下当中是“池座”，另有“两廊”各长7丈阔2丈。后台一间，长6尺阔1丈2。后台庶务一间，长6尺阔1丈。并附设会客厅、账房。在靠近戏台的西南角，是大菜馆。其中包括厨房、洋厨房、点心房、售茶部以及账房、庶务处等。大菜馆内，有藤餐椅、大小餐台、洋酒柜、碗碟柜、冰箱，水泥水箱、大小餐碟、分餐碟、咖啡杯等餐具充满了“洋味”。售茶部有茶杯500、茶壶240、茶碟1000和水锅铁炉两个。

在靠近戏台的东侧，有球房和咖啡馆各一。球房长2.5丈阔2丈，内设球台一套，球杆六支，球杆架一个。咖啡馆长6丈阔2丈，内设石面咖啡台九张，咖啡壶四把，以及冰淇淋铁桶等器具和做点心家私一百件。球房和咖啡馆之间为咖啡馆账房。

在球房和咖啡馆的稍北，是巴昔大楼，内有大客厅和总账房等。我向来只知有熙来饭店，不知有巴昔大楼。而在这《大罗天游园旅馆原有及新建改革全图》上，却只标有巴昔大楼，而未标出熙来饭店。在我的记忆中，巴昔大楼所在的地点，就是熙来饭店的所地，不知是否确切？

在今陕西路（原日租界须磨街）一侧，冲着巴昔大楼的是几间贩卖部和服务行业，它们是：小食部、鲜果部、干果部、照相部、点心部、玩物部、烟卷部。在这几间房之北，有鹿圃二间，长2丈阔1丈4。野兽屋四间，长7尺阔9尺，内分有狼、熊、猴。

与戏台、大菜馆和球房、咖啡馆遥遥相对的靠今万全道（原日租界伏见街）一侧，是新建的旅馆，馆前辟有小院。

根据平面图所示，当年这大罗天游园，是一套四合院式的建筑，园的四周凡无房屋建筑的地段，均补筑围墙，连接起来长135丈。在园内空地上，置有四人长木梳化椅、四人铁腿木梳化椅、二人木条梳化椅、小凳、藤躺椅、坐椅等共约1200件，供游人歇息、饮茶，足见园内宽阔。从家私单中，还知道园内有跑冰场一处，跑冰休息室一间。另有电影机全份，但无影片。

概括而言，大罗天游园，原是供人吃喝玩乐、尽情享受的所在，在70多年前天津有如此讲究设备的游园，实属罕见。

（《天津日报》1991年8月25日）

四合院的艺术生命

有人说："北京四合院，天津小洋楼"，这种说法不准确，因为天津"小洋楼"的出现，只是从1860年天津辟为商埠和相继出现外国租界以后的事。更早以前的老天津住房，其格局也有"三合"或"四合"。从一定意义上说，天津的四合院代表着一个历史时期，如今是我们回顾这个时期生活的一种风物。

旧时天津殷实富户，大多居住在旧城区及旧城的周围，他们便把宅第建在城里或附近。如北门里龙亭街海张五家，乡祠卞家，户部街益德王家；东门里华家，"世进士第"姚家，买办徐朴庵家，冰窖胡同"李善人"家；城厢附近则有文昌宫西严翰林家，大伙巷正兴德穆家，南阁振德店黄家，河北关上银房刘家，宫北长源杨家，三岔河口天成号韩家，河东粮店街李叔同家，南门外王竹林家等，都住着规模不同的四合院。

特别讲究的四合院，门口是虎座门楼。华世奎家虎座大门楼台阶高达九级，故称"高台阶华家"。大门楼内外上楣，高悬着科举功名的匾额，刻写着"太史第"、"进士第"、"文元"等等字样，以显示是官宦书香门第。

在四合院大门楼过道里的门房，是"传达室"，它的对面放着一条长"春凳"。过道房顶悬吊着一盏以白绵纸糊的"门灯"，灯上贴用红纸剪成的"堂名"，显示着掩映生辉、富丽堂皇的气象。走进院内，首先看到一座"影壁"，上面挂着红漆地黑字的"鸿禧"、"戬穀"或"福"字的木牌。"影壁"前的外院，一般是作为外账房、轿房和杂役房，分别住着茶房、轿夫、更夫以及泥瓦匠、花把式、鸟把式、鱼把式等勤杂人员，随时听候主人的呼唤。

里院有过厅和厢房，作为书房、客厅使用。最后是眷属的“内宅”。全院少者两三进，多者七八进不等。旧社会几世同堂共居，人口繁衍，住房范围越来越大，所以在一所主体的四合院之外，还附有许多大小跨院，跨院之间，有便门相通，渐渐形成一所不规则形的深宅大院，俗名“四合套”。在这样大四合院里，有的还有祭祖的祠堂、佛堂。卞家、海张五家和“李善人”家，还有自建的戏楼，这更是突出的了。

岁月沧桑，如今那些豪华的四合院，产权多已易主，有的门窗装饰和房间也有所改变，有的留有不完整的旧迹，有的遗址已难寻。著名画家吴冠中前年在一篇文章里曾感慨地说，这些大宅终于未能荫庇其主人的子孙，最后被分割而消亡，倒是营建大宅的能工巧匠，维护了传统，孕育了生生不息的艺术生命。今天，作为一项历史的艺术遗产，是不是可以选择一些有特色的四合院，加以修葺和保管好呢？

（《天津日报》1987 年 10 月 8 日）

天津县衙门三次迁移

读三十二期《风物》版的《天津的旧衙门》文章后，我感到文中在叙述府署街的天津知府衙门时，不够清晰。据我了解，天津县衙门——天津县公署或天津县政府迁移过三次，先后有四个地方。

天津从明永乐二年（1404 年）开始设卫筑城。清雍正三年（1725 年）由天津卫改为天津州。雍正九年（1731 年）又由天津州改为天津府，并附郭立县，从此天津既有知府的府衙门，又有知县的县衙门，府县两衙并存。

天津县衙门与府衙门一样，初建于雍正十二年（1734 年），地点在城里东北方旧仓廒基地，坐北向南。它所属的监狱在附近户部街，坐西向东。庚子年（1900 年）义和团运动中，天津知县阮国桢在县衙门前出告示，查禁义和团，因而县衙被焚，监狱被砸。庚子后在被义和团捣毁了的南城军械库旧址上，重建了天津县衙门（即现在的市中级人民法院所在地）。这是天津县衙门第一次迁移。被焚毁的原天津县衙门，庚子后重建了长芦盐运司衙署，现为运署街小学。

辛亥革命后，民国三年（1914 年）废除了天津府，天津知府衙门不存在了，天津县衙门便由南城搬到府署街的知府衙门旧址。这是第二次迁移。

1928 年革命军北伐成功，天津的地位提高，由县升格为天津特别市，成立天津特别市政府。但当时天津特别市管辖的范围，是天津城厢内外的五个警区，其四周边缘的各乡区，仍隶属于天津县，天津县衙门继续存在市内原来的地方。抗战胜利后，天津县衙门离开市区，搬到县境咸水沽。这是天津县衙门第三次迁移。后来由于天津县所辖各乡区全划入天津市，天津县境既已消失，县衙门也就不存在了。

（《天津日报》1990年2月11日）

“长源杨家”及其旧宅

在古文化街临近北头的东侧，有一处很不明显的住宅大门，如果没有人提醒，谁也不会知道，这里面别有洞天——共有二〇九间房屋，曾经住的是清末天津“八大家”之一的“长源杨家”。

这是一处清代中叶的旧宅第。走进大门，是一大片大院套小院的房屋，共有四大排院落，院落之间由若干条“胡同”连接。有些房屋几经修缮，已不复旧貌，但主要建筑仍可见磨砖对缝，镶着精致的刻砖。外人进入，很可能弄不清通道，但住户都知道，前面从古文化街大门进去，几经曲折回圜，竟可以从海河边老铁桥大街的“后门”出来。

整个大院并非常见的四合院格局，因为它背靠海河三岔口，院里房屋以东房为上房。又因为杨家虽从乾、嘉时开始发家，但直到咸丰、同治时才成为巨富，房屋不是一次盖成，而是逐步扩张的，所以缺乏严格规划。即便如此，它还是极尽奢华，当年成为一时之盛。

我曾访问过杨家最高的“族长”、第五代的杨元同志，详细勘查了全部建筑，并由韩世清同志绘制了平面复原图。杨元同志今年七十四岁，是天津第一代的版画家。杨家至今已有七代人，堪称老天津了。

从绘制平面复原图上看到，住房之外，还有门房、轿房、账房、客房、书房、家馆、学馆、宗祠楼、经房、鸳鸯厅（新婚夫妇欢宴处）、油木工房、库房、侍女院、花厅、画室等。当然，在这样的宅第中，花池、鱼池、假山、凉亭构成的花园是必不可少的。除此之外，还有一座木结构的“望河楼”，登临其上，可以观赏旧三岔河口风光。进入民国以后，旧三岔河口裁弯取直，这段河被填平，成为今天的老铁桥大街。

今日的长源杨家的旧宅第，已变为一个庞大的大杂院，除设有摄影室、五金厂、幼儿园、托儿所等以外，多姓居民有一百多户，人口三百多。从残存的原始建筑物，依稀可辨其旧日风物。

（《天津日报》1990年11月18日）

法、意、奥三国兵营旧址

读二月二十六日本版《旧天津的外国兵营》一文，其中谈道：“法国兵营最初设在法租界六号路，即今哈尔滨道东端”；“意国兵营设在意租界小马路，即今民权路”；“奥国军队，驻扎在河东大佛寺”等等。

据我所知：

一、法国在天津的兵营，最初不是设在法租界六号路，而是设在法租界八号路（也叫水师营路），即今天的解放北路以东的赤峰道，它的大门冲着旧十一号路（也叫宝总领事路），即今天的合江路。这座兵营，是用红砖建筑得很精致带有走廊的两层高楼，极为坚固，今仍存在。从院内情况看，已变成一处居民大杂院。

二、意国在天津的兵营，是在意租界小马路，即今天的光明道，而不是“即今民权路”。因为当年这座兵营，前门面临今天的光明道，后背隔着一排居民楼，靠着今天的河北区建国道南侧。民权路是在建国道北侧现在天津市第二十四中学校校门所在地一条很短的小马路，只能说它是隔着建国道冲着旧意国兵营后背的一条小路，而不能说小马路“即今民权路”。

三、奥国在天津的兵营，不是在大佛寺，而是在二马路，即现在的民主道五十号。六十年前奥租界虽已由我国收回，而它在侵占十五年中所遗留的痕迹，犹历历可辨。设在现在民主道五十号的旧奥国兵营，在奥租界收回后，一度改为普及小学校，1923

年改为天津私立河东中学校。后来又改为第二十六中，现在是天津市华安街中学，旧貌全不存在，已改建新楼。

因更正旧天津法、意、奥三国兵营的地址，拉杂写了如上一些史实，藉以存真求实。

（《天津日报》1984年3月25日）

金汤桥头的“火炬”

位于天津东门外海河两岸之间的金汤桥是1906年建成的，前身原是清末天津城厢附近几个浮桥之一的东浮桥。命名“金汤”，取其固若“金城汤池”之意。但直到今天，很多天津人仍沿袭旧名称“东浮桥”，而称金汤桥者较少。

最近，在天津市人民迎接新中国成立三十五周年之际，金汤桥的东端南侧，建起一座象征革命气势的火炬，作为解放天津的中国人民子弟兵在这里会师的标志。火炬的前后面，各嵌上一块铜牌，写着三十五年前胜利会师的经过。文极简明，录志如次：

解放天津会师纪念地

一九四九年一月十四日十时，中国人民解放军，向国民党天津守敌发起总攻。我军采取“东西对进、拦腰斩断、先南后北、各个歼灭”的战略方针，东西两面主攻部队，历经十六小时的激战，于十五日一时在金汤桥胜利会师。

一九八四年

（《天津日报》1984年5月13日）

逝去的和诞生的

1900年八国联军攻入天津后，沙俄军队侵占了包括老龙头车站在内的大片土地，总面积5000多亩，占有海河岸线3354米，相当于法、英、德三国租界海河岸线的总长，是个水旱码头冲要地区。

俄国的大范围占领，引起帝国主义之间的利害矛盾。当时英国声称，北京到山海关的京榆铁路，是借用英国款项修建的，英国有权派兵保护，不同意把老龙头车站划入俄租界内，因而爆发了英、俄两国侵略军在天津土地上的武装冲突。后经谈判及德、美两国调停，俄国让出老龙头车站及通往车站的大道（即今河北区建国道一经路），归还了中国。从此，俄租界以老龙头地段为界，分隔为东西两区。

英俄两国争夺老龙头车站问题解决后，为便于车站调动站内车辆和装卸、存放货物，在车站两侧筑起石墙，车站东沿海河转弯处，直到大王庄六纬路北口，石墙以外属于俄租界。后来收回了俄租界，而一条包括六号门在内的海河东岸石墙，仍存在多年。

从去年四月天津铁路枢纽改造工程开始后，这条残存的石墙才彻底拆除。八十多年前英俄两国争夺的老龙头车站旧迹，以及通往车站旧有的一经路和二经路等，也均已消失，代之而起的是配有钟楼的主站房、子站房、高架候车厅和生产办公楼等一片耸立海河之滨、壮观华美的新建筑群。现在，新车站全面竣工在即，就要显示英姿了。

（《天津日报》1988年9月8日）

尊师重教竹生亭

南开区中营小学校园东侧，有一座竹生亭，这是 1942 年为逝世的老校长刘宝慈所立的。刘宝慈号竹生，是天津在清末民初时的教育家。中营小学初名天津模范两等小学堂，是他在 1906 年所建，规模是当时天津之冠。

刘宝慈是一位有精湛旧文学修养的老举人，1903 年被送日本宏文学院师范班学习，开拓了眼界，增益了新知。1918 年再去日本考察教育，带回来许多理化仪器和标本，以配合讲课用。他连任校长三十六年之久，为人耿直，不求名利，公正廉明，治学从严。他关心教学，对教师为学生们批改的作业，还要亲自审阅，看看学生的成绩，顺便也考察了教师的教课质量。他关心学生，每逢散学时，提前站在校门前，眼看着学生们走远为止；对低年级学生，让他们在校门前排成队，一个一个地交给来接的家长。他培养了很多闻名海内外的优秀人才，有的祖孙三代受业。如原清华大学校长梅贻琦，医学家朱宪彝、朱宗尧，戏剧家焦菊隐，经济界名人杨天受，以及原广东省第一书记任仲夷等。

1941 年 8 月，刘宝慈突患脑充血症，经抢救无效；8 月 14 日逝世。噩耗传出，各界友好和门弟子远近赴吊者多至数千人。他一生致力于教育事业，视学校若家庭，待生徒如子弟，鞠躬尽瘁，死而后已。为表彰其终身育才盛业，学生们为他塑汉白玉全身立像，像的左右各立一碑，为免风雨侵蚀特筑竹生亭以覆之。亭额是甲骨文专家王纶阁（王襄）所书。1943 年全部落成。天津解放初期，碑亭石像，仍保存旧貌。1958 年，石像头脸为人所毁，学校遂将残像埋在后院。

在宣扬尊师重教的今天，缅怀刘宝慈，竹生亭更有特殊价值。

（《天津日报》1988 年 12 月 29 日）

三岔河口的黑炮台

三岔口炮台初建于明末，当时环绕天津城厢建了七座炮台（另六座位于海光寺、冯家口、窑洼、西沽、邵公庄、双忠庙）。三岔口炮台通称“黑炮台”。

进入清朝，在雍正四年（1726 年）于三岔口设天津水师营，嗣经乾隆、嘉庆、道光、咸丰四代一百三十余年，天津水师营旋撤旋复。1870 年“天津教案”后，李鸿章任直隶总督兼北洋通商大臣，又重整三岔口水师营和炮台。1900 年八国联军入侵，义和团和清军在保卫天津城战役中，从这座炮台发出猛烈炮火，轰击老龙头火车站和紫竹林租界。《辛丑条约》签订，这座炮台也在被废除之内。炮台遗址现为河北区人民政府所在地。

（天津文史资料选辑》1985 年总第 30 辑）

菊坛忆往

菊花锅[①]

横歧调

（民国二十三年十二月九日《大公报》本市附刊）

来自乡村有五百年历史

北平是我国旧剧发源地，戏剧之盛，甲于全国。最近，在北平戏曲界又新出现一种“横歧调”，演唱地点，是在崇文门外茶食胡同广兴园，由涿县胡玉才等所组织之戏班演唱，班名“公盛社”，角色均为男角，约六十余人，月前由胡玉才老板等率领来平演唱。因系初创，不明一切手续，只唱半日，即奉令停演。后向社会局履行备案，及呈送剧本各手续，经审查合格，始于上星期六开锣，继续演唱。但以缺乏宣传，知者甚少，故上座不佳。日昨（二日）该社老板胡玉才等，为联络各界感情起见，特假骡马市大街宾宴春饭庄宴客，仆亦躬逢其盛。席散后，胡老板等坚请各宾到广兴园一观该社表演，兹将闻见，略志如次：

该社所演各戏曲，名“上四调”，系由“高腔”脱化而来，所

① 《菊花锅》结集了刘炎臣先生自1935年到1940年之间撰写的关于天津演艺界的艺术评论，影响广泛。该书原版已无从寻觅，幸得王振良先生从藏友处寻到《菊花锅》的残本，其中短缺15、16页，没有结尾。在此，衷心向藏书者、王振良先生以及帮忙多方寻找此书的馆员甄光俊、张春生先生致谢——整理者注。

有唱调；及文场吹弹敲打，完全与平剧不同，因系创自涿县横歧村，故更俗名“横歧调”，在保定附近所称之“横歧调”即指此。

此种戏曲，纯为乡间之一种庙会性质，据谈涿县农民，在冬季收藏余暇时，常练习此种戏曲，无非是聚众娱乐，并不卖票。他们正式搭台公演时期，是在夏历正月十五日及六月六，每次约唱五六日，前者是庆祝灯节，后者据说是祭祀“雹子神”。此外，如遇村中有大事或被人邀请，亦可演唱，全系白尽义务，无所谓包银等费。历代相沿，已有四五百年之历史，在练习时，并无正式剧本，不过口传心授而已，至于他们所用之“箱底”，系由村中历年公置，砌末等物，亦应有尽有，但此次来平，并未带来，系临时赁用。

他们这种庙会式之剧团，向未出外演唱，最近胡玉才等为发扬他们乡曲起见，始组成一公盛社名义，来平作第一次之尝试。因为新来乍到，又缺少宣传，二因平市民众对于此种乡村戏曲，素无印象，故顾客极少，日场至多能卖二百余座。

他们对于票价之规定，颇费踌躇，定得过高，恐无人光顾，定得过低，又虑被人轻视，因为是一种尝试性质，所以有此困难，最后决定：包厢一元，大小池子三角，楼上下散座二角。近以上座不佳，乃减低票价，计包厢八角，池子二角，散座一角五分，廊子一角，但仍无起色，可见办事创始之难也。

能演之戏，计有《忠节义》、《渭水河》、《庆阳图》、《小八义》等百余出，取材均系忠孝仁义一类历史故事，且多属全本整戏，所以每日演唱，至多不过两出戏。

文场方面，在台之正面，有四个人横坐，一个吹笛，一个弹弦子，其余二人，一拉四根弦，一拉两根弦，与众不同，合奏起来，倒也可听，在台之左方，则为锣鼓文场，最特别者，有一个大锣、一个大钹，这种种乐器点，敲打合奏，简直与出会之家伙点极相似，听之别饶一种兴趣。

唱工方面，无论是生、旦、花脸各角，总是唱着一种平平腔调，不似皮黄剧之有快慢各板，急徐相间，未免失之太板，而且调门多低于乐器声音，所以有时令人只顾倾听到管弦的合奏。

至于化装及行头之各方面，大概是因为经济关系，多半是因陋就简，不甚整齐，尤其是靴、鞋方面，太不讲究，有的全身战衣，脚上却穿双便鞋。本来他们是一种庙会性质戏曲，又因新来初到，经济困难，所以有此现象，想根基略定，总可稍见改良。他们所绘之脸谱，与平剧脸谱颇有不同，但亦具有艺术价值。闻国剧家齐如山先生，最近向该社搜集不少脸谱，以资研究。

总而言之，此种横歧调戏班，是一种乡村庙会式戏班，演来虽不免有点土头土脑，但其精神，却甚可取，在一出整本戏里，无论主角、配角，以及打旗小卒，莫不聚精会神，合作到底，打破故都旧剧界只“唱名角”之恶习。尤有可取者，他们所唱之戏，多关于忠、孝、节、义等史实，于提倡我国固有道德，挽回人心，不无裨益。当此实行新生活运动高潮中，有益之历史剧，自有提倡之必要。英国诗人萧伯纳有言：“中国的文化在乡间。”所以，此种初到平市作第一次尝试表演之横歧调戏班，不可轻视，希望戏剧家、社会改良家，予以注意，俾可改进。

（全立自北平寄）

秧歌戏剧

（民国二十四年七月三十一日《大公报》本市附刊）

本市南市第一舞台停演已久，最近该园主人新由外埠约来一种秧歌戏剧，班名“同乐秧歌戏剧社”。全班六十余人，订于明日（八月一日）在第一台开始演唱，专演忠孝节义、奖善惩恶各种本戏，戏剧名词上冠以“秧歌”二字，颇觉新奇。据云，此种秧歌戏剧，风行平汉铁路沿线一带，吾津尚属少见，究其内容如何。俟公演后，再为评介。

（刘炎臣）

秧歌戏班

（民国二十四年八月六日《大公报》本市附刊）

本市南市第一舞台，近由祁州邀来一种秧歌戏班，原订于本月一日露演，嗣因演员未能到齐，展期数日。昨（五日）午闻讯，该班已于前日在第一台开始演唱，当即前往第一台后台作简单之访询，承该班老板郑信卿君亲自接谈。

郑君为河北省祁县人，年四十七岁，原经营地毯业及木行，后乃与同乡组织此种秧歌戏剧班。据谈是种秧歌戏剧，兴自定县，流行祁县、保定、石家庄一带。该班常在保定、石家庄等处露演，此次来津，尚系初次。因此种秧歌戏到津，能否受人欢迎，毫无把握，故暂与园主议定，试演一月，将来续演与否，以成绩好坏而定。至该班与前台所订之条件，除去“戏单”、“海报”费由前后台共同担负外，每日收入，前后台按二八分账，后台得八成，因未带来“行头”，每日“行头”赁价三元，归后台担负。

该班此次来津角色，共三十余人。主要角色，计有生角秦志荣、张义谦、常怀芝，旦角郑桂芳、刘芳琴、赵凤岐、赵汉章、郑青荣，净角赵玉屏、杨桂花，丑角张凤楼等，均属男角。

该班剧本，多系全本整戏，能演者约有百余剧，常演唱者计有《打经堂》（又名《安安送米》）、《蓝桥会》、《耳环计》、《空棺计》、《劈灵棺》、《四大劝》、《双锁柜》、《宋金娘》、《武家坡》、《庆阳城》、《南阳城》、《青纱马》、《红灯计》、《妙金贵》（《张九成私访》)、《金牛寺》、《闹龙山》、《借女吊孝》、《老少换妻》、《郭巨埋儿》、《王景川卖妻》、《借当跑沙滩》、《杨福禄投亲》、《杨二舍化缘》、《王二保借当》、《佘太君观星》、《黄氏女降香》、《刘玉兰赶会》、《反堂劈华山》(《沉香救母》)等。角色亦分生、旦、净、丑等，但无武生戏。

最后郑君导记者到前台观剧，时正演《刘玉兰赶会》，所穿行头，与京剧无异，听其腔慷慨激昂，似乎近于梆子腔，但有时又颇像“拉洋片”之土腔土调，甚觉新奇，我生也晚，四七年来，耳闻此声，尚属破题第一次。又其所用之乐器，只有大锣、小锣、大鼓、小鼓、板、铙等六种，并无一件丝弦佐唱。

该班此次来津，系属创举，故市民知者甚少，前昨两日上座，均不见佳，昨（五日）午记者到时，已三点有半，全园客座，不过二百余人。此次第一台方面，所订票价，尚属低廉，计头级厢四角，二级厢三角，池座每位十五大枚，廊子及女座每位十大枚，茶钱一律在内。

（刘炎臣）

山西梆子班

（民国二十五年五月九日《庸报》）

近由张家口方面到平之山西梆子班，自半月前即有来津出演消息。兹据确讯，该班已接受北洋之约，订于本月十四日（星期四）来洋露演四天八场。台柱为坤伶须生丁果仙，又名果子红。其他主要演员，计有小桂花、盖天红、十三旦、乔金仙、九岁红、丁巧云、十三红、狮子黑、奴子生、邱凤英、陈桂楼、三元丑、邱得才、京武旦、金珠丑、徐良黑、大珠旦、吃瓜黑、丁艳香、京武生、侯秃子、福寿旦、娃娃生、活舌丑、丁艳霞、草上飞、大刀红等等，内中艺名之奇奇怪怪，为梨园行所仅见。闻该班为一纯粹山西梆子班，所演各剧，多属全本大套者，此次首次来津，戏码业已排定如次。

第一日（十四）早演全部《阴阳报》，晚演全部《南天门》。第二日早演全部《满床笏》，晚演全部《朱痕记》，加官，祭霞，舍饭，认妻，带大团圆。第三日早演《法门寺》，晚演《金沙滩》。第四日早演全部《捉放曹》，晚演全部《双巧配》。

票价亦已规定，计楼下前排五角，后排三角。楼上分三角、二角两种，包厢三元。

（炎臣）

果子红出演北洋

（民国二十五年五月十四日《庸报》）

关于山西梆子班来津出演消息，初传在北洋登台，旋又有改在新欣之讯，昨据确息，该班决仍露演北洋戏院。原来坤伶果子红领导之戏班名锦艺园，在太原演唱。三月间曾应百代公司之聘，到平灌片。后为在张家口出演之桂荣山西梆子班所闻，乃派人先期往邀，加入该班在张露演一期，又偕同到平，出演华北二十日。近因条件不合，果子红遂退出该班。本市北洋所约者，系直接与果子红方面接洽，已定合同。新欣方面系与桂荣社接洽，因该社仍希望果子红回去帮忙，故即满口承应新欣之约，新欣于是亦将果子红出演之预告贴出，以致闹成北洋新欣争抢果子红之笑话。现果子红已于昨午到津，其山西方面之班底，准于今日到齐，明日（十五）出演北洋。笔者昨晤果子红及其班主任秀峰君，据谈，彼等所主办之锦艺园梆子班，已成立十余年，此次来津，尚属初次。主角即为果子红。因在六年前，本市曾来一唱山西梆子戏白果子红者（亦为坤伶老生），故此次特标以“真正”二字，以资识别。据称，在山西方面之梆子班，约分为“高路调”、“中路调”、“下路调”、“宫调”等四派，彼等系属于中路调一派。现高路调与下路调两派，势已渐衰，所存者宫调与中路调两派而已。

果子红所领导之“锦艺园”，连场面在内，共约五十余人。主要角色，有小旦十三旦、青衣丁巧云、青衣丁艳霞、老生十三红、老生大刀红（以上为坤伶）；小旦毛毛旦、文武花脸八百黑、架子花面狮子黑、武花脸徐良黑、文武小丑爱成丑等等。明日登台，早晚分演《朱痕记》、《双巧配》两本戏。

果子红近在北平曾灌《空城计》、《南天门》、《八件衣》、《斩黄袍》、《打金枝》、《捉放曹》、《花子拾金》等七出梆子唱片，唱腔颇新颖别致，下月内即可制成出现平津市上。

（炎臣）

闲话山西梆子班

（民国二十五年六月十五日《益世报》）

山西梆子名坤伶老生果子红（丁果仙）自领导其“锦艺园”全体演员在本市北洋戏院登台以来，颇被一般人所注意。故上座尚称不恶，尤以晚场情况最活跃。

山西梆子之唱腔，初听似不入耳，细聆之亦觉有味，其做工之细腻，尤能惹人注意，有研究之价值，未可忽视也。果子红之声誉，早已遍传沽上，主要配角在男伶方面，如毛毛旦（王云山）之青衣花衫，十三红（阎贵锁）之老生，狮子黑（乔根林）之文武大花面，奴子生（温兆林）之小生，邱德才之文武花脸；在女伶方面，如丁巧云之青衣，十三旦之青衣兼工文武花衫，邱凤英（邱德才之妹）之文武小生，陈桂楼之文武花旦，晋阳红之须生等等，俱属目前山西梆子班中第一流人物，而毛毛旦、狮子黑、奴子生、十三红诸人，资望尤老，狮子黑有活曹操之称，其技艺不凡，可想知矣。

该班初来津时，全体均寓法租界中和栈，由山西馆天庆楼包饭。现为办事便利起见，果子红同班主任秀峰移居惠中饭店，丁巧云仍寓中和栈，班底则分住北洋戏院后院与仁丰里两处，并在北洋后院，新立锅灶，自办伙食，生活异常朴实，全班六十余人，除邱德才兄妹为北平人，余均为晋籍。

（炎臣）

谈梆子之演变

（民国二十六年五月二十二日《剧影画报》）

梆子戏发源于陕，陕西古为秦地，故称之曰“秦腔”。此种腔调，相传即系渐离击筑之歌。后分别发展，析成两派：一派入于山西，称山西梆子（晋腔），腔调较刚。所演之剧本，多属有关忠孝节义之本戏，做工极朴实规矩。细分又别为南路、中路、北路三种晋腔。如老伶工郭宝臣（即老元元红）、十三红、五月仙、溜溜旦、杨娃子等，均系当年以唱晋腔梆子亨名一时者也。另一派入于直隶（河北省），称直隶梆子（京梆子），此派当推魏联生为创始人物，魏为郭宝臣弟子，艺名小元元红，一变乃师之刚亢，而成柔和之腔调。从清末民初女伶之习梆子者，如金钢钻、小香水、鲜灵芝、张小仙、秦凤云等，均系学此派京梆子，哀丝豪竹，则以清脆取胜。现在之小金梅、小金枝、盖天红等即为山西梆子，秦凤云等所唱者乃为京梆子。然而其源则均发于陕西。但其演变之处，近已多不相同矣。今该两派同时奏演于沽上，吾人大可利用此时机，观其蜕化之迹，作一比较鉴赏，而定其优劣。

（炎臣）

旧剧丛话

（民国二十六年十二月十五日《银线画报》）

《天官赐福》，为一流行数百年之昆曲吉祥戏，因为它流行日久，迄今已不仅昆腔班能演唱，即皮黄、梆子等等各类性质不同之戏班，亦均已能搬演此剧。无论是堂会或义务戏之开场，莫不以之作为开场戏，于是它已形成各戏班所必备之一出典型剧。各培养国剧人才之科班，亦必以此剧作为小弟子之启蒙戏，无论学某项角色，此种基本戏必须要学习。在《天官赐福》一剧里，是充满风调雨顺、国泰民安之喜气洋洋意味，而且更寓有劝人为善积德、学做好人之旨。聆此一剧，可使人发生一种不可思议之快活感觉，所以它被认作是一出吉祥戏。

戏剧是综合多方面艺术之结晶，其功用极大，并非仅能供人娱乐而已。因戏剧在社会上之势力非常普遍化，如用之得当，其力量确能提倡艺术，发扬文化，移风易俗，辅助社会教育之不足；否则其恶意识之反响，亦能增加社会人心之恶德，例如诲盗诲淫之剧，影响所及，真是流毒无穷。论及我国旧剧本身形式，如不通达之剧词，无理取闹之穿插等等，虽不无近于陈腐不合时代之处，但旧剧固有之艺术精神，自具有一种特立之评价，绝不能因噎废食一笔抹杀。故从事旧剧改良者，应先将剧本作一彻底之审查，优者存之，劣者去之，使内容穿插合乎情理，且须不失旧剧表演艺术精神，斯为上策耳。

（炎臣）

声乐与人心

（民国二十六年十二月三十一日《银线画报》）

自周公孔子确定声乐能正人心，移风易俗，历代政治，皆从此入手，以补政刑之不足。数千年来，一治一乱，全可在声音上分别出来。如《乐记》："治世之音安，以乐是政和，乱世之音怨，以怒其政乖，亡国之音哀，以思其民困，声音之道，与政通矣。"又"乐也者，圣人之所乐也，而可以善民心，其感人深，其移风易俗易，故先王著其教焉。"于以见声乐是用以移风易俗正人心者，并非专为悦耳娱心者。声音是有感人之力量，既能移风易俗而善民心，亦能伤风败俗而颓民气。往往见到有人耗费十二分力量去作移风易俗之工作，并不能准可得到其功效，但，只要有一二分郑卫之音力量，就可伤风败俗而有余，可见郑卫之音，魔人之力量是如何之大。本来人之天性，大多数厌恶安乐平正之音，而喜欢流僻邪散之音，因为流僻邪散之音，比较顺耳好听，易使人心弦上感觉得愉快，再引《乐记》来一证明："魏文侯对子夏曰：吾端冕而听古乐则惟恐卧，听郑卫之音则不知倦。"古人已如此，无怪乎今日之白玉霜，大受南北之热烈欢迎矣。

（厌尘）

谈虎戏

（民国二十七年一月一日《银线画报》）

不知是由于哪位先哲一时灵机把我们分成鼠，牛，虎，兔，龙，蛇，马，羊，猴，鸡，狗，猪等十二个属相，今年又转到所谓"虎"年了。好舞笔弄墨的人，也就常以此为题材，写点关于属相的文字，如昨日本版所刊陶理君的《送牛迎虎》，就是一篇这样性质文章。

本版是游艺版，咱别离开本行，趁此略谈一谈关于“虎”字的戏，旧剧里带有“虎”字的戏名，有恶虎村、越虎城、牧虎关、飞虎山、龙虎斗、熊虎报、白虎堂、独虎营、卧虎沟、罗四虎、胭脂虎、拿谢虎、武松打虎、魏虎发配、五虎平西、贞娥刺虎等等，名目很多，一时想不完全。至于一只虎、青面虎及卷毛虎倪荣等，这是剧中人物带有虎字的。小金虎、王虎辰、王胜虎、张四虎……是又为已故或现存的伶人艺名带有虎字者也。

（厌尘）

关于龙字戏

（民国二十九年一月十九日《新天津画报》）

今年是“龙”年，在戏剧圈里，关于龙的材料很多，就以剧名而论，带有龙字的，例如二龙山、九龙山、铁龙山、九龙杯、五龙祚、白龙关、双龙会、打龙棚、锁五龙、串龙珠、黄龙基、龙戏凤（美龙镇）、乌龙院、回龙阁、龙凤剑、龙虎斗、龙凤配、龙门阵、打龙袍（断后龙袍）、龙女牧羊、龙凤呈祥、龙马姻缘等等，不胜枚举。伶人之名带有“龙”字的，有李宝龙、程永龙及富连成社长叶龙章。此外如龙沙散人、铁龙馆主，这是票友别署带有龙字的。

（炎臣）

评戏在天津

（民国二十七年一月一日《银线画报》）

评戏者即俗所谓的蹦蹦，其唱词粗浅鄙俚，极合于一般低级听众的口味，从前在蹦蹦园子里听众阶级，只限于低级民众及妇女，自白玉霜一哄成名，于是向来被一般所谓高雅人士认为难登大雅之堂的蹦蹦，地位较前大为提高，即社会闻人，亦多以一睹为快。就天津一地而论，近年来蹦蹦戏是大兴一时，而去年下半季白玉霜在津出演的成绩，更造成一空前纪录。目前在津门出演之评戏班极多，除去各平民化娱乐区的小蹦蹦戏棚子不计外——举其较著者，如小广寒戏院的刘翠霞，中原评戏部的郭砚芳，天乐评戏园的爱莲君，聚华戏院的新翠霞，聚英茶园的张金楼，新东方戏院的孙桂秋，谦德戏院的花艳霞、花艳茹等评戏班，此外，大陆、丹桂、华北等小电影院亦多加演评戏，故评戏今日在天津的势力，是不可轻视的。就中以刘翠霞资望较隆，她虽久占天津，因为是常排演新戏，叫座力迄不稍衰，观近月来小广寒上座之踊跃，可知其号召力量之大。

白玉霜自去夏由沪北返，分在本市几家戏院登台，魔力之大，更为惊人，使一般听众，对评戏得一个新的认识。白玉霜现在北京开明戏院出演，与芙蓉花、李宝顺等班，分庭抗礼，相互斗胜，依然是以白玉霜之风头最健，闻白玉霜将来仍拟返津出演，芙蓉花亦有准备来津露演新明讯，值兹岁首，展望今后津门的评戏班，当更有一番大竞赛也。

（素）

谈应节戏

（民国二十七年二月七日《银线画报》）

谈到应节戏，伶人相互仿效，彼此争胜，可谓层出不穷，关于春节与灯节之应景戏，本版已略有述及，兹不再赘。梨园行上演此项应节戏，向例是随旧历年节举行，凑凑热闹。在灯节以后，有二月二可演之《龙抬头》，寒食节应景之《焚绵山》，清明节应景之《打侄上坟》（《状元谱》）、《御碑亭》（此剧因最后有金榜乐大团圆，以其吉利，已成旧年元旦生旦所必演之一出时髦戏）；三月三所谓王母娘娘生日之应景戏《蟠桃会》、《麻姑上寿》，四月初八应景之《浴佛节》，五月节应景之《曹娥投江》、《屈原投江》、《钟馗嫁妹》、《白蛇传》、《五毒传》、《混元盒》等，七月七应景之《天河配》、《长生殿密誓》，七月十五中元节应景之《盂兰会》，八月十五中秋节应景之《嫦娥奔月》、《唐明皇游月宫》、《天香庆节》、《广寒宫》、《太真外传》。诸如此类之应节戏，名目极繁，实在记不胜记，值兹一元初转之际，随季节之转变，各种应节戏又当一一出现于舞台之上矣。

（汉）

满床笏何尝是吉祥戏

（民国二十年二月十六日第二卷第三期《天津游艺画刊》）

《满床笏》是演唐朝郭子仪七子八婿拜寿事，俗所谓“七子八婿满床笏”者，就是指此而言。此剧又名《打金枝》，剧情大概是这样：唐代宗年间，郭子仪平安禄山之乱有功，封为汾阳王，帝极礼重之，谓之为大臣而不名。代宗有女升平公主，下嫁于汾阳王郭子仪之子暧。某日值汾阳王八十双寿，诸子皆是双双同来拜贺，独升平公主自恃金枝玉叶，未曾到府。郭暧颇不满于公主之所为，乃乘醉入宫，面责公主，夫妻反目，以至殴打。公主无奈，哭诉于代宗。子仪闻之，绑子上殿请罪。代宗以儿女闺房之言，不足听信，且向两家居间为和事老，对郭暧笑释之而不罪。及子仪归来，杖暧数十大板。后公主奉旨归府赔罪，夫妇又和好如初。

以上所述，是《满床笏》的全剧情节，剧中角色，是以唐王与升平公主吃重，现为梨园行当作一出吉祥戏，每演于旧年元旦，但就此剧的情节而言，如郭暧与升平公主夫妻反目殴打，实属家庭风波，所以被作为吉祥戏者，只不过是有诸子妇双双拜寿等场面之穿插耳。

（炎臣）

刘汉臣新戏大闹花灯

（民国二十五年二月三日《庸报》）

日租界新明大戏院，以旧正灯节将届，特由该院主角刘汉臣、靳霈亭、孟兰秋等新排应节戏《薛刚反唐大闹花灯》一剧。该院为使顾客易于明了起见，并新编一种极通俗之七言四十六句说明书，附录于次，以见剧情之一斑：

唐王降旨放花灯，天左天右戏民女，薛刚酒醉抱不平，英雄摔死七殿下，刹时怒恼狗奸臣，英雄避祸去逃命，奸党入朝奏当今，唐王酒醉假传旨，抄斩忠良一满门，窦青老祖发恻隐，暗救金斗回山林，薛刚鸾英成婚配，奸党闻信剿山峰，纪德全家皆丧命，薛刚夫妻各逃生，英雄泗水去投奔，薛义狠毒害恩人，杨氏欲把恩公救，薛义踢死杨夫人，吴奇破庙假装鬼，救了薛刚离陷坑，青龙会上去投奔，鸾英途中产姣生，薛义报信泄真情，张太金殿去奏本，搜查徐策后代根，君臣金殿把理论，斩了薛义罚奸臣，观尽说明已往事，薛蛟韩山去搬兵，英雄招兵青龙会，思念妻子寻鸾英，韩山骨肉重相聚，夫妇发兵长安城，徐策松林亲生认，弟兄城外大交兵，父子说明已往事，跑城入朝参奸臣，无凭无据主不信，忠义太监名李青，细说当年已往事，娘娘张太蒙圣君，当今天子龙颜怒，降下圣旨拿奸臣，金殿奸党俱斩尽，报应循环快人心。

是剧剧情纯以新奇热闹取胜，除极灿烂夺目之布景外，并在戏中串戏，有衣裳炫辉，花枝招展清唱秧歌，有满台轮飞，滑稽戏谑之小车大会，有光耀照人，技术纯熟之花灯比赛，有滚戏绣球俯仰躺卧之耍狮子会，形形色色，极尽洋洋大观之能事。现已排练纯熟，准于月之五日（旧正十三日）起开始露演，以资点缀灯节，至剧中主要角色之分配，计刘汉臣分饰薛刚、徐策两角，靳霈亭饰纪德，孟兰秋饰纪鸾英，三吉仙饰徐禄，张海臣饰后部薛刚，张九奎饰唐王，秦月楼饰金斗，訾宾铭饰薛蛟，张鸿瑞饰张太，赵奎禄饰纪刚。

（炎臣）

一年一度之端阳节戏有除恶务尽意义

（民国二十八年六月二十一日《新天津画报》）

一年一度之端阳佳节，又于今日临头，此节又名端午节，因每逢此日，以吃粽子为应景食品，故俗更称之为粽子节。此与正月十五上元节之别称元宵节、八月十五中秋节之别称月饼节，同一取意也。不过，端午节与其他各节之意义，微有不同，即其他各节，仅于照例作种种吃喝玩乐之应景点缀而已，端午节则除去吃喝玩乐而外，另有一种除恶务尽之深意存焉。盖以每逢此节，民间有所谓驱除五毒之举，五毒者，乃指蜈蚣、蝎子、壁虎、蛤蟆、蛇等而言，家家户户，概于是日以驱除五毒为重要工作，更恐人力之不足，乃又假手于火判、张天师一类捉妖斩魔人物，乞灵于神祇。所以，每逢此日，判子、张天师等则大行其道，家家户户，奉若神明，倚为护符，以便诸毒回游，虽属迷信，但在我国民间，已成司空见惯之事。

至在戏院圈里，为迎合一般人之心理，亦多循例，率由旧章，每逢端午节日，均演唱捉妖驱邪之神怪戏，如《白蛇传》、《五毒传》、《五花洞》、《混元盒》、《刺红蟒》、《琵琶缘》、《青石山》、《火判》、《钟馗嫁妹》等一类名称戏，均属于今日之所谓应节好戏，论其真意义，本无甚可取，不过，演者就端阳节之故事，益增首尾，随意牵强附会，藉捉妖驱邪为词，来一场热闹之穿插，以博观众之一乐而已。

（炎臣）

由端午节想到两出可排演的戏

（民国廿八年六月廿一日《新天津画报》）

端午节与古人有连带关系，为三闾大夫屈原与孝女曹娥。据《齐谐记》所载：屈原五月五日投汨罗水，楚人哀之，于此日以竹筒子贮米，投水中以祭之。

再据《后汉书·烈女传》所载：孝女曹娥，年十四岁，于端午日沿江寻父，号哭不绝，旋投江死。

如上述两段故事，虽不无愚忠愚孝之嫌，究尚具有我国固有之忠孝美德，颇可采作戏料，编排演唱，亦不失为一应景佳剧，较之以妖魔鬼怪取胜者，自另有其特殊之价值也，闻马连良与朱琴心两人，分有《屈原投水》与《曹娥投江》两剧本，惜不常见贴演耳。

（素芸）

七夕应节戏天河配

（民国二十八年八月十七日《新天津画报》）

一年一度之七夕节，已近在目前，日来京津戏班，已有开始露演《天河配》者，在近一周左右，当有一番火热之竞赛。七夕一过，即有七月十五之中元节，此节为一超度亡魂之鬼节，梨园行照例要演一演《盂兰会》，以作应景点缀。所以在旧历七月内，接一连二之应节戏，颇觉热闹，剧坛为之特显一种活跃气象。现在各戏院正开始贴《天河配》，京戏班、昆曲班（《鹊桥密誓》）、评戏班、广东戏班，皆有此剧，不过在穿插方面，略有异同而已，兹值各戏院争演此剧之际，特将此剧之故事，简述于后：

天宫圣母，约请群仙庆祝蟠桃。适太白星奏曰：白猿撕毁仙衣，理应贬下凡尘，王母准所奏。又命织女补衣，巧遇牛郎，一见倾心，互相戏谑，被千里眼顺风耳窥见，转奏天宫，将织女牛郎，同贬凡间。牛郎投生牛姓，其父染病甚剧，其生母（二娘也）因气遂亡，其父嗣仙，痛定思痛，相继去世。刁氏为继善（大娘生）妻，牛郎之嫂，为人险恶，欲图家产，将牛郎掐死，命牛忠掩埋，继善经过牛棚，闻儿啼，趋视，知幼弟复生，喜极，恐刁氏又生毒计，遂寄养姑丈陈志诚家，适织女降生，一同抚养。至十六岁，俱已长成，每日玩耍，两小无猜，一日大雨，见一雀被雨淋湿，遂救护之，待云散将雀鸟放生，殊不知此鸟即鹊王也，因雨与白龙斗，故受雷神追殛，为女所救。牛郎与织女，两相爱悦，其姑丈恐生他变，命继善领弟归，女闻之追至桥前，恋恋不舍，陈志诚及继善至，责其女不守闺训，羞愤自缢身死，脱凡胎，仍登仙界。牛郎随兄归家，刁氏命牛郎放牛，饼中下药，欲毒之，幸牛神暗助，遂得免，刁氏欲杀之，亦被救。牛郎知嫂不良，求计牛神，叔嫂遂分家，牛郎只分老牛一头，破车一辆，继善归家，知此事，沿途追赶幼弟归家，牛郎不允，遂作罢，牛神化一庄院，及银钱，牛郎思妻，忆及表妹，牛神知织女仍未忘情于牛郎，带其寻觅，时织女正在天河沐浴，抢衣结亲，逾（下缺《菊花锅》原书第 15 页）

（上缺《菊花锅》原书第 16 页）香庆节"，筱翠花今晚在哈尔飞出演之《中秋赏月》，程砚秋今晚在中和出演全部《梅妃》，而梅兰芳亦订于明后两晚在第一舞台演《太真外传》，《唐王游月宫》。其他各小班莫不露演类似应节佳剧，以资点缀中秋良辰。

《天香庆节》，为前清南府秘本，二十年前曾由名旦王瑶卿排演于故都第一舞台，剧中穿插，悉宗老本规范，闻戏曲学校学生之《天香庆节》一剧，即系王所传授者。

《嫦娥奔月》，为梅兰芳创排之古装戏之一，学梅者多习此剧，今晚"小梅兰芳"李世芳在故都华乐戏院露演此古装名剧，昆曲中《长生殿》为一名贵之作，刻在汉口出演之韩世昌、白云生，与最近来津之马祥麟，皆以此剧，各擅胜场，如是剧惊变中之"天淡云间列长空数行新雁，御园中秋色斓斑，柳添线，苹减绿，红莲脱瓣，一抹雕栏喷清香桂花初绽"一折，此情此景多么富有诗意，逢兹秋节，默思此剧情节，令人神往矣。

此外，剧词中与秋节有关之戏，如《捉放曹》曹操口中之"八月中秋桂花香"，《武家坡》薛平贵口中之"八月十五月光明"，均曾提到秋节意味，今晚天津北洋戏院有奚啸伯与李克昌之全部《捉放曹》，北平第一舞台有名伶梅兰芳之《武家坡》，亦不失为一应景好戏也。

（炎臣）

梨园行旧习惯

（民国二十七年一月二十七日《银线画报》）

封箱祭神开台三部曲　在岁尾年头连续奏出

封箱，祭神，开台，是梨园行在岁尾年头连续奏出的三部曲，更加上在旧年腊月底各种各样的搭桌戏，又接一连二层出不穷，所以，由腊底一直到灯节，剧坛是极其活跃一时的。

封箱：在梨园行一般作艺的人，成年辛辛苦苦，东奔西跑地演戏，过惯了久则生厌的机械式生活，当然感觉死板，需要借此岁尾年头，休息几天，换换精神，这是一。又因到了这“大年底下”，各界全忙于结束工作，作一番除旧迎新的准备，谁还有闲空去到戏园听戏，所以，在这个年尾时候，戏园上座全不看好，即使照常有戏，奈没人光顾何，莫若暂时停演，这是二。有此两因，势不能不举行“封箱”或“封台”。所谓“封箱”，就是把戏衣箱封存起来，表示暂时不动用意思，封台就是宣告台上暂时停止演唱，意思是一样的。不过，以戏院作单位的，就说“封台”，如某某戏院封台，以戏班作单位，就说“封箱”，如某某伶人戏班封箱。这种封箱或封台的盛典，大约从旧腊月十五以后，就可陆续举行，或早或晚，概由自定，最迟也不过年底二十七或二十八。

在演封箱或封台戏时候，各伶人全都准备上演个人拿手戏，更有在个人本工戏以外再加一出反串活的，相习成风，彼此相互斗胜，无非借此号召而已，所以每当这年尾，梨园行是要活跃一时的。

祭神：继封箱后举行的有祭神盛典，由班主领导全班角色行礼毕，然后全体聚餐，同时对班内角色去留问题，全要在当时说明，加一番改组，以待来年出演。

开台：封箱与祭神是在旧年前的事，从大年初一起又有所谓“开台”仪式，这是对封台而言有，停止演唱的封台，当然就有恢复演唱的开台，梨园行旧例，在开台时，正戏之先，必须先跳一跳灵官，俗名“跳台”，这在戏班里认为是一种极隆重的典礼，所以扮灵官的角色，须由要角担任，跳灵官下去，再接演正式开台戏，在旧正元旦，照例是要贴“吉祥好戏”，如《御碑亭》带金榜乐大团圆，《黄金台》、《摇钱树》、《接财神》、《贺龙衣》、《青石山》、《红鸾禧》、《麒麟送子》、《七子八婿》、《龙凤呈祥》等等，充分表露我国人希望升官发财，儿女满堂的意识，在这一天，最忌讳露演戏里带有杀、斩、刺等字戏，因为它叫人看着不吉庆。本来，在元旦良辰，任何人全要听吉利话，看点顺喜事，伶人在元旦露演这类所谓吉祥好戏，一方面是伶人自己取吉利，另一方面正也是迎合一般观众之所好。

（素）

打渔杀家之象征艺术

（民国二十八年七月二十八日《影戏春秋》）

编排极佳颇富诗情画意　萧恩老精神受大众崇拜

我国旧剧，系注重于象征艺术，如以桨代船，以鞭代马，以椅代门等等，完全是以假当真，无中生有，而演来却觉其头头是道，一似煞有介事者，我国旧剧艺术之可贵在此，而其难学难演不易作到妙处者亦正在乎此也。

因为旧剧是要发挥象征艺术，故所重者在写景写意，写景写意之剧虽极多，我平日所最喜看者却是《打渔杀家》，诚以此剧既富诗情，又具画意，剧中主脑人物，系萧恩与乃女桂英，父女纯是渔家打扮，如方出场时之摇桨泛舟姿态，撒网打鱼之情景，此情此景，闭目幻想，宛如一幅富有诗意之图画。再谈到最后乘黑夜过江时，举凡登舟，泛舟，击舟，以及上下船头之种种姿式，无不具有一种旧剧象征技术之美。此剧之难演在此，而我之于此剧所以具有百看不厌之好感者亦正在乎此。

此剧别名极多，又名“讨税银”，更称“庆顶珠”，而以贴“打渔杀家”者最普通。

剧情之中心思想，是在描写地方上之土豪劣绅，鱼肉乡民，勾结官府。藉此狼狈营奸，虽系表演旧事，而证之以今日之情况，似此类种种压迫小民之勾当，仍习见不鲜，当丁府走狗向萧恩催讨渔税时，萧老头子一种不畏强势，公然抗拒之精神，殊能与一般在土豪劣绅欺压下之小民，一吐其胸中不平之气，至于最末萧恩因被迫无奈，不惜过府凶杀恶霸全家，此正足以反映出来，凡事物极必反，萧恩之所以出此，系不甘压迫，乃抱其“你不叫我活我亦不叫你好死”之念头，不得不毅然出此，抗拒土豪劣绅，余常谓此剧之能深入民间，纯以萧恩老头子不以年老而屈服强权，致演出此一幕过府杀丁之悲壮事件，使正气存于天地之间，而受人同情。

他如，在此剧内，如写教师爷之大言欺世狐假虎威之可怜，贪官污吏与土豪劣绅之狼狈为奸相互勾结，桂英之天真烂漫，以及萧氏父女之天性之爱，剧中流露无遗，聆此一剧而不感受一番刺激性及享受种种诗情画意之美感者，是真不知我国旧剧之妙者也。

（炎臣）

两出好武戏

（民国二十九年二月二十日《新天津画报》）

《连环套》，为一出文而有武，武而有文的好戏，它在编排情节各方面，描写英雄好汉的事迹，层次井井，章法完密，聆此一剧，宛如阅读一部好武侠小说，所以它能抓住大多数的观众，有使人感觉“百观不厌”的兴趣。剧中主角是以黄天霸与窦尔敦并重，在情节穿插方面，以拜山一幕，为全剧的最高峰，两人非工力悉敌不能施展棋逢对手的妙趣。

至于此剧的前面文章，尚有一出《英雄会》，它是以黄三太与窦尔敦比武结仇故事，此剧演述黄窦两方比武，却并未伤死一人，所以被公认为一出吉祥武戏，常作为新年元旦的一出吉祥戏，角色方面，是以老黄与小窦并重，直到了二十年以后，才演出一幕连环套天霸拜山，所以我认为“英雄会”与“连环套”两剧，有必须同看的必要，然后才容易明了它的前后事迹的因果。

（炎）

漫谈《连环套》

（民国二十八年八月十八日《影戏春秋》）

谈到《连环套》，我觉得它是一出文而有武武而有文的好戏，如剧中人黄天霸与窦尔敦，均系受大众所崇拜的所谓英雄好汉一流人物。在编排穿插方面讲，层层演进，章法完密，聆此一剧，宛如读一部布局章法严密之武侠小说，且因剧中人之关系，颇受一般崇拜英雄好汉人物之欢迎，故此剧之演出，极能抓住一部分观众。

天霸一角，以杨小楼为最出色当行，白口之清澈，的确有耐人寻味，百听不厌之魔力。窦寨主一角，就现在二大名净金少山、郝寿臣，侯喜瑞等而言，金以伟大之气派取胜，郝之体格肥胖，于念白颇有研究，侯之体格适中，脸谱工细，盗马时之姿态，尤称高胜金郝一筹，武工火候亦甚佳。

论及在津演唱此剧之人缘，以侯喜瑞为最负时誉，侯每次来出演，《连环套》一剧势在必贴演之例，有时与周瑞安同来，照例要合演此剧，有时由一本演至四本，极能叫座，而侯之寨主，更为一般观众所重视之角色。

《连环套》最初只有头本，即由行围射猎起，接演坐寨盗马，议事拜山，插刀盗钩止，后又增有三四本之连环套，述窦尔敦落发为僧事，作为结局，究其实并无甚惊奇之唱作，主要之精彩仍集于头二本也。

（明玉）

侯喜瑞的《连环套》

（民国廿九年九月十一日《新天津画报》）

侯喜瑞的《连环套》，在天津算是唱红了，他不来天津则已，来必贴演此剧，已成定例，像与之合演此剧饰天霸的周瑞安、王士英、王金璐等等，谁也比不上老侯的风头健，他的身材适中，论气派虽不如金少山的伟大，而工力则过之，盗马身手的干净，为“南金”“北郝”所不及，拜山一场，闻听镖客拜山时取名片读至“浙江绍兴飞镖黄”面呈惊容之色，全场空气立见紧张，及闻听镖客年龄，不过二十岁开外的年纪，乃又拂袖摇头，一时紧张之色，忽又全消，“喽啰的，摆队相迎”的韵味，是那么有味有趣，与天霸的对口，老练简脆，俏皮之至，总而言之，他的一言一动，全能抓住观众的心理，能投人之所好，所以他能够受大多数的戏迷所欢迎，尤其是在天津，他这出《连环套》的窦寨主绝活，已是震动沽水了。

（礼）

玉堂春是一部动人言情戏

（《新天津画报》）

玉堂春以一妓女之身份，特钟情于王三公子金龙，佳人才子，传为美谈，所以在旧剧中之《玉堂春》一剧，为一部情意缠绵，动人神魂之言情戏，而且在剧情穿插各方面，又极其委曲婉转，在唱做方面。又均极吃重，若梅（兰芳）、程（砚秋）、荀（慧生）等名旦，无不擅演此剧，惟在演出之戏路上各有异同耳。此剧脱胎于山西梆子重加润色编排而成，主要之大段落，有关“王庙”、“起解”、“会审”等等，以及最末之大团圆，就余所见，所谓全部《玉堂春》之精华部分，当以“会审”为最精彩，演此剧者，前后各出，均可演可不演，惟此“会审”一出绝不能省略，盖以玉堂春与王公子结合始末，由此一剧，均已全盘道出矣。

（礼）

叶盛章享名杰作《酒丐》

（民国二十五年七月六日《大公报》本市附刊）

北平富连成社此次来津，包括连、富、盛、世、元五科人才，而以世字辈为主，连日露演国泰，成绩颇称圆满。闻名武丑叶盛章之享名杰作《酒丐》一剧，决于日内一露。是剧系述明季游侠范大杯故事，已绝响舞台达七十余年，自去年经名旦尚小云指导叶盛章等排演，轰动故都，一举成名。剧述明末游侠范大杯，散尽万金，济人危困，隐身乞讨队中，为一行藏莫窥之奇男子，会有孝女兰娘，卖身葬父，误坠勾栏，不肯溷泥，鸨儿毒虐之，幸逢多情公子文奎为之赎身。后公子应试去，兰娘仍寄娼家，偶遇大杯，识非常人厚资结之。大杯行侠仗义，好抱不平，一日以拾金不昧，反遭诬枉，县宰钦其奇行，极奖誉之。自文奎去后，鸨妇千方百计，迫使兰娘为娼，毒打凌辱，误致其死，乘夜移尸灭迹。行至中途，忽逢大杯，乃弃尸奔逃。大杯乃救苏兰娘，欲诛恶鸨，为之洗怨，后为光明磊落计，鸣之于官，官称其贤，大杯且愿天涯海角，为觅文奎，遨游而去。时草寇马如龙与其妹马玉花，愤朝政日非，占据方山，聚众起义，朝廷派大臣王正成与马战，势不敌，文奎为王甥，参与军务，逃命之际，遇大杯为之解围。正成之女王翠娥，女中巾帼，婉婳善战，出兵与马玉花遇，中伏被擒，正成焦急无计，大杯复奋不顾身，施飞檐走壁之术，独探方山，转战群贼，悉诱平之。正成甚感大杯，以女妻之，而兰娘与文奎亦得团圆。全剧共分三十余幕，有文有武，哀艳惊奇，最后并有特别开打，火炽之至。

本剧包括角色极多，除叶盛章之酒丐范大杯主角外，姚世茹饰王正成，李世芳饰王翠娥，骆连翔饰马如龙，阎世善饰马玉花，毛世来饰兰娘，叶世长饰文奎，叶世茂饰县宰，詹世辅饰宋鸨婆。其他各项角色，配搭亦极齐整，如此伟大名剧，今番首次在津贴演，定能号召一时也。

（炎臣）

毛世来重排老本戏《十二红》

（民国二十七年六月十六日《银线画报》）

被誉为“小小翠花”之毛世来，此次由个人组班来津出演中国大戏院，所定戏目，以准备在月之十九晚公演之《十二红》最惹人注视。《十二红》为一老本，当年田桂凤曾以此剧享名，世来此剧得自老伶工萧长华与郭春山之传授。剧中穿插虽不无淫秽神怪色彩，却富劝善警世之意，毛饰剧中主角周妻，艾世菊饰毕朋，许盛奎饰周屠等角。兹值其在津作首次公演之前，特将是剧本事介绍如下：

有周屠者，开设肉店，亏累歇业，借有富户毕朋重利债款，无有归还，毕苦追寻，邂逅诸途，相邀入酒肆。毕询及债务；周一味支吾，嗣复仗酒骂座，毕容忍之。周假醉归，毕尾随其后，抵其家，周匿内室，使乃妻出。以相搪抵。周妻油头粉面，玉骨娇姿，小家碧玉盈盈可人，而毕又酒色之徒，出其不意，见兹尤物，不觉神为之夺，宛如西门庆之遇王六儿，于是毕朋坠入魔障，献媚周妻，转忘追债之事，相亲相近，施以勾搭，周妻又抱十个女子九个肯，人尽可夫之主旨，一引即动。次日，毕朋又往，适周不在，遂成奸好。墙茨之秽，遍传闾阎。周屠以当铡刀，闻悉其事，回家捉奸，毕朋饵以重利，诱之酒食，周竟坠其术。醉后，为奸夫淫妇用铡刀支解其尸，周尸冤魂，控于阴司，阎王派十大鬼，活捉奸夫淫妇以去焉。

世来此次莅津，系随乃兄庆荣等同来，寓惠中饭店一百五十一号。记者前昨曾与之作两度谈话。世来言谈较前出息多多，两只小眼睛尤格外传神，富有哏气，衣履亦一改从前随富连成社来津时之学生作风，俨然一小老板矣。据谈现又进行排《南界关》、

《花木兰》、《活捉王魁》诸剧，在本年度内可依次上演云。

（素）

马连良《春秋笔》

（民国廿七年十一月十七日《庸报》）

马连良近偕张君秋、叶盛兰、马富禄及扶风社演员由沪回津。从月之三日起出演中国大戏院，所露演者，均不过为每次莅津必演之几出戏，而半月来上座迄未稍衰。声誉震动沽上，魔力之大，殊足惊人。现马等之演期，已决定演二十日晚场为止，其在本年度继《串龙珠》新排之《春秋笔》史剧，定于明晚（十八）及二十晚最末一场，连演两次，作为今番离津声中之临别纪念戏。

按马连良之《春秋笔》新剧，系搜集昆曲之《祥麟镜》、《龙灯赚》、《春秋笔》、《轩辕记》与梆子戏《灯棚换子》、《换官杀驿》、《困营》、《春秋碑》八大出老戏，经过多时之研讨而翻成之皮黄佳剧，可谓系一部旧剧新排。剧中主旨，用忠奸善恶人物，描写悲喜哀乐故事，在悲欢离合之穿插过程中，将一出最富有刺激性之悲壮故事，演出得有声有色，极为动人。现为使观众易于明了此剧之情节，兹值马准备在津作首次公演此剧之前夕，特将其本事，介绍于次：

按《纲鉴》载：南北朝时，南朝名将檀道济，与宰相徐羡之交恶，时北魏乘隙攻犯，徐主和，檀主战，互赌胜负于金殿，史官王彦丞为作中证。檀既出征，归语其夫人以战死沙场又何足惜，只恐乏嗣绝后，宗祠自我而斩耳。夫人告之曰：妾身有孕，将产必生男子，檀去后，夫人竟生一女，失望之余，乃命家婆值上元观灯日，将女换一男孩，俾延宗祧。先是，王彦丞之妻蔡氏，生一公子，至是命家人张恩负至灯棚观灯，张恩贪酒误事，竟被婆子千方百计抵梁换柱，将女换男而去。张恩固倔强者，负罪归告蔡夫人，蔡不忍责之，给银放使逃去。王彦丞与檀道济既开罪于徐（羡之）党，徐之羽翼傅亮等谋害之，以王为史官，执笔如董狐，大书徐之罪过，更怀恨，誓除之，一面勒粮草不发，拟饿死檀营将士，使不战自溃，一面诬奏王灯棚失落其子带有御赐浑仪镜，有大不敬之罪而放逐之，寻又差心腹缇骑矫诏旨杀之于途。张恩既逃走，途遇酒友陶二潜，系名流见辱于徐党者，因求官傲于羡之，羡之戏令为永安驿丞以调笑之，至是陶乃请张恩冒己名就任焉。张恩到任后，恰一日值王（彦丞）发配至永安落店，不肯至驿馆，张拟干谒，不获见面。夜半缇骑追至，向张索王首级，张大骇，乃兴替死报恩之念，乘昏夜请王之解差至，告以己乃为灯棚失落王子之人，因报主恩，愿替其死。解差激于义愤，乃杀张头伪为王头，献之缇骑，而与王携逃。檀将军道济出战连捷，因无粮而困营，几遭凶险，濒于死命，幸王逃命投从，中途闻讯劝募少许民粮，暂渡三军生活，寻被魏人侦悉。欲乘隙来攻，王乃命众军士于夜间称沙于袋，伪为粮米，而以所募之真粮，覆于其上，唱筹量沙，魏人遥望，粮草山积，不敢来犯，而引军退，檀王等既告胜利，引军回朝，斩徐傅等，俱蒙升赏，寻与蔡檀二夫人团聚，识破灯棚所换之子女，各复其宗，结为婚姻，张恩以替死有功，亦为之请旌封焉。

全剧剧目，共分二十大段落，计为：（一）北魏发兵，（二）将相闹朝，（三）回府盼儿，（四）灯棚换子，（五）失子惊慌，（六）赠银放走，（七）遇友换官，（八）会阵报喜，（九）起解认父，（十）报恩杀驿，（十一）回店同逃，（十二）夤夜偷营，（十三）困营变须，（十四）渔樵问答，（十五）集市劝粮，（十六）献粮定计，（十七）唱筹量沙，（十八）问讯访府，（十九）病房报信，（二十）四喜临门。

在此剧内，马连良前饰张恩，后改饰王彦丞，张君秋饰王夫人蔡氏，叶盛兰饰差官程义，马富禄前饰驿卒，后饰老军，王秀雯饰张恩妻，刘连荣饰檀道济，曹连孝饰前部王彦丞，马君武饰拓跋安撷，马春樵饰陶二潜与樵夫，高连峰饰曹瘦诸要角。

（全）

马连良排全部《盗宗卷》

旧剧之《盗宗卷》，情节编排精彩，为短折戏中之一部佳作，普通所演者，约包括吕后焚卷，陈平索卷，张苍得卷，交卷盗卷等段落，其情节略述汉高祖崩后，大权落于吕后之手，分封母家兄弟子侄为王，欲移汉室宗祚，乃将宗卷焚毁。西台御史张苍，负有看守宗卷之职责，事闻于陈平，责张苍失职，将灭其家门以正罪。苍归家后，不觉垂泪，妻子知为宗卷事，其子秀玉曰：“当癸未年我父染病在床，命儿看守宗卷，看至第七部第七册，见香国娘娘死得可惨，儿即抄下一部，以防后患，且用黄蜡刻成玉玺，至金殿所焚者，并非真宗卷，乃儿于癸未年所抄录之假宗卷也”。于是苍持以告陈平，后田子春前来盗取宗卷，陈平亲与子春，子春并语陈平为内应，以诛吕后。以上系普通所演唱之《盗宗卷》概略情节，此戏张苍与陈平两角并重，均为老生，以做工说白见长，在唱工方面，亦不过概属摇板而已，时下名伶余叔岩、马连良、谭富英、雷喜福及坤伶老生孟小冬均擅演此，在票友方面，余最佩服名票王庾生（饰张苍）。其一派潇洒出尘之念做炉火纯青，神化自然，真可谓入于妙境。

马连良素以做工戏取胜，演《盗宗卷》一类戏，最为适当，近感觉此剧头尾不甚明显，仅系全部故事中之一中段，使不甚了解剧情者观之，究竟吕后因何必欲焚毁宗卷，及张苍与陈平，因何敬畏田子春，恐皆莫明其妙，为发扬旧剧，现已根据全部淮南营老剧本，将盗宗卷前段之事迹编入，俾成为一全部头尾相接之《盗宗卷》，全剧计由吕后垂帘演起，内中包括淮南营、监酒令、盗宗卷，以及吕后焚宫等等情节，关于剧名方面，即用全部《盗宗卷》，惟又恐不能包括完全，或改用“淮南营”，刻尚在斟酌中。将来此剧排演竣事，马连良分饰两主角，计前饰辩士蒯通，后饰张苍，缘吕后既杀戚姬，收养其子为己子，封之为梁王。梁王既长，孔武多力，并不知为戚姬所出，及七国叛，梁王乃统大兵东征。七国不能胜，即遣辩士蒯通说梁王，告以当年戚姬受祸之惨酷，梁王初犹不信。蒯通告以此事载在宗卷，乃令田子春私往长安，盗取宗卷，闻于吕后，先将宗卷焚毁灭迹，不意所焚毁者，原系张苍之子秀玉所抄录之副本，后子春卒由陈平处盗取正本宗卷，呈于梁王，王乃与七国合，归后大杀诸吕，故蒯通一角，以口才称胜，职责最重，田子春一角，亦颇重要，至以后改饰之张苍，则又与陈平有互相逗趣之做白，似此舞台罕见之全部《盗宗卷》，俟马连良排熟上演，必又可继《串龙珠》，《春秋笔》两剧之后，博得各方之称赞也。

（素）

程砚秋名剧《梅妃》

（民国二十六年一月三十日《益世报》）

名旦程砚秋，自民国十年左右，渐露头角后，声誉日隆，以创新腔名于时，一度旅游欧洲，地位较前益增，时至今日，程之腔调，风行海内，颇拥有大量之“程迷”，在名旦中声价之高，仅亚于梅（兰芳）而已，其所领导之程剧团演员，若王少楼、芙蓉草、俞振飞、吴富琴、慈瑞泉、文亮臣等等，均为一时上选，现在于月之二十八起至三十一日止，在国泰露演四日五工，前四场剧目为《碧玉簪》、《柳迎春》、《青霜剑》、《王宝钏》，而以轻易不演之哀婉名剧《梅妃》殿其后，排在最末一晚（三十一日）临别纪念场上演出，并将是场票价，前排散座提高到三元。

按程砚秋之《梅妃》一剧，系现任北平戏曲学校校长金仲荪氏所编，情节哀婉，剧词雅典，聆者莫不同声赞道，是剧述唐明皇宠爱贵妃，梅妃失宠故事，为一唐代宫闱悲剧，缘明皇有妃江采苹者，因性爱梅花，故又名“梅妃”。梅妃个性高傲冷淡，遂不为君所宠而被贬，明皇更自太真观召回杨玉环，封为贵妃，恩宠异常，演成许多风流韵事，失宠之梅妃，乃独居东楼，终日愁眉惊恐，不见圣驾来宫，时发红颜未老，恩宠先衰之叹，旋以安禄山造反，都门震危，明皇携杨贵妃出走，梅妃遂为乱军所杀殉难，及郭子仪平定大乱，明皇回銮长安，时贵妃已早死于马嵬驿途次，明皇既痛新欢，又思旧恋，五中不胜伤感之至，后明皇于梦中梦见梅妃，请其检遗骸，迄明皇梦醒，梅妃之形影已杳，此即剧中大概之情节也。剧中演员之分配，除程自饰之主角梅妃外，王少楼饰唐明皇，俞振飞饰安禄山，吴富琴饰杨贵妃，曹二庚饰高力士，苏运汉饰杨国忠，哈宝山饰郭子仪，红花绿叶，颇尽璧合珠联之妙，至此剧梅妃之唱，包括二六，快板，西皮原板，南梆子，二黄倒板，摇板等大段剧词十余段，不但抑扬动听，新腔屡出，词句尤为雅典。

（臣）

程砚秋《文姬归汉》

（民国二十八年四月二十三日《新天津画报》）

名伶程砚秋之《文姬归汉》名作，出自金仲荪氏之手笔，剧述汉兴平中，李傕郭汜与杨奉等，争劫天子，其时南匈奴王，遣左贤王会同白波帅，乘乱进兵，深入汉之河内，卒为李傕等所败，蔡文姬闻乱亡命，为胡骑所劫，献于左贤王，王纳为妃，在胡中十有二年，生有二子，曹操与文姬父蔡邕有旧，悯其无嗣，因令周近持金璧使南匈奴，赎文姬国归，俾承蔡祀，此为程砚秋之一部名剧，自饰蔡文姬，穿插极为伟大，中如文姬之弹琴知变，携婢避乱，抗命拒婚，挥泪别子，及最末归汉时绕道哭昭君墓诸幕，尤为全剧中之最精彩者，在唱工方面，计有南梆子，两大段西皮，快板，二黄，反二黄等繁重唱工，尤称可贵者。取蔡文姬所作胡笳十八拍原词，择其词旨最悲苦之十四拍，按以凄苦新腔，以二黄歌之，益为是剧抬高价值，故谓程之《文姬归汉》一剧，是集文学歌舞于一炉而成之一伟大作品，今程砚秋订于今晚以此剧在本市中国戏院作临别纪念戏，演毕，即于明日返京云。

（义）

游京聆程记

（二十九年九月五日《新天津画报》）

月之二日下午，我因事去京，当晚七时五十分到达，九时半圆满完成使命后，由友人李祯兄陪赴西单花园饭店看妥房间，然后转到长安戏院听程砚秋去。

是晚“秋瘟”充满长安，我到票房看看票图，实卖足有九成，票座约占一成，长安是个白虎台，进大门转个弯才能走到池子，时台上正演《巴骆合》，钟鸣岐的骆宏勋，朱桂芳的九奶奶，身手干净，精彩颇多。剧终休息，十一时过十分，程砚秋的大轴《三娘教子》上场，只“机房训”一段，砚秋的体格，年来发福得很，脸上片子贴得极近，所扮的一个贤德的王春娥，出场时得碰头好甚多，行止歌唱，稳劲十足。王少楼的薛保，嗓子觉得弱点。饰薛倚哥的小孩，是戏曲学校一个小学生，出场一张嘴，竟没有找着调门，神气道白，究不如我们天津的“大众小妹妹”宋紫珊好。北京散戏时间，是绝对不得过新表十二时，是晚程之《教子》，唱到最后“手执家法将儿管……”时，已经是十一时五十五分了，全院观众，至此心弦浮动起来，边走边看。似此纷乱情况，实在有点叫人讨厌，戏的精彩尾声，还没有演完，何必这样忙于出院呢。

（炎）

荀慧生之新剧《柳如是》

（民国二十六年七月二十四日《北洋画报》）

名旦荀慧生编排之《柳如是》新剧，乃描写一名士美人之际遇，与夫亡国降臣之警人剧本，其情节略述如下：明末钱谦益，号牧斋，官礼部侍郎。崇祯间被参革职，退居南京，常携其侄孙钱曾闲游秦淮河畔访艳。适遇秦淮名妓柳如是，慕牧斋文才，一见倾心。钱遂纳之为小星。嗣清兵入关，弘光出走。钱友王觉斯、刘孔昭俱劝牧斋降清，柳力持不可，并勉其应全忠殉国。牧斋卒以畏死之故，竟与王等开城纳降。柳深恨牧斋甘作贰臣，乃使家丁头覆溺盆，逡巡于清营附近以辱之。不幸为多铎所获，知系钱氏家丁所为，认牧斋有故意辱骂清制之嫌，爰将其解京问罪。柳至此又感于夫妻情义，当携重金晋京运动，得救牧斋出狱，且反因之得官。嗣牧斋之子女同来京，与柳氏共劝牧斋告老还乡，牧斋从之，遂偕归虞山，旋牧斋正夫人陈氏死，牧斋欲扶柳如是作正室，柳拒不允，愿出家修道，有遗民邓孝感者，与牧斋友善，恨其甘作降臣，大加痛骂，牧斋以是羞愤而死，牧斋遗子，懦弱无能，钱曾乃乘机聚族中无赖，藉端要挟，图分钱氏家产。柳睹此景况，乃于灵侧痛哭，并遗一血状，交乃婿赵管报官，乃自缢。后官见遗状，遂治钱曾应得之罪焉。此剧以柳如是一角作中坚人物，故即以剧中人名名其剧。全剧描写名士与美人悲欢离合，哀艳动人，而结局之凄惨，尤令人对柳如是一洒同情之泪也。钱牧斋以一知识分子，因利禄熏心，竟不惜败节毁名，甘心附逆，但其投降后，卒未免为人怀疑，被捕下狱，诚如其妾柳如是所言："归降只为图苟免，不想依然入牢监"（唱词），遭遇若此，可恨亦复可怜。柳以一秦淮妓女，独具才干，富爱国思想，如其劝牧斋之一段唱词："爱国厚恩深似海，幞头蟒玉列金阶，探花郎名姓传中外，那一个不识钱牧斋。到如今大明江山坏，全然不想报涓埃，恐怕骂名留万载，枉为天地一英才。手拍胸膛揣一揣，怕死贪生该不该?"何等悲愤警人，惜忠言逆耳，卒未能挽回钱牧斋心志，而不得不转于自恨："去时还把乌纱戴，披发左衽转回来，只望你尽忠传千载，贪生怕死是庸才，事到如今无可奈，当初是我大不该……"自古红颜多薄命，柳如是终于在哀诉之余自缢矣。名旦荀慧生之作风，素以表演哀艳见长，其饰此剧之主角柳如是，恰合身分，宜乎演来别有一番精彩也。

（炎臣）

荀慧生《三春结婚》

（民国二十九年九月九日《新天津画报》）

荀慧生昨日白天在中国戏院演《三春结婚》，此剧为荀向不轻露之老戏，剧情叙陶三春与郑子明结婚之一段故事，从郑子明在瓜园吃瓜与陶三春争打开始，至结婚教场比武为止。可谓是一出文武香艳而且兼富滑稽意味之好戏，荀慧生固以擅演花旦戏享名，而武工方面，亦颇有根基。旧剧中之《打瓜园》，本以武旦演出，今慧生以闺门旦搬演此剧，以其素具武功，故演来美妙之处，极为精彩也。

（礼）

尚小云全部《飞霞女》

（民国二十七年十一月二十一日《庸报》）

全部《渔家乐》，为昆曲之一部名脚本，剧旨系写奸相跋扈弄权，欺君谋篡，渔女邬飞霞，复仇心切，仗义除奸，是一部汉代史实侠义名剧。昆曲名伶韩世昌，白云生，马祥麟等，各以此剧享名，或仅贴演“藏舟”，或只贴演“相梁刺梁”，有时则连缀于一起，露演全部《渔家乐》，因剧中之邬飞霞，马瑶草，清河王，梁冀，万家春等等角色，均极吃重，必须配合齐整，始克演到精妙处也。名伶尚小云，最擅表演女侠事迹，鉴于《渔家乐》中邬飞霞之故事，颇合其演剧个性，乃设法根据昆曲改翻为皮黄，近月来在京领导其重庆社排演，刻已成熟，订于二十五日晚场在中和戏院举行第一次公演。

剧情系述渔女邬飞霞，因丧母依父在江边捕鱼为生，玄女娘娘见女有大志，赐以宝针，谆嘱善用而去。有赵图者，以开酒店谋生，见霞貌美，欲借购鱼机会，诱女入于淫奸。霞怒，舍鱼价回船，向乃父说明原委，次日复来讨要。有相士万家春，在赵店吃酒，赵恐霞到，不便外出寻之，霞适时而至，遇万家春，万见霞相貌娟好，将来必贵，因问霞何事至此，霞以前事告万，言赵非好人，不信待汝（万）暂避左右，看其回来动静如何。未几赵至，见万不在，急闭门求欢，霞伪言用白裙掩面乃乘机逃脱。万出，欲治赵罪，赵哀求方休。时朝中有梁冀者官为千岁，篡夺天下，杀灭汉室宗枝。时清河王刘算便服逃出，梁冀又差骑尉，追至森林深处，暗放一箭。比时正值端阳节，众渔人在该处吃酒，此箭适射中于霞父老渔翁身上，清河王走脱，渔人误骑尉为强贼杀之，将霞父送至船上身死，霞葬父三日后，祭吊坟前，清河王逃至江边，恐官骑追来，遂藏于霞之舟中，及霞返回，见舟中有人，当即急声喊叫有贼，刘算告以系清河王在此避难，霞乃渡之过江。又恐途中有人盘诘，在舟中暂住数日，改作渔人模样并封飞霞，如汉室不灭，回宫时定娶霞为正妃。嗣清河王复投河东兰节度兴义师。至潼关有马融者，从梁冀为西台御史。其女瑶草，慧而贤，在书房题诗劝父以免杀身之祸，马融见之大怒，遂将瑶草嫁于穷秀才简仁童。比时梁冀闻之，命人欲娶瑶草为府中歌妓，升马融为都府总戎，马融乃命家将假扮梁府校尉，至简家带瑶草入梁府。事闻于瑶草之乳母，急告与瑶草，适仁童投军而去，瑶草无计可施，欲寻自尽。当此时也，霞得悉此事，急命瑶草走出，由霞本人代替瑶草进入梁府报杀父大仇，并为国除害。万家春在梁冀门首摆案相面，时梁冀朝回，万见梁气色有异，不觉失声言曰：进去了一个死人。被梁冀校尉闻之，捉入欲杀。万云：千岁爷气色不正。梁问：主何吉凶？万云：三日内必有人行刺。于是梁留万在府，俟过三日再放。梁宴，命众歌妓歌舞，适河东密报，汴梁已立清河王为帝，梁命马融前去征讨，伏几而眠。至此，飞霞遂乘机用宝针杀死梁冀，府中大乱，公命万家春指示刺客，万家春因曾在酒店见过飞霞，乃秘询霞行刺之故，霞将代替瑶草之事诉出。万怜其为一侠女，伪言于众，明日有禁军前来抄府，众人遂散去，万护送飞霞至河东清河王府而止。右为全部《渔家乐》大概情节。尚小云此次改编为皮黄，择取其中精华，仍带藏舟一折。惟为专写尚小云自饰之邬飞霞主角，故剧名改用《飞霞女》，尚觉妥帖，其他各项角色，计由小生尚富霞饰清河王，花脸孙盛文饰梁冀，名丑孙盛武饰万家春，高富远饰酒保。诸剧中人，所有应用服装，亦均系新制，想此最富有刺激性之侠义名剧，演出时总较一般风花水月者高尚一筹也。

（全）

哀艳佳剧《蓝桥会》

（民国二十六年八月二十四日《庸报》）

《玉堂春》在目前剧坛上，已为一最流行之旦角时髦戏，此戏如能由头到尾演全，是包括花衫、青衣两工活，剧情既极香艳，唱做又甚繁重，确系一出能引人入胜之佳奏。至本剧剧名，或称《玉堂春》，或曰《苏三艳史》，亦有名之为《三世姻缘》者。按时下男女伶中唱旦角者而论，以徐碧云演此剧较全。徐于此剧分为三大部分演出：即（一）“前世玉堂春”（又名蓝桥会），（二）前部“玉堂春”（一至四本，由嫖院庙会起，到团圆止），（三）后部“玉堂春”（五至八本，由王金龙金屋藏娇到会审刘秉义止）。缘所谓“三世姻缘”者：第一世姻缘“祝英台”，表演祝英台与梁山伯、马兰之三角恋爱。第二世姻缘为“蓝桥会”，表演蓝瑞莲与魏景元、周文贵之三角恋爱。第三世姻缘为“玉堂春”，表演苏三与王金龙、沈燕林之三角恋爱，辗转三世，恶姻缘方算了清，关于“祝英台”与“玉堂春”之情史，歌坛均已传为韵事，惟此第二世姻缘“蓝桥会”之事迹，除名旦徐碧云外，演者实属少见，坤伶梁秀娟在北平搜得此剧本，仍取名为“前世玉堂春”，经多日之排练，已在故都与李洪春、梁桂亭、梁花侬等举行露演，是剧情节极其悲艳，并不普通，特将其本事志后：

明宣德间，临潼有孝廉蓝馨者，妻早逝，无子，遗一女，名瑞莲，秀外慧中，蓝绝爱之，常思择一快婿，托其终身，然选格既高，少所当意，故年已及笄，犹摽梅待字也。时邻县有周纪敏者，以刻薄起家，拥赀甚厚，顾为人悭啬，人咸鄙之。周妻丁氏，育一子，名文贵，性愚而貌丑，故戚邻里，无与论婚者。丁抱孙情切，且闻蓝貌美，久欲聘为子妇，然虑文贵蠢陋，不克中选，怒焉忧之。适有同邑媒妪怀氏，巧言如簧，极善撮合。丁固夙耳其名，乃与周谋，遣人招来，啖以重金，求为文贵执柯。妪利其金，诺之。翌日，遂往谒蓝，具道来意，且夸文贵才貌，以坚其信。蓝沉吟良久，许以相貌，然后议婚。妪不得已，亦勉应之，谋于周，预设巧计，约蓝赴华山，一睹佳婿。既至，果见一翩翩笃学之士。魏生景元，平日固以风雅自负，尝语人必得一色艺绝佳之女为妻，否则宁终身不娶。景元之父早逝，事母至孝。时以秋闱将近，始来华山，读书于朝阳寺中，摒绝交游，刻苦不倦。一日，景元偶于寺外散步，正踯躅间，见妪引蓝至，遥见景元，遂以巧言蒙蓝，谓即文贵。蓝固不知其诈也。于归之日，新郎例须亲迎，丁氏恐蓝见文贵丑陋，复用妪谋，诡称婚期于新郎命宫不利，交拜时须以红绸罩面，既入洞房，即熄灭蜡烛，黑暗如漆，新郎妍媸慧愚，悉莫由辨。瑞莲疑之，又不便诘问。翌日，询诸媒氏，仍执前言，莲知有异，惟有暗嗟命薄而已。蓝自女于归，悬念异常，且见新郎不至，犹滋疑虑，乃命驾至周家，探视瑞莲，至则纪敏夫妇出迎，独不见文贵，坐久，文贵始蹒跚来拜。

蓝视之，则一相貌奇丑，语言粗鄙之恶少年也。不禁发竖眦裂，大怒责妪，妪亦恶言诋之，互相争斗，周与丁氏，乃从旁力劝之。莲思木已成舟，徒争无益，遂勉抑愤火，往晤瑞莲，父女抱头痛哭，互道珍重，挥泪而别。瑞莲以所适非偶，满腔幽怨，郁郁不乐。一夜，莲睡未熟，方涉遐想，忽瞥见一风雅秀士，随一红帔神人，掀帘入室，正欲趋避，神忽止之曰："勿恐，此生姓魏，名景元，与汝有三世姻缘，某日可于蓝桥相会，以了孽债。"时景元手持牡丹花，瑞莲手持海棠花，二人感于神之撮合，欣然起舞。正得意间，蓝忽一梦惊醒，梦中情景，历历在目，窃思神人指点，不为无因。至期，周与丁氏皆因事外出，蓝遂乘机将文贵灌醉，借名汲水，如约赴蓝桥，果睹一生立桥上，与梦中所见，不爽毫厘，问之，真景元也。

两人相见之下，惊喜交集，各述来意。盖景元亦于是夜梦一神人引去，直达女处，且一切情景，悉与蓝梦同，然醒后不知蓝为何人，家住何处，遂藉归省之便，顺道一访，顾沿途探询，殊少线索。后至蓝桥附近，见数行路者，高谈阔论，无意中得瑞莲下落，因即到桥上候女，果与蓝遇，并约于次晚再会于桥上，相偕入京，俟景元秋闱得意后，正式成婚事。景元感蓝意，当解玉佩赠女为信物，女亦以金簪报之，遂与暂别。翌晚，雷电交加，大雨如注，景元冒雨至桥上，候蓝不至，而平地水深数尺，蓝桥尽没，始将冠卸下，及莲所赠物，挂诸树上，蹈水而死。及瑞莲赶至，不见景元，疑元负约，瞓见树上衣物，知元已殉情，悲不自胜，己亦蹈水而死。此一对痴情男女，竟于惊涛骇浪中，了其孽缘焉。

此剧以蓝瑞莲一角为中坚人物，全剧写瑞莲与魏景元之一对痴情青春男女之互相热恋，如火如荼，极尽其哀艳感人之致。我国婚姻旧制，除去“父母之命”，半凭“媒妁之言”以定成否，媒人婆是志在图利，遇事则鼓其如簧之舌，花言巧语，以达其能使男女双方撮合成功，藉博两造酬谢，他则非所计及，因向来媒婆之言之不可信，不如意之婚姻悲剧，在以往封建社会时代里迭出不穷。此剧因媒妁之蒙蔽，致瑞莲受骗误嫁周文贵，卒以瑞莲之不满意个人婚姻，而被迫演成私奔，剧旨对旧式轻信媒妁之弊害，予以充分之暴露，惟在穿插上仍涉及神怪色彩，究未能尽脱旧剧中“戏不够神仙凑”之迷信俗套耳。

（全立）

徐碧云首晚出演《北洋记》

（民国廿四年十一月三日《益世报》别墅版）

名旦徐碧云近偕贯大元、马富禄、李洪春、高维廉等出演北洋戏院，徐前晚首次露演，以《蓝桥会》为打炮戏，另有贯大元之《南阳关》，贯盛习之《状元谱》等剧。

贯盛习之《状元谱》唱做不苟，“张公道……”一段西皮慢板，嗓音极其嘹亮，打侄时之身段神色，亦颇可取。

下为贯大元之《南阳关》，唱做念打，纯熟老练，几声嘎调，尤觉清脆，按大元年将四旬，昔在童伶时代，即有声津门，曾从贾洪林学戏，而今声名反不如马连良（马亦学贾者）之大红大紫也。

《南阳关》毕，照例休息十分钟后，《大蓝桥会》上场矣，是剧又名《头本玉堂春》，以蓝瑞莲为主角。瑞莲系明孝廉蓝馨之女，因受媒婆怀氏之蒙蔽，误嫁周纪文之子文贵，文贵性愚貌丑，瑞莲郁郁不快，但以木已成舟，只得认命。后姻缘巧梦魏景元，乃设法将文贵灌醉，赴蓝桥与景元相会，并约翌晚再会于桥上。翌晚景元初至，因雷雨交加，水没蓝桥，竟蹈水而死，蓝至未见景元，疑其负约，嗣见树上衣物，知景元已死，悲极亦蹈水殉情，于是此一对痴情男女，乃于惊涛骇浪中，了其孽缘矣。徐碧云饰主角蓝瑞莲，不慌不忙，唱做以工稳取胜，提亲时之忸怩作态，洞房时之惊疑，见父时之悲伤，梦遇景元之舞蹈，有声有色，细腻入微。马富禄饰性愚而貌陋之周文贵，滑稽生趣，诙谐百出，在剧中为要角之一，做作极惹人捧腹，高维廉之魏景元，扮相儒雅风流，唱作尚佳，李洪春饰蓝馨，以到周府晤女打婿一场，表演最为精彩，老泪频挥，悔恨不已，为轻信媒妁之言者，打一吗啡针，贯盛吉饰媒婆怀妈妈，描写媒婆贪财欺人之神气，刻画入微，瑞莲终身大事，全坏在她手，怀妈妈真成一“坏”妈妈矣。全剧悲艳惊奇，警人不可听信媒妁之言，但剧中情节，以鬼神穿插，似仍未脱戏不够神仙凑之荒谬旧套耳，又如布景电光，雷闪风雨，桥梁水井，均甚堂皇富丽，陪衬剧情，热闹固然热闹，究未免失之于海派外江之讥也。

（炎臣）

听歌随记

（民国二十五年六月廿五日《益世报》别墅版）

前日为端阳佳节。本市娱乐场所，各有一番盛况。名旦李香匀，老生陈少霖，武生周瑞安等适于是日起出演北洋戏院，成绩尚佳。陈少霖为陈德霖之次子，余叔岩之内弟，所学又曾亲得余氏之指授，故今番初次献艺沽上，消息传出，即已博一般嗜曲者注意。前午聆其《击鼓骂曹》，做派落落大方，风流潇洒，击鼓时手腕灵活，熟练稳当，时博全场喝彩，观众精神，为之一振。

曹操一角，系由名净李克昌配演，驾轻就熟，稳当之至，克昌本为津市名票，以性之所近，乃实行从事歌场生活，又兼用功不懈，故年来艺术猛进，声誉蒸蒸日上，自今春历随王又宸、言菊朋等出演南京、苏州、无锡诸埠，方由南返津，即被邀登台。克昌能戏虽不多，但其艺事精到，实不得不令内行折服也。"骂曹"下场，即为李香匀、周瑞安等之《霸王别姬》，周之霸王，余聆之屡矣，精神极活泼，李香匀之虞姬，扮相秀丽，做工细腻，以舞剑别姬两场最精彩，惟是日嗓音略觉干涩，不甚如意耳。

（炎）

小杨月楼之奇情剧《麻疯女》

（民国二十八年七月三十一日《影戏春秋》）

《麻疯女》为小杨月楼之一奇情新剧，剧述岭南一少女，艳如桃李，冷若冰霜，不幸染此恶疾。该地风俗，凡染此疾者，与异性交即愈，外乡之客，多不察其情，致有伤其身命者。女父乃一富绅，贿人诱客与女交。适有淮阳陈子，不堪继母虐待，往岭南寻其母舅未遇，漂泊无依，为女父诱在家中，欲令与女交。女见之甚不忍，遂将父计实告，赠银相别，女病益剧。梦有黄衣客为疗病已愈，千变万化，竟得成为夫妇，此剧之情节，颇为奇妙。

（海）

新艳秋《春闺选婿》

（民国二十五年二月十二日《益世报》）

坤伶新艳秋订于明日（十三）起偕同黄楚宝、侯喜瑞、周瑞安等，在北洋戏院登台四日，“春闺选婿”一剧，为新伶新排之一列国名剧，是剧对于婚姻问题，颇有所发挥。当周景王时，郑国微弱，晋楚两大国争之，东里子产相郑，修明内政，始获小康。时有大夫徐吾犯之妹，美而艳，多才善文，已聘与公孙楚，某日因母病霍然，往外酬愿，为公孙黑所遇，惊为绝色，强行纳采。黑楚两公孙，均为郑之贵胄，为争婚姻，各不示弱，演成一幕三角恋爱剧。徐吾犯恐造成事变，乃告子产，子产奉郑简公命，令其妹本婚姻自主办法，试以文武才术，自行选婿。犯妹夙抱救国之志，故楚因善射得中婿选，于是此一场三角恋爱风波，始告平息云。

（炎臣）

《福寿宝镜》

（民国二十七年二月十七日《银线画报》）

旧剧《福寿镜》，或称《福寿宝镜》，或《乾坤福寿镜》，系述一梅俊，妻郑氏，因无子嗣，另娶胡徐二妾。旋胡妾有娠，徐妾顿怀妒念，与俊设计谋害胡氏。幸赖义婢寿春之机警，胡氏携寿春逃亡，后产一男儿，得助于林鹤夫妇，婴儿渐长成人，连中三元。最后胡氏与其子弼显重逢，弼显与林女凤英婚配，义婢寿春亦由梅俊纳为第三妾焉。全剧描写胡氏之贤，寿春之义，异缘奇遇，错综变化，暴露黑暗家庭之内幕。此剧为四喜班之珍本，绝响歌台有年，晚近又重得搬演于舞台之上，当归功于老伶王瑶卿之整理传授也。

（素）

章遏云全部《战蒲关》

（民国廿七年八月三十一日《庸报》）

旧剧中之《战蒲关》，本包括幼主逃难，被围搬兵，直至援至擒贼等段落，此剧为一出最精彩之历史佳奏，惜时下演者极少，即有亦多仅唱王霸杀妾犒军一段而已。名坤伶章遏云，唱念武工，均极优越，故特将与此剧有关之刘秀夫人郭氏，蒲关守将王霸之妾徐艳贞与耿纯之子耿耳三人之史实连续于一起，做中心人物重新排成一部伟大历史杰作《战蒲关》，订于明晚（九月一日）在本市中国大戏院露演。章遏云此剧之全部，文武穿插极繁，遏云个人分饰三角，计前部饰刘秀夫人郭氏，中部饰王霸之妾徐艳贞，后部饰耿耳，耿耳一角，为反串小生性质，似此忽钗忽弁，允文允武，一人连饰三个作风不同之角色，真可称为繁重吃力，在今日名坤伶队里，具有是种不怕累之魄力者，恐无出诸章遏云之右者矣。

（全）

章遏云《燕子巢》

（民国二十七年《庸报》）

名坤伶章遏云之全部《战蒲关》伟大历史杰作，已于昨晚在中国戏院露演，今晚又贡献其充满血泪巨构《燕子巢》，更惹观众注意。按《燕子巢》为章遏云近年新排之独有佳奏，全剧情节系述汤阴一田翁，书香门第家颇小康，子媳无后。只有孙女一人，乳名慧珠，年方十六忽遇山洪暴发，子媳淹殁，仅孙女随翁逃出性命，至相州地面，田翁身亡，慧珠卖身葬祖流落娼门，守身如玉，鸨儿令习歌舞，择人而事。适有相州镇将部下将校向志龙者，少年未娶，一见相投，遂订婚约，娶逾半载，忽奉父命回家订婚，乃托词奉将令远征他方。临行约订归期，谎言候燕子再结巢时，正是归期。向去后慧珠即举一男，已五载矣，而向仍不返，母子寻思无计，遂向营中杨姓友人探询，告以向某负心之事。镇将闻之，颇有责言，去书召向回，向得信即携新妇一同来见，赠以千金，慧珠不受，自刎而死，此一场悲痛遭遇，遂告结束。全剧情绪哀感顽艳，缠绵凄楚，写尽被骗之弱女子流离生活，章遏云固一善演悲剧者，在此剧内饰弱女子田慧珠一角，想此曲折绝伦之悲剧明晚公演时，定能有声有色，不知博得全场几许同情泪也。

（全）

《梅玉配》

（民国二十七年一月九日《银线画报》）

旧剧《梅玉配》，系述一少年徐廷梅与苏玉莲小姐之婚姻配合故事。有蜀人徐廷梅者，上京赶考，路经黄婆店，因从人落后，故即寄寓该店，徐生又以行囊遗失，焦急万分。黄婆言：本城有一娘娘庙，十分灵验，可前往求签，以卜凶吉。徐生如其言，经赴娘娘庙叩神。当徐生出庙，忽见来轿二乘。内有苏玉莲小姐同母亦到此庙烧香还愿，临行遗失手帕一方，为徐生捡拾。回到店中，时哭时笑，竟染成单思之病。事被黄婆识破，徐生吐露真情，当认黄婆为义母，求其设法成全此事。黄婆乃以卖花为名，到苏府面见小姐，透露此信。苏小姐无法，当允徐生进府还帕。借周宅过礼之期行事，徐生扮作抬夫，混进苏府，即与小姐会面，将手帕还回，奈重门深锁，不得出府，苏小姐遂又令徐生藏身柜中，丫环当将此事报告苏少夫人，找来黄婆，询明原委，因定下妙计，成全“梅”“玉”之姻缘。于是先放徐生回店，令其上京应考，再将玉莲小姐寄存黄婆店中。当夜苏少夫人即将绣房焚烧，伪言小姐已被焚毙，蒙哄公婆。后周琪芳因患恶疮而死，徐生已得中荣归，苏少夫人乃又将小姐接回，并请来黄婆，将前后经过，完全说明，廷梅与玉莲乃得团圆成其佳人才子之美满配合。此为全剧之大概情节，可称哀感香艳，兼而有之。而且在穿插上又极其生动有趣，科诨笑料，层出不穷。总之此剧内容除稍涉迷信色彩，其组织之伟大，与《雁门关》同为旧剧连台演出之不朽杰作。已故名伶梅巧玲曾以此剧享名一时，后王瑶卿、梅兰芳、程砚秋等，亦相继上演斯作，号召力迄不稍衰，可见此剧在旧剧本里之价值。此次中国戏院津县冬赈义务戏，尚小云与筱翠花等即系合演此剧坛上之名作，尚小云之苏玉莲，小翠花之少夫人，尚富霞之徐廷梅，堪称璧合珠联之好配搭也。

（素）

坤伶徐氏二东《王粲登楼》

（民国廿六年六月二十九日《庸报》）

坤伶徐东明、徐东霞姊妹花，籍隶浙江，生于津门。自幼嗜歌，走票消遣，后乃实际投入梨园，从事歌舞生活矣。姊妹一唱老生，一工旦角，分别师事老伶蔡荣贵与名旦李凌枫。数年来东明偕同乃妹出演南北，所至有声。现东明姊妹，又依据三国史实，编排一《王粲登楼》历史伟作，唱念均甚繁重，兹略述本剧情节于下：

王粲字仲宣，后汉高平人，善属文，有才名，博物多识，过目成诵。其父谦，与蔡邕友善，有指腹约，旋以疾免官，卒于家。粲事母至孝，不干利禄，而胸襟矜傲，尤不肯曲脊于人。邕迭函召之不至，嗣以母命赴京。邕原欲践言妻之以女，及睹粲性，才过德小，遂咨商曹植，藉端羞辱。暗置白金骏马，遗之荆楚，投托刘表，盖涵养其锐气，俾为国家树功业耳。粲愤甚，悻悻而去。表部将蒯越蔡瑁等，泾渭熏莸，羞与同列，因而沦落。乃上万言长策，胪陈国家大计。时有饶阳人徐达，于荆城建座溪山风月楼，结交士子，把酒论文。闻粲才名，请展重阳登高之兴，粲念倚门白发，触景伤情，深具佳节倍思之感，载歌载咏，尽醉方休。邕自粲去后，迎其母至京，申婚姻之约，处之别院。植亦将粲之万言长策达圣聪，除粲以军谋祭酒，遣使征之，索粲于楼中，锦衣入京，傲性如故。粲亦羞辱及邕，植述明原委，始恍然悟，亟谢罪。于是母子重圆，且赋姻好焉。徐东明在此剧内饰王粲一角，乃妹东霞扮蔡邕之女儿蔡桂华。刻已在平排练竣事。于本月二十八日晚场在吉祥戏院举行初次公演。

（全立）

秦腔悲剧《五元哭坟》

（《庸报》）

《五元哭坟》又名《纵虐前子》，系表演后妻虐待前妻遗孤，五子被迫，饥疲难忍，哭诉于亡母墓前故事。情节辛酸，为一凄苦之秦腔大悲剧，且足为世之仇视前妻遗孤之后老婆，作一当头棒喝，使之知所恐惧，幡然改悔，一变其毒辣心肠，亦一有功社会人心之良剂也。惟此剧时下演者极少，平津间仅金钢钻与秦风云两秦腔坤伶，以演此享名，偶一演之，此外则有评戏班之刘翠霞，已将此剧改以蹦蹦方式演出，兹将是剧本事，略述于左：

此事出自明代建文年间，有山东青州府商人张开者，发妻孔氏，生五子，因燕王起兵靖难，兵下山东，张开乃携妻子逃避，时孔氏正怀孕将产，以受此慌乱惊恐，临产作病，未几而亡。嗣张娶继室李氏，乃一再醮之妇也，貌美而心毒狠，张开爱其姿色，未加细察。及张出外经商，李氏乃趁机大施其荼毒手段，惨无人道，纵情虐待前房遗子。五子之名，曰大元，二元，三元，四元，五元，最长者仅十岁，最幼之五元，年尚未满四龄。李氏千方百计，施展其高压虐待，令大元二元挑灰，三元四元割草，小五元放猪，终日劳累，且不与之饮食，五子饥饿难忍，遂皆昏倒道旁。有邻叟见而怜之，与以包谷，五子回家，暗自烧食。事为李氏所悉，怒施毒打，种种惨刑，令人发指，毒打之后，又继之以驱逐。五子走投无路，乃偕往哭于亡母坟前，恸极而踣，惟幼子五元，伏母墓侧哭泣。忽见其亡母由墓中冉冉而出，母子抱头大哭，孔氏并咬破手指，蘸血写下阴状一纸，交与乃子而退。后张开返家，见五子骨瘦如柴，面色似土，情知有异，及睹亡妻孔氏之阴状，心绪愤极，当即诉诸府衙。官得情大怒，立拘李氏到案，审讯属实，李氏遂被入囹圄，后满身溃烂而死。知府并义收五子，教之攻读，性皆聪慧，后俱登仕路，得有善报焉。

（全立）

《断密涧》

（民国二十七年九月十日《中国大戏院戏报》）

旧剧之《断密涧》，取材于隋唐演义，情节略述隋末群雄崛起，以瓦岗寨李密为最强盛。嗣因李世民网罗群雄，人心归唐，王伯党劝李密弃瓦岗投唐，密即从之。唐高祖李渊，妻密以公主，封之为王，但密不甘寄居他人篱下，屡思叛唐，酒后语于乃妻（李渊之女），公主劝之，密怒而杀公主。王伯党闻讯大惊，怨密轻举妄动，劝之逃亡，于是李王二人乃逃出京师。世民闻报，率众追赶，至断密涧，遂围困之，乱箭齐发，李王均中箭，王知事急，度必难免，以身护李，二人皆死于乱箭之下。

此剧别名《李密投唐》，因有王伯党在内，故又名《双投唐》，最后两人均被乱箭射死，故又名《双带箭》，至普通所称为《断密涧》者，系以李王二人被追杀于断密涧也。全剧演出，约分弃山，投唐，杀宫，射涧等大段落，为老生与花脸之吃累对工戏，缘此剧唱工最夥，且多高亢之音，非气力充沛之生净两角，绝不能合作演唱。昔已故名伶孙菊仙（老乡亲）与穆凤山，谭英秀与刘永春，皆曾合演此剧，珠玉交辉，相互生色，至晚近梨园行，一般唱生唱净者，多以演唱此剧吃力不易讨好，因畏其难，多望而却步，而且一生一净之腔调皆能拔高者，实不易求，致使此出名剧，能扮演者遂日渐减少，以致沦为中场戏。名净金少山自客岁北来，曾屡与硬里子老生贯盛习合演斯作，金之李密，贯之王伯党，两人工力悉敌，所歌之拔高美腔，聆之使人感觉余味无穷，大过戏瘾，从兹此剧声震京津，遂又使之一跃而为大轴戏，惹人重视，所谓戏在人唱者是也。

（乐其所乐斋主）

《孔雀东南飞》

（民国二十九年九月九日《新天津画报》）

《孔雀东南飞》这出戏的剧情，是一段极接近社会的故事，直到现在，在国内各地，仍不断发生婆婆虐待儿媳的事件，有时随事实之推进，演出种种不幸悲剧。喜彩莲前晚在津首演此剧，她饰刘兰芝，博得许多人之同情眼泪，希望在一般人看完此剧后，能够使焦母及刘洪一流人物日见减少点才好，至于这出戏的最末结局，是以刘兰芝与焦仲卿两人为情双双跳进水池淹死而终，打破向来破镜重圆之旧套子，使人感觉有余痛无穷，脑海永留一深刻的印象。

（明玉）

怎样是好观众？

（天津影戏剧目）

在公共场所，必须维持公共秩序，此乃观众所公认者，如戏院电影院，杂要场等娱乐场所，皆属公共集合场所。在此种公共娱乐场所，全体观众，皆负有维持公共秩序之义务，在较高尚之影戏院等娱乐场所，因观众高级士女占多数，于维持秩序，可无问题，最难管理者，却为规模较小之娱乐场。因此种小型娱乐场所，一般顾客，良莠不齐，常有所谓捣乱分子混迹其间，另有一种人，厕身娱乐场所，并不注意如何去欣赏艺术，只不过抱玩玩主义而已，信口开河，随意谈笑，不仅自己毫无所得，而且影响他人，此种人殊令人讨厌，所以，吾人应当明白：娱乐场所，虽为一享乐处所，却须应注意维持公共秩序，切勿因为小我，而影响全场多数观众不安，总须自己管束自己，如何去做一个守公共秩序之观众！

（海滨）

在公共娱乐场所可以怪声叫好吗

（天津影戏剧目）

我国人之喝彩，俗称叫好，犹之乎西人之鼓掌，方式虽然不同，其所以表示赞赏之意则一也，戏院之叫好。分为正好与倒好，正好是赞其优美，所以奖励之，倒好则讥其舛误，所以惩戒之，故戏台上之剧人，为名誉关系，皆怀有临深履薄之戒心，而畏倒好之加诸己身也，无名之角色，偶有错失，尚可曲为原谅，顾者多不事苛求，至若大负时誉之所谓名角，则本诸春秋责备贤者之意，人多不肯稍为姑容，故名角之得倒好者，常引为终身之大耻辱。

论及叫好，又可分为两种：一为合规矩之叫好，当夫演员在台上高唱入云之际，神清气爽，心目豁然，叫好之声，有情不自禁而发者，既可以表示赞赏之意，又可以助歌者之高兴，故演员在台上闻此叫好之声，精神益振，信极奋发，而在观众方面，亦觉兴高采烈，以故叫好之声，洋洋盈耳，并不觉其讨厌，此即所谓合乎规矩之叫好也。此外另有一种具有作用之叫好声，即有一部分人，对其所捧之角色欢喜，尤其是坤角，一举一动，一歌一白，狂吠乱叫，大声叫好，种种捣乱之声，刺破耳鼓，使人闻之头疼讨厌，此即所谓不合规矩之叫好也。

关于在戏院或其他娱乐场所叫好，我不反对，但须合乎规矩，若出乎范围之外，为博得个人所捧之角色，而随意叫好，甚至大叫邪好者，殊为多数高雅观众所痛恨，常见各娱乐场所贴有“奉令禁止怪声叫好”之谕示，此盖对此种不顾娱乐场所公共秩序之捣乱分子而发者也。

（芸）

科班教导学生不应舍本求末

（天津影戏剧目）

凡百事业，非从根基入手不为功，所谓“根深叶茂，本固枝荣”，植物生长如此，人事亦然，又道是：“万丈高楼从地起”，于以见奠定基础乃至要之道，科班为造就戏剧人才机关，是学戏的基础，犹之乎求学之由小学入门，同一步骤。科班对于童伶学戏，应授以基本剧艺，如武功，念白唱做……诸事，均应按部就班循规教练，切不可急求成功，因在童伶身体尚未完全发育成熟，使之过于吃力，反易致病，不仅失之于“欲速则不达”，且影响童伶之健康。

近年以还，各名伶纷纷排演新本戏，以资号召观众，此在已成名之伶人，固未可厚非，若造就童伶之科班，亦竟尚此风，殊令人不敢轻表赞同，盖科班之作法，应当先授以基本旧剧，切勿先学一些类似卖艺式之油滑玩意，须知舍本逐末，殊非正当之道也。

（海滨）

评剧家与伶人应持之态度

（民国廿九年二月二十三日《华北银线》）

谈到我国旧剧，系集合多方面的艺术而成，伶人学戏，对于某一出戏的唱，念，做，打，扮相等所必具备的条件研究成熟，然后循规蹈矩，演于舞台之上，先保持台上不出错，便算是不容易，至于演出的好与不好，那是火候关系，久而经验丰富，自然易臻于熟巧的境界。而且这种所谓好与不好的分别，不是绝对的，乃是相对的，换句话说，就是在比较上谁比谁好一点，或者谁不如谁一点，并不是某人就绝对真好得无以复加，或某人就绝对真坏得要不得。

评论剧事者，最低限度是应当对于某一出戏的内容唱做情形，有一番深刻彻底的认识，然后再依照大家所公认为对的路子，去衡量某一个角演唱这出戏效果怎样。假如在演出上能合于这一出戏所应具备的条件，这便算是不失原有典型，反是，胡乱增删，花样翻新得离题太远，出乎圈外，那便算是不守规矩。

对于角色演唱好一点的，我们应当为文嘉赏鼓励之，好叫别人知所观摩取法，对于演唱次一点的，我们亦应当为文揭其疵点，使之改善。最要紧的是在揭出其错误所在以后，更应当进一步指明怎样就应当算是对，那才是评论剧事者应持之态度，才能够使被指摘吹毛的伶人五中感激而折服。

同时，我更要附带述及的，一个人对于所批评的人，越是发现他或她有希望，材质可造，越是不禁地求全责备，期望他或她将来能够好上加好，以达于登峰造极的伟大目的。对于一般碌碌无能，不堪造就的，惟有舍而不谈。那么，一个伶人，遇到有人为文捧誉，不必引以为荣，自骄自满，更应努力益求上进。另一方面，遇到有人为文指摘，亦不必引以为辱，自暴自弃，应择善而从，知所警惕改进，那才是伶人应持的态度。

（海滨）

希望一般青年伶人要守身自爱

（民国二十九年《华北银线》）

我老是这样说："职业无贵贱，人格有高下"，我是一个新闻记者，是以耍笔杆吃饭，他是拉胶皮车的，是以气力赚钱吃饭，另外有人是以充任公务员或其他差事赚钱吃饭，这社会上种种样样的所谓"各色人等"，除了品格道德方面有高有次以外，在职业上可说是一律平等，彼此全可以划一个等号，并没有你贵我贱的分别，因为人在社会间，只要是在法律圈范围内以出卖个人的体力或脑力去自食其力，全是英雄好汉。那么，说到唱戏，亦是职业的一种，指身卖艺唱戏吃饭又有何不可呢？

在从前，唱戏这一行，被人极为鄙视，对于伶人，俗呼为“戏子”，每谈到“戏子”，几乎是有不齿于人类的样子。不过，现在这种观念已不复存在了，伶人的地位，已日见抬高，且已由“戏子”而一跃被称为“艺员”了。

人要有自尊性，自尊并不是“自大”，要自己重视第二生命的“人格”，假如一个人的人格已经扫地，就如同他的身体被宣告死刑一样。在从前一般老伶工，大半全是规规矩矩，谨守本分，近些年来，梨园行的五花八门的怪现象，是层出不穷，而且多半是出自一般青年伶人里。因为有些青年伶人，本来是不学无术，再加以有人狂捧，于是乎便趾高气扬，俨然不可一世，胆子越来越大，不度德，不量力，往往演成身败名裂地步，这是如何可惜的事。所以，我希望伶人们，尤其是一般青年伶人，要知现在的伶人地位，已被提高，要在研究剧艺以外，特别守身自爱重视人格，努力以发扬艺术为己志，则我国的旧剧艺术，必益趋于昌盛之境界了。

（海滨）

伶人争牌

（民国二十七年九月《中国大戏院戏报》）

凡自己出钱起班的，自为主将，当然是挂头牌，毫无问题。现在唱戏，说难固难，说易亦极容易，只要有钱有势有人捧，纵然资望稍差，甚至或仅能唱几出戏的，亦可自己组班，过过头牌的瘾。今日主角制风行天下之秋，凡依附在一个主角班里，全算作配角，不过地位有高有低而已。无论是戏单、海报以及报纸上所刊登之广告，各配角对于名次之排列，极其注意，某也字大，某也字小，某也在上首，某也在下首，斤斤较量，不稍让步，如遇自己名字排列地位不满意，宁可不唱，亦不将就，主其事者，遇配角资望相当者，于悬牌问题，尤费脑筋。在平常一个戏班里，此类纠纷，尚不多见，若遇两大戏班主将合演，或集合诸大名伶于一堂举办大规模义务戏时，于悬挂牌次，更须考虑妥当，主其事者，安配稍一失当，即招怨言。究其实争牌毫无用处，只要有真实本领，自会博得真正知音之同情，具有人缘，公平观众绝不会使有天才身怀绝技者埋没无闻。反是，如剧艺本来不佳，专专争论悬牌之高下，虽位列高牌而玩意不惊人。登台现眼，倒觉泄气，反不如稳居次牌为妙。此类事实，吾人在歌场常常可见，可见本领为先，牌之高下又有何用?

（乐其所乐斋主）

吃戏饭谈何容易

（民国二十七年九月《中国大戏院戏报》）

在外行人眼里，见到诸大名伶拿大份包银，以为来得极其容易，莫不羡慕名伶之优越生活。究其实吃戏饭又谈何容易。身为一班之主者，必须处处操心费力，八面玲珑，否则，最易失败。梨园行有一句俗话：吃戏饭吃好了是“戏饭”，吃不好便是“气饭”，此行之难于应付，可想而知。

遇到生意好时，能博得一点物质之代价，尚不枉费力气，若遇上座不佳，除去白唱戏以外，尚须自掏腰包干赔，组织戏班，谈何容易。

有一部分不自量之伶人，论资望本无独力挑班资格，却为虚荣心之驱使，硬要组班挑大梁，结果往往失败，费力不讨好，诚所谓“赔了夫人又折兵”，何苦冒险为此。

另有一部分稳健之伶工，不愿冒险尝试，甘愿屈居人下，挂一块二牌或三牌，不操心，不费力，净手拿鱼，倒觉俏皮。本来处于今日极度不景气环境下之梨园行，非真有特大之号召本领者，真不易组班，尤其是一般初出茅庐之后起角色，应当尽力充实个人剧艺，切勿先抱出风头梦想，常言道：欲速则不达，不可不慎也。

（乐其所乐斋主）

歌场随笔

（炎臣）

※起堂，是在娱乐场所里一种俗语，即指演员表演无精彩，多数观众不耐于耗费精神时光，故虽未待其表演完毕，已纷纷离座而去，斯即谓之“起堂”。此于演员面子上，颇有点下不去，奈因演员本身不争气，表演不能惊人，亦难怪观众纷纷起堂。最令人讨厌者，即有些观众，不论大轴戏演者精彩与否，只要将届尾声之时，即争先恐后离座而去，以示其懂戏，无须非看完不可，且表示其“有派头儿”，“够谱儿”，似乎得早走几分钟。究其实，此举实打搅真为听戏而去之观众，故易惹人反感。即以津市各戏院而论，以新中央之椅子面，活动响声最大，每逢观众离座时，椅子即砰拍乱响，声震屋瓦，遇初次到该院看戏，或初次在该院登台演唱者，突闻此响，真有点莫明其土地堂之感。所以我希望一般看戏的大人先生，太太小姐在大轴戏将演完之一刹那晚走几分钟何妨，免得打搅别人，为保持娱乐场所之公共秩序，这一点我们似乎不能不遵守。（民国二十八年五月十六日《新天津画报》）

※唱戏，戏要论到“唱”，当然必须具有一条好嗓子，如本钱（嗓子）不充足，根本就谈不到唱，此乃就一般情形而言，不

过，我总认为演戏须以情为主，应当注重发挥剧情之为重，喜也，怒也，哀也，乐也，全应运用一种合理而适当之细腻表情而出之，然后才能打动观众心头。若仅恃一条宽大嗓子，唱既乏味，做亦无神，虽调门高何用。

※戏者戏也，粉墨登场，一举一动，一颦一笑，无非是装模作样。善演唱者，能使全场观众之喜怒哀乐，随剧中人之喜怒哀乐而变化，我常谓诚能做到真使观众在“戏台底下掉眼泪”，那种哭哀之表情，必已达到于所谓炉火纯青之地步。

※每当演员，唱做表演到一种引人入胜之地步，观众常报之以鼓掌或喝彩（倒好除外），此种真正之捧好，是出自于观众之自动，不过，鼓掌捧好，须应中节。如一味乱捧，狂捧，便失去其价值，至于有作用者，自然另当别论。

※喝倒好，是对演员一种最好之制裁方法。观众能报以应得之倒好，此于被得倒好之演员，未来之艺术进展上，有莫大之助益，因为他或她受此打击之后，必痛下苦功夫来改正自己的缺点。（民国二十八年五月十七日《新天津画报》）

※在历史剧中，以取材于魏蜀吴三国时代者较多，现京中名伶又纷纷编排三国戏，如李盛藻昨演之《诸葛亮安居平五路》，小兰芬之《三国志》，李少春之《三气周瑜》等，均系就多出之短折旧戏，增益头尾，连缀于一起而成者，所谓“戏法人人会变，各有巧妙不同”而已。

※夏佩珍以演《火烧红莲寺》一片而享大名，现此片又重映于津市光明影院，且扩大宣传，一般影迷仍多争相往观，而主演此片之一代红星夏佩珍，却正于斯际由京辍演，返抵沽上，夏老板目睹此片卖座之盛，想有美人迟暮，不禁生今昔之感吧。

※在现在趋重主角之日，做配角者，委实不易，不卖力不要好，则对不起观众，对不住老板，反是，过于卖力，过于“要

彩”，“洒狗血”，弄到喧宾夺主地步，又要遭老板之忌，甚至地位不保，饭碗砸锅，所以陪“角儿”唱戏者，在台上惟有眼神灵活，适可而止为妙。（民国二十八年五月十八日《新天津画报》）

※所谓全部之《玉堂春》，可分为嫖院、起解、会审、团圆等四大折。在当代四大名旦中，程砚秋只演会审，梅兰芳演起解带会审，尚小云演起解、会审、团圆三折，荀慧生则由嫖院起直演至团圆止，穿插繁简，虽有异同，可谓各有所长。

※组织戏班，决非容易事。在梨园行混多少年者，有时组班人办事，尚感觉头疼，是又岂为外行人所能轻于一试者。常言道：“能带千军万马，不领一个戏班”，在戏班里之难以指挥，由此可想而知。又有人说，吃戏饭是在会吃不会吃，吃好了是“戏”饭，随随便便，玩玩闹闹，钞票便可到腰包里，反是，吃不好便成“气”饭，赔钱挨骂，挖泥而不能拔腿。

※谈到戏院前后台之关系，颇觉有趣，他们双方之态度，当处于相反地位。在后台之角儿们，专好夸大口以少报多，明明是挣二十元份，偏说挣三十元或四十元，藉以自抬身价，名誉好听。至于戏院前台主持人则不然，常常以多报少，明明这一期戏赚一万元，硬要说赚五千元，或未赚钱，尤其是当在主演该期戏之角儿们面前，总是不说多赚，所以我说戏院前后台之心气，老是相反，而其说屈心话则一也。（民国二十八年五月十九日《新天津画报》）

※关于看戏“起堂”一层，我于日前曾简略言之，兹又忆及一事，即在戏院中，常见有些观众，当大轴戏将成尾声之际，心即浮动起来，既不走开，又不安心听戏，却要离开个人座位，站立观看，此较之于“起堂”而走者，尤觉讨厌，因为你既不愿看，掉头而走，与他人无涉，若起立而观，则坐后排之观众视线，必大受障碍，对此类不顾娱乐场所公共幸福之观众，尤应处

以“罪加一等”之膺惩。

※看戏应明白路子，常看戏者，某戏演到某处可停，总可看出来，何必过于着急，即以前晚荀慧生在中国剧院演《玉堂春》而言，许多装模作样之观众，当“会审”将演完，心即浮动，纷纷欲走，嗣见仍带监会团圆，又重新坐下，如此一搅扰不要紧，真为听戏而去者，却大受影响。

※我认为有一最简单之方法，可以预知大轴戏究竟演至何处停止，此事可以主角之琴师而定。凡戏将完，已无主角之唱工，则琴师必慢慢将胡琴装入琴囊里面，预备下场，如琴师仍手扶胡琴，正襟危坐于场上，则主角之戏，必仍未完，此时你可稍安勿躁，心里不要浮动，静心听下去，主角是“准演不恍”。（民国二十八年五月二十日《新天津画报》）

※凡事成功易，失败亦易，此当然之因果，即以我国旧剧而论，目下一般男女伶人所编排之新本戏，当初露演时，尚可利用一般人之喜新心理，号召一时，久则为观众所摈弃，不受欢迎，何则，以其粗制滥造，往往多失之于千篇一律也。

※在戏单或海报上，我们常见写有一“每角双出”字样，系指每位角色（演员）露演双剧，故特大书特书，以期引起顾客之注意。昨有人在小广寒戏院后台与马祥麟聊天，无意中谈及此事，马曰：“每角双出者，一毛钱两个也”，闻者无不欢笑，笑祥麟之善于逗哏也。（民国二十八年五月二十二日《新天津画报》）

※为禁演淫戏，在本年四月十九日，本市法租界工部局，曾招集界内戏院主持人到局谈话，面谕：《双钉记》、《送盒子》、《杀子报》、《遗翠花》、《十二红》、《女拆白》、《海潮珠》、《送灯》、《瑞云庵》、《迷人馆》、《马思远》、《老妈开嗙》、《送灰面》、《庙中会》、《卖胭脂》、《狐狸缘》、《海慧寺》、《也是斋》、《葡萄会》、《段家庄》、《拿苍蝇》、《鸳鸯谱》、《马寡妇开店》等剧，为

有伤风化，今后均在禁演之例。近讯，被称为“东方梅慧丝”之白玉霜，将由京来津，出演法租界某大戏院，白玉霜之演评戏，别具一种迷人作风，而其所擅长之剧，又多在被禁演之列，则将来到津后，恐有多出粉色戏不能上演。

※《连升三级》，别名《连升店》，又称《连升图》，为丑角与小生并重戏，此剧纯以两人之对白取胜，丑角所饰之店家，为一十足之势利小人，用一种之现身说法，痛快淋漓，骂尽一般势利小人，故此剧可称为一骂世佳剧，在昆腔班中，有丑角陈荣会者，最擅演此剧，今日之皮黄班则以萧长华称为个中圣手。（民国二十八年五月二十七日《新天津画报》）

※昔韩退之先生，与于襄阳书，曾言：“士之能享大名，显当世者，莫不有先进之士，负天下之望者，为之前焉，士之能垂休光照后世者，亦莫不有后进之士，负天下之望者，为之后焉，莫为之前，虽美而不彰，莫为之后，虽盛而不传……”可见人是需要有人捧场，始能有所表现。三句话别离本行，即以唱戏之艺人而言，一般艺人由无名而有名，由有名而大红，其间之经过，虽大半有赖于个人艺术之高超，但亦不能不恃有人捧场。不过，我认为捧角儿，须合于应捧之条件，或捧其艺术，或捧其品德，或其人之品艺虽高，而时运不济，志不得展，或属提携后进人才，似此种种，吾人应尽力为之揄扬捧场，多做一点雪中送炭工作。若其人已红里透紫，名满天下，我们惟有勉其益坚上进之心，以资发扬其艺术，无须再事狂捧，捧则近于锦上添花，而且易受“捧角儿”之嫌。（民国二十八年五月二十九日《新天津画报》）

※在今日梨园行有所谓京朝派与外江派之分。照理说，京朝派处处应守规矩，讲究派头，不以布景彩砌，类似魔术之玩意骗人，外江派（即海派）则反是。真为听戏而听戏者，当然喜欢所

谓京朝派，至于喜欢看看热闹者，均爱看海派火炽之开打，双方路子既然各异，当亦各有其叫座力量。伶人宗尚不同，登台演戏，要学京朝派，则应绝对遵守京朝派典型，崇拜外江，则应彻底外江化。若内江不内江，外江不外江，形成四不像，站立十字街头，徬徨歧路，结果必归于失败。

※好角儿唱戏，的确有好角儿之特点，一举一动，全身带戏，眉眼神色，固不必谈，有时即随屁股蛋之一转动，亦带有戏味，此即所谓表演已入于神化妙境，而好角之所以为好角，亦正在于此也。（民国二十八年六月七日《新天津画报》）

※登台演戏，除去讲究唱念，应注意身段之美，所谓身段俏皮，好看，谈之似乎甚易，但演来能真做到美妙境界者则实难。盖身段之美妙与否，应就全体情形而言，只有一招一式之美，不足称奇。譬如普通人写字，有时只就此一字之一横，一竖。一撇而论，真可以称气死苏黄米蔡，压倒颜柳欧赵，若就此一字之全局结构而言，则觉支离解体，不成字形，与大书家相差甚远，苏黄米蔡颜柳欧赵之所以成为苏黄米蔡颜柳欧赵，自有其炉火纯青之成功美点。演剧亦然，讲求身段，应将一剧中之各个小身段，连成一气，举止进退自如，不显出生硬现象，进而做到全局结构美观之地步，斯称上乘。究竟如何可以达此妙境，是纯恃个人苦功练习，年积月累，久而久之，自然熟能生巧，即俗所谓之火候关系也。（民国二十八年六月十二日《新天津画报》）

※戏台之大小不等，即以本市戏院之戏台而言，大者如中国戏院之台，小者如小广寒戏院之台，同为一戏台，且均可以演文武各剧，关于戏中之种种作做，绝不能因戏台之大小，而有显著之增减。此可以作画而言，一尺大之纸面，与四五尺长之纸面，均可以绘画山水人物，篇幅之大小虽然不同，而布局点染，绝须应有尽有，始能称之为一幅山水画。演员登台演戏亦然，不论戏

台大小，一举一动，全应做到，不过，其中之进退急徐关节，全在演员之随机应变，台虽小，演来亦应不失“具体而微”之妙，斯能称为善于演戏者。（民国二十八年六月十四日《新天津画报》）

※艺人是需要有人捧，我不否认，但须有一最低限度，即在艺人本身，至少须具有七分本领，再赖有三分人缘捧，我可保险他或她，准可一举成名。若自己不争气，不求长进，艺事每况愈下，纵然有人狂捧，亦决难成功，结果不仅被捧者依然失败，捧人者亦连带随之泄气。诸如此类事，就目前歌场情况看，不乏实例可举，明眼人自会看得出来。

※语云：“师徒如父子”，又言道：“一日为师，终身为父”，则师与徒之关系，是何其密切。在戏班里，尤重师生名分，但须看双方情形。一个无名小角，为深造技艺，不得不拜求名师，请益问难，在此利用老师标榜时期，师傅长，先生短，口口声声，叫个不休。及至徒弟有名，头角大露，“师以徒贵”之日，则身为老师者，如依徒弟糊口，亦不能不低声下气，仰视徒弟面孔行事。此虽不能一概而论，但就我所见者，已有指不胜屈之感，如某小名旦与其业师，被人称为“徒父师儿”者，固非新奇之事耳。（民国二十八年六月二十九日《新天津画报》）

※名角儿之所以成为名角儿，自有其成功之点，乃经过多少年之苦心研求，逐渐进展，始博得飞黄腾达之一日，绝非一蹴可就者。常见有一般初出茅庐之所谓晚生后辈，自己玩意本不成，却专会生干气，见别人拿大份，享大名，一意眼红。虚荣心之高潮日长，而不致力于剧艺，结果是一无所成。须知，若想成为名角儿，惟有埋头苦干，抱不问收获只问耕耘之伟志，苍天是绝不负苦心人，久而久之，水到渠成，努力者终得最后之报酬。空生干气，是无济于事，实之梨园行后起诸小“老板”，以为如何？

（民国二十八年七月五日《新天津画报》）

※谈到我国之旧剧，本系集合多种艺术而成之一种艺术，不仅在化装方面，应力求表现唯美主义，即在舞台面上之一切布置，亦均应当要纪律化，如上下场门，应绝对禁止闲人站立出入诸事，虽屡有人提醒，建议取缔，但有些名伶之戏班，仍多未能做到，殊觉遗憾。盖舞台面既不“明朗化”，则于演员之表演，颇受莫大之影响，且亦使全场之观众视线分散。我每观梅兰芳、马连良、程砚秋等班演戏时，心中不禁而生一种“天地明朗”之好感，主要原因，即以彼等均极注意台面垃圾堆之“扫荡”，似此改良办法，各戏院戏班，实有取法之必要，尤其是一般演唱文明戏之所谓新戏班，更应注意台面之“扫荡工作”，盖旧剧之扮演人穿着古装，纵有闲杂人等掺杂其间，尚可分辨出来。若在演时装新戏之场合上，台上仍站立许多闲人，实易混乱剧中人之表演也。（民国二十八年七月七日《新天津画报》）

※戏中专唱一个角色者，究居有限，只要是由两三人以上合作之戏，凡担任扮演剧中人之角色，均应卖力，须如身临其境一般做戏，始能充分将全剧情节发挥出来，否则必使剧情松懈，影响全剧之演出，结果必定失败。常见有名票名伶，对于配角之选择极严，有时因为物色不到适当之配角，宁可不唱，亦不将就，不知者以为这位票友大爷或大老板，派头特大，太不将就，此乃不明演戏情形或不常看好戏之原故。配角之挑拣，却是不可太马虎，因为事先对配角慎加选择，主角在台上，不但可以减少许多分心地方，且易使剧情演出得有声有色，非常紧凑，俗所谓红花虽好，尚须赖绿叶扶持者，即此之谓也。（民国二十八年七月八日《新天津画报》）

※凡兴办一事，水到渠成，久而久之，自有成功之一日，切不可急于求成功。伶之唱戏，最初由无名而有名，由有名而大

红，中间自有许多过程，决非一蹴可就者，常见有许多后起角色，论资望剧艺，本极其幼稚，只因受头牌欲之驱使，“硬拿鸭子上架”，要独自组班，一过其头牌之瘾，结果艺不足以惊人，渐渐为之轻视，非归于失败不可，枉费一番操心费力之苦恼，结果是毫无所得，是又何苦而为，莫若按部就班，逐渐力求上进为妙。

※就时下剧坛情况而言，独自挑班当老板者，能有几人名利双收。往往是白唱戏仍须掏腰包垫钱，可见挂头牌当老板，亦实非易事。我最赞成张君秋现时所采之方针，他现为别人挂二牌，钱并不少得，而却毫不操心费力，结果是名利双收，各方争相约请合作，成为一时之红人。所以我希望与张君秋地位相似之后起诸伶，应当看清目前剧坛情势，再虚心回顾到个人之玩意，究竟自己是怎么样？能否担当头牌重任？徒争一时虚荣，请人狂捧，是无济于事，仅不过如昙花一现而已。（民国二十八年八月四日《新天津画报》）

※我国旧剧之编排方式，向好用一种千篇一律之大团圆作为结尾。凡一件故事之演出，悲欢离合，层层演进，而最终之大结局，必使已然分离之关系人物，重得聚首一堂，彼此团圆，复好如初，此乃安慰观众心理之一种写法。常见伶人演剧，往往好减头去尾，只吃中段，例如演《天雷报》竟不带“殛子”，演《审头》竟不带“刺汤”等等，诸如此类演法，总觉使人发生不快之感，因此种剧之编排者，在用以惩劝世人，使人于观剧之余。受一种“善有善报，恶有恶报”之刺激，如将此结尾取消，既失编剧者之本旨，且易使一般不明了剧情者，有莫名其妙之感。

※《杀子报》、《马思远》、《双钉记》等一类戏，普通认为是诲淫戏，为维持风纪，须禁止演唱，但，我认为此类戏之编排本意，亦系寓有惩戒世人之旨，编排此剧者之意，是令人应当从此

类戏中之奸夫淫妇，最后所受之被斩下场着眼，警劝世人不可因一念之差，竟演成一失足而遗恨千古之不幸事件。不过，时至今日，淫欲横流，注重此等结尾者极少，而趋重鉴赏此类戏两性间之勾引方式者太多，是此类戏之所以不得不列为禁演戏也。（民国二十八年八月五日《新天津画报》）

※“品艺兼优”，是一句平常习用语，品是指品行，艺是指艺术，二者确有其相连系之密切关系。艺人之成功，固在具有超人之艺术本领，但如何可以始终保持其盛名于不坠，是不能不有赖于品行之修养。凡艺术优秀之艺人，再能知敦品励行，心无非非之想，其意志既专，心不二用，自更能促其艺术之上进，蒸蒸日上，可操必胜之券，反之，徒有其艺术，而品行欠修养功夫，或贪恋女色，或染不良嗜好，久而久之，心身日丧，精神萎靡，其结果未有不失败者。此尚指一般艺术已具有相当火候，资格较老者而言，若系一初出茅庐之小雏，艺术之基础本尚未奠定，亦不知自爱，沾染嗜好，则其前途之危险性尤大，为个人前程计，故更不可不加审慎也。

※人生在世，惟有得过且过，别太找真理，在歌台舞榭之间，更应当作如是观，即以现在唱玩意之歌姬女伶而言，非有靠山，决不能长久立足，若仅恃个人艺术规规矩矩挣份，累死亦难维持一饱，更何能谈到享受优越之生活。（民国二十八年八月八日《新天津画报》）

※在一般观众之心目中，看见女伶或歌姬在台上打扮得花枝招展，艳媚动人，以为她具有一种不可思议之神秘性质，究其实，在常与她们在一起者看来，认为是极其平常。有道是下馆子别到厨房，看戏别到后台者，即此之谓，凡事只有在可望而不可即之过程中，才觉富有一种引人入胜之神秘性，及至揭破窗户纸，细细看上一看，亦就觉得淡淡如水，并不以为如何。

※戏院约角老板，多是势利眼，对于所谓红紫之名角，是另眼看待，对于时运不济之倒霉角，又是一副面孔看待。艺人无论男女，全有走运与不走运，当红运当头时，各方争相邀聘，戏院老板不惜如何委曲求全，必至约聘到手而后已，藉以利用他或她来号召，得做一笔投机生涯，戏院老板一乐，更加逢迎，以做下次之拉拢。至于时运不济之艺人，常是无人问津，潦倒之情与日俱增，徒有佳艺，惟其听其湮没无闻。总有言之，就现在歌场情形而言，作艺者愈红里透紫之人，愈有人锦上添花，而时运不济者，亦惟有日益倒霉而已。惟肯烧烧冷灶。（民国二十八年八月十日《新天津画报》）

※打鼓老在场面里，居于首要地位，他所坐之地方，谓之九龙口，他俨有三军司令之领导权力，他叫什么锣鼓点，别人须应什么，否则必影响全局，所以他所处之地位，极其重要。

※打鼓老与拉胡琴者在场面上，同为人所重视，一般讲究之伶人与票友，每遇登台演戏，除对配演角色，固应严予挑选，即于打鼓与拉弦者，更不能随便将就，概有个人私带琴师与打鼓老，因为如此，始能与主演人之唱做，收合心应手之功用。

※我国旧剧之演出，是有赖于场面上锣鼓，丝弦等乐器之辅助，其微妙之作用，有决不能分离之势。常见有一般好研究场面之敲打弹拉者，往往在听戏之际，专注意到场面，如杭子和之打鼓，杨宝忠之拉胡琴等，皆拥有一部分知音，想学一学他们之手音与指法。（民国二十八年八月十四日《新天津画报》）

应当虚心求教

（民国二十八年十月十三日《新天津画报》）

学问一道，本无止境，愈深加研求，愈觉其理益深，其艺益高，此固为研究一般学术之情形，推之于伶人学艺，亦不能例外。戏虽小道，其内容却包括多方面之艺术，当方学会演唱时，只不过规规矩矩，照样画葫芦而已，欲求其能有出类拔萃之超群表现，惟有永远虚心求教，多加熏陶之功夫，或请益于戏剧学者，或问难于内行老伶，得其一言半语经验之谈，然后取人之长，而补我之短，自可易收事半功倍之效也。近来常有一般初出茅庐之童伶，乳臭本尚未干，只因稍有声名，居然亦效一般成年伶人相沿之恶习，装腔作势，一似不可一世者，偶遇对其剧艺有正确批评指摘者，反当作逆耳之言，漫不经心，不知虚心接受思有以改善之，是诚不啻个人划界自封也。希望有心上进之后起诸童伶，勿骄勿傲，应当虚心求教，心虚始能容物，始可以日臻于上进之境界也。

（炎臣）

对童伶不应乱加徽号

（民国二十八年十月十六日《新天津画报》）

伶人之成功享名，固然纯视乎其个人之艺术，但亦不能不有赖于文字之揄扬介绍，然后其艺术始能更博得大多数观众之注意，不致使其艺术湮没无闻。不过，揄扬亦须有道，总以适可而止，似不能失之于任意滥捧，滥捧则反失其价值。有人对于尚在学艺时期之童伶，恣意狂捧，而且更为之加以种种徽号，如“小这个”、“小那个”等等，此盖由于被称为小某某之童伶，在其唱做或扮相神色上，有些许类似某名伶之地方，便有好事者，在某伶之名字上再加一小字，即作为该童伶之徽号。遇心地较明白之童伶，对于此种揄扬，惟有益坚其上进之心，努力求学深造，若遇一般无知无识之童伶，一见有人大捧，且为之加一新头衔，便自以为不可一世，居然即以未来之名伶自居，此于其上进之心，颇生不良之影响。所以我认为对于童伶只可本奖掖提携之心，加以公平之揄扬，不应为之乱上徽号，以免阻其上进之心也。

（炎臣）

谈搭桌戏

（民国二十八年六月十二日《影戏春秋》）

搭桌戏者，简直说乃一敲竹杠之办法。就余所知，约分两种：如伶人或穷票友，或与内外行熟识者，因一时经济所迫，可邀人唱一次戏，除去开销，余款尽归该人，谓之“给某某人搭桌”，此搭桌戏之一。又如戏园方面，上下同人，一年辛辛苦苦，园主在旧历年节常办一次搭桌戏，印制红票若干，分给同人伙友各自派销，得一笔外快，大家过一次痛快年节，此又一种搭桌戏。

戏台名词

（民国二十八年十一月三日《新天津画报》）

喜神：旧剧戏台上演员所抱之假小孩，名曰喜神，如《二进宫》李艳妃与《探母回令》铁镜公主等等所抱者皆是。此项喜神，在后台时均须覆置，不得仰面。

魂子：剧中鬼魂所带之白纸穗，谓之魂子，如《奇冤报》中刘世昌所带之魂子是。

饮场：伶人在台上演唱，为湿润歌喉，名伶皆有专人特备小壶随时进水，谓之饮场。现颇有一部分人反对此项饮场办法，以伶人饰演剧中人不宜在台上饮水也。

云童：旧剧中有所谓“戏不够神仙凑”之说，故在剧中之穿插，常有神仙人物，随神仙上场手持云彩者，即谓之云童。

场面：戏台上之弹拉丝弦敲打锣鼓者，谓之场面，丝弦为文场面，锣鼓为武场面。

检场：在台上搬置桌椅或照料伶人者，谓之检场人，检场人对于戏路亦须熟悉，否则举止不合时宜，易出笑话。

里子：配角之谓也，较重要之里子人才，谓之硬里子。

回戏：戏院演戏谓之开锣，临时不演，名之曰“回戏”。

本钱：伶人之嗓子，内行谓之本钱，如嗓子好，谓之本钱足，盖伶人演戏以唱为主，唱必须恃好嗓，嗓子为伶人换饭吃之本钱也。

垫戏：戏班规矩，每日订演何戏，须在事先排列就绪，届时依次演出，如因角色到院稍迟扮装不及致不能准时上场时，则须临时演一出小戏，维持青黄不接之局面，名之曰垫戏，如《拾黄金》、《逛灯》等皆属常演之垫戏。

马前：加紧演唱完毕之谓也，此因戏过大而时间极短促，即须加急演唱，以资早早结束。

马后：正与马前相反，如甲角已将演毕下场，而继之登场之乙角，尚未化装竣事，则后台管事人即须向甲角示意，多敷衍一时，待乙角可从容上场，不致亮台也。

（海滨）

有感于捧角

（民国二十八年十一月十六日《新天津画报》）

谈到“捧角”，颇有人加以非议，究其实正当的捧角又有何了不得？一个艺人的艺术好，我们为了鼓励奖掖，使其精益求精以发扬其艺术，则捧之工作，似不可少，因为我们所注重的在艺术方面，但是艺术之能否表现于观众之前，全在乎演员表演技巧之好坏，好者我们竭力捧之，非捧其人，乃捧其表现艺术的才能，所以我认为，只要不掺杂副作用于其间，捧角并不算什么稀奇事。我由此又感想一件事，就是在多少年以来，时见有一部分装模作样的所谓“名流”者，他们全是好名，除去吃饱不饿者外，有的真有勒紧裤腰带硬装名流的，其情其景，可笑亦复可怜，他们捧角的目的，并没有真正艺术的欣赏，只不过借着一般男女名伶或其他红艺人的招牌，尤其是对于一般所谓名坤伶更是大献殷勤，出出自己风头，所以他们的照例捧场工作，无论是请吃饭，收弟子，或为文捧场等无聊举动，大多数全不是真捧被捧者的艺术，乃利用被捧者的红紫声名，作一种自己沽名钓誉的机会而已。

（炎臣）

有货不愁客

（民国二十八年十一月十七日《新天津画报》）

“有货不愁客”，这是买卖行里的一句话，大意是只要商人所采办来的货物齐全而好，是不愁没有顾客来买的。假如没有货来贡献给用主，纵然是成天瞎嚷乱鼓吹，亦是无济于事，顾客受骗，最多不过上当一次而已，又如何能够以广招徕维持长久的存在呢。这是说商人做买卖，由此谈到伶人唱戏，理亦不外乎是。一个艺人的成功，无论是男是女，除去本钱，扮相等等基本条件外，最要紧的是在艺术方面多多做些充实工作，玩意要多而精，要什么有什么，不愁不受观众的欢迎。因为艺人是以唱戏为生，艺人之于学戏，就犹之乎商人之存货一样，一旦剧艺充实，根深蒂固，又何愁不能成功。我近来每感于一般初出茅庐的小艺人所会的玩意，本来不甚多，却非要冒险一试出出风头不可，结果多惨遭失败，甚至有弄成一蹶不起的。“有货不愁客”，希望一般急于成名的所谓后起之秀们，要三复斯言。

（炎臣）

贩卖京角热

（民国二十八年十一月十九日《新天津画报》）

津市中国大戏院自开幕以后，以约“京角”演戏为主，因为该院院址大，设备好，邀京角来唱，在票价各方面，全比较合适，所以自中国大戏院出现，法租界的各戏院均不敢过于冒险尝试约京角来津演唱了，有之亦不过是一种小规模的办法，这是在英法租界对外交通未被隔绝以前的情形。但是就最近五个月的情形而论，一因交通不便，二因水灾关系，处于法租界的各大小戏院，实已感觉约角来津出入不便，势之所趋，华界的娱乐场所，乃转呈活跃气象，突有一番特别的大发展。最近更有一种现象，就是“贩卖京角”，办法闹得极其热闹，在津市游艺界方面，有人认为北京角来津难入租界，而华界市面又转趋活跃，于是多分头去京约京角来津演唱。他们的办法极简便，就是就天津原有的班底，加上两三名京角充作大梁，就可以唬一气，如最近国民戏院先后邀约的刘宗扬同玉静香与董慧宝同贾少棠，庆云戏院邀约的马德成同胡菊琴（胡菊琴现已返京改为吴淑娟），大舞台正在准备邀来的黄玉麟等等，各家现在闹得热热闹闹的，像这种贩卖京角热的情形，是在最近五个月以前所少见的。

（炎臣）

应当先就老戏唱

（民国二十七年二月十日《银线画报》）

今日剧坛上有一种风气，就是身当一班主将之名角，若无几出本戏号召，好像就有点相形见绌样子，因而一般所谓男女名角，多出其全力，赶排新戏，结果就不免有近于粗制滥造，换汤不换药一类新本戏出现于舞台之上了。戏剧是应当随时代改进的，但不可操之过切，老戏没唱好，甚至尚未学好，根本就可暂时别排新戏，因为新本戏只能号召一时，欲求发扬国剧，欲求立下学戏根基，惟有先从整理旧有的戏入手不可。尤其是一般后进角色，更应当知道“欲速则不达”之道理，慢慢把旧剧中短小精彩之作唱好，再计其他，否则，基础不固，就难于讨好了。

（素）

新戏能滥排吗

（民国二十八年十一月二十日《新天津画报》）

近些年来，梨园行的风气均趋重于主角制，但是一个所谓名角能够独自成班号召者，必须恃有大块新本戏不可，风气所趋已成为当然之事，因此凡独领一军的名伶，无不钩心斗角，想法编排新戏，以资可以出奇制胜。有的人是请着专人负编排新戏之责，其所取材亦不外乎根据老剧本改编，或翻自昆曲而成，求一差强人意有创作性的新本戏，已属凤毛麟角，更何能谈到真好的创作品。其次焉者，不过是利用一点小聪明，把旧有的片段老剧，增益头尾，并就主角个人所擅长的玩意，随意牵强加上一点，胡乱一穿插，标出一个新奇剧名，亦可以蒙世一时。总而言之，现在旧剧坛流行的新本戏虽多，而剧情编排较好的却殊不多见，这不仅是充分暴露出来只为卖钱吃饭而编排新本戏的弱点，且于发扬国剧的前途上留有莫大的暗礁，这不能不希望一般大老板及编戏家们审慎从事了。

（炎臣）

整理旧有本戏胜于胡乱编排新本戏

（民国二十九年《华北银线》）

我们无论是阅读小说，或听人讲述一个故事，总希望得到一个有头有尾的概念，然后才能够就所见到的印象，依情度理，发表一点评判的意见。假如，对于它的事实穿插，根本尚不甚了解，当然是感觉不到什么兴趣，更何由有所批评的意见贡献出来？

谈到旧剧，亦是如此，有时我们遇到一出生戏，在观听之下，当然是急于要知道这出戏本身故事的内容，穿插，以及它的背景，若得不到它的头尾，越看越糊涂，便觉索然乏味了。

我国旧剧，从前多属成本大套的老本戏，穿插有头有尾，所谓前后连贯的全本玩意，不过，后来（下缺《菊花锅》原书第63页以下各页）

（三友美术社，1941年）

传统的古乐“天津十番”

我国的古乐，有所谓“十番”者，是一种打击乐和管弦乐的交响音乐。它的乐曲大都是采取元曲和昆曲的曲牌，彼此有着血缘关系。但时至今日，昆曲在天津还有一些爱好者，而了解十番已少，能演奏的更没有几位了。

天津昆曲研究会会长刘楚青，现已年逾八旬，除致力昆曲，对濒于失传的十番，尤为关切。他曾应邀在天津音乐学院附属中学讲授十番的历史和演奏变化，旨在培养后继人才。这在我们今天振兴中华工作中，是件务实的好事。

据刘楚青老先生谈，十番也叫十番乐，“十”是多的意思，“番”表示花样翻新。它兴于明朝中叶，源出苏州，传播在江南浙江、福建一带，因受上层阶级所欣赏，后来竟成为供奉宫廷的音乐。清朝乾隆初年，在宫内建立编演戏曲的南府，即后来改称的升平署，为专门研究十番，特设“十番学”经管其事。常以十番承应皇差，接送御驾，宫中有其他拜贺、庆祝、祭祀、筵宴或演戏等盛事，也都要演奏十番。可见当年十番为人所重视的情况。

十番传入天津是在二百多年前的乾隆年间。当时有一位幕僚天津人吴君轶，从苏州学会了十番，返回故里传授。经过多年演变，成为天津十番，直迄清末民初，天津民间还有集雅社、美善社、四如社等十番会的组织。旧时，天津城隍庙每有迎神赛会，常于晚间邀请十番会人士，在城隍庙戏楼上演奏天津十番和昆曲，参加者均为天津老旧家读书子弟。后因战乱，乃趋于消沉。1962年中国音乐家协会天津分会为发扬我国古典音乐，成立天津市古乐研究会，天津十番是挖掘整理的一项，惜于“文革”中被停止。1982年虽重行恢复，但老会员们多已物故了。

十番初传入天津有三四十套曲谱，经过二百多年的改变精选，目前留下的天津十番曲谱仅有十二套。其中有粗十番的“小嘉兴”、“锦堂春”、“伙锣鼓”、“两来船”四套，细十番的“松竹套梅”、“锦上花”、“一串珠”、“爇沉檀”四套，花十番的“大嘉兴”、“元宵乐”、“下西风”、“金山寺”四套。

天津十番所用的乐器，分打击乐和管弦乐。前者包括锣、鼓、钹、铃，锣有大锣、中锣（丈锣）、手锣（旋子）、汤锣、云锣（常用十面锣），鼓有大鼓、堂鼓、板鼓（单皮鼓）、盆鼓、怀鼓，钹有小钹、水钹、齐钹、薄钹，还有星铃、檀板、大木鱼、小木鱼等十八种。后者管乐中有笙、管（雅管）、笛、箫、唢呐、海笛，弦乐中有琵琶、南弦、中国提琴、双清、京胡、南胡、板胡等十四种，演奏时场面大，人手多，但有时人手不齐，也可酌减几种乐器。

天津十番的特点是，由于有长有短，有快有慢，演奏起来疾徐抑扬，使听众心旷神怡，有飘飘欲仙的享受。像这样传统的优美古老音乐，怎能任其成为绝响呢。

（《今晚报》1989年6月3日）

陨落的艺星

八十三岁的近云馆主谢世了。近云是谁?这位三四十年代的京剧界女名票，曾享誉京津艺坛，红极一时，但是许多人几十年间都不知道她的真实姓名，在她身上，披着一层神秘的色彩。

早年的天津京剧界有不少“票友”，男性颇不乏人，女性则凤毛麟角。近云的出现，确实让人瞩目。传说她是位“名门闺秀”，但她怎样走上舞台，这个谜团始终未能解开。

她确实出身“名门”，姓杨，名景晖，字慕兰，父亲杨寿楠(味云)，曾经任北洋政府时的天津盐运使、财政部次长代理部长。十二岁时由家长做主，许给北洋政府财政总长周学熙的四子，二十一岁完婚。论辈分，她还是已故全国政协副主席周叔弢的弟媳。她的弟弟是我国实业家荣毅仁的姐丈。在这样家庭生活的杨慕兰，是一位当之无愧的少奶奶。她的从艺，显然不是旧社会艺人那样出于生活所迫，而是另有原因的。

原因就在于包办婚姻给她带来了不幸。婚后不久，夫妻志趣不合，丈夫另有新欢而置她于不顾。优裕的物质享受不能解除精神苦恼，她向京剧寻求寄托。这是半个多世纪以前，她采取的唯一能冲出封建大家庭束缚的合法手段。

杨慕兰不同于别人的是，她没有耽于玩乐。她要振作，让社会认识她的存在，她把京剧当做一件事业来对待，认真地学，请名师传授，还专门练习武功。自然，她的“门第”和经济力量都帮了忙。

她正式拜过京剧界“通天教主”王瑶卿为师，很权威、正统了，但她并不拘于一家风范。真正的艺术家都懂得，不开创自己的道路，就走进一条死胡同，所以，尽管她与梅、程、尚、荀四大名旦都保持良好的师友关系，并常与他们交往切磋，但她把四大名旦比喻为书法中的“真草隶篆”，各有千秋，因而也只是博采其长，补自己之不足。几十年的舞台实践，她形成自己的风格。先后与名家金少山、郝寿臣、侯喜瑞、李宗义、陈大濩等同台演出，都被观众认为是难得的艺术享受。

从1931年首次在北京登台公演《贺后骂殿》，到1966年最后一次新编京剧《红嫂》的演出，她在舞台上活跃了三十多年；而由她出资建于1942年的群众业余组织云吟国剧社，到1966年结束的二十四年间，为京剧界培养了大量人才。直到逝世前不久，一些专业和业余爱好者还在她家中定时聚会，研习京昆，演练技艺。

一年多以前，我在拜访这位在舞台上销声已久的老人时，本来期望弄清楚她踏上艺途的秘密，虽然她事先曾表示允许我“畅所欲问”。但是，当我了解到她对京剧艺术的矻矻追求和矢志不渝的精神时，一种尊敬之情使我放弃了对她青春时代不幸生活的细节的搜求。生活的偶然使她成为不幸中的强者，而这其间又包含了多少苦辛。

杨慕兰——近云馆主的名字，戏剧艺术界不会忘记的。

（《天津日报》1987年1月21日）

雅好剧曲的“琵琶张”

当年，“老乡亲”孙菊仙在津演出，有一位打鼓者，人称“琵琶张”。他就是南开大学创始人之一张伯苓的先人张久庵（云藻）老先生。

张久庵生于清道光年间，是一个秀才。他充任几家塾师，在教子课徒之余，喜好乐曲，工于音律，对丝竹锣鼓、钟磬钹铙均有研究，吹打弹拉，无所不能。他能将饭碗、茶盅和杯碟，罗列桌上，以乌木筷敲打，奏出乐曲。他日常家居，常怀抱琵琶，睡眠前后操奏不断，甚至将身盖的棉被，左右开孔，伸出双手弹奏。因此，被人称为“琵琶张”。

张久庵被津人称为“张七爷”，书家于泽九曾给他的像题诗：“功名蹭蹬老风尘，寄傲弦歌乐此身；置闲投散殊自得，读书有子不嫌贫。”

（《天津日报》1984年10月17日）

由张春华想到稽古社子弟班

著名武丑张春华，为纪念他从事舞台生活55周年，在本市中国大戏院献艺。我不禁想起了当年张春华学艺于劝业场楼头的稽古社子弟班。

1928年，高星桥在天津法租界兴建劝业商场大楼，并在四楼开设天华景戏院，由其子高渤海组成稽古社戏班，演唱京剧。高渤海为培养京剧后继人才，又于1936年12月创办稽古社子弟班，与当时北京的富连成社科班和中华戏曲学校遥遥相对，各展宏图。高渤海请他的老师尚和玉任稽古社子弟班的名誉社长，娄廷玉、韩富信分为正、副社长。邀请的教师有武生刘连喜，武净冯连恩、梁连柱、韩富信，武旦唐连诗，刀马旦方连元、邱富棠，二路武生兼花脸陈富康……均属早期出身富连成社的人才。同时还特请北京的萧长华、叶盛章，在津的尚和玉、李吉瑞、程永龙、叶德凤、刘永奎、王云卿、李兰亭等参加指导。为排演新本戏，又请陈俊卿由沪来津负责编排，请匈牙利人巴罗泰教练舞蹈。这在当时的天津，是一个仅有的组织健全的科班。

经过培养学习，稽古社子弟班学生从1937年2月即以天华景戏院为基地开始演出。每天分早晚两场，开戏早，散戏晚。早场（日场）以演传统的“老七出”为主，开锣戏是老生、花脸戏，闹妖小武戏，小丑花旦玩笑戏，花脸唱工戏；中轴戏是武生短打戏，老生、青衣正工戏；大轴戏是武生、武净戏。这七种类型的戏，就是所谓的“老七出”。戏码都是按此顺序排列演出。

晚场（夜场）则以新本戏号召，演出过《西游记》、《三国志》、《双烈女》、《乾坤斗法》、《八仙得道》、《侠盗燕子李三》、《月宫宝盒》、《侠盗罗宾汉》。这些新本戏采用灯光、布景、道具等新颖彩头，轰动一时，上座爆满。

高渤海对稽古社子弟班原有一个长远计划，订出"华、承、稽、古、博、学、通、今"八个字，作为各期学生起名的先后顺序，但仅培养出"华"、"承"两班学生100多人，到1944年9月，则宣布解散，经历8年。

培养出的学生，比较著名的有"华"字班的老生孙正华，红生李阁华，武生徐俊华、蔡宝华、李岭华，小生丁玉华，青衣花衫纪美华，青衣张秀华，武净刘武华、贺永华，架子花陈利华，文丑刘律华，武丑张春华；"承"字班的青衣郄承鸾，武旦刘承鹤等。

张春华1942年出科，1943年冬又拜叶盛章为师，深谙武丑绝技，享名国内外。现以66岁高龄带领徒弟重临旧地，回忆当年的师友，想必感慨万千。

（《今晚报》1990年12月16日）

王君直的京剧和书法

天津老票友、人称“王四爷”的王君直，名益保，1867年生于北门里一个富有的盐商家庭。清末民初以学谭（鑫培）有名，《失街亭》、《武家坡》、《四郎探母》、《击鼓骂曹》等最负时誉。其唱做特点是字正腔圆，尖团分明，苍劲有力，表情传神，受到内外行的推崇。

王君直除爱好京剧，更致力书法，宗王（羲之）赵（孟頫），工楷书，每日公余必写小楷十行。亲友有烦书者，毕恭毕谨，向不草率应付，得者宝之。王对子孙管教极严，时时督促要写好毛笔字，并亲为批改习作。

王君直初在天津、北京从事学务工作，嗣为继承家业，弃官从商，任长芦京引盐商代表，复被选为天津总商会副会长、长芦盐务纲总。1928年北伐后，天津发生了轰动全国的“五纲总案”，王君直为纲总之一，经蒋介石电令天津军警方面，一并逮捕押往南京。但事隔两年多，未予正式审理。王君直忧郁致病，1931年1月11日含恨而逝，21日灵柩运回故里，由天津各界公祭。

王君直羁居南京时，已年逾六旬，临有乾隆三十八年海宁查升书写的《宫词一百首》，铁划银钩，秀丽非凡，为其绝笔之作。其嫡孙守惇珍藏此册有年，曾托余转请老报人兼书画剧作家吴云心先生题跋。云老欣赏之余，赞不绝口，当即挥笔于册后：“沽上喜京剧者，论及老谭，辄誉王君直先生，而君直先生善书之名，遂为所掩。此册系五纲总羁居南京时所书，工整秀润，实楷书之上乘。盖艺术门类虽多，修养上有相同之理，观先生书法，益信其驰誉剧坛，为一代楷模，非偶然也。丙寅暮春吴云心敬识。”对王君直的京剧和书法，予以高度评价。

（《今晚报》1990年5月17日）

一场争夺小白玉霜的丑剧

旧天津曾发生过一场为争夺小白玉霜而大打出手的丑剧。剧中主角之一是佟海山。

佟海山，系天津人，参加过青帮反动组织。旧社会，佟海山以天津河东地道外一带为基地，成为盗窃铁路运输物资，骚扰社会的“黑旗队”头子。他组织过一个评戏班，主角是小白玉霜，经常在南市升平茶园（即现在的黄河戏院）演出。佟海山依仗他闯荡江湖的地方势力和评戏班“班主”的身份，对小白玉霜格外青睐。

小白玉霜本名李再雯，1922 年出生在天津。因家贫，其父将其送与老评戏演员白玉霜为养女，并从之学评戏。她常受养母的熏陶，又天赋聪敏，用功刻苦，逐渐掌握了白派评戏的唱腔和演技。30 年代后期年方 16 岁就开始用艺名小白玉霜随养母登台献艺，为观众所欣赏。1943 年老白玉霜病逝，小白玉霜便以白派传人身份组成一个新的评戏班——再雯社，独挑大梁，在天津、北京等地，声名显赫。当时出任直隶省长的曹锐之孙曹郁文是这场丑剧的另一主角。他为小白玉霜的色艺所倾倒，且有金屋藏娇之意，但因佟海山作梗其间，未能如愿。

曹郁文的姐夫白世维，是黄埔军校 7 期毕业生，后来成为戴笠的军统系统的骨干。1947 年任天津警备司令部稽查处处长。他利用其权势，为曹郁文争夺小白玉霜撑腰，设法逮捕了佟海山并以“私通八路”的罪名，叛处其死刑，予以枪决。

佟海山有个姐姐，人称“佟大姑”，当年在河东地道外也是名噪一时。她对弟弟被处死，愤愤不平，遂向国民党政府北平行辕控告了白世维，但一直没结果。当时有为佟海山伸冤的律师曹雷，也与佟海山遭到同样的下场。

这桩旧案，在旧天津曾轰动一时。

（《天津法制报》1990年8月2日）

幽兰悄放香

沉寂多年的古老艺术昆曲，最近重登上海舞台，名为“昆剧精英展览演出”的几十个剧目，从本月十四日起连演九场，各场票早被抢购一空。盛况空前。消息传来，天津的昆曲爱好者无不兴奋。

素有幽兰之称的昆曲，在天津的传播已有百余年历史，向被目为“阳春白雪”，由于曲高和寡，几十年来迭遭冷落。从1939年水灾后至今，专业演出团体已销声匿迹，而全由业余爱好者苦撑局面。

天津先后成立过十几个业余曲社，最早的有王季烈、许雨香创立的审音社（景憬社）和笙社；袁世凯的次子袁寒云曾发起创立同咏社。后来的一江风曲社，以及昆乱不挡的云吟园剧社在天津解放前后，都深有影响。新中国成立初期，昆曲一度复苏，成立了南大曲社和津昆曲社。嗣后，昆曲《十五贯》来津演出，轰动一时。1959年天津戏校设立了昆曲班，由周铨庵、田菊林教授昆曲课。但不久，在“左”的思潮影响下，昆曲又在津门偃旗息鼓。但一些老曲友刘楚青、熊履方、陈宗枢、于敬熹、韩耀华、何福坤、任秉钤、高润田等人仍常于刘楚青家里雅集，擫笛拍曲，维系着昆曲在天津的一线生机。

1981年，天津古乐研究会恢复活动，昆曲组作为古声乐，占有一席之地，得到音协天津分会的支持与鼓励。但由于半数以上是古稀之年的老人，人力物力均感不足。几经努力，觅到中青年数人先后参加活动，发掘排演了一些传统剧目。在排演、习唱的同时，有的极有素养的前辈正以耄耋之年，默默地进行着研究工作，如朱经畲写出了《天津业余昆曲活动概况》，刘楚青整理了天津十番乐。

现在，一些昆曲爱好者，每周四下午，常集于昔年名票近云馆主（杨慕兰）家中，向她和另一名票袁青云求教，互相切磋技艺。他们又得到南开工人俱乐部的支持，借地活动，排练新剧目。他们希望将来建成古文化街时，能在古戏台上演出，让幽兰在古文化街上放出馨香。

关尔佳　基　汉

（《天津日报》1985 年 5 月 26 日）

社会万象

天津近代教育事业发展概略

封建时代的书院、义学和私塾——洋务派引进新学堂——庚子后的兴学之风——北洋军阀混战对教育事业的摧残——北伐后教育事业有所发展——“九一八”以来教育事业的衰退

天津从明朝永乐二年（1404 年）开始筑城设卫，分为天津卫、天津左卫和天津右卫。清朝入关后，顺治九年（1652 年）把三个卫合而为一，统称天津卫。雍正三年（1725 年）改“卫”为“州”，雍正九年（1731 年）又由“州”升“府”，并在附郭地方设置天津县，从此府、县名称并存。辛亥革命后，建立民国，取消了府治，仅存县治。1928 年北伐胜利，天津县升格为天津特别市，但原由县属的各乡镇，仍归天津县治，形成市、县并存局面。直到 1949 年新中国成立后，才取消了天津县治。

天津开始兴办教育事业，始于建卫后三十二年，即明朝正统元年（1436 年），已有五百四十八年的悠久历史。本文所谈及的，主要是天津近代教育事业发展的概略，侧重在 1860 年天津开辟为商埠以后，几个历史阶段教育发展变化的情况。因为新的东西总是由旧的根子上出来的，为了容易明白它的来龙去脉，开头先从比较古老时期的天津封建教育设施谈起。

一

天津建城之初，并没有学校。明朝正统元年（1436 年）命

令全国凡有武卫的地方，都要设立学校，选拔武官和军士的优秀子弟入学。当时天津左卫指挥朱胜，将他自己的住所献出，即今天东门里文庙所在地，作为学宫，称为“文学”。另外还有“武学”。武职人员能文者，经过考试，也可进入文学。到清朝雍正十一年（1733年），武学不存在，归并于文学。这是天津有“卫学”之始。后来又陆续出现义学、书院和私塾等教育组织。

义学又称义塾，是由官府设立的学塾，专收纳家境清贫无力上学的子弟，不收学费，且供给文具书籍，有的还补助零用和棉衣，类似今天实行的助学金办法。

书院，是较高一级的学府。天津旧有的书院，在城厢附近的，有三岔河口的三取书院，鼓楼南大街的问津书院，西北角文昌宫的辅仁书院，城内义仓前的会文书院，西北角稽古寺的稽古书院；在乡镇的有杨柳青镇的崇文书院和葛沽镇的津东书院。这些书院，是当年士子课文之所，从前科举兴盛的年代，在这里从事科举考试文字。设有山长，主持教学。由绅商捐资，作为山长的“束脩”（工资）和参加生童的“膏火”（补助金）。

私塾，又称书房，是私人设立的，分为专馆与散馆两种。所谓专馆，是富有之家在本宅独自设立的，请老师专教自己的子弟。对老师非常礼遇，平日供给食宿，年节馈送束脩。也有的是几家合请一位老师，费用共同分摊。这两种同属专馆性质。被请在这种专馆教书的，俗称“教家馆”。所谓“散馆”性质的私塾，是由教读的老师自己开办的，收纳来自各方面的学生。这种散馆私塾，当年是分散在天津城厢内外和所属各乡镇。到这里念书的，须经人介绍，按月或按季奉送老师一定的学费。学费多少按学生年龄和程度而定。对初上学刚“开蒙”的学生，收费较少；对程度较高需要“开讲”和批改作业的学生，收费则多一点。在庚子年前天津还没有普设学堂时，许多学子全出身于这类私塾。

所有义学、书院和私塾的学子，朝夕所攻读钻研的，完全是孔孟之道。从念《百家姓》、《三字经》、《名贤集》、《弟子规》开始，进而读《大学》、《中庸》、《论语》、《孟子》和《诗》、《书》、《易》、《礼》、《春秋》等“五经”。逐渐学做八股文章和诗词歌赋。一般学子为了追求科举功名，常是夜以继日地刻苦钻研这类儒学，所谓“十年寒窗、磨穿铁砚”，目的在“学而优则仕”，以光耀门庭，而其后果是造成了多年以来的文弱之风。

以上是一般文生苦读儒学的情况。在武生方面，则参加“弓箭房”，练习拳术和诸般武艺。弓箭房与各学塾一样。分设天津城厢内外和各乡镇。由这可以说明，我国古时的教育，也是文武并重的。

二

中国原是闭关自守的古老国家，但自道光二十年（1840 年）失败于英国入侵的鸦片战争，在签订的不平等条约中，有割让香港一条。从此中国的东南大门敞开了，社会的性质改变了，由一个纯粹的封建社会，变而为半殖民地半封建社会，揭开了中国近代史的序幕。经历二十年之后，又在第二次鸦片战争败于英法联军，再一次签订不平等条约，天津就在这时开为商埠口岸，并允许英、法、美首先在天津侵占租界。当时在清朝政府统治阵营里，出现了“洋务派”，他们外观国际情势，内察人民生活，认为非提倡西学，实难以继续求存。于是从 19 世纪 60 年代，兴起了一个“洋务运动”，它的中坚人物是淮军将领李鸿章。他在向清廷奏请《肄习西学请奖折》中，提到“肄习西学，培养人才，实为中国自强之本”。

李鸿章从同治九年（1870 年）“天津教案”后，继曾国藩出任直隶总督，到光绪二十一年（1895 年）因“甲午战争”失败与日本签订《马关条约》为止，长达二十五年之久。直隶总督衙门，设在保定，李鸿章为便于应付外交事务，另在天津设有行辕，除冬季外经常驻节天津，天津便成为他推动洋务运动的基地。他为实现自己的主张，首先着眼于培养能使用西洋先进的军事装备和使用机器生产的科学技术人才。为此，他相应先后创办了为培养这类人才的几所学堂，聘用英、法等国的教师，来我国担任教习。例如：

为造就掌握通信线路设备的骨干人才，于光绪六年（1880 年）在天津法租界创办电报学堂；

为北洋水师充实技术人才，于光绪八年（1882 年）在天津城东南大直沽机器局内创办水师学堂，后来又附设管轮学堂；

为造就军事人才，于光绪十一年（1885 年）在海河之东唐家口创办武备学堂；

为培养医务人员，于绪二十年（1894 年）在海大道创办医学堂，后来改为海军医学堂。

这些学堂，是属于专门性质，完全是为北洋军政、电务等储备各项实用人才而创办的。

因为要学习西方资本主义国家的先进科学技术，首先要学会外国语言文字。除当时已有俄文馆和育才馆等新的文化机构，又在 1895 年创办中西学堂，这就是后来天津北洋大学堂的前身。

以李鸿章为中坚的洋务派，一百多年前在天津创办这几所文武兼备的洋学堂，是在引进西方资本主义的科学技术和造就通晓外国语言文字的急需人才。他们所谓的“自强”，目的是为挽救垂危的清廷命运，充实它的统治力量。正惟其如此，使西方的科学技术和资产阶级民主思想，得以传入我国，从中培养出一批具有较高水平的新型知识分子。我国早期派往国外更深入学习的留学生，就是从这批人中选派的。这些在当时具有新的科学技术和先进思想的留学生，他们开拓了视野，提高了认识，从清末参加推动中国革命和建设工作，起到了有力的作用。由此也可以说明，在原来极为浓厚封建意识笼罩下的旧天津，正如前面所述，一般士子皆以苦学儒学，争取科举功名为重。后来兴起和发展了天津近代教育事业，是从洋务运动中引进西学开其端，但这仅仅是为当时急需而兴办的特殊教育。至于天津普遍兴起各类学堂，是在光绪庚子年以后。

三

中国在洋务运动中，引进了一些西方机器生产和科学技术设施，并改善了军事训练和装备。但在 1894 年“甲午战争”中，中国败于日本，元气大伤。特别是把惨淡创建起来的北洋海军，丧失殆尽。从此仅仅过了六年即 1900 年，因爆发义和团运动，又引起八国联军的入侵。各帝国主义凭借不平等条约，肆无忌惮地掠夺压榨中国人民。天津有识之士，在庚子大乱之后，痛定思痛，亟谋普遍创办地方学堂，以灌输新的学说和科技知识，扭转民间的愚昧现象。

当时天津旧有的各书院和义塾，均已先后停废，便利用庙宇作为学舍，是即所谓的“废庙兴学”。公私各方，协力并举，一时兴学之风，有如雨后春笋。首先从光绪二十七年（1901 年）就原来稽古书院旧址，创办普通学堂，后移交天津府，改称天津府中学堂，是为天津有官立中学堂之始。光绪二十九年（1903 年）严范孙、林墨青与盐商卞氏，先后就会文书院和问津书院创设民立第一和民立第二两小学堂，开民办小学堂的先河。又以城隍庙等庙宇创办官立十六处男小学，以毗卢室等庙宇创办官立十一处女小学，这是天津有官立男女小学的开端。当时各男小学大多用原来的庙宇名称作为校名。女小学虽按数字排次，但习惯上仍以庙名或地名称之。光绪三十年（1904 年），严范孙与王锡瑛出资兴办由张伯苓主持的敬业中学，即后来称谓的南开中学，是为天津最早的私立中学堂。与此同时，还有：（一）光绪三十年（1904 年）建于河北黄纬路的长芦中学堂，是为长芦商灶子弟而设的，因班级不多，1908 年与客籍学堂并入南开中学堂；（二）光绪三十一年（1905 年）由孙洪伊独力创办设于城西北药王庙的明新中学堂，因资用不给停辍；（三）光绪三十二年（1906 年）由私立中法学堂改组的如意庵中学堂，旋因挪用其经费改办宜兴埠中等农业学堂，遂告停办。这些官、私立学堂的创办，推动了天津地方早期教育事业的发展。

光绪三十年（1904 年），严范孙应袁世凯之邀，督办直隶学务处，天津知县唐则瑀为学务总办，罗正钧为会办，林墨青与卞禹昌为学务总董。后又设提学使。转年（1905 年）严范孙出任学部侍郎。这对于兴办天津近代教育事业，更起到有力作用。又以天津从光绪三十二年（1906 年）设立劝学所——即后来的天津县教育局，内设劝学员多人，经常分赴天津县境各区宣传劝导，其结果各大乡镇无不建学，更加快了天津近代教育的发展。相继创办的较高级学堂，还有北洋工艺学堂后改为直隶高等工艺学堂、天津师范学堂、北洋女子师范学堂、北洋法政学堂、天津公立中等商业学堂、直隶省立第一模范小学堂和直隶水产传习所等。

外国人在天津创办的学舍，最早的有 1899 年美国美以美会在法租界创设的成美学馆，1900 年日本人创设的日出学馆，1901 年英国人赫德在法租界海大道创设的新学书院，美国人格林在东马路青年会创设的普通中学堂。庚子后德国人利用占据的海大道梁家园外北洋大学堂旧址一部分创办德华学堂。早在1870年“天津教案”后，法国人将侵占的望海楼教堂地址交还我国，庚子八国联军攻占天津后，该地复为法国人所据，重兴教堂，并设法汉学堂，作为教堂的附属。在法租界还有一所中西女学堂。这些外国人在津创办的学堂，虽是各帝国主义为配合他们的政治、军事侵略而进行的一项文化侵略，但在当时却为我国培养出不少具有新学的知识分子。

庚子后在兴办学堂的同时，关于社会教育，设有宣讲所四处：东马路（天齐庙），西马路，地藏庵，北大关（甘露寺）。晚上有宣讲员宣讲，多由小学教师兼任。另有设于河北公园的直隶省立图书馆，内藏古籍不少，由严台孙（侗）任馆长。

庚子后天津兴办的学堂，特别是在小学堂方面，有关教学和管理制度，是以日本的教育为楷模的，并聘请日本教师来津担任教学。这是因为在庚子后严范孙曾两度去日本，参观和了解经过明治维新后的日本教育事业，遂以此为借镜。

天津兴办小学之初，任教的老师都是科举时代的生员出身，其中颇多是科举榜上有名的秀才或举人。像慈惠寺小学校长张绍山，就是“县案首”（县试名列第一）。在维新风气影响下，为了培养新的师资，天津曾派出一部分学员到日本考察学习，在宏文书院学习一年，回来后到各学堂任教，成为中小学教师的骨干力量。1903年秋，经严范孙推荐的天津籍第一批留学日本宏文书院的教师，有陈哲甫、陈筱庄、胡玉孙、李琴湘、华芷龄、郑菊如，俞义臣，徐毓生，刘宝慈、刘宝和等十人。他们当年均依附于严范孙周围，后来多数担任过大学教授或教育厅长等职务，在辅佐严范孙兴办天津教育上做出了不同的贡献。

天津兴办学堂，从庚子到辛亥，这十多年之间，可以说是掀起一个高潮，为天津的近代教育事业奠定了一个强有力的基础。

当年所兴办的学堂，包罗万象，丰富多彩。而且是因时因地制宜，又是因材施教，这是经过一番精密的调查了解，才做出了适合当时客观情况需要的安排。如在高等学堂和中等学堂中，包括师范、法政、工业、农业、医学等类型的学堂。对于师范学堂，全附设小学堂，作为教学的实习地方。特别是有一部分属于各类性质的学堂，其中包括艺徒学堂、简易小学堂、半日学堂、半夜学堂和法政传习所等。这是根据八十多年前天津社会上存在的情况，利用不同的时间，分别招收不同的人入学，用最快的速度，培养实用的人才。因为当时的学舍是很困难的，所以利用不同的时间教学，有效地使用学舍。

天津老一辈教育家王仁安、高凌雯及其门弟子王斗瞻参加编写《天津县新志》时，曾对庚子后天津兴学到辛亥前存在的各类学堂，做了一次调查，计有大学堂一所，高等学堂三所，中学堂七所，男小学堂八十九所，女学堂二十三所（包括中小学），其他各类学堂二十四所，外国人创办的学堂六所，蒙养院三所，共计一百五十六所。

这一百五十六所各种类型的学堂，是天津兴办地方学堂时留下的成果，从这里可以看出它们的性质和分布的地区，是研究天津近代教育事业发展可供参考的资料，特附录于下：

清末宣统三年（1911年）天津县全境存在的各种学堂

1. 大学堂一所

北洋大学堂（西沽武库旧址）

2. 高等学堂三所

北洋法政学堂（河北新开河）

直隶高等工业学堂（河北黄纬路）

北洋医学堂（马家口下海大道）

3. 中学堂七所

天津府官立中学堂（西北城角稽古书院旧址）

直隶高等工业学堂附属中学堂（高等工业学堂内）

天津县私立第一中学堂（城南南开）

天津县私立第二中学堂（杨柳青）

天河两级师范学堂（城西北角）

天津县官立中等农业学堂（宜兴埠）

天津公立中等商业学堂（东门南路东）

4. 男小学堂八十九所

督署两等小学堂（直隶总督署西北）

官立模范两等小学堂（鼓楼西神机库）

官立模范单级小学堂（河东锦衣卫桥）

直隶第一初级师范附属小学堂（西北城角文昌宫）

城隍庙两等官小学堂（城内西北角）

河北大寺两等官小学堂（河北大寺庙内）

行宫庙两等官小学堂（河东粮店后街）

慈惠寺两等官小学堂（城西永丰屯）

药王庙两等官小学堂（老铁桥东）

直指庵两等官小学堂（河北东窑洼）

放生院两等官小学堂（河北梁家咀）

育德庵两等官小学堂（城西老店西）

西方庵两等官小学堂（河东于厂街北头）

玉皇庙两等官小学堂（河北石桥）

过街阁两等官小学堂（河东三皇庙）

营务处两等官小学堂（东门内营务处内）

堤头村两等官小学堂（城北堤头）

广仁堂北两等官小学堂（城西南角）

如意庵两等官小学堂（城西永丰屯）

陈家沟两等官小学堂（河东娘娘庙）

葛沽镇两等官小学堂（葛沽镇）

义振公立初等小学堂（北门里大宜门内）

江苏公立两等小学堂（东门里仓廒街）

浙江旅津公立两等小学堂（英租界海大道西）

三清庙周公祠合立两等小学堂（新城）

新农镇公立两等小学堂（小站）

公立第一两等小学堂（杨柳青）

公立第三初等小学堂（河东盐坨祖师庙）

公立第四初等小学堂（南麻疙疸村）

谢公祠公立初等小学堂（李明庄）

范家庄公立初等小学堂（范家庄三元庙）

右军三营公立初等小学堂（闵董庄）

河东小关公立初等小学堂（河东小关）

李氏私立两等小学堂（高家庄）

于家庄私立初等小学堂（于家庄）

民立第一两等小学堂（会文书院旧址）

民立第二两等小学堂（问津书院旧址）

民立第三两等小学堂（杨家庄）

民立第五两等小学堂（宜兴埠）

民立第六两等小学堂（大直沽）

民立第七两等小学堂（双口村）

民立第八两等小学堂（穆家庄）

民立第十两等小学堂（北仓）

民立十一初等小学堂（丁字沽）
民立十二两等小学堂（小稍直口）
民立十三初等小学堂（杨柳青）
民立十八初等小学堂（安光村）
民立十九两等小学堂（大稍直口）
民立二十初等小学堂（大梁庄）
民立二十一两等小学堂（咸水沽）
民立二十二初等小学堂（韩家墅）
民立二十三初等小学堂（葛沽镇）
民立二十四初等小学堂（贾家沽道）
民立二十五两等小学堂（东马路）
民立二十六初等小学堂（西大沽）
民立二十七初等小学堂（大毕庄）
民立二十八初等小学堂（王秦庄）
民立三十初等小学堂（大孙庄）
民立三十一初等小学堂（西门内张志尧胡同）
民立三十二初等小学堂（秦勾庄）
民立三十四初等小学堂（刘快庄）
民立三十五初等小学堂（詹家庄）
民立三十六初等小学堂（双港村）
民立三十七初等小学堂（李家咀）
民立三十八初等小学堂（董新房）
民立三十九初等小学堂（土城村）
民立四十一初等小学堂（小赵北庄）
民立四十二初等小学堂（灰堆村）
民立四十三初等小学堂（白塘口村）
民立四十五初等小学堂（同义庄）

民立四十七初等小学堂（桃花寺村）
民立四十八初等小学堂（三河头）
民立四十九初等小学堂（后丁庄）
民立五十初等小学堂（河东施馍厂）
民立五十一初等小学堂（城内二道街）
民立五十三初等小学堂（线河村）
民立五十五初等小学堂（东大沽）
民立五十六初等小学堂（西沽火神庙）
民立五十七初等小学堂（八里台）
民立五十八初等小学堂（旺道庄）
民立五十九初等小学堂（刘招庄）
民立六十初等小学堂（蔡家台）
民立六十一初等小学堂（南杨码头）
民立六十二初等小学堂（北杨码头）
民立六十三初等小学堂（于明庄）
民立六十四初等小学堂（吴家咀）
民立六十五初等小学堂（城西永丰屯花神庙）
民立六十六初等小学堂（青光村）
民立六十七初等小学堂（东堤村）

5. 女学堂二十三所

北洋女师范学堂（河北天纬路）
北洋高等女学堂（河北西窑洼）
长芦女医学堂（长芦育婴堂内）
天津女子公学（河北西窑洼）
天津私立保姆讲习所（文昌宫西严宅）
天津县私立女子小学堂（附保姆讲习所内）
天津县普育女学堂（鼓楼西板桥胡同）

公立补遗女学堂（鼓楼东杠张胡同）
天津县官立第一女子小学堂（河北毗卢室旁）
天津县官立第二女子小学堂（东门内弥勒庵）
天津县官立第三女子小学堂（西门内准提庵）
天津县官立第四女子小学堂（河东水梯子白衣庵）
天津县官立第五女子小学堂（太平街白寺）
天津县官立第六女子小学堂（城西北皇姑庵）
天津县官立第七女子小学堂（城北堤头村）
天津县官立第八女子小学堂（河北狮子林）
天津县官立第九女子小学堂（河北窑洼）
天津县官立第十女子小学堂（北门里户部街无量庵）
天津县温氏私立第一女子小学堂（宜兴埠）
天津县民立第一女子小学堂（河东三道井沟赵宅）
天津县民立第三女子小学堂（西大药王庙西）
天津县民立第四女子小学堂（东马路）
天津县民立第五女子小学堂（杨柳青）

6. 其他各类学堂二十四所

天津公立电报学堂（户部街关帝庙）
天津初等工业学堂（玉皇阁）
民立初等商业学堂（天后宫）
民立第一艺徒学堂（北极寺）
民立第二艺徒学堂（大王庙东）
民立第三艺徒学堂（杨柳青）
大悲庵官立初等简易小学堂（东南城角）
天齐庙官立初等简易小学堂（东马路）
西马路官立初等简易小学堂（西马路）
地藏庵官立初等简易小学堂（地藏庵）

甘露寺官立初等简易小学堂（甘露寺）
公立第一初等简易小学堂（城隍庙）
公立第二初等简易小学堂（萧曹祠）
公立第三初等简易小学堂（清真寺）
普及简易小学堂（奥租界）
民立第五半日学堂（天后宫）
第一商务半夜学堂（西宣讲所）
第四商务半夜学堂（药王庙）
广育第一半夜学堂（施馍厂）
广育第二半夜学堂（过街阁）
广育第三半夜学堂（西方庵）
天津法政讲习所（督署学堂内）
法政讲习所（河北公园内）
法政讲习所（南开）

7. 外国人创办的学堂六所

德华中学堂（德租界小白楼）
普通中学堂（东马路青年会）
新学书院（法租界海大道）
法汉学堂（望海楼）
英文学馆（青年会）
中西女学堂（法租界）

8. 蒙养院三所

北洋官立第一蒙养院（窑洼）
严氏保姆讲习所附设蒙养院（文昌宫西严宅）
公立第一蒙养院（普育女学堂内）

四

经过1911年的辛亥革命，虽然是推翻了清廷封建统治，而革命的果实却为袁世凯所得。他登上了民国大总统的宝座犹以为未足，竟妄图帝制，遭到国人反对。1916年袁死之后，继之而起的许多大小军阀各据一方，拥兵自卫，互相争夺，演成十多年的北洋军阀混战局面，致使各地工商凋敝，农村破产，民不聊生。天津是华北唯一大埠，为各军阀所必争之地，在十多年的内战中，损失特别严重。处于如此时代背景下，天津的教育事业受到了极度摧残，官办的学校只在旧的基础上勉强维持已属不易，谈不到有什么发展。甚至有的学校由于经费无着，又被驻军占用，不得已而停办，造成学生失学。

在这一阶段，出现了不少中小学，如觉民中学、究真中学、仰山中学、汇文中学、圣功女中、南开女中、河东中学、河北中学、天津商业中学、秀山小学、新民小学、天津公学、旅津广东学校、紫竹林华商公会小学、交通部铁路系统下的扶轮中学以及最突出的达仁女学、南开学校小学部等等。在大学方面，则有工商学院、南开大学。

关于社会教育事业，在这一阶段出现的，有：（一）1915年成立的天津社会教育办事处，由林墨青任总董，从事社会改良工作，并出版《星期报》；（二）1916年经直隶省公署教育科，天津县劝学所和各学校协助发起，由严智怡、李琴湘、华石斧等筹办起来的天津博物院，除展览品外，出版了不少有关学术性探讨的刊物；（三）由林墨青兼办1925年正式开幕的广智馆。这三个社教事业的创办，在当时战乱的年代，还是很难得的。

概括而言，从辛亥革命建立民国后到1928年北伐胜利这十六年之间，由于北洋政府统治集团把搜刮的民财和举借的外债多用于军费，忽视了教育事业，导致学校经费无着，教职员长期欠薪。更严重的是遭到驻军的摧残和破坏。如达仁女学就是因为遭到当时奉系军阀李景林、褚玉璞等的恫吓骚扰而不得不停办的。又如从1908年成立的直隶省立图书馆，只严范孙个人就捐书五万卷，后又广为搜罗，所藏新旧书籍很多，但在1924年冬，馆址被军队占用，存书被成批地当废纸卖掉，遭到严重破坏。天津博物院也在1925年被军队借驻，同样遭到破坏。这两所社教单位直到1928年北伐胜利后才逐渐恢复起来。

五

1928年国民革命军北伐到了华北，北洋军阀垮台。天津在辛亥革命后原是县治，从这年直隶省改称河北省，天津开始设市——天津特别市。但天津县治仍保留，县境四乡仍隶属天津县，归河北省管辖。

从庚子年天津兴办学堂，天津的教育事业即操于天津耆绅手中。被人崇敬的代表人物是严范孙、林墨青等。其他还有属于二代、三代的人，全依附于严范孙左右，受到他的倚重和支持。

北伐胜利后，国民党新兴派进入天津市。当时天津人认为天津的教育事业，面临着两个严重问题：一是教育经费怎样可以得到保障；二是教师工作如何得到稳定。天津小学教职员于1928年秋，组织了天津小学教职员联合会（简称“小教联”），主要目的是为了维护天津小学的稳定。首先对于原在天津县境已改入市区内的小学属辖问题，坚持要看看市当局对天津地方事业的实际行动如何，绝不同意任意由市里接管。天津建市后第一任市教育局长焦实斋很想尽快地能把原由县管的部分小学顺利接管过来，但是他的这个愿望，终其任也未能实现。天津建市后首任市长南桂馨很快卸任，继其后的是崔廷献。崔到任后，做出了维护天津地方事业和接近天津人的姿态，任命天津人邓庆澜接任市教育局长，同时对天津市的教育经费，也经商妥指定由地方卷烟特税（印花）收入项下拨充，即由天津英美烟草公司每月在应缴的税额下，直接拨付市教育局六万元，作为天津市的教育专款，由教育局与财政局组织天津市教育专款保管委员会。从此天津市有了教育底款，保障了天津市教育事业的发展。

邓庆澜被任命为天津市教育局长和有了天津市教育专款后，天津“小教联”表示欢迎。于是设在市区原由县管的各官立小学，顺利地划归市属。

天津市教育局接管了原由县属的各官立男女小学，并接管几个公立小学，重新编排校名，按一、二、三、四、五区（即北伐前的天津县境城厢东、南、中、西、北区）及特一、特二、特三等三个特别区（即旧德租界、奥租界及俄租界）的次序排列。当时广北小学改为市立第一小学，药王庙小学改为市立第二小学，营务处小学改为市立第三小学，直至白庙小学改为市立第四十一小学。这四十一所小学校，绝大多数是接收原有的县属学校，也有是根据地方群众要求新建立的。各单级学校由于教学上的困难多，收益少，多合并于附近的多级学校里去。比如：天齐庙小学合并到市立第三小学，西马路小学合并到市立第十小学，地藏庵小学合并到第二十八小学，甘露寺小学合并到第十六小学，官一女校也合并到第十六小学。个别规模小的女校，改作为分校。其余像土地庙小学、大悲庵小学等，都被勉强扩充为四个年级的初级小学，暂时予以保留。这些学校在接收后，都是男女生兼收，使男女学童享受同等教育、同等待遇。这在五十多年前的天津教育界，是个进步的措施。

天津市教育局为补救教育人才的不足，于1929年开始筹建天津市立师范学校，以培养师资。校长为时子周，教务主任李体乾，1930年开学。另在河北中山路中山公园（即原来的大经路河北公园）为市立师范学校设立附属小学，在西北城角文昌宫前办了一所幼儿园，作为市师同学实习教课的地方。

北伐胜利天津建市后，除上述的市立师范学校外，还新设立了天津中山公学、私立钱业补习学校、私立震中中学、私立三八女子职业中学。另外还有小规模的私立小学校，据不完全统计，有六十多处，分布在当时的城厢内外和各租界内。当时称这种小学校为“代用学校”。

社会教育方面：首先接管的是四处宣讲所，改名为天津市立通俗讲演所，按数字排列，原东马路宣讲所为第一，西马路宣讲所为第二，北大关宣讲所为第三，地藏庵宣讲所为第四。

北伐后天津由一个县治升格为特别市，与省的地位平级。原来设在天津县的直隶省立图书馆和天津博物院，当时分别改为河北省立第一图书馆和河北第一博物院，由河北省管辖。

为此，天津市要独自创立天津市立图书馆。从1929年开始计划，委天津人姚金绅（书诚）为馆长，进行筹办。购买南开二纬路杨家花园王竹林的大四合住宅一所，作为馆址，1931年六月正式开馆，内分新闻、图书、儿童等阅览部。

另在东马路、西马路、北大关、河东地藏庵、南马路、堤头、河北元纬路等七处，各设一天津市通俗图书馆。

又在郭庄子、梁家咀、西沽村、慈惠寺、西广开、昆纬路、三义庄、河东大王庄、尚师傅坟地、特别二区等十处，各设一市立民众阅报所。

针对原来的天津博物院已归省辖，天津市从1929年到1930年，在中山公园筹建天津市立美术馆，委天津人严智开（季聪）

为馆长。1930 到 1931 年，又在西门内大栅栏购买旧民房一所，创立天津市立民众教育馆，委天津人孙泽民为馆长。前后两道院，内分博物、理化、史地、卫生、游艺等五室，讲演、试验、编印、仿制、调查等五股。

与此同时，租定河北辰纬路以东空地三十多亩，修建天津市立公共体育场，委傅镜如为干事长。这是天津市有公共体育场之始。

在教学方面，鉴于当时失学情况严重，除正规学校外，1930 年在西头慈惠寺大街创办天津市第一职业补习学校，委天津人石承洛（仰周）为校长。课程分普通、商业、工艺等科。又在市内各角落，普遍设立市立民众补习学校达七十处之多。为实现普及儿童义务教育，组设义务教育委员会，以便利推动义务教育工作。更为了培养音体师资，在河东中学内，开办了一期夜班的音乐美术传习所。在市立师范学校内开办了一期教育学班和图书馆学班，也均属夜班，吸收在职人员参加学习。

天津市教育局 1930 年举办了一次留学生考试，选派三名天津市籍的大学毕业生，分赴德国、英国、美国，学习矿冶电机、染织和教育。旧中国以地方的能力派出留学生是很少见的，在当时的天津市更是创举。因为教育有了专款，对私立学校也进行了补助。凡是经市教育局批准立案的私立学校，经过自行申请，可以按照班级的多少，得到一定的补助经费。小学有了补助，私立的中学如河东中学也每月得到四百元的补助费，随之而来的还有河北中学（后改名民德）、普育女中等也相继援例申请补助。南开女中和汇文、新学等中学，都先后在市教育局立案，从此天津市教育局属辖的学校，不单限于小学，而是有了中等学校。这是天津建市后在教育方面的一个变化。

在 20 世纪 30 年代前后，天津市教育局每月有了六万元的专款，这在当时是很可观的。不仅使官立小学扩充了班级，充实了设备，而且对私立中、小学又予以补助。与此同时，还规定了小学教职员的薪级和年功加俸办法。从这一系列的事情，可以想见当时天津市教育经费的富裕，这种情形一直维持到七七事变前。

六

从1931年秋，日本侵略者在我国东北沈阳制造九一八事变，侵占了我东北三省，并组织伪“满洲国”。日本侵略者并不以此为满足，又常以天津日租界为基地，策划组织便衣队，唆使汉奸制造暴乱，扰乱天津地方治安，并唆使汉奸殷汝耕等出头组织“冀东防共自治政府”，进而企图侵占我全华北。当时天津学生们，与全国其他各地学生们一样，在上述这一系列问题刺激下，同仇敌忾，义愤填膺，1935年12月，爆发了“一二·九”运动。当时摆在中国人民面前的唯一课题是，如何维护中华民族的存在。学生们不能安心向学，教师们无法教学，教育机关无力开展教育工作，使北伐成功后几年中逐渐恢复和发展起来的天津教育事业受到影响，停滞不前，直延续到七七事变前夕。

1937年七七事变爆发，天津沦陷。从此在敌伪统治下，篡改原用的课本，增授日语，推行奴化教育。从而天津的教育事业多方面受到摧残破坏，走向下坡路。

1945年8月15日，中国抗战胜利的消息传来，天津人民与全中国人民一样，认为从此可以过一个和平、民主、幸福的生活。但是出乎意料的是，国民党政府要“甄审收复区中学以上的教师和学生”，天津中等以上各学校的师生即于1945年冬，开展了一个“反甄审运动”，经过游行请愿，才迫使当时的天津市教育局取消了“甄审”。随之而来的是，从1946年爆发了全国性内战，人民生活苦不堪言，进入1947年，情况更严重。天津的进步师生在中国共产党的领导下，喊出全国人民的心声“要和平、要饭吃、要自由”，沉重地打击了国民党的反动统治，直至解放战争取得全面胜利。

从1931年九一八事变华北风云日趋险恶开始，继而遭遇七七事变以来的八年敌伪统治，又经历抗战胜利后的动荡不安时局，天津的教育事业总的情况是，不仅停滞不前，而且受到严重破坏。我们今天所看到的全市教育事业的一片兴旺景象，完全是新中国建国三十五年以来在党的领导下逐步发展起来的。

刘炎臣　汪桂年

（《天津文史资料选辑》1984年总第27辑）

天津的各省会馆兴衰始末概述

一、各省会馆的成立

由于天津当南北交通要冲，为沟通南北物资交流贸易的枢纽，商运频繁，住津的外埠官僚商人日渐增多，因而一部分官僚富商为了便于同乡之间在商业上的业务联系和同乡的友谊团结互助，扩大势力，以巩固同乡在天津的地位，先后发起组织会馆或同乡会。其性质可分为两种：一种是以官僚政客、买办为主发起组织成立的，如云贵、江苏、浙江、广东、安徽等会馆及庐阳公所等；另一种是以行帮、商人为主发起成立的，如山西、闽粤、山东、怀庆等会馆和登莱鲁北同乡会，这种会馆极富于行帮性。

二、各省会馆、同乡会、公所的简介

自乾隆四年（1739年）至1931年这192年中，在天津先后成立的会馆、同乡会、公所中除有些会馆公所，如中州、济宁、邵武、吴楚、潮帮、登莱、延邵、高阳诸会馆和浙江纸帮会所，随着时代的变迁而消失，情况难以追寻外，据1956年各省会馆办理结束时，移交天津市民政局的资料，仅存有江苏、庐阳、闽粤、浙江、江西、怀庆、云贵、安徽、广东、山东、山西等11个会馆。兹将移交民政局的11个会馆情况简介如下：

1. 闽粤会馆

地址正门在北门西，后门直通针市街（现第二中心医院旧址），坐北向南，成立于清乾隆四年（1739年），至1956年结束时，已有217年历史。它在历史上是理监事制，由潮州、厦门两帮在天津的驻庄经理潮帮的万世盛、厦帮的苏万利轮流担任管理。在管理中，行政、财务是分开的。如轮到潮帮管理时，须由厦帮掌握财政，轮到厦帮管理时，须由潮帮掌握财政，以资互相制约。后来由于两帮在津成立的驻庄较多，参加管理的也随之增多了，在1937年七七事变以前，是由两帮中的9个在津驻庄的经理轮流管理。七七事变后，会馆管理大权操在兴发号王远勃、同泰号曾幼铮、福兴泰叶荣宗、立丰栈陈其权、同安裕许凤轩等5个经理手中，推举王远勃为董事长，曾幼铮为副董事长。抗日战争胜利后，改理监事制为委员制。

新中国成立后，又形成董事制，仍是由两帮中的5个驻津的经理王远勃、曾幼铮、叶荣宗、陈其权、许凤轩等组成。在这5个董事中，又推出潮帮的王远勃为董事长，厦帮的曾幼铮为副董事长。

1953年天津市卫生局在北马路兴建第二中心医院，曾征用该会馆房基地，由该会馆拆下来不少砖瓦木料，卖出得款近30000元。在1956年该会馆结束时，共有职工6人，正副董事长各一人。副董事长曾幼铮与3个职工合资开设土产贸易行一处，土产公司争取他们转业，但他们表示愿利用会馆的一部分土地，进行农业生产，不参加转业学习。正董事长王远勃自己经营一个土产贸易行，他表示愿将其经手的潮帮房产交政府，自己参加转业学习。

最后该会馆结束时的不动产和动产等财产情况，计有出租的房屋444间半；义地有两处，大直沽义地50亩半，程林庄义地

47.1 亩，合计为 97.6 亩；建设公债 3700 元，现金 15000 元。全部按照山西会馆在 1952 年移交政府时办法处理，房地产全部移交房地产管理局，义地问题从速催促坟主和浮厝灵柩本主限期办理迁葬手续后，土地交公用局，动产交财政局接管。

2. 豫章会馆

豫章即江西省的别名，故名豫章会馆，俗称江西会馆。位于北马路万寿宫胡同，正门在北马路，坐北向南，旁门在万寿宫胡同内，仍有豫章会馆金字匾额遗迹。成立于乾隆十八年（1753 年），到 1956 年结束时，已有 203 年历史。该馆也称万寿宫，供奉的许真君偶像，即神话故事《白蛇传》中的许仙，名逊字敬之，晋汝南人，家南昌，相传在明神宗朱翊钧万历元年（1573 年）敕封南昌许真君殿为万寿宫，准予粉饰红墙，用琉璃瓦铺盖，俨如宫殿，相沿至今，因豫章会馆供奉许真君，故称万寿宫。凡来天津的瓷商航海中途遇有风浪时，皆焚香祝愿祈祷许真君降临保佑，富有迷信色彩。该会馆于庚子年（1900 年）毁于大火，又由瓷业商人集资重建，有大殿一座，东西酒楼各一幢，罩棚池子一座，池子前有戏台一座，东西平房几间，作为会客室及值班人办公室用，前院廊子的西南有长班室、厨房、厕所等，院内有棵老树，蔽日参天，古色蔚然。后又创办旅津江西小学一处。民初时期，张勋、万绳栻担任江西同乡会董事长，天津沦陷时期清官僚李盛铎之子李少微，担任过副董事长，伪社会局长钮传善担任过董事长。新中国成立前夕，会馆的最后负责人是太安丰保险公司经理邓少丞（江西省南昌人）任理事长，宗墨林、涂宗鸿、涂宗国、胡远禔、赵仲轩、曾玉民、熊述陶、王福曜等 9 人为董事，另有职工 1 人。

出租的房屋 220 间，义地 20.674 亩，为民初张勋（少轩）和直隶印花税局局长方治（宣甫）等出资购买的，在宜兴埠二道桥设义庄，在新中国成立前夕国民党陈长捷作困兽之斗时，毁于炮火。此外尚有建设公债100元，在1956年结束时，按照山西会馆移交办法，由邓少丞办理向政府移交，动产移交财政局接管，房屋土地移交房地产管理局，义地葬埋的棺椁灵柩和浮厝的棺柩从速催促坟墓家属办理移葬后，交公用局接管。学校移交教育局接办。

3. 怀庆会馆

地址在红桥区釉店街旧门牌32号（新门牌28号），成立于清同治七年（1868年），当时是为了解决由河南怀庆来天津的药材商的居住和存储药材而创设的。因当时怀庆各药商来津经商者渐多，没有相当的房屋院落居住和存放所带来的药材，乃由药商张连堂等30多家发起，由河南旅津药商集资，购置房屋一处，以便怀庆药商来津居住。

后来由于铁路交通便利，各药商渐渐地赴汉口、香港等地长期驻庄，在天津居住的药商只剩下两家。1937年因会馆无人负责，公推阎怀青主持会务。1943年成立同乡会，选出常务、监察、评议等委员，及常务王昱东、张庆元、史安澜、阎怀青。嗣后因王昱东、张庆元去广州，即由阎怀青负责管理会务。

该会馆最后共有董事4人，其中有2人回河南原籍（1人已死），在天津的董事2人为阎怀青和史安澜。阎怀青于1954年病故，史安澜在东局子开设牧场，会馆事务久不闻问，他自己已不承认是董事，所以不愿过问会馆事务，都由其妻胡秀贞代管，因为她不是推选的，屡次催促召集董事协会选举负责人，但始终未办，会馆组织已无形解体，当时只有临时雇员一人。

作者曾亲自去该会馆调查访问，到釉店街附近打听许久，并无会馆馆址，也无会馆匾额遗迹，来往行人与住户皆谓不知有无此会馆。后遇一老者，经询问此人姓崔，时年70岁，据称伊即住在怀庆会馆内多年，并陪我们到该会馆旧址，讲述过去该会馆是坐北向南大门，门楼上有“怀庆会馆”四大字，内分前后两院，中间有戏楼一座，上有罩棚一座，在演戏时如遇风雨天气，可关闭天窗，罩棚下仍可继续演唱，不受任何影响。但在“文化大革命”后期不久，该罩棚被龙卷风刮走，房屋也均损毁倒塌，后被房管部门将所有房屋拆除，重建住房出租。经过这些年住户不断换房搬迁，老住户所余不多，房屋失修，现已成为破烂不堪的大杂院。当日会馆建筑非常雄伟壮观，风格独特，别具匠心的情景，早已一扫而光，面貌皆非了。

根据民政局提供资料，该会馆结束时的财产有楼房与平房40间，建设公债100元，现金441.68元，在1956年结束移交政府时，按照上级机关批示，对原有动产与不动产均按1952年山西会馆移交办法处理，动产交财政局接管，不动产交房地产管理局接管。

4. 广东会馆

该会馆是清末广东同乡上层人物为便于同乡联系友谊、团结互助，继原有的闽粤会馆之后，新建的另一处会馆。位于鼓楼南路东，旧盐运使署，由天津道唐绍仪（字少川，后任北洋政府国务总理）、凌润台、梁炎卿（怡和洋行买办）等44人发起，经泰常丰、盛祥发、源德泰、裕记、捷茂等商号捐款，历时3年余建成。根据大殿梁（名为断代梁，其檩名为断代檩）上的字迹记载为“光绪二十九年癸卯十二月二十七日破土动工”，“光绪三十年甲辰桂月上梁大吉”，“光绪三十三年丙未梅月竣工落成”字样。全部占地面积6619.43平方米（9.93亩），建筑面积2333平方米。全馆建筑采用砖木结构，既保留了广东、潮州地区的建筑格调，又吸收了北方磨砖对缝的工艺，形成南北文化交融、彩绘建筑规模较大的一个综合体。分为前后两院，前院为宫殿庙宇式的正北房，东西两房为配殿，皆有走廊，全部建筑均为磨砖对缝，青石作碱，青砖瓦房。前院南面为垂珠门一道，上悬黑匾一块，镌有“岭海珠辉”四大金字，并刻有“光绪三十三年丁未仲秋”（1907 年）。前院大殿正面悬有大黑匾一块，镌有“岭渤凝和”四大金字，刻有“光绪三十四年戊申孟春”（1908 年）字样。前院有东西两偏门，可通后院戏楼。该戏楼为主体工程，造型雅美，镂雕玲珑，富丽堂皇，为天津仅存的一处具有中国传统古典风格的舞台建筑，在全国来说也是少见的。戏楼的舞台是伸出式的，台面深 10 米，横 11 米。台口不设柱子，观众视线不受阻碍。舞台上方正中，有穹式藻井，风格独特，并用数以千计的变形斗拱构件，纵横接榫，且有许多凹凸花纹，精致组合而成，能把舞台上的音响很清晰地传到戏楼各个角落。楼下池子为散座，楼上有包厢，可容纳观众七八百人。走廊西面墙壁上刻有碑文留作纪念。玉石碑记共 4 块，一块为“创建广东会馆碑记”系顺德佘莹手笔，端楷字体工整清秀，文云：“人生斯世，不能离群独立，士就燕间，农就田野，工就官府，商就市肆，群萃而州，处其常焉者也，大丈夫志在远图，天地四方皆其所有，只身万里航海，梯山群之，萃者有时而涣，然一闻乡音，感情斯动，从可知桑梓之谊……”

另有碑记 3 块，为“纪念建馆捐款人姓名、数额碑记”，因年久风化脱落，字迹模糊不清，不易辨认。原文开始尚较清晰，如梁炎卿捐 6000 两，唐绍仪捐 4000 两，梁松生捐 3500 两，徐雨之捐 3000 两，蔡述堂捐 3000 两，陈子珍捐 4000 两，郑翼之捐 3000 两，黄云溪捐 3000 两，钟清谿捐 2000 两，张溶轩捐 2839 两 5 钱，陈日初捐 2000 两，苏星榘捐 1283 两 3 钱 2 分，陈简持捐 1000 两，黄夔臣捐 1000 两，陈祝龄捐 600 两，广发源捐 199 两，尚有其他捐款人姓名数字，字迹成片脱落，难以辨认，总计共捐银八万两。

该馆工程豪华，别致典雅，拥有风格独特、别具匠心的古典舞台，充分显示我国劳动人民的艺术精湛和聪明才智。建馆当时梁炎卿正充任怡和洋行进口船务买办，所用木料，多自广东购运而来。复由同乡担任年捐，就会馆余地，附设同乡养病院一所，凡同乡贫而无力就医者，即可入院疗养，无不称便。

中外驰名的京剧表演艺术家孙菊仙、梅兰芳、尚小云、谭富英等曾在此登台献艺。会馆曾利用这座戏楼作为召集开会的场所，其中包括多次富有历史性的集会。例如，1912 年孙中山先生应袁世凯之邀，由广州北来赴京，途中 8 月 23 日到达天津，次日曾在广东会馆演讲，劝勉国人，同心协力，称雄世界。不久，革命先烈黄兴也曾在此作过讲演。又如，1919 年五四运动期间，直隶第一女子师范学校学生除参加游行示威，还在这里演出新剧募捐。邓颖超参加演出新剧《伊藤博文》、《安重根》和《亡国恨》等。再如，1925 年共产党人安幸生组织天津的纺织、印刷、油漆、海员等 20 多个工会，在这里成立天津总工会。抗战胜利后，广东会馆又先后改作天津警察教练所，天津解放后改作学校。

该会馆原设董事 10 人，于每年 1 月召开恳亲会，当众投票选举，其名额分配为政界董事 2 人，广帮 2 人，工商界 2 人，洋行 2 人，潮帮 1 人，共计 10 人。① 复由董事 10 人中互选正副领导各 1 人，管理公箱 1 人。

最后改为董事 13 人，计有杨仲绰、林鸿干、胡稼秋、谭时幸、李寿初、黄绍兴、卓景榕、关锵庭、刘树镛、冼华堂、胡庶园、陆华钦、陈祖瀛。

---

① 合计 9 人，原文误——整理者注。

1916 年旅津广东同乡会由陈祝龄等发起在东局子半道之北，就原来所购置之地 200 亩，划出 20 亩新建山庄一所，以解决从前在津的广东人旅榇寄葬在大直沽闽粤山庄义地丛葬已满的问题。从是年冬开始施工，1928 年竣工。修建工程，参仿西式，规模宏敞，遍栽花木果树，耗资达 5 万元。

1956 年广东会馆结束时，由杨仲绰、林鸿干等负责向民政局办理移交事宜。动产交财政局接管，不动产交房地产管理局接管。义地移交公用局接管。

广东会馆经政府定为市级文物保护单位，虽多年失修，但整体结构还很完好，在十年动乱中，未受任何损坏。1985 年经重修后，焕然一新，是天津市 21 处会馆中最完整独特的一处。现辟为天津戏剧博物馆。

5. 山西会馆

该会馆成立于清宣宗旻宁道光壬午二年（1822 年），距今已有 164 年历史。地址原在河北区粮店后街，为山西烟行聚议之旋门，装有金色门钉。前门在锅店街，后门在侯家后，正门上端镌有道光二年（1822 年）壬午科翰林院编修祁隽藻在同治元年壬戌季夏书写的金字匾额“山西会馆”四个大字，极为庄重。内分前后两殿和春秋楼戏台，修建春秋楼系由山西众商号募捐，有“建修春秋楼捐过布施号名银数碑记”一块，至今字迹清楚，并未损坏，保存完整。可惜现在已被拆掉，作为门前石阶使用，经作者以水冲刷洗净后，见其原文如下：

建修春秋楼捐过布施号名银数碑记

天津城守营都司郝源捐银二十两，天津后补盐知厅张昌仁捐银八两，西河杂货众号捐银五千两，杂货众商号捐银五百二十三两八钱六分，武茶庄众号捐银一千二百十五两八钱七分，又捐公所银一千五百两，晋六吉捐银六百四十两，黄德隆、晋源泉、晋和源各捐银三百两，盐务公捐银二百两，郭森普、泰铨堂各捐银二百两，景在兹捐银一百七十两，粗茶众商捐银一百零四两，皮行公捐银一百五十两，合兴当、仁记当……共捐四千七百两……广顺等布店各捐银一百两，范永盛捐银七十四两。公盛号捐银七十二两五钱，长顺成、天庆德、和美胜、昌美公、顺昌协、恒裕永、复聚裕各捐六十二两五钱，降振伍、降振世、降振韬、降万殊、晋兆泰各捐银六十两，天成丰、源美号、晋德丰、晋裕丰、晋恒德、春晖店、永信号、如松号、如升号各捐银五十两，钱账行公捐银五十两，敬胜号捐银四十两，源和公捐银三十六两，恒美裕捐银三十五两，万昌号、天和谐各捐银三十二两，日昌德、广兴楼、晋义兴、晋钟兴各捐银三十两，和美号捐银二十八两，万盛永、永隆裕各捐银二十七两，蔚泰号、复兴号、万顺号、张映门、邓玉书、广兴布店各捐银二十四两……以上共计一万八千三百七十一两七钱三分。

后殿供奉着关羽偶像，以示关为晋人，又重义气之意。另有正院偏院各一道，因当年来津经商者颇多，远隔关山，路途遥远，困难重重，到津后投亲靠友，并须数年后始能返籍一次。遇有灾病，无依无靠，救济乏人，因此乃由晋省富商巨贾集资建山西会馆，募集经费，凡由晋省来津经商而患病者，可由会馆照顾安置就医治疗；遇有生活困难，又欲返回原籍者，会馆可以开写路条，并付给一定路费资助救济。该会馆除向当局备案外，并分别设置山西各行业商人集会和办公场所，按照行业不同，分配专用房间。1929 年北伐后傅作义在天津当政时期，又重行修建山西会馆。由蔚子丰（颜料业公会会长）召集永信蔚、长胜裕等十几家颜料庄与当行、票号等，成立山西小学校、山西旅津中学，招收山西旅津同乡的子弟入学。在西营门外设立山西义地 10 余亩，经费仍由各地募集。凡由山西来津死亡者，由会馆予以办理埋葬，来津就业而生活困难者由会馆管吃管住。至 1937 年 1938 年间，会馆设立粥厂两处，一处在城隍庙，另一处在侯家后。1947 年会馆改名为山西旅津同乡会，由各商号轮流值日，选举南桂馨为理事长，后改由赵遂初担任，理事有张秉诚等人，总务为马亚甫，秘书为李楚珍，同乡会会员人数约在七八千人。如太原、临汾等十三帮均为会员。

该馆于 1955 年结束，移交民政局，动产移交财政局，不动产移交房地产管理局，义地公墓移交公用局，学校移交教育局接管。

6. 庐阳公所

该公所在南马路丁公祠胡同。成立于清光绪六年庚辰（1880 年），到 1956 年结束时，有 76 年历史。是当年安徽同乡官吏为纪念清政府天津道员丁寿昌（甲午海战时海军提督丁汝昌的弟弟）而建立的，丁寿昌是安徽庐阳人。其组织是董事制，所有董事都是在安徽庐阳旅津的有钱有势同乡中选举，嗣以变迁，虽有这一组织机构，实则早已瓦解，名存实亡。

新中国成立后，自董事吴辅庭辞职后，即由干事、会计、收租各一人，办理一切事务，上无领导，下无群众，每月开支仅赖房地租收入维持，但房地不多，入不抵出，除有不少外债，还经常欠交房地产税，负责干事又不按时上班，工作散漫，公所徒有虚名。

经作者至丁公祠调查访问，遍寻不得，街道附近居民均不知有此庐阳公所。只知这附近叫丁公祠，究竟丁公祠在哪里也说不清楚。后由同陞和鞋帽店老职工李墨林同志（时年 84 岁，在丁公祠已住 30 年）介绍工商联干部王仲儒同志（曾在丁公祠搞过街道工作），乃由李墨林同志陪同访问。据称王的住房就是庐阳公所旧址，即丁公祠胡同 3 号，王本人结婚时即在此屋内，至今已住 40 多年了。现在附近老住户很少了，多数是新住户，对庐阳公所都不知道。王介绍当年公所建筑情况，房屋是四梁八柱砖瓦房，东西南北四面均是各五间的大四合院，构造讲究，木料是由南方运来的，分为前后两道院，前院为 5 间倒座，作为会客及办公用，后院 5 间正北房，东西厢房各 5 间，均为磨砖对缝，大门为虎座大门楼，两旁有石狮各一，在“文革”期间石狮被毁，均无狮头，仅余狮身也残破不堪。通过后院往后走，有祠堂一座（现被自行车工业公司招待所占用了），内供奉四大金刚与丁寿昌牌位，有黄绫幛遮掩，设有香案、香炉、蜡台。这个公所的大门是高台阶，经过多年变迁和失修，现在已变成两级跳坑的大杂院。到 1956 年前后公所的事早就无人过问了，院内任凭住户随意拆改，住户自己垒砌隔断，既有青砖也有红砖，参差不齐。而且每家都设炉灶，烟熏火燎，大好的门窗隔扇，糟蹋得不像样子了。该公所在 1956 年与天津各省会馆同年结束，移交市民政局时，财产情况有出租房屋 58 间半，土地 18.19 亩，上面建有浮房，另有建设公债 100 元。在结束时对动产和不动产均按山西会馆移交办法办理。

7. 安徽会馆

该会馆位于河北李公祠，成立于光绪三十四年戊申（1908 年），是由直隶总督杨士骧及实业家周学熙等募资建立的。后来李鸿章部下将官为纪念李鸿章，集资购置土地，除建立李公祠外，余即捐助会馆盖房出租，另辟地埋葬同乡。

该会馆结束前，负责人周实之、何毓甫、郭望渠、张逸樵、郭治平、陈恩德、方震初等 7 人。另有职员 3 人，工友 4 人。出租房屋 312.85 间，土地 60.02 亩，启新、江南公司、盐业银行、中国实业银行股票 75.023 股，建设公债 100 元。1956 年移交政府接管。

我们曾到安徽会馆旧址察看，当年它是在迁移后的直隶总督衙门（即今金钢花园和第二医院所在地）西首，隔着东箭道与李公祠并列其间。李公祠的旧址大部分现由天津市三十三中学占用，并已改建新楼房。安徽会馆的原建筑已大部分拆除，由天津市乳胶厂改建办公楼和生产车间。另由三十三中学占用一小部分，改建分校。除此以外，在钉着“安徽会馆后街”地名牌的小巷内北部，有一部分原属于安徽会馆的平房，现作为居民住宅，有的虽经过改建，但尚保存了一些原结构，能看出旧日建筑的痕迹。

1925 年 3 月 12 日孙中山先生逝世后，天津各界人士曾在安徽会馆举行追悼中山先生大会。台前高悬中山先生遗像，设花圈挽联，会场仪式极为庄重肃穆，由孙洪伊主祭，宣读祭文，行礼如仪，全体与会者肃立总理像前，默哀致敬，表示深切哀悼。进步人士、爱国人士马千里、宋则久等均到会。

8. 云贵会馆

该会馆在河北宇纬路依仁里 4 号。成立于清宣统二年庚戌（1910 年），到 1956 年结束时有 46 年历史。发起人为直隶总督陈夔龙及其云贵同乡的属员府、道、县等募款兴建，名为照顾同乡来津住宿便利，实际受照顾的很少。最后董事有周静山、薛不器、李迪光、刘国辅等 4 人，只有 1 人负责，管理尚好。另有职工 2 人。

1956 年结束，由周静山办理移交手续，动产移交市财政局，不动产房屋移交房地产管理局接管。时有出租房屋 317 间，土地 28.19 亩，建设公债 700 元，现金 4519.66 元。

我们曾亲去察看了一次，见到依仁里的胡同今犹存在，胡同口砖刻的“依仁里”三字，清晰可辨，为了纪念云贵会馆曾建立于此，现在又钉上一个新地名铁牌，改称云贵胡同。其东侧系与已故大总统冯国璋出租的一片诗经村相毗连。这个会馆从1956年结束后，再经历最近30来年不断变化，原地址多已改变面貌，除依仁里内有7个居民住宅小院，其西首地基已经分由钥链工厂、针织厂二车间、天津制药学校及其附设的实验工厂等几个单位占用，改建办公楼和生产车间，旧日迹象均已消失，仅存其名而已。

该会馆原有看管人员名倪宴成，昆明人，原住依仁里，已于1963年逝世。其子倪文生，现仍住在依仁里七号院内。据谈，他在青年时常到这会馆来，见到主要建筑多是殿宇式砖木结构，现在均已改变旧貌了。

9. 浙江会馆

位于北门里户部街。成立于清德宗载湉光绪十二年丙戌（1886年），到1956年结束时，已有70年历史。它是由长芦盐运使严信厚等发起的，以浙江乡祠为基础，在同乡中捐款购置房产，建立了会馆，原办有中、小学及疗养院等，后来学校由教育局接办，疗养院已停办。

最后任董事为陈亦侯、张章翔、谢铁明、吕雪年、王楚章、唐尧夫、邓庆澜、杜永康、李仲威、何孝美、包亨元、陈心泉12人，陈亦侯为董事长，张章翔为副董事长，另有职工10人。1956年结束时由张章翔经手办理移交事宜，当时有出租的房屋826间，墓地91.824亩，空地43亩，建设公债1400元，均移交政府接管。

10. 江苏会馆

成立于清光绪十三年丁亥（1887年），由江苏大官僚吴大澂、盛宣怀等募资建立。1931 年又由杨味云等捐资购置义园、公墓，办理停柩、殡葬，收取殡葬费用。新中国成立后停止办理停柩事宜，到 1956 年结束时，已有 69 年历史。

最后董事为阮性言、朱作舟、杨固之、周鑑澄、杨豹灵、施敬康、郭定保、卞燕侯、吴颂年、张务滋、胡仲文、钱尔嘉、钱馨如 13 人，职工 6 人。

出租的房屋 509 间半，墓地 66.819 亩，建设公债 760 元。会馆结束后动产移交财政局，不动产房屋移交房地产管理局，义地公墓移交公用局接管。

11. 山东旅津同乡会

该同乡会成立于 1931 年，地点暂借南市杏花村庆善里 9 号（原山东省登莱同乡会旧址），后迁至大沽南路 365 号，开始筹备工作，同乡会门前悬有河北省主席于学忠署题匾额一块。筹备会成员有熊炳琦、吴佩孚、吕海寰、靳云鹏、卢永祥、张怀芝、吴俊陞、潘复、何丰林、劳之常、彭寿莘、王景禧、刘锡三、董政国等 70 人。推选吕海寰为同乡会会长，董政国、常勉斋、刘锡三、徐峄山为副会长，主任为孙传芳、徐皆平、董文有、董连生。

于 1934 年至 1936 年分别聘请宋哲元、张自忠为名誉董事。

根据董事们建议，为了济世活人，应建立医院，收半费或免费治疗，推选张纪正、郭德隆、宋子孚、徐殿元、赵录综为医院董事。

董事刘锡三建议筹办山东公学（先办小学），家境贫寒的儿童可免费入学，由徐皆平（天津大中商报社社长）为校长。

关于义地设置，在未购妥适宜地点前，暂用登莱同乡会在黑牛城的义地埋葬同乡死者。1945 年日本投降后，收回日伪所占会馆的房屋，又创立山东医院。

1946年10月山东同乡会改组，选举靳云鹏为理事长，林稚卿、宋棐卿、徐晓庵、徐皆平、刘锡三、商翔九、赵静民为常务理事。郝任夫、杨文卿、姚博言三人为常务监事，郝为监事长。

1947年2月在滨江道劝业场斜对过，有一家大丰绸缎庄，门首张贴宣传广告，“傈贱到底”。“傈”字有污辱山东人之意，当即引起了山东同乡极大愤怒，因此当日有山东同乡一两千人包围该号质问，一时把滨江道的交通堵塞得水泄不通，形势非常严峻。山东同乡人怒不可遏，非要捣毁该号不可，立时轰动全市传为新闻。后由天津市绸布纱同业公会理事长高孝伯出面调解，最后由大丰绸缎庄在《大公报》、《益世报》、《民国日报》等刊登赔礼道歉启事后，一场风波始告平息。

1947年山东部分地区遭受严重灾害，特邀请著名演员程砚秋、尚小云举行义演，募款3万余元交山东省赈济会救济难民。

新中国成立后，徐皆平病故，由登莱同乡会主持人于东川负责，又经毕鸣岐联络商界知名人士，另组董事会，接办学校。山东医院改名津光医院，后来津光医院交由红十字会办理，并将登莱同乡会合并。最后有董事于东川、赵孝博、徐抡一、原正卿、孙俊臣、张言廷、董连生、宋仁甫等，职员2人。

山东同乡会财产有房屋100间半，其中学校借用30间，出租及外借16间半，存柩54间，义地112.65亩，其中出租2.96亩，余为义地，建设公债50元。

在1956年结束时，所有动产与不动产全部移交政府接管。

上述11个会馆、同乡会、公所，遵照市民政局指示，根据中央第四次全国城市救济工作会议决定，均于1956年内分批逐步结束，办理移交财产手续。

此外尚有山东登莱、鲁北两同乡会，均在1949年1月同时宣告解体，不属移交民政局之列，兹将该两同乡会情况简述如下：

（1）山东登莱旅津同乡会

该同乡会是由山东登州府与莱州府同乡组织成立的。登州所辖地区有鲁东的蓬莱、福山、牟平、荣成、文登、黄县、栖霞、海阳、莱阳、招远等10个县。莱州府所辖地区有掖县、潍县、昌邑、高密、即墨、胶县、平度7个县。上述地区的同乡，以经营饭馆业、粮业的最多，为了加强团结互助，互相支持，就在光绪年间成立“登莱同乡会”，馆址在南市，该会会长为吕海寰、董政国。日军统治时期，由岳福臣（山东福山县人，天津粮业同业公会理事长）担任该会会长，因对日军献媚，为虎作伥，日军投降后，以汉奸罪被捕入狱，该同乡会随之解散。

1946年由宋子孚、孙俊臣、邹馨泉、于东川、贾砚斋、徐晓庵、林稚卿、刘锡三、赵静民、田江川等重组登莱同乡会，由邹馨泉（山东牟平人，天津粮业同业公会理事长）担任同乡会理事长，赵静民为副理事长，地址在南市原会址。

该会在黑牛城今友谊路附近购有义地10余亩，平房80余间，浮厝灵柩数十具。1948年冬登莱同乡会为山东部分地区受灾，特邀请著名京剧演员程砚秋来津义演，募集捐款2万余元，汇交山东灾区救济。1949年1月天津解放，登莱同乡会随之解散。

（2）山东鲁北旅津同乡会

该同乡会于1946年8月成立，理事长为杨文轩，监事长邢桓卿，常务理事赵子久（德县人，五和百货店经理）、杨泽生（谦祥益保记经理）、刘荣浩、焦驿亭。会址在玉皇阁立人学校内，在西郊区小园村附近购置义地一处，平房3间，办理掩埋同乡死者和浮厝棺木，待运原籍安葬事宜。

1947年秋至1948年春，天津市选举伪国大代表、立法委员、参议员时，鲁北同乡会与山东旅津同乡会密切配合，集中选票，选出国大代表张伯苓，立法委员夏景如，参议员赵静民。

1949 年 1 月天津解放，鲁北同乡会随告解体。

三、会馆的结束

天津市民政局根据中央第四次全国城市救济工作会议的决定“各地对旧社团调查工作，不宜拖延，名存实亡、无人主持的旧社团，均应逐步结束”精神，拟订出对当时尚存的 11 个会馆，逐步分批结束的办法和步骤。

1. 对问题多、管理混乱，或已无人负责的，先行结束。如闽粤会馆、怀庆会馆及庐阳公所，尽快于 1956 年第一季度内结束。

2. 对虽有组织，但已不健全，收入少，开支多的单位，如广东会馆、安徽会馆及山东同乡会，争取在 1956 年第三季度内结束。

3. 对江苏、浙江、云贵、江西 4 个会馆，定于 1956 年第四季度内结束。

4. 对这些会馆及同乡会所有的房地产，在会馆结束后，按照山西会馆的结束办法，由天津市房地产管理局全部接收，统一管理。

5. 义地和公墓。各义地埋葬的棺木，少者有百具，多则三四千具，此项有主之坟，房地产管理局是不便管理的，即按照山西会馆处理义地办法，由各会馆对原看管人给以定期生活补助，交其继续管理，并登报声明，限期迁葬，逾期不再负责；如坟地有地耕种，可以维持生活，则不另给补助；如此项义地被征用，则由征用单位集中处理，应由各会馆在结束前，与看坟人办清一切手续，报政府备案。

职工安置问题。会馆职工，在结束前的遣散，应由会馆自行解决，适当安置，原则是：

①自己原有副业能够维持生活者，在经手事情交代清楚后，即行解雇，不另发给遣散费。

②年老多病，又无家可归，确实贫苦无依者，可商请救济分会予以收容，也不发给遣散费。如果有家可归或有亲可靠，得酌情发给原支薪资2至3个月的遣散费。

③其有一定工作能力又自愿另谋职业者，可发给3个月薪资的遣散费。如欲申请劳动部门登记求职者，应经人民委员会批准，通过劳动部门登记，遇机安置，原则上是不发遣散费；如生活确实困难，酌情发给生活补助，但至多不超过原薪资一个月之数。如一个月以后，尚未谋得职业时，可按社会救济解决。上项遣散费用，均由各会馆在结束前办理清楚。如自己无力支付，得在所有家具变价款内付给，或由其他会馆结束费内提拨。

对各会馆所有家具、证券及现金等动产，均按照结束清册，全部交财政局接收办理。

谢鹤声　刘炎臣

（《天津文史资料选辑》1992年总第56辑）

旧时天津的各类茶房

在旧社会，天津称干侍候人工作的人，如从事红白杂活的和在戏院、饭馆、澡塘、旅馆等服务的人为“茶房”。半个多世纪前，天津的一些电影院、饭馆、茶社和球房等新兴起的女服务员——女招待也被划入“茶房”的行列。

吃红白事饭的茶房

从事红白喜事的茶房，是专为举办婚丧嫁娶、生育婴儿和庆祝寿辰各事服务的。所谓“红事”，就是喜事，包括娶媳妇、聘闺女、生小孩、做生日等事；“白事”就是丧事。这两者在天津俗称“红白事”。

在旧社会，天津举办这类红白事有许多繁文缛节的风俗习惯。嘛事怎么办，吃红白事这行饭的茶房全都了解，他们知道许多传统的红白事仪式、礼节和习俗，并且能够很妥帖地替事主出谋划策，圆满地把一切场面应付下来。

干这行事务的茶房，在天津俗称“茶师傅”，或按照他们的姓称之“王师傅”、“李师傅”等等。旧时干这一行业是伺候人的，处于奴仆的地位，他们见了事主或有关人员要请安，尊称“爷”。茶房在伺候喜寿事时，要穿一件蓝布大褂；伺候丧事时要穿一件白布大褂；如果是冬天在讲究排场的富家出大殡时，搀扶着“重孝子”（如亡人的儿子）的，要反穿一件羊皮马褂。

伺候红白事的茶房，工钱按“工”计算，每干一天活，叫做一个“工”。如从白天到晚上连续干下来，要另加一个工的工钱。伺候完一场红事或白事，累计干了多少天，就算多少工。在办婚嫁喜事上，日期比较短，办完事就算完了；而在办“白事”方面，遇到富有之家，丧葬诸事从亡人刚一“倒头”（咽气）到出殡，特别是死了上年纪的老人，在天津习惯上叫做“老喜丧”，拖延的日期更要长些。讲究排场的人家，有的要在家停灵多少“七”，每7天算是一个“七”，由“一七”、“二七”直到“九七”、“十七”，甚至还有延长到100天的。长期在家里停灵期间，讲究办“佛事”，就是要请僧、道、尼念经，有逢“七”念经的，也有每天要念经的。遇到这样讲究的事主，就需要茶房伺候一个很长的时期，因此茶房遇阔主办白事，可挣一笔很可观的钱，尤其是茶房头儿，所得的工钱更要多。

吃红白饭的茶房伺候事主的收入，除了按天计算应得的工钱外，还可以有许多进零钱的名堂，有所谓“点心钱”、“饭钱”、“酒钱”、“喜钱”和其他要得到的零钱，他们巧立名目，不胜其繁。这些零钱的收入，要看事主办事铺张排场的程度而定，可多可少，没有什么明确的规定。

就天津旧日的习惯说，举办婚丧大事，凡是规模排场较大的，事主并不亲自出头露面，而是要邀请一位能办事的亲友代为主持一切，称为“总理”，在白事方面也叫“大主丧”。如茶房遇到好说话的事主或主持人，他们更是有机可乘，嘴里老是不断地称呼“大爷”或“二爷”等，以博得事主或代为操办人的欢心，藉此可以浮开冒报，多捞一些钱。

有的茶房头儿不但向事主多捞一些钱，还施展各种手段，讹索别的行业。譬如，包办酒席的不给茶房钱，茶房就在酒席宴前端菜时故意放上一只苍蝇，或在汤里撒一把盐；棚铺不给他钱，茶房在悬挂幛联时就故意把崭新的苇席捅些大窟窿；念经的僧道等不给他钱，茶房就故意把僧道穿的“法衣”弄脏或烧个小孔。诸如此类的事常有发生。

有的小门小户办红白事，只要找到一位老实可靠的茶房，就可以代事主操办一切。因为他什么都懂，该花什么钱，该用什么东西，他心中全有数，可以精打细算地给事主把事办圆满了。

新中国成立前，天津吃红白饭的茶房约有600多人。他们的组织以“牌”为主，十人、二十人或三四十人，均可以各自组成一个“牌”。凡在同一“牌”组织之内，关系比较近，有事尽先在一块干。他们彼此经常在茶楼见面，如北门西的宝和轩茶楼、西大湾子的得庆园茶楼、南门外的云香茶楼、南马路官沟大街的润香茶楼、天后宫的诚议茶楼等等，全是早年茶房聚会的场所。他们每天清晨必到同伙熟识的茶楼上喝茶，彼此碰碰头儿，互相了解信息，如果有事主用人，由头儿商议应该去多少人就去多少人；如果没有事主用人，见面后就各自散去。

俗语说“行行出状元”，干哪一行都有出人头地的。往日在天津吃红白事的茶房，提起左连璧其人，没人不知的。他能说会道，上人见喜，成年总是为人忙乎红白事，因此他来钱容易，生活特别富裕。

新中国成立后，社会上奢侈之风大大减少，办红白事也多从简，茶房这一行便无用武之地，相继转业改行了。

戏院中的“三行”

天津的戏院，旧名戏园，又叫茶园，后来才统称戏院。其中的服务人员有所谓“三行”者，他们是：给观众找座儿、卖茶水和临时代观众保管衣帽的；售卖糖果、瓜子、萝卜、鲜货的和打手巾把让观众擦脸的。这些杂役人员，算是戏园中的茶房，俗称“三行”。

早年的天津戏园，戏台前和左右的座位，不是每排个个连接起来的椅子，而是一排挨一排的长条板凳，也没有排列的号数。观众走进戏园，可以买票，也可以先不买票，无所谓凭戏票对号入座的办法，而是自己随意就座，或由茶房引导找一个位置较好的座位。这专管给观众找座儿和卖茶水的茶房，照例是把“池座”（前几排较好的座位）预先全占下，用以接待给“小费”的观众。他们预先占座位的方法，是用许多茶碗连着扣在几条长板凳上，一只茶碗占一个座儿，意思是说这些座儿全已有主了。看座的茶房，每场戏（日场和夜场）都是按照这样办法安排好以后，他就不断地出入戏园大门口，看到有观众走进来，便点头儿哈腰地迎上前去，表示热情接待。他对走进来的观众先问一声：“您有几位?”然后引导观众到预先用小茶碗占好的座位就座，并把茶碗翻过来摆好，这便算是他给找的座儿。跟着他递给就座的观众一张当场的戏单，并把沏好的茶水壶送来，备观众自斟自饮。有的观众还要把个人穿戴的大衣、马褂和帽子等脱下，交给这看座儿的茶房，送到存放衣帽处临时保管，并拿回一个小木牌来，交给委托存放的观众，作为凭证。等到临散戏前，再凭这个小木牌，由看座儿茶房把原物取来。这看座儿的茶房可以因此得到小费。数目的多少要看观众的情况，手头大方的观众，给的小费就多一些。

“三行”中售卖糖果、瓜子、萝卜和鲜货的茶房，一旦看到有观众进来坐下，就在这观众面前摆上一两碟糖果、瓜子、萝卜等，花说柳说，再三强卖，不买也得买。

在观众正入神地看戏或演唱时，打手巾把儿的茶房来了。他手里攥着一小卷包裹着的热毛巾，每到一位观众面前，便递给一条热气腾腾的毛巾说："您擦脸。"熟悉这种情形的观众都知道擦脸要给小费，为了免去麻烦，便顺手接过毛巾擦擦脸和手。茶房每场戏要给观众打两次毛巾擦脸，头次不收钱，第二次才收钱。也有的观众不愿意擦脸，板起面孔摇头，示意不用。茶房就要给这样的观众一个眼神看，使人感到很难堪。

戏园中打手巾把的茶房，是在空中传递手巾把。两个人相对传过来传过去，技巧非常熟练，就像打篮球传球一样，扔得俏皮，接得准确。特别是在南市大舞台的大园子，那是三层的楼房，空间很高，打手巾把的茶房一人在楼下，一人在楼上。来回传递手巾把，施展熟练准确的技巧，常引得观众们只看空中传递手巾把而不顾看台上演员的演出了。

旧日天津戏园查票的办法，是在台上演出过了多半场时，才开始向观众检查戏票。由前台负责营业的人员带领一二名茶房，抱着"钱斗"挨排依次来收票，名之曰"下票"。有的是把观众已经买到的票收回，对没有买票的，当场按票价收钱，早晚场全是如此。

从表面上看，这"三行"茶房对观众的服务很周到，但是观众要处处拿钱"领道"，就是要多给小费，否则会遭受奚落，生闷气。从"三行"手中买到的糖果、瓜子、萝卜等，均较戏园外边的售价贵几倍。特别是在每场演出中，由于这"三行"茶房们在观众席间频繁地往来穿梭，使观众们的视线不胜其扰。新中国成立后，旧戏园里的"三行"才被取消。

饭馆"跑堂的"茶房

旧时天津经营饭馆这行生意的与一般商业组织不同，饭馆里所有人员都可以在"股"有"份"。例如：饭馆的经理是掌握全面业务的，买卖的好坏全看他是否善于经营管理。厨房掌灶的师傅，要具有高超的烹调技术，手艺的好坏直接影响着顾客的口味。“面案”和“墩上”的师傅，他们各自掌握下料和配料，下料少了怕伤了主顾，下料多了又容易亏损，所以他们也须是饭馆的财东，应该在“股”有“份”，使他们时时感到个人工作的好坏，与饭馆的整体有休戚相关的联系。

除了上述人员外，饭馆的茶房，俗称“跑堂的”，内行称呼“拉家伙的”，更是早晚应付门市的重要人员，所以他们在饭馆里也都是在“股”有“份”。虽没有“钱股”，也要给以“人股”。

凡是跑堂的能手，全会做生意，他们都有一套上人见喜的本领，有着精明的头脑，记忆力非常强，只要是接触过的顾客，下次再来要认得出来，主动地跟顾客搭讪说话，见什么人说什么话。顾客一进饭馆，跑堂的先迎上去，表现出很熟识的样子，热情招待，使顾客欣然入座。

顾客落座后，茶房先擦桌面，摆羹匙和筷子等餐具，然后问“您吃什么？喝酒不喝？”再根据顾客的意向报菜名。在从前的老饭馆里，全不标写菜名和菜价，都是记在跑堂的伙计头脑里。顾客点好菜以后，跑堂的高声把菜名报到“灶口”上，跟着陆续把酒、菜、汤、饭等端上来，这一切吃喝食物从不开什么单子，全记在跑堂的心里。当最后一个汤菜端上之后，要对顾客说：“齐啦，您还要什么？”最后算账时，跑堂的把顾客所吃的饭菜一样一样地念着价钱，当场口头累计出来，清楚地报出总数，不会弄错。所以干跑堂的必须是手快、眼快、嘴快、腿快，总起来说，头脑清楚才会受人欢迎。

跑堂的所以要这样热诚地招待顾客，让顾客吃舒服了，不仅使饭馆营业兴旺，自己也可讨顾客欢心，多得一些小费。旧时天津各饭馆的风气，顾客多是把应付的饭费找回来的尾数作为小费，付给跑堂的。顾客付给小费后，临走时跑堂的必高喊一声付给小费的数目，表示谢意，然后把这项小费交柜，由账桌上司账的先生代管，最后按各人所担负的职责大家劈分。

有的顾客还要专给跑堂的个人小费，有的是在叫菜时就悄悄付给负责招待他的跑堂的几角小费，意思是让他好好照顾，等于是变相“行贿”买好；也有的是吃完了饭付给小费，以表示招待的满意。总之，顾客去饭馆吃饭，要用小费领路，否则会被跑堂的瞧不起。早年在天津各大饭馆干跑堂的茶房，连大家公开劈分和个人独得的小费，每天能落两三块现大洋，这在当时是很了不起的收入。所以在饭馆工作的茶房，谁也不计较每月本人的工资多少，而是把注意力集中在小费上，这额外的小费反成了主要的收入了，这便是俗语所说的“汤比肉还肥”。

在旧日天津各大饭馆跑堂的茶房，还兼办对外的交际工作。他们常到一些熟识的大商号和各大宅门招揽请客或承包红白大事的酒席。他们能替一些富绅巨贾们出点子，代想应时的酒菜，以勾起这些人的食欲，摆几桌酒席，这既可以让饭馆多做几水好买卖，个人也可以多得些小费。

澡塘“看箱口的”茶房

早年天津的澡塘子规模很小，设备简单。在这里伺候洗澡顾客的茶房俗称伙友，也叫“看箱口的”。

所谓“看箱口的”，是因为旧式澡塘子没有给顾客预备可以躺卧歇息的床铺，只是在洗池外屋四周设有几条长板凳，供顾客们脱穿衣服和歇息。长板凳后边四周靠墙地方，各设有一长排像壁橱般的木格立式衣箱，每排分成若干个衣箱口，每个箱口前面各有提板，可以随意提上拉下。每位顾客各使用一个这样的衣箱，存放自己的衣物。因为澡塘茶房是经管看护这项木格衣箱的，所以被称为“看箱口的”。

旧式规模较大一些的澡塘茶房，柜上管饭。但只管干粮，每天一顿馒头，一顿窝头，不管菜。每月初一、十五改善一顿饭食，吃捞面管菜卤。茶房没有工资，全仗着顾客给小费作为劳动的代价。

旧式一般小澡塘的茶房，又与此有些不同。因为小规模的澡塘，连业主和茶房只有三四人，不能起火做饭。这类小澡塘，在某一地区只有这么一个，它的业主、“看箱口的”和来洗澡的顾客，都是这一方左邻右舍的人，而且非亲即友，关系密切。顾客平时不给小费，只是每逢三大节才各给一次小费。另有一个节日，是农历七月十三日。据说这天是“头发爷”罗祖的生日，旧日各澡塘在这天要摆设茶棚，邀请曲艺演员演唱，招待顾客欣赏，意在多争取些主顾。澡塘的茶房要在事先准备很多小包好茶叶，凡来洗澡的顾客都要送一包。有些人是每天准去洗澡，早、中、晚各有一路主顾，对这样每日必来洗澡的常客更不例外。澡塘茶房借着送茶叶向顾客要小费。客人在接受小包茶叶后，在临近七月十三这天前来洗澡时，要付给“看箱口的”茶房一两块钱以示情谊，否则显着丢面子。这在天津也是一种习俗，小澡塘子的茶房平日不收小费，每逢七月十三这个节日，要收进一笔很可观的小费。

天津旧时的澡塘子，在门前或院内高高挂个小红灯笼，作为澡塘的标识。另外，在院内或房顶上悬挂一块铁制的“云板”，每逢清早或中午池子换清水时（俗名“换池子”），必由茶房很有节奏地敲打一次“云板”，用这种“丁当丁当”之声唤醒附近人们，意思是告诉大家现在换清水了，快来洗澡吧。旧日澡塘门前有副对联：“金鸡未唱汤先暖，云板轻敲客早来”，成为天津澡塘子专用的联语。而敲“云板”是茶房每天要做的一项工作。

在二三十年代，天津出现了多处设备较好的新式澡塘，增添了床铺，供顾客们存放衣服和躺卧。有的顾客洗完了澡还要在床铺上睡一觉，想什么时候走，可以预先告知茶房到时叫一声，这叫“叫醒”。茶房还可以代顾客存放自用的毛巾和肥皂，给顾客搓澡、捏脚、捶腿，以及代顾客去外边买饭菜等等。顾客只要肯破钞给小费，茶房无不竭尽全力迎合顾客心理，让顾客得到满意的享受。所以旧日澡塘子的业主很重视茶房的人选，全仗着茶房招待好顾客。因为常洗澡的顾客并不是专选择设备好的澡塘子，而是要选择哪家澡塘子有伺候顾客周到且能搭讪谈话的好茶房去洗澡。茶房伺候顾客的周到与否，能影响着澡塘营业的好坏。

澡塘茶房还有另外一项收入。到了30年代初期，天津澡塘营业出现了萧条状态。针对这种情况，为吸引顾客，日租界旭街（今和平路）新旅社旁新园澡塘，首先试办男女“洗对盆”，即男女两人同在一个单间洗澡。刚开始时，只有男女日本人洗，渐渐中国男女也有同去洗的。这事传开以后，如小白楼的天香池、张庄大桥的元兴池、南市玉清池、劝业场华清池等等，也都争相效尤，一律接待男女顾客“洗对盆”。如果一个男顾客想洗对盆，自己没有女伴儿，澡塘的茶房可以代找陪洗的女人。

藏垢纳污的旅馆茶房

旧社会天津的旅馆，多招纳一些纨绔子弟、富绅大贾、跑码头的行商，还有卖淫的娼妓，三教九流，无奇不有，形成一座藏垢纳污的魔窟。

在英租界有外商经营的利顺德大饭店、皇宫饭店、莎维饭店，专住外宾和高级华人。法租界有华人开设的国民饭店、交通旅馆、惠中饭店、佛照楼、中国旅馆等，招待上层人士和来津演出的伶人。日租界有花园饭店、息游别墅、德义楼等。南市有南市、华安、远东、新新等中型旅馆，都是接待一般外地行商和来津办事的过客。这些类型不同的大小旅馆，常常旅客盈门，生意兴隆，因而各旅馆必须雇用许多服务人员，俗称“茶房”，来为旅客服务。

过去旅馆也叫旅店，服务的茶房称为“店小二”，是一种侍候人的下贱工作，被人瞧不起。但这又不是一般“窝囊废”能干好的活。他必须有眼观六路、耳听八方的能耐，熟练一套马前三刀的本领。对有权有势的人，要低声下气，逆来顺受，善于应付。因此，想跨进旅馆当一名茶房，不是轻而易举的，须托情烦窍，钻营送礼，还得有保人，保证不偷摸旅客的东西，不私留旅客赏给的小费，如数交公。倘有差错，由保人负责一切。立下这样的字据，才能获得当茶房的差事。

旧社会的天津旅馆茶房月薪很低，每人每月不过三两块钱，店方管饭。主要的收入是仰仗旅客给的小费，这项收入是按照人员级别分钱，掌柜的（经理）除按月收回全部房钱外，还要从积存的小费里分到一份，茶房头儿分两份，茶房分一份，杂役（俗称“小跑儿”，是十四五岁的贫苦孩子，供茶房驱使，给客人买东西，买饭等）只分得一小份。

茶房收进的这项小费是公开的，每人每天从旅客收进的小费必须交柜。但在实际上，茶房交到柜上的小费只是他个人收进的一小部分。他暗自扣留下来的数目比交柜的要多好几倍。

旧时天津旅馆掌柜的，按全部房间一个月的收入，每半个月或一个月向茶房收取一次，不管有无空房、卖钱不卖钱，掌柜的只得固定的收入数目。这样的承包办法，更使承包的茶房得到好处。旧时有些旷夫怨女，双双溜进旅馆开房间幽会，不敢久留，事毕匆匆离去。因而每间客房一天可住临时客人三四次，收进的这几次房费只交柜上一次钱，其余的全归茶房个人独得了。

20世纪30年代以后，天津的许多旅馆都有一些卖淫的“野妓”（俗称“野鸡”）。这类野妓不同于公开在各娼窑挂牌接客的妓女，她们没有在主管官厅注册纳捐，也就是所谓的“暗娼”、“游妓”。她们大部分是贫家妇女，生活无着，又不肯出头露面以卖淫为业，只好走进各旅馆出卖色相，换钱度日。这类出卖色相的野妓是很艰苦的。她们进入旅馆，必先通过旅馆的茶房引荐，才能到各房间接触客人。而旅客要想找一个野妓，也必须通过茶房代为物色，因之茶房便成为双方的引线人，茶房可向野妓和旅客双方讹索酬劳费。

每个旅馆的茶房都有各自熟识的野妓伙伴，有的拥有一两个或三五个不等。遇有旅客要找野妓陪宿，茶房就将自己熟识的伙伴介绍去。茶房同野妓伙分这笔“陪宿费”，按“四六”或“三七”劈账。

野妓还有更深的隐痛。她为了多拉客，多赚钱，还要自愿献身于茶房。有时今天没有陪宿旅客，便同常帮她忙的茶房睡一宿，以换取他的欢心，可以多“照顾”她。

天津的一些旅馆，除了有隐藏的野妓外，到后来竟发展到妓女在旅馆公开卖淫。过去像法租界的交通、惠中、北辰、伦敦、巴黎等等旅馆的房间，大多数全由妓女、舞女等长期租用。生意好的妓女，在她的房间内经常有嫖客的“牌局”。每桌牌局，照例要先给茶房四元的“牌底”。茶房并不管侍候，只是在嫖客打牌时给搬搬桌子，提供牌用。假如一个茶房在他经管的这一段房间全有“牌局”，他收入的“牌底”钱常有超过十多元的，这在当年是很可观的收入了。

旅馆的茶房还多跟卖鸦片烟的有拉拢。住在旅馆的客人如果想吸鸦片烟，茶房就可端出自己备有的烟枪、烟灯，送上烟泡，供客人抽吸，过过大烟瘾，有的客人还要招呼暗娼陪着烧烟。茶房既可收得开灯供烟钱，又可向野妓分卖身钱。特别是处在南市“三不管”一带的旅馆，这种情况最多。

住在旅馆的客人，吃饭多由茶房代买。旧时各饭馆为了抢着做生意，多设法与旅馆的茶房相勾结。茶房代客买饭，可得提成。有的饭馆每天免费供给所勾结的茶房一日三餐，这项开支就加到旅客的吃喝账上。因之旅馆的茶房，每天吃喝照样有鸡鸭鱼肉等美餐，用不着自己掏腰包。

女招待——女茶房

以上所述及的各种不同类型的茶房，均属男性。另外还有一部分妇女茶房，她们开始出现于30年代天津一些电影院、饭馆、茶社和球房等场所。

女招待这种职业，首先是从电影院兴起的。因为当时无声电影片没落了，一套片子反复放映，惹得观众生厌。而新兴的有声电影片又来源缺乏接续不上，致使天津各电影院的业务出现了极不景气的局面，营业额一落千丈。针对这种情况，当时天津电影院的经营者不从正面想办法开拓业务，而是向邪门歪道打主意，在各自电影院附设的小卖部，添设了一批女售货员，由她们售卖茶水和糖果等吃喝，人称“女招待”，以招引观众。这类女招待打扮得花枝招展，常是在观众坐的椅子中间穿梭般地来来往往，一杯一杯地卖茶水，并利用影片放映时场内一片黑暗，磨磨蹭蹭，勾引挑逗，有的观众与女招待厮混到一定的火候，便可择地幽会。这种勾搭，在当时设有女招待的电影院是普遍存在的。

当时有的饭馆也雇用女招待招徕顾客，并在饭馆门口立有

“女子招待”的招牌。凡是到这类饭馆的都是“醉翁之意不在酒”，别有企图，等于是去妓院打一次“茶围”。“吃女招待去”，成为时兴的一句口头禅。

茶社雇用的女招待招待顾客的方法就更近乎妓院“打茶围”了。这类茶社全辟有若干小单间，遇有顾客来喝茶，由女招待让进单间，沏茶、打手巾把、摆瓜子糖果，出出进进，殷勤招待，这完全是在妓院“打茶围”的局面。等到茶客与女招待厮混熟了，打情骂俏，什么事都可以做出来。

新中国成立前天津有天纬、永安、圆圆、巴黎等六七家台球房。它们的生意在 1937 年天津沦陷后比较兴旺。各球房为了吸引球客，全雇用看球台的女郎，陪伴球客打球。她们一般是由于家庭生活所迫干了这行，可以说算是球房的女招待。陪伴球客打球，必须有一定的打球水平，才能使球客满意。她们每月除有少数的工资，还依靠球客付给的小费。有的球客在与看球台子的女郎心心相印达到火热高潮时，也就可以为所欲为了。

当年的女招待，是以兼操副业谋生，也是过着一种出卖色相的生涯，对社会教育、治安都造成很不好的影响。天津解放后，在党和政府的教育改造下，这些女招待转入其他行业开始了新的生活。旧社会的污垢被人民政府铲除了。

（《天津文史资料选辑》1994 年总第 61 辑）

天津青帮见闻杂记

青帮，又叫安清帮，俗称“在家里”。它是在中国封建社会产生的一种原始形式的民间秘密团体，是以宗教迷信为联系纽带，在家长制统治下形成的一种封建组织。它与洪帮以兄弟相称的关系不同，是一个纵的关系，是师徒相称的帮会组织。

青帮是随着当年由南而北的漕运出现的，而其发展和日益嚣张的活动，是在20世纪的20年代才开始的。当时北伐革命大军正节节胜利地向北方推进，垂死的北方残余直鲁联军头头张宗昌、李景林、褚玉璞等盘踞山东、直隶（今河北省）正做着最后的挣扎。1926年褚玉璞进占天津当了直隶督办之后，他手下的天津军警督察处处长厉大森（原是山东青帮大字辈头子），为扩展个人势力，便在天津组织青帮活动。由于李景林、张宗昌、褚玉璞全是青帮头子，在他们支持和纵容下，厉大森利用他青帮二十一代大字辈的老资格，开始在天津收徒弟。厉大森的徒子徒孙和其他落脚天津的不同帮派的青帮以及许多脚行把头们，也均在开山门，摆香堂，各自纠集门徒，使青帮的组织谱系在天津日益膨胀。他们为非作歹，甚至与日本人相勾结。与此同时，由于处于战乱年代，失业者多，谋生不易，不少人幻想能得到青帮“义气”的帮助，免受恶势力的欺压，纷纷想办法参加青帮组织，以求自保，其中包括很多公教人员和买卖人。因而青帮人员遍布天津各个角落，究竟共有多少没有确切数字。当时凡参加青帮的，每人都有一个折子，上面写着本人的姓名、住址，“香头多高”

（即辈数多高），属哪个帮派，师父是谁和帮内的一切帮规条款等等，这叫做“海底”，也称“通草”。但因时过境迁，人事凋谢，难得其全，故知之不详了。在这里我们仅就为人们所熟知的一些在天津的青帮人员，按照他们参加的青帮帮派、辈数，列出谱系，并简述其分据的不同角落，以及他们残害人民，彼此倾轧的情况，从这里可以窥见他们的来龙去脉和相互关系。遗漏和错误势必难免，敬希指正。

天津青帮的部分谱系

20世纪20年代到天津解放前这二十多年里天津存在的部分青帮，除前二十四代中第二十代“礼”字辈的李金鳌外，主要是最后四代的大、通、悟、学四辈。

李金鳌，天津西头永丰屯人，清末曾同贾凤雄去上海，闯荡江湖，30年代初病逝于津门故里。

二十一代“大”字辈：

王宝元，山东费县人，嘉海卫帮，白云生的老师，曾在李景林部下任连长。

袁克文，字寒云，河南项城人，为袁世凯次子，在上海进家，是由师兄代收，兴武六帮。在上海、天津等地收有很多徒弟，独自成为一种势力，1931年死于津门。

吴鹏举，江苏沛县人，江淮泗帮。曾任天津内河航运公会会长，天津“安清道义会”会长，称霸天津河北大街、大红桥一带。

魏大可，字汉卿，山东巨野人，嘉白帮，是张垂恩徒弟，与王大同为同参兄弟，曾收日本人土肥原贤二为徒。晚年自号“奇叟”。

王大同，又名约瑟，山东沂县兰陵镇人，自称是南洋船主郑老板的徒弟，嘉白帮，曾是基督教徒，去过南洋、北京、上海、太原、天津等地，广收军政界和大商贾为徒，如何应钦、张宗昌、杨宇霆、刘多荃、王靖国、陈觉生、冯司直等，均为其青帮弟子。此人穿着和行动均极古怪，行动诡秘，被认为是江湖骗子。

王慕沂，住天津法租界宜友坊。曾任天津德兴盐务公司董事长、恒源纺纱厂副董事长，天津“安清道义会”会长。

张英华，原是北洋政府财政总长，日伪时任天津内河航运公会副会长。

厉大森，山东人，原是山东青帮头子，曾任天津军警督察处处长，为褚玉璞的青帮老师。

贾长清，为杜记脚行把头杜洲和称霸丁字沽的王士海的青帮老师。

二十二代“通”字辈：

白云生，山东历城人，为王宝元的徒弟，曾在厉大森手下任职，在天津开码头，收牛占元、袁文会等为徒，党羽极多，从20年代到40年代，名闻津门。

张凤岭，山东人，兴武泗帮，为赵德成徒弟，精通青帮“海底”，住天津敦厚里。

魏子文，安徽芜湖人，为王大同徒弟，在天津经营赁货业，字号叫“大事全”，承包红白事，人称“魏小辫”，曾在天津内河航运公会任科长。

杨锡庆，天津人，为吴鹏举徒弟，绰号“小刀子杨七”，曾在天津东马路开办国民戏院，1940年随其师吴鹏举任天津内河航运公会科长。

张逊之，河北深县人，曾任天津《大公报》采访主任，利用青帮，到处伸黑手，既亲日，又参加国民党军统组织。

陈友发，天津人，为天津英法租界青帮头子，与英租界警务处长李汉元关系较近，曾任天津警察厅庶务主任。其所收门徒，多是英法租界内商号经理，海关外班职员，报关行人员，在出进口贸易界吃得开。

管兴权，北京人，嘉白帮，曾任天津北洋戏院经理。

管华亭，天津人，侯家后一带青帮头头，曾任天津侦缉队队长，东来轩茶社经理。

王文德，天津人，嘉海卫帮，为刘广海之师，在西南城角一带称霸。

王士海，天津丁字沽人，为贾长清之徒。日伪时任河防队队长，收徒千余人，在丁字沽一带称霸。

张士骏，号子腾，执行律师业务，为厉大森之徒。

毕馨斋，为袁克文之徒，天津安利洋行买办。

王汉臣，为袁克文之徒，英商天津驳船公司华账房买办。

李明德，为袁克文之徒，外号“山东李”，为天津赛马会霸主，专欺压工人。

刘玉汉，为魏大可之徒，曾任北京世界白卍字会总会会长。

陈翰卿，为陈友发同参兄弟。

杨彩亭，为吴鹏举之徒，侯家后“八大亭”之一，曾任天津内河航运公会会计科长。

孙绍亭，为王大同之徒，在天津日商大仓洋行工作。

韩翠玉，天津人，妓女，厉大森义女，为天津著名女霸。

王金标，原是上海警察局督察长，后来参加汉奸殷汝耕组织的“冀东政府”，任高参。与日本人小谷晴亮勾结，在天津卫南洼强占民田，改种水稻，大发其财。

二十三代“悟”字辈：

牛占元，天津人，白云生开山门的大徒弟。英租界著名混混儿。

殷凤鸣，天津人，白云生之徒。

袁文会，天津人，白云生最出名的徒弟。

王恩贵，天津人，白云生之徒，南市庆云戏院股东经理。

刘金铭，天津人，白云生之徒。

郝祥金，天津人，白云生之徒，南市群英戏院经理。

王凤池，天津人，白云生之徒。南市开明电影院股东，东兴市场霸主。

刘宝珍，天津人，白云生之徒，南市鸿义栈宝局主人。

方明，天津人，白云生之徒。

王恩富，天津人，白云生之徒，外号“小王老”，掼跤能手。

郭茂林，天津人，白云生之徒，身材高大，举重能手，外号“郭大个”。

房树恩，天津人，白云生之徒，外号“房大个”。

王平，天津人，白云生之徒，外号“秃王平”。

郭筱波，天津人，白云生之徒，天津日租界北洋饭店经理。

国文瑞，天津人，白云生之徒。

李子珍，天津人，白云生之徒，人称“李二弟”。

王恩荣，天津人，白云生之徒，南市大舞台经理。

诸葛玉发，天津人，白云生之徒。大舞台经理。

李锡武，白云生之徒，南市丹桂电影院经理，外号“面茶李”。

祁国富，白云生之徒。

赵大鹏，白云生之徒，教武术，外号“镇南洼”。

刘静山，白云生之徒，英租界祥泰义商店经理，天津市干鲜果业同业公会会长，敌伪时天津市商会会长。

刘恩第，白云生之徒，日本宪兵队长池上的翻译。

段恩荣，白云生之徒，举磙子出名，在天津南市是举重能手，人称“段六”。

张乐勋，白云生之徒，文安县土匪。

李景文，白云生之徒，沧县惯匪。

刘广海，天津人，王文德之徒，天津西方帮主，青年党党员，天津市警备司令部稽察处成员。

宋国柱，刘广海师弟，在万国公寓械斗中被杀，外号“宋秃子”。

杨俊，天津人，原为刘广海派，后投袁文会，当过伪警察，南市庆云戏院后台负责人。

王如兴，天津人，原为刘广海派，后投袁文会，乐乐剧场经理，干过凤来阁妓院，收佟海山为徒。

苏莲舫，秦老头子的徒弟，兴武六帮。在日租界新津里开赌局。

周孟楼，袁文会的师弟。

高登第，组织京剧班，并教摔跤。

陈宝善，北马路华北戏院股东、经理。

柳小五，白云生之徒，武清县人，初以贩卖鸡子为生，日伪时投靠日本侵略者，组织“柳部队”，为敌对手所杀。

张德广，白云生之徒，大城县土匪。

王鸿绪，汉奸张璧之徒，劝业场华清池澡塘经理，天津市澡塘业同业公会会长。

刘金标，为王文德之徒，外号“细胳膊大王”，称霸天津西头。

姚好成，天津人，西南城角德利香糕点店经理。曾资助过刘广海。以保火险而私自放火得赔款发财。

二十四代“学”字辈：

佟海山，天津人，王如兴的徒弟，天津河东地道外“黑旗队”头头，组织评戏班，在南市升平戏院演出，因霸占小白玉霜，与曹锐之孙曹郁文发生争执被天津稽察处处长白世维枪决。

佟大姑，佟海山的姐姐，在河东地道外有名。为给乃弟报仇，曾向北京行辕控告白世维，但无结果。

李子扬，袁文会的徒弟。

王金才，山东乐陵人，王凤池的开山门大徒弟，外号“少王爷”，无恶不作。收徒杜金衡、穆来子。

邝克俭，袁文会的徒弟，是万国公寓械斗血案中捅死宋秃子的凶手。

从以上所开列的青帮在天津的四代部分谱系看，有二十一代“大”字辈九人，二十二代“通”字辈二十人，二十三代“悟”字辈三十九人，二十四代“学”字辈五人，共计七十三人。这都是在30年代前后为津人所知的。

大字辈九人和通字辈二十人，人数虽少，师承较杂，各有其企图。人数最多的是悟字辈的三十九人，而在这三十九人中，白云生的徒弟有二十九人，王文德的徒弟和与他有关系的有六人。白云生与王文德，全是同厉大森有密切关系的。据此而言，当时青帮在天津的势力，可以说以厉大森为最强大。

厉大森在直鲁联军的褚玉璞任直隶督办时，任天津军警督察处处长，声势震动一时，白云生是依附于其门下名字叫得最响亮的。而白云生的徒弟又以袁文会最有名，其他如在日租界和南市一带开赌局、烟馆、妓院、戏院的国文瑞、刘宝珍、傅家馨、杨俊、李子珍、王恩贵、王如兴、郝祥金、陈宝善以及后来在日伪统治时期任伪天津市商会会长的刘静山……全拜在他的名下。白云生对这些人的作恶活动，都曾给以支持，成为黑社会的幕后策划者。早年在天津青帮中为人们所熟知的“白老头”就是他。

袁文会在天津青帮中只是悟字辈，但他在新中国成立前二十多年里做尽了坏事。他为争夺赌局生意，派他的徒弟王平到日租界新津里搅散了苏莲舫的赌局，使他的赌局独占上风。他又为了争夺东车站运烟土码头，派郭筱波和国文瑞找河东青帮头子吴六挑衅，迫使吴六让出了东车站运烟土码头。袁文会还与刘广海较量，1935 年在南市万国公寓发生了一场械斗凶杀案，刘广海的门徒宋秃子被捅致死。从此刘与袁仇上加仇，形同水火。后刘广海避居香港，抗战胜利重返津门，袁文会已被捕入狱，直至镇反时才在人民唾骂中伏法，而刘广海则逃往香港。

与白云生同是厉大森徒弟的张逊之，1926 年来到天津，混入新闻界，收徒弟达一千多人。与白云生、袁文会等勾结，处于出谋划策的军师地位，更增强了厉大森系统下的白云生与袁文会等的黑势力。其他如王士海、刘广海、佟海山、陈友发，分别称霸于丁字沽、西头、河东地道外、英法租界等各个角落，还有各据一方的脚行把头和青帮与日本势力相勾结、相利用。

天津青帮中脚行把头

旧天津的搬运业，向为“要胳臂根儿”的脚行把头所把持，这些把头多参加了青帮。据不完全统计，新中国成立前天津市约有脚行头子 3032 人，其中大把头 901 人，在这 901 个大把头中，有 422 人是参加青帮的，几占二分之一。他们不仅欺压商民，而且互相倾轧，弱肉强食。

天津最早的脚行，始于清朝初年官方组办的“四口脚行”。所谓“四口”，就是按照天津四个城门划分地段：东门一带为“东口”，西门一带为“西口”，南门一带为“南口”，北门一带为

"北口"，这四个口，各按划定的地界，应承"迎官接差"的任务和为商民搬运货物，称为"官脚行"。后来因为搬运业日多，为适应这项需要，天津县衙门采用投标办法，把"四口脚行"包给出钱最多的私人经营，从此产生了"私人脚行"。1860年根据与英法签订的《北京条约》，天津开辟为通商口岸，首先出现了英、法、美三国租界，不久又修建了老龙头车站（今天津东站），货物的输出输入逐渐频繁。于是又相应地有了码头装卸脚行、车站装卸脚行、驻厂装卸脚行等组织，遍布天津城厢内外。各口的脚行分由大小把头们把持，形成子孙世袭的封建集团，并且很快与帝国主义势力结合起来，成为当时的半封建半殖民地社会统治机构的组成部分。他们分立门户，把持街头，藉端肇衅，暋不畏死，扰害商民，讹诈钱财，为争行市，各不相让。许多脚行大把头们既是青帮又是洪帮，有的还参加其他反动会道门。如袁文会、巴延庆、刘德山、翟春和、王士江、马文元、华凤林、李竹坡等，均是青帮大头目。

1937年日军侵占天津后，为了全面控制天津市各处脚行，特意支持袁文会和巴延庆。袁文会借助日本人的势力，大肆扩张他叔父袁国瑞开设的"中局脚行"，独霸天津日租界北部和南市一带。其门徒吕春和、董文正等，把小刘庄、南营门外等地老脚行头子赶走，把持了那一带地方，扩充了地盘。

河北大街脚行世袭头子巴延庆，曾拜洪帮头子姜般若山主为盟兄，成为洪帮头子，属"太行山兴和堂"，后又参加了青帮。他当过赌棍、毒贩、军阀的护兵、褚玉璞的手枪排排长。抗战胜利后，参加"复兴社"，当了天津市"参议员"、"国大代表"，国民党天津市的区党部委员。1936年他推倒了延续二百多年的"官脚行"——"四口脚行"，成立"天津运输业同业公会"，自任理事长，统治全市各脚行。天津市沦陷后，他仍然是"天津运输业职业公会”理事长。巴延庆每次过生日，天津市各脚行均送礼，这些礼金都是摊在每个搬运工人身上。常是借词“飞帖打网”，供其挥霍。

同义脚行头子刘德山，既是青帮，又是洪帮，是天津脚行大把头巴延庆的主要打手，有徒弟三百多人。他担任“天津运输工会常务理事”、“忠义普济社分社社长”、“天津三青团11分团”区队长，他对人对事，手狠心毒，绰号“黑手刘三”，又称“北霸天”，在估衣街、东北角一带的商店，家家都受到刘德山的讹诈。一次他以自行扎伤腿部的流氓手段，向正兴德茶庄勒索三百元。天津解放后，他恶习不改，曾带领打手，去到东马路邮局，强行装卸包裹，否则须给他“搭肩钱”，浑不讲理，大耍无赖。尤其令人气愤的是，他钻进天津运输公司第五办事处二十一工作组第三分队后，操纵亲信爪牙，煽动落后群众，竟提出“打倒服务社、拥护旧脚行”的反动口号，图谋不轨。

春和脚行头子翟春和，天津人，祖居东浮桥附近，乳名“老庙”，以摆摊卖菜为生，人称“翟瞎子”。

天津海河西岸东浮桥菜市，成立于清朝光绪年间，在天津警察厅前身北司衙门南侧，北自东浮桥，南至电信局，是早年自然结合的天津唯一最大菜市场。当时津郊乡镇菜农运菜进城，陆运较少，多从河运而来。地头蛇恶霸们为争夺这菜市场屡出人命。

翟春和为争夺天津东浮桥菜市一带地方，曾先后发动三次械斗。1935年11月间，他与另一个把头为争夺东浮桥菜市，纠集了三百多人参加械斗。还有一次以钢刀刃自己的头，胁迫脚行工人参加械斗，并亲手杀死他的表弟，以诬陷对方。

翟春和靠东浮桥菜市发家，但离不开河运，他要找个硬靠山，遂拜日伪时期的河防队队长王士海为师，加入青帮。在日伪统治天津时期，天津内河航运的总霸主，为青帮大字辈吴鹏举，吴的派系绝大部分是以河运为生的，尤其是天津的脚行把头，几乎全是他的徒子徒孙，因此翟春和即为吴系的二十三代悟字辈徒孙。他与巴延庆、袁文会结成密切关系，从而更加有恃无恐，胡作非为。

翟春和对待他所属的脚行工人，敲骨吸髓，残酷剥削。如装卸一批货，所得到的费用，他自己首先要独得百分之六十，再经小头头们分别剥削，真正卖力气干活的苦工人实际所得只不过是百分之十而已。他犹以为不足，还强迫所属脚行工人每三天给他"义务"一天，就是给他白干一天不拿钱，干完活各自回家吃饭。在哪一天装卸活忙，赚钱多，他就规定哪一天让工人"义务"一天。

翟春和除有四个大小老婆外，另有以干闺女为名的小老婆多达二十七人，还霸占其他脚行工人之妻和奸污南市女演员多人，罪恶滔天，被称为天津"十大恶"之一。

1949 年天津解放，翟春和见大势已去，又恐人民政府和东浮桥菜市受他欺压的群众找他算账，便带着现金，自毁了面容，只身逃往香港。不久因所带金银在香港挥霍一空，又返回青岛，终被公安人员抓获回津，1950 年镇反时被枪决。

全记脚行头子王士江，为王士海之弟，称霸丁字沽一带。他吩咐他的喽啰们，对于在他管界内往来的客商车船，按照装运的货物多少，要给他送"车底"、"船头节礼"、"开贺"等钱，不然就不准许通过。凡有买卖房地产的，全要按照旧俗买卖双方"成三破二"的规定，给他提成。巧立名目，豪横敲诈，也是天津"十大恶"之一。

东货厂脚行头子李恩第、佟少田，勒索讹诈的手段，也是非常残酷的，每天的剥削所得，可以折合面粉三十袋左右。天津解放后搬运工人们跟他们展开了反剥削的斗争。有的工人向佟少田清算积欠的工资，他拿出来的钱都是从地下刨出来的带有绿锈的银元。李恩第和佟少田都过着糜乱生活，每人家中除养妾二三人外，各有外家十余处。佟少田曾是洪帮的“巡风”，后又拜青帮大头目张逊之为“老头”，得以为所欲为。

东货厂另一个脚行头子马文元，剥削工人极为苛刻，1947年搬运工人们举行了一次规模较大的罢工，向马文元提出改变劈成的办法，以提高工人的待遇。马文元勾结天津警备司令部，派出了大批军警、特务，镇压工人们的斗争，并到处搜捕工人，逼令复工。马文元喊叫：“小子们，你们要反哪！二爷的钱是大风刮来的，豁着一天钱不要，买你们的命！”尽管如此嚣张，经过这场斗争，他还是被迫作了让步，允许把东货厂自理的——由单帮客商运来的货物工力费，改由工人和脚行各分一半。

把持西货厂的七村脚行，号称“十四友”。为了对付所属工人和有关部门，主要头头们郭万春、李竹坡、李金奇等分头负责与法院、讼棍黑律师、铁路局联系，并豢养着“黑旗队”头头佟海山，作为他们的护身符。此外他们的脚行办事地点与天津警备司令部装有专线电话，在李竹坡家里安装了直通天津警察局的警铃。一旦发生什么事故，立刻进行联系勾结，采取应付办法。

小于庄的德顺成脚行头子于存，在天津解放后仍不老实，以拉拢腐蚀干部的恶毒手段，威胁工人，强迫选他当队长。于存嚣张地叫嚷：“小于庄不准外人当队长！”并派出他的本族几个打手，四处搜集情报，谁向上边反映他的劣迹，就跟谁打架做对。

在天津脚行队伍中称王称霸的，还有五村脚行的华凤林、小刘庄摆渡口脚行的张凤楼、大连码头脚行的杨聚祥、招商局码头脚行的“八大金刚”、石桥口袋班脚行的“八大怪”、紫竹林脚行的“三霸天”、把持东门和鼓楼一带同议成脚行的“四霸天”、杜记脚行被称为“杜扒皮”的杜洲、受美国德士古煤油行和比租界支持把持大直沽一带的通和成脚行等等。

日本侵略者与天津青帮的勾结

在30年代左右这二十多年里，日本军国主义者与天津的青帮组织，形成了互相利用的关系。日本人通过对青帮的拉拢，刺探我国各方面的情报和攫取经济权益，在天津的青帮头头们则利用日本人的势力，以加强其各自的组织力量。因此，有不少日本特务得以很方便地混入了天津的青帮组织，进行对我国的侵略。

日本老牌特务土肥原贤二，早在20年代初，就与另一个日本人富永启堂，投拜青帮大字辈魏大可为师。从此，土肥原加强了其所肩负的间谍活动，富永以中国姓名王永良的姿态出现，控制着世界白卍字会，担任该会的常务理事。

日本黑龙会分子小日向，为了收买袁文会，特投拜青帮头子大字辈王大同为师，得以挤进新成立的“普安协会”并担任了常务理事。该会会长为厉大森，张逊之与袁文会分任“宣传部长”和“行动部长”。小日向时常接触袁文会，实现了他对袁进行拉拢收买的阴谋。

1937年七七事变后不久，成立了“天津内河航运公会”，由青帮大字辈头子吴鹏举、张英华分任正、副会长。日本人为便于直接控制该会，特安排特务机关的渡濑和小野正男，先后投拜吴鹏举名下，渡濑担任了该会的常务理事，小野还开了山门，吸收徒弟，为他们直接控制该会的活动，创造了有利条件。

为控制1938年成立的“河防队”，日本华北交通株式会社天津铁路局水上警务段长山田本一和警务段司法主任执任省三，先后拜青帮大字辈头子张英华为师。

还有曾任汉奸刘桂堂“自卫军”顾问的木村伊助，在天津日租界贩毒的高桥和为日军部队承办物资的日商野崎等三人，为便于进行经济侵略，也拜通字辈白云生为师。

周恩玉　刘炎臣

（《天津文史资料选辑》1988 年总第 45 辑）

旧社会天津妓院概况

天津市是水陆码头，通商大埠，随着天津政治和工商业的发展变化，天津的妓院也经历了它的兴衰变化。旧社会的天津这座繁华大城市中，以旧城厢为中心，如城北的侯家后、落马湖、北开，城西的横街子、赵家窑、三角地、水套子、小道子，城南的南市、日租界、法租界、英租界、德租界（后改特别一区）、谦德庄，城东的东车站地道外、奥租界（后改特别二区）等等地方都曾经分布着许多等级不同的妓院和娼妓，不仅有中国人开办的妓院，而且有外国人设立的洋妓院；不仅有明妓，而且有暗娼，形形色色，不一而足。仅据1945年10月国民党市财政局征收妓女捐所登记的名册，就可看出当年存在的妓院和妓女的一些情况（名册中缺落马湖、赵家窑、三角地、河东地道外等处较低级的妓女名册）。

二等妓院（班子）：

中华部和同庆部共有妓院104家，妓女355人。南市群英茶园后有妓院28家，妓女159人。南市权乐茶园后有妓院4家，妓女24人。

以上共计二等妓院136家，妓女538人。

三等妓院（包括上三等、一元随便，下三等、六毛随便）：

南市广兴里有妓院12家，妓女61人。南市丹桂后有妓院32家，妓女220人。南市燕乐有妓院6家，妓女33人。南市聚华前有妓院13家，妓女93人。南市平房子有妓院5家，妓女49

人。南市翠柏村有妓院35家，妓女131人。南市红叶村有妓院11家，妓女44人。南市义庆里有妓院12家，妓女37人。南市李台有妓院14家，妓女40人。南市棚铺有妓院2家，妓女4人。南市大福里有妓院3家，妓女11人。富贵胡同有妓院12家，妓女74人。侯家后有妓院48家，妓女155人。北开有妓院7家，妓女36人。

以上共计三等妓院212家，妓女988人。

四等妓院：

谦德庄有妓院42家，妓女112人。

劝业场附近旅馆、饭店的“野鸡”（无等级）：惠中饭店有159人，交通旅馆有98人，国民饭店有64人，孚中饭店有91人，伦敦饭店有5人，颐和园饭店有46人，佛照楼旅馆有40人，大安旅馆有13人，长发栈有37人，世界饭店有187人，巴黎饭店有106人，北辰饭店有55人。

以上共计旅馆、饭店12家，妓女901人。

俄国一等妓院：

旧英租界43号路（今洛阳道）有“BLUE FAN”（蓝扇子），妓女4人。

俄国二等妓院：

旧特别一区福州路（今南昌路）6号，妓女5人。福州路9号，妓女6人。唐山路（今合肥道）1号，妓女3人。

以上共计俄国妓院4家，俄妓18人。

综上所列，1945年10月天津共有在册的中外妓院394家，妓女2557人。至于不在册的低级妓院、妓女和散居全市各角落的暗娼，就无法统计了。

现依据笔者对旧社会天津妓院和妓女的分布及其发展变化的亲闻亲见略述于下。

侯 家 后

天津自元、明、清各王朝以来，所处的地理位置非常重要。它是首都北京的东大门，是漕运的总汇，是长芦盐产运销的中心，是各地物资交换与工商业贸易的枢纽。特别是1860年被迫开辟为商埠后，天津陆续出现被帝国主义侵占的租界，更逐渐形成中外商贾萃集、华洋侨民杂处的大都会。旧时天津交通主要依赖贯通南北的运河，运河在天津旧城厢之北，所以当年天津工商业繁华中心，就在北门外针市街、北大关、估衣街、锅店街、侯家后和天后宫南北大街一带。侯家后正处在这一带的当中，它是南北运河汇流的地方，也是清末天津妓院集中的地方。这里不但有公开的妓院，还有暗的“转子房”和被称为“兔子窝”的相公（男妓）堂子（下处）。

侯家后是光绪庚子年（1900年）前后天津较高级妓院所在地。那里早期的妓院有头等“坐排班”和二等班子，约计有30家左右。每家妓女年龄大一点的，必须学唱梆子、皮黄，十一二岁的小女孩要学《荡调》，以备出堂会。这里妓女规矩很大，讲究礼貌排场，一点也不能错了规矩，也不能打闹嬉笑，见客人要彬彬有礼。遇有饭局在饭庄或在妓院，要敬酒陪酒，有牌局（打麻将或斗卫十胡）要殷勤伺候。“坐排班”是以唱当先，客人点不点唱，弦师总得准备好乐器等待伴奏。二等班子没有这样格局，比较随便，但也不能错了排场。

旧社会妇女要缠足，特别是妓女更讲究把两只脚缠得长短肥瘦合乎标准尺寸。旧时讲究的人家出门代步的工具是轿，但天津旧规矩，妓女应召“出条子”出门不准坐轿，只能坐车。但那时侯家后一带街道狭窄，骡马车出入也不方便，于是背人的应运而生。妓院的伙友都要学会这种独特的背人把式。当妓女要出门时，伙友在妓院大门口外将身一蹲，待妓女扒在他的后背，两手一按他肩头，伙友即双手在妓女的膝盖下小腿上端用力一托，说声“起!”被背的妓女两只脚自然高高翘起。伙友背着妓女，后面跟着拉弦的师傅，坦坦然走在路上。就这样把妓女背到准备去的门口，背人的（伙友）撂下妓女，就算是交代了他这一段差事。

那时侯家后地方不大，道路不宽，行人又多，加上来来往往的一般小轿和官府绅商的四人大轿，实在拥挤难走。背人的要特别注意留神，不知在什么时候会冷不防地跑出来四五个人，把背人的推倒，将妓女背起来就跑，这叫“抢人”。这种抢人事情的发生，是因为某一个班子嫉妒另一个班子里特别红的妓女，就找来几个打手，伺机先把人抢走，出了什么事再顶着干。因为当年侯家后一带争强斗胜的“混混”很盛行，像这类事时常发生。事发后看双方的势头，抢人的或被抢去了人的，谁的势头大，谁就占上风。有时因为事情难办，一般人调解不了，最后准要找到佟状元，让他出头了结。佟状元是清朝咸丰时的一名武状元，他在旧兵营里混了些年，退役后在家养老，置买了些小房子，靠“吃瓦片”为生。他在侯家后官、私两方面全吃得开，遇到当地出了什么纠纷，只要他一出头露面，便能大事化小，小事化了，是过去天津人所熟知的一个“字号人物”。一些绅商对他要应酬，否则走到侯家后，他找个茬儿就能把他们坐的大轿给砸扁了。

1900年八国联军侵占了天津，转年根据《辛丑条约》天津城墙被拆除了。当时外国在天津侵占的租界已增加到九个，天津的社会形势比40年前初开辟为商埠时又为之一变。新兴起的日本租界和靠近它的西边由原是“三不管”的荒丘水洼地渐渐形成的“南市”，一天比一天热闹起来。侯家后原有的较高级妓院逐渐迁到南市，留下来的先变成二等班子，原是二等的变做二等半，继又沦为三等，每况愈下。建立了民国以后，由于政治形势的变化和工商业中心的转移，侯家后这昔日妓院繁华的景象已成过眼云烟，一去不复返了。只有由原来高级的班子降为三等的几十家妓院，苟延残喘维持存在，直到天津解放前夕为止。

南　市

南市继侯家后兴起之后，逐渐出现了等级不同的妓院。在这一片地方几乎没有真正的住家户，横竖许多条街巷，尽为各级妓院所盘踞，在天津形成了一个新兴盛起来的娼妓丛集的地区。

在这里各等级妓院分布的情况是：

由日租界旭街（今和平路）南市牌坊口往西进入荣吉大街，第一条横街叫广兴大街，这里的广兴里是扬州帮的三等妓院。丹桂茶园（今南市影院）后，也是三等妓院。

燕乐升平（今红旗戏园）后叫豆子地，东仁巷、东乐巷等几条胡同，是下三等妓院。

玉清池澡塘后荣吉巷、荣业大街的华乐茶园（后更名聚华茶园，现改为劳动剧场）后，往西边的华林后和庆云后，是上三等妓院和二等班子混杂相处的地方。

荣业大街的群英茶园后和永安大街的权乐茶园后，都是二等班子。

华安大街的翠柏村、红叶村、垂杨村、清华巷、杏花村等胡同，都是下三等妓院。在它们大门口贴的“某某堂”名称旁，附有四个小字“六毛随便”。这几处的共同特点是胡同窄小，脏水满地，腥臭之气熏鼻，打骂之声刺耳。

南市是妓院最多的地方。最高级的妓院叫“班子”，又称

"书寓"，在它们的门口贴着"某某班"或"某某书寓"。如有新妓女进入，则在大门口贴红纸大海报，上写妓女的名字"某某某今日进班"，以资宣传。三等妓院的名称叫"堂"，又称"下处"，在它们的门口贴着"某某下处"的名称，以示与二等班子的区别。

清朝光绪末年，南市广兴大街大兴里有一家最出名的班子叫天宝班，又名"西天宝"。这时江南来津的坐商、行商和职工等日渐增多，在大兴里又开设了一家姑苏小班，名韵香班，也很出名。这两家设备排场，可与从前侯家后的坐排班相比，在南市是两个拔尖的班子。天津本无头等妓院，因为这两家鹤立鸡群，就算作唯一的两个头等班子。

天宝班具有"坐排班"规模。韵香班仿上海"长三堂子"。姑苏小班另有一本生意经，"花头大、枪花多"（这是吴语，就是善敲竹杠，花招多）。这两个班子当年在天津曾轰动一时，专接待清室遗老遗少、民国军阀政客以及豪绅富户、洋行买办和银行经理等。这两个班子的南北妓女在拉拢客人方面都受过训练，大小细节无微不至，侍候殷勤，讨人欢喜，使许多大佬、大亨们视为安乐窝而流连忘返。天宝班经常打麻将、斗十胡（天津的一种纸牌赌博）的"水子"（抽头）是笔大进项，韵香班的"吃花酒"是笔大收入。这两个班子日进斗金，乐户同行无不咋舌。

特别是天宝班掌班的"小李妈"更是手眼通天，八面玲珑，她在接待嫖客上另有一种手段。她的晚年正值北洋军阀混战的年代，无论是直系、皖系、奉系以及交通系等各系的达官贵人，她全能打通门路。尤其是奉系东三省的军政人物每到天津，多以天宝班为下脚处，甚至在那里接见各方，联系一切。小李妈当年在南市一带可说是人人尽知。1929 年，天津特别市社会局调查全市妓院和妓女情况时，也得知了这个天宝班女掌班小李妈（李曹氏）的大名，那时她的年龄是 86 岁，操妓业生涯已经 60 年，是在天津妓业中操该业时间最久的唯一一人。

进入民国以后，南市这块地由于妓院林立，畸形发展，热闹非常。五四运动前后，是南市各妓院的鼎盛时代，附近大小商店、各行各业无不利市三倍。除了前述的天宝班和韵香班兴旺一时，权乐、群英、庆云等落子馆前后左右各妓院也是车水马龙，人声嘈杂，熙攘往来，挨肩蹭背。有很多班子门口立起锅灶，火苗熊熊，刀勺齐响，供应饭局。各班子楼内上下，麻将牌声，噼噼啪啪。再加上一些红唱手，每晚坐着带有四个或六个小灯泡的包月车，穿街走巷"出条子"。这种热闹情景盖过了早年的侯家后。1920 年直皖战争起，1922 年和 1924 年又发生两次直奉战争，连年的军阀混战使人民生活不安，南市的妓院生意也受到严重打击。在北伐以后，天津国民党政府高唱废娼禁烟，曾经盛极一时的南市各妓院营业一落千丈，各班子纷纷向日租界迁去。

日、奥两租界

旧社会在天津的各国租界中，以日本租界最肮脏，除了烟赌之外，妓院特多。其妓院分布的地点和情况是这样：

沿着日租界旭街（今和平路）东面，由北往南是同庆茶园所属的裕德里、中孝里、吉庆里、新旅社后、同孚里等处的妓院，都是二等班子。这些胡同都通到当时的寿街，就是现在的兴安路，这一片俗称"同庆后"。

沿着旭街的西面，由北往南是中华茶园所属的各妓院，如下天仙茶园（今人民剧场）两旁的永安里、利津里、旭日里、东升里、光明里（原来是山泉涌饭馆后），直通到南市华楼，以上这些胡同的妓院，都是二等班子，俗称"中华后"。上述这两大片的班子，是位居当时日租界的最繁华区域。

天津的高级妓院二等班子，原有所谓“五大部”，其中同庆、中华两大部的排场和窑规，与南市的各班子情况完全相同。不过这里所造成的罪恶，比设在所谓“华界”南市的各班子更大。因为当时的日租界是一个藏污纳垢最厉害的地方，一般想做坏事的中国人，多以日租界为护符，在“华界”所不敢做的，在日租界里可以公然去做。比如南市的各班子不准吸鸦片烟（大烟），而日租界的各班子对此则漫无限制，于是窑主们争先把班子迁移到日租界里。所以日租界的同庆、中华两大部的班子，是一些所谓有身份的达官显贵、军阀政客、富绅巨贾、王孙公子等息游之地。晚期天津有名的妓女大部分都出身在这里。

在日租界有一条有名的胡同，叫富贵胡同，直通四面钟大街，那里有几家窑子，属于三等妓院中的“一元随便”。凡在二等或上三等妓院混不下去的妓女，多降级落在这里。最引人注目的是在这条胡同里还有许多朝鲜妓女，穿着朝鲜服装，常在门前站立卖弄风骚。

福岛街（今多伦道）的盛德里（原名天安里，现名储汇村），是30年代新出现的妓院，等级属于二等半，名“一四制”，即这里的明价码是打茶围一元，住局四元。

在日租界，除了这些挂着招牌的公开妓院，还有所谓的“花烟馆”，有游妓涉足在那里，借着抽大烟的机会与男烟客勾搭，双方同意，择地幽会，代价不一，两人商办。

另外，日租界还有许多暗娼，大多数分布在四面钟附近秋山街（今锦州道）和寿街（今兴安路）一带各小巷之内。暗娼又叫暗门子，到这类地方游逛的人，俗名“钻狗洞”。操此业者不上捐，但对日租界的巡捕（警察）、特务等不能不应酬。

因为暗娼是不公开的，所以她们招引游客多依赖“跑合人”

给“带水”，起个拉拢介绍的作用。在四面钟一带，这类“跑合的”很多，是日租界特有的一行。提起“四面钟”后的富贵胡同来，天津人大都知道不是个好地方，常绕着这块地方走。

日租界不但有中国妓院、朝鲜妓院，而且还有日本妓院。在日租界寿街（现兴安路）有一处最有名的日本妓院，名叫神户馆。馆内布置是古老的日本式样，特别讲究。这里分娼妓和歌伎两种，在筵前由娼妓侍候酒饭，歌伎只管歌唱。每到夏季，送给客人日本式小团扇一把，一面印着穿和服的日本女人，另一面上边印着神户馆三个字，下边印有该馆地址和电话号码，并送给日本的桃形香精一块。到了冬天，要送给每位客人日本特制的怀炉一具，内燃炭末纸卷，放在衣内可以取暖。此外，这里还备有明信片大小的日本春画，来游的客人可以随意拿上几张。

天津“八大家”中“益德王家”的王益孙，在清末宣统年间曾从这个神户馆花费万金接走了一个日本妓女为妾，并特为她新建了一处日本式房屋。未及十年，该日妓携带着她生育的子女和珠翠细软等返回了日本。

天津奥国租界是于1902年被侵占划定的。它的位置在三岔河口下首，西临海河，东南以大安街（今河北区北安道）为界，同意租界毗连。

当时与它隔着海河相望的日本租界为繁荣市面，正在兴建妓院和中华、同庆两个落子馆。奥租界为了同一目的，仿效日租界的办法，在金汤大马路东天仙茶园（今建国道民主剧场）后这块小小地方也开办了二十几家妓院，其中包括清吟小班和三等妓院，还兴建了宴乐落子馆作为妓女登台场所。接待的游客多为码头工人。界内除了东天仙茶园演唱皮黄、梆子戏外，又有演唱蹦蹦戏（评剧）的同乐茶园，还设立过一处台球房，兴旺了一阵。但因交通不如日租界方便，这一片妓院的营业没有怎么大发展起来。到1914年第一次世界大战爆发后，随着德、奥的失败，奥租界和德租界同时被我们国家收回，奥租界改为特别二区。到20年代末期，这一小片妓院不再存在，原有的妓院小平房改建了楼房，就是现在民主剧场两旁的致安里。

法 租 界

法租界最早的妓院，出现在天祥市场后门泰隆路那一片，后来被法租界取缔，就没有了正式挂牌的妓院。1931年九一八事变后，日本军国主义者野心勃勃，常在天津日租界勾结各方制造事端，特别是1937年七七事变后，日军侵入天津，常去日本租界和靠近日租界的南市各妓院的嫖客多裹足不前，使这些地方兴盛一时的各妓院呈现出黯然失色的情景。相比之下，一进入法租界梨栈大街，则看到五颜六色的霓虹灯大放光明，如同白昼，好像进入另一个世界。由此以后，在南市和日租界混不下去的娼妓，随着政局的变化和天津商业中心转移到法租界，也迁入法租界。从此以后，一片一片的“野鸡窝”在法租界各旅馆或饭庄应运而生，而被称为“小巴黎”的劝业场一带，则更是“野鸡”的集中地带。过去被称为“妓女”、“窑姐”、“混世的”等等从事卖淫活动的妇女，这时全被混称为“野鸡”了。

这类“野鸡窝”，当时分散在惠中饭店、国民饭店、交通旅馆（今交通饭店）、北辰饭店（今天津市饮食公司）、巴黎饭店（今二轻局研究所，在滨江道中学对过）、世界饭店（今延安影院旁供销合作社）、国际饭店（今哈尔滨道辽宁路口）等，是属于较高一级的。其次的有颐和园饭店（今赤峰道无轨电车中心站路口，已改为住房）、佛照楼旅馆（今中国旅馆）。再次的是长发栈（今滨江道登瀛楼对过，已改为住房）。这些旅馆和饭店，原是各地来津的旅客行商们栖身之所，几乎全部为“野鸡”所盘踞，形成许多娼窑区，这是当年天津劝业场一带的一个特色。

散住各旅馆、饭店里的野鸡，与在妓院挂牌的妓女，在组织形式上稍有不同。挂牌公开营业的妓女，除了四、五等级的土窑子，一般是一个妓院里有许多妓女集体营生。而旅馆、饭店中的野鸡则是“单干户”，各在自己的房间单独营生。她们所以被人称为“野鸡”，意思是说没有组织的妓女，实际上她们也照常纳捐，也必须受妓女性病检治所的管理。明牌的妓女一般都有领家，就是妓女的养家，等于受奴隶主的管制。旅馆的野鸡有的也有领家，多数是自干户没有养家。

旅馆野鸡的营业性质，基本上和妓院相同，也有“茶围”和“住局”。不过其中有个别的自抬身价，索价较高。但也有营业不好的就削价相就，以广招徕。至于在长发栈居住的野鸡，由于本身相貌、年龄、居住条件等较差，就更降价以求。甚至在华灯初上的时候，到滨江道上站在马路上“拉客”。

在法租界里，也有不少暗娼，大多数分布在长春道法国工部局后身（今和平区分局后）和教堂后一带各小巷里。这些暗娼多是良家妇女，她们结识了干介绍暗娼的人，在生活极端困难时临时卖淫。这种干介绍暗娼的人，都是年纪大了本身不能以此为业的女人，她们以自己的家作为所介绍的暗娼卖淫的场所。这种暗娼介绍所，当时叫做“转子房”。这样的转子房，曾经充斥在上述一带角落里，这又是当年法租界的一个特色。

英租界和特一区的中外娼妓

从前天津的英国租界，表面上是住宅区，不要说不许设立妓院，就是戏院也不准开业，只许几家电影院存在。实际上卖淫者转为地下，成为暗娼。这里不仅有中国人的暗娼，而且还有外国人的暗娼。这些暗娼大多数聚集在英租界和特别一区（旧德租界，现为河西区）的小白楼一带。当时以开封道的先农里、平安影院（今音乐厅）对过的汝南里和曲阜道的江夏里等处为最多。黄家花园附近的庆华里等处也有，但是为数极少。

这些地带的中国暗娼，有的还附带用各种诲淫表演来吸引顾客。这些地方的外国暗娼，大门首装有鸡心形的大白灯泡子，上面写着号数，作为标记。外国娼妓多为白俄。

由于暗娼都不挂牌，有标记的是少数，顾客难以登门造访，非个中人是不得其门而入的。虽然有时暗娼自己也走到街上兜揽生意，但主要是依靠拉线人跑生意。一般是洋车夫或三轮车夫，或者是当时的巡捕、警察充当拉线人。这些人给跑生意，一方面可以从中取利，另一方面也可以趁机在这些娼妓身上满足肉欲。

英租界 43 号路，即今澳门路洛阳道口，有一家俄国暗娼，英文叫“BLUE FAN”，中文为“蓝扇子”，是俄国人开的半公开妓院，里面的妓女都是外国人，大多数是俄国人，也有其他国籍的，还有哈尔滨的“混血儿”。这里价格很高，但排场并不高，有一穿花衣的白俄老妇，在门内张罗招待顾客，客人一进门，就可见到这些身上仅披一件薄纱的碧眼女郎们在等待顾客挑选，顾客选中某妓即行付款。这里还有表演裸体跳舞的节目，并有唱片伴奏。每放唱片一面，为一个阶段，约三分钟，要收每位观者五块钱。这里每日收入很多，设备较富丽，妓女穿着也较讲究。在日军侵华时期，曾有住在黄家花园庆华里的一伙青年抢劫了这家妓院，抢走了大批美钞、首饰和皮大衣等物。

以上这些地方的中外暗娼，1937 年七七事变后变为公开和半公开了。

1945 年日本投降之后，美军来到天津。许多暗娼转向接待美国兵，当时称为“吉普女郎”。这些“吉普女郎”大多聚居在小白楼一带。当时在小白楼还开有酒吧，这类酒吧除接待外国人外，也接待中国人。有的酒吧前面是酒馆门市，后面或者楼上则是暗娼活动地点。开封道上有“色维斯酒吧”，徐州道上有“俄国酒吧”等等，全是这类性质的，在黄家花园庆华里一带胡同里，也有接待美国兵的暗娼。

特别一区南昌路一带，有一部分特种妓户，分为白俄妓女、朝鲜妓女和中国妓女，是专接待外国人的，主要是接待美国营盘的美国兵。这些特种妓户全设在当时的福州路（今南昌路）和唐山路（今合肥道）一带，是从庚子年（1900 年）美国兵来津后逐渐开办起来的。其中设备华丽的是俄国妓院，从外表上看，门首光亮，院里有花园，室内有舞厅、餐厅，布置金碧辉煌，光华闪烁。次为朝鲜妓院，更次之为中国妓院，但比二等班子强。其中的俄妓和朝鲜妓女还附带卖酒，价格较市面上贵一倍，当时她们的生意很兴旺，只有夏季美国兵临时离开天津去北戴河避暑时才比较清淡一些。过去的中国官方，对这类专接待美国兵的特种妓户管理比较严格，一概不准接待中国人，而且妓女必须能操英语。

至于纳捐问题，不分门捐和妓捐，只收一种门捐。中国特种妓院每家每月收 30 元，朝鲜妓院每家每月收 120 元，俄国妓院每家每月收 150 元到 200 元。因为朝鲜妓女和俄妓兼营卖酒，收入较多。

对妓女的病情检验，每月举行一次。有时美国营盘的美国军官亲自到这类妓院来检验，只要怀疑某个妓女有性病，马上就取消她的营业资格。

散处城厢四周的低级娼妓

按天津市妓院的组织规模，最低级的是四、五等级的土娼。她们分布的地点，包括南运河北岸与侯家后隔河相望的落马湖、北开，城西的赵家窑、三角地、横街子、水套子，城南的万德庄、南市宝庆里，以及谦德庄和东车站地道外等几片地方。其中以落马湖和城西南角的赵家窑历史比较悠久，且为最典型的低级娼妓集中区。旧社会天津有个顺口溜：“落马湖、水套子、三角地、小道子”，说的就是低级娼妓的分布地点。

1. 运河北岸的落马湖和北开

旧社会，天津运河北岸河北关下普乐茶园大街驰名的落马湖以及北开一带，有许多土窑子。这些土窑子光绪庚子年（1900年）前就存在，是接待粮船上起卸搬运工人等劳动群众的。这里虽说是妓院，实际没有妓院的规模，虽然大批妓女在此集体聚居，但是各干各的营生。用的伙计是几个人伙用，因为一个人养活不起。她们住的房屋简陋窄小，一扇门一间屋，进门就是大炕。屋内没有主顾时，就各站在自己的门外等主候客。有钱的人绝不到此问津。尽管如此，这里却是生意兴隆，游客总是络绎不绝，人多的时候居然也排队挨个。妓女和门口的伙计（俗称“蹲门貂”）为了多挣钱，常与等候的嫖客共同讥讽催促屋内的嫖客，这里的妓女往往由白天到黑夜不停地接客，有时竟达数十人。

2. 赵家窑三角地和南市宝庆里

西头赵家窑、三角地和南市宝庆里一带的“鲇鱼窝”也是低级简陋的卖淫处所。什么叫“鲇鱼窝”呢？因为这几处原来都没有照明设备，特别是赵家窑那一片，屋子狭小，胡同又窄，阳光不足，这里土窑子接待客人，常常摸黑，就像是摸鲇鱼一般。

天津西头横街子、赵家窑、三角地、水套子等处娼妓，以横街子的历史比较长，完全是四、五级土娼。这一片土娼，早期是专接待来自内蒙古、沧州、泊镇的牛贩子，后因人力织布厂多集中在南小道子和北小道子等处，游客中又增添了不少工人。

这里的妓女，有的是被人拐带来的良家妇女，也有的是穷苦的良家妇女沦落至此。由于她们都是良家妇女，都怕被人认出来产生不良后果，所以摸黑接客。因为这里条件过于简陋恶劣，所以收费更为低廉，妓女生活也更痛苦。

南市宝庆里一带的"鲇鱼窝"，也完全是家中没有生计的贫苦良家妇女被迫为娼的场所。她们不租赁房间，而是借用没有人居住的空房子接客。那时天津人口不太多，有的房子租不出去，房主一般都雇人看空房子，看房人利用职务之便，就把空房借给这帮女人做卖淫的场所，以捞点外快。这里有的有砖炕，有的连个破砖炕都没有，只能席地而卧。来这里寻欢的人，大部分也都是靠卖力气吃饭的人。在这里卖身的女人，所得本已非常菲薄，但往往还要遇上吃白食的地头蛇和当地的"老总"们，生活更是苦不堪言。

3. 万德庄、谦德庄和地道外

天津城南万德庄，民初时有几家土娼，因家数不多没有兴旺起来，后因有迁移、关闭的，遂不复存在。

靠近城南小刘庄、三义庄的谦德庄，原属天津县乡区五所管辖，最初不过是一个小小渔村，人口很少。大约从 1918 年以后，北洋、裕元、宝成、裕大几个大纱厂相继成立，于是谦德庄、小刘庄、三义庄一带逐渐繁荣起来，来自各方面的纺织工人与日俱增。恰巧这时法租界取缔界内明牌娼妓，被赶出法租界的娼妓，除一部分迁到南市外，另一部分则搬到谦德庄慢慢发展，家数一天比一天多起来了。这里妓院的存在和发展，完全依赖北洋等四个大纱厂的工人。在原来谦德庄宝兴戏院一带（即小河沿一带，宝兴戏院现已不存在），都是较低级的妓院，最好的是“宝兴后”的妓院，其等级也不过和南市的翠柏村、晚期的侯家后等处妓院相等。当时那里的妓院门口除写着堂名，还明码公布“六毛随便”，有的为广招徕竟写“四毛随便”。

东车站地道外也有几家低级妓院，专门接待码头运输和铁路工人，其营业情况与谦德庄的相同，也是属于四等娼妓。

以上各类各等级的中外妓院，随着天津的解放都被摧毁，从此生活在水深火热中的各类妓女也在人民政府的关心帮助下获得了新生。

（《天津文史资料选辑》1996 年总第 70 辑）

赶春节的“数来宝”乞丐

在旧社会的天津街头，常见赶春节的“数来宝”乞丐。他们从除夕开始走街串巷，到各住户和商店门前，说唱吉庆歌，挨户叫喊要钱。如果不给，就赖着不走，直到他得了钱才离开。这类乞丐的情况分为：

一是手里拿着“祀神”用的“财神爷”纸马，每到一家住户或商店门前，喊着“送财神爷来啦！”在旧社会充满封建迷信思想的人们，头脑里多存在发财致富的梦想。当听到有人喊“送财神爷来啦”，从心眼里喜欢，谁也不肯说“不要”，一声不响地扔给他一两个小钱，把他打发走了。

二是手拿着用红线绳穿成很长的铜钱，形似一条“钱龙”。挨门逐户地高声念着吉庆歌：“新年新月过新春，花红对子贴满门。前门进的是摇钱树，后门进的是聚宝盆。聚宝盆插金花，富贵荣华头一家！”唱念到这里，把手拿着的那条“钱龙”，哗啦地撒在地上，接着说：“给老爷、太太拜年进财来啦！”听到这“钱龙”声响的住户或商店，也就扔给乞者一两个小钱。然后这乞者又去别一家门前，照样表演这一套，仍是可以得到一两个小钱。

另外还有一种敲打着呱嗒板、竹板或两块瓷碗碴儿，作为引人入胜的乞讨工具。这其中的呱嗒板，是用两片牛胯骨做的，分别在两片牛胯骨板上，用红绒绳作穗子，还安上一些小铃铛。在敲打时，敲打出极有节奏的“呱嗒呱”点子后，接着念叨很有韵味的流口辙：“来得巧，来得妙，老爷、太太过年我来到！”然后再手举呱嗒板“呱嗒呱”地敲打一阵儿，又念道：“整仓的粮，整垛的钱，赏给我几文过新年!”这是对一般住户念的。

如果到了商店门前，乞者就改成迎合买卖人心理的词句：“大掌柜，您真好，无数的银子元宝往您柜上跑!”街上的商店种类很多，干什么买卖的都有，这类“数来宝”的乞丐，能随机应变地编词。随声谐韵，顺耳好听，有时会引来一些人围着听看，为早年天津的新春街巷增添过欢笑风光。

也有极个别的住户和商店，不爱听乞者唱念的这些吉庆歌，不给钱，撵他走。乞者立即给予报复，编唱带有挖苦意味的词句，对方听着也莫可奈何。但这种事总是少见的。

（《今晚报》1993年1月25日）

早年天津的“出红差”

早年在天津，每逢处决犯人，先从牢狱里把犯人提出，略讯姓名、年龄、籍贯……验明正身，五花大绑，后背还插着糊在竹竿上的白纸“招子”。然后由执行官（监斩官）督率抱着大令的传令兵和部分武装士兵押赴刑场，俗称“出红差”。

被处决的犯人，原是身穿红囚衣，后来改在头上围一条红布，代替了红囚衣，再以后这条小红布也取消了。犯人早期是走着去刑场，后来改坐运货的旧式双轮马车，最后才改乘载重大汽车。

天津的刑场，初在旧城西营门外，继又先后改在南市荣业大街上权仙影院对过空地（今南市食品街旧址）、南大道白骨塔和河北小王庄铁道下坡等处。

犯人在押赴刑场时，从拥挤围观的人群中前进，可以向沿路商店点名要东西，要吃的要喝的，也有要穿戴的。被要东西的商店不能拒绝。因此，凡在“红差”经过的街道，商店多关门闭户，暂停营业，以免遭受损失。有的犯人还唱几口京剧，或是梆子、评戏，这也是被允许的。

我国旧时处决犯人，除特殊的被“赐自尽”以外，有“绞决”、“斩首”、“凌迟”、“站木笼”、“骑木驴”……经过辛亥革命建立民国后，只检厅（法院）保留绞决，其他处决方法全废除，一般是用枪决。但在北洋军阀统治的时期，仍有斩首的。特别是1928年革命军北伐胜利到达天津，天津警备司令傅作义为镇压扰乱社会的便衣队，发出“格杀勿论”的命令，曾用铡草的铡刀，“处决”了一批捕获的便衣队，把铡掉了的人头，置于木笼，分悬在马路电线杆上，叫做“枭首示众”。

旧时在天津枪决犯人，俗称“毙人”、“排人”，也有叫“崩人”的。在刑场枪决时，执行官点到犯人的名字，抱大令的使令兵，就传呼执行兵把该犯带到土坡上，让他跪下受刑，如果同时处决几个犯人，依次枪毙完，执行官逐个检验，确已死去，才命令掩埋。

（《天津法制报》1990 年 5 月 10 日）

宫竹心采访施剑翘出狱

以署名“白羽”撰写《十二金钱镖》武侠小说而享名的宫竹心，于1936年写过一篇施剑翘被特赦出狱的新闻报道，在天津新闻界引起过震动。宫竹心自己也感到此举“使我才打开新闻报道成功之路”。这一段轶事的经过是这样：

1935年11月13日，施剑翘刺杀孙传芳于天津佛教居士林，她当场自首，然后经公安机关转解天津法院。初审判决有期徒刑十年。她以自己是为父报仇，不服上诉。二审改判徒刑七年。她再上诉，三审维持二审的判决，并宣布审理终结。但由于全国舆论对施剑翘同情和支持，她在天津西头第三监狱（俗称“习艺所”）只过了几个月的“铁窗生活”，1936年10月14日就由国民政府明令特赦。约摸过了四五天，天津各报发表了施剑翘被特赦出狱的新闻通稿。

当时，宫竹心正在天津一家新闻通讯社任外勤记者。因为这家新闻通讯社的信用不佳，宫竹心虽是连续采访了十二三天，所得消息不是不确，就是没有刊登的价值，且各报社均不敢采用，怕靠不住，造谣。这种情况下，宫竹心极力想扭转这家新闻通讯社的不利局面。

在天津各报发表施剑翘被特赦出狱新闻这一天，宫竹心捉着这条新闻的缺点，仔细研究了这条新闻的可靠性，认为它是来自法院，从公文上抄录下来的。其内容虽有出狱的描写，却有浮光掠影之感，显见是写稿者并没有到监狱实地进行采访。当时宫竹心正患慢性肋膜炎，肋部隐隐作痛。但是，他为了要采访施剑翘被特赦出狱的真实情况，忍着病痛，雇了一辆人力车（俗称“洋车”），经过西门外崎岖颠簸的道路，到了第三监狱。他用钩拒之法，一敲一攻，终于得到施剑翘出狱的整个消息。原来，在天津各报发表施剑翘被特赦新闻的头天，施剑翘并没有出狱，仍留在里边，直到这条新闻登出的当天，她才办完被特赦手续，离开第三监狱。宫竹心查明，那天施剑翘化装为一男性，穿灰长袍、青马褂、戴墨镜，由潘某某衔命持电报来提。另有一冯某某给冀察当局的电报稿也被访出来了。宫竹心根据他亲见亲闻的这些情况，运用其生花妙笔描述，写成一篇两千多字的长稿，分发天津各报，并给各报打了电话，说明此讯千真万确，并非造谣，以免各报不采用。转天，津市大小报纸，除《大公报》外，一律登出。《大公报》觉得如照宫的原稿登载，和昨天发表的消息太抵触了，他们自行根据这条新闻的线索，另派专人到监狱采访了一趟，果然证实宫竹心所报道的情况不假。宫竹心所在的这家新闻通讯社，从此一炮打响了，信用又树立起来。

宫竹心在1939年写的《话柄》一书里，提过他引为欣慰的这件事，并且把施剑翘称为两位“恩公”之一。意思是说因为他采访了她被特赦出狱的真实情况，才使天津新闻界感到震动，并由此扭转了他所在的这家新闻通讯社的不利局面。

（《今晚报》1986年4月22日）

“壬子兵变”天津市民成了替罪羊

距今七十八年前，即刚刚经过辛亥革命推翻清王朝统治，1912年建立中华民国之后的第一个灯节前夕——正月十四，天津突然发生一场“兵变”，商民遭遇了一场很大的灾难，迄今老天津还没有忘记。

当时在天津旧城厢北门内外、西北城角和东北城角一带人烟稠密，商店林立的繁华地区，许多商号被抢烧，许多富户被洗劫，从昼至夜，通宵达旦，枪声四起，火光烛天，顿使城厢闹市，多处变为废墟。

这场灾难的由来，是老谋深算的袁世凯，不愿离开他所盘踞的北京老巢，于是同其亲信策划，利用曹锟的第三师，导演出来一个兵变的政治阴谋，天津的兵变，是继北京、保定之后爆发的。因为那年是按干支纪年的农历“壬子”年，史称“壬子兵变”。在那次预谋的兵变中，天津方面是以张怀芝的巡防营为主，也掺杂着一些警察和天津商会的商团人员。

当时负责天津地方治安的，是为津人所熟悉的天津警务公所警察道台杨以德，他曾得到袁世凯的密令，预知兵变的阴谋。但是，他对于天津地方治安，不仅不预作防范之计，反在正月十四兵变之际，撤销了马路上的警察岗位，无形中是放纵了变兵们为所欲为。直到转天（灯节）上午，杨以德才率领一批警察，装模作样地巡视街市，这时变兵们早已腰缠累累地跑回津北韩柳墅驻防地去了。杨以德为了威慑当时地方情绪，对于一些趁机抢拾变兵们未得运走散失在街巷的包袱和箱柜的居民，逮捕了260多人，经过简单审讯，从中判处了几十名死刑，立即绑赴天津旧城的南门、东门、北门等冲要路口斩首，并将人头分挂在电线杆上，用以示众。这些人成为“壬子兵变”中在天津的替罪羊。

（《天津法制报》1990年2月15日）

发生在天津的“抗日牌汗衫”案

1931年9月18日，日本侵略者在我国东北辽宁省沈阳制造了九一八事变，因国民党政府采取不抵抗主义，我东北大好河山很快全部沦陷，紧跟着日军又将其魔爪伸进山海关内，目标是对我华北再施侵略阴谋，进而企图灭亡整个中国。当时的天津日租界，是日军进行这项阴谋诡计的策源地，在这里几次策划便衣队暴乱，制造紧张局势，咄咄逼人，日甚一日，使天津在七七事变前已处于“山雨欲来风满楼”的危急状态。在这种情况下，天津爱国企业家宋则久经营的天津国货售品所和其他“祥记”、“天利”两商店的同仁，遭到日本天津宪兵队的逮捕审讯。

案件发生的详情是这样：在七七事变前，中国政府虽对日军的侵略不予抵抗，但中国人民的抗日情绪是不断高涨的。上海有个中南工厂迎合当时人心之所向，生产一种汗衫，商标为“抗日牌”。在这汗衫上印刷的花样图案，是一个女人，在炎日照射下，打着一只汗伞，以遮蔽日光之热，取名“抗日牌”汗衫。天津国货售品所曾从该厂购进一批这种“抗日牌”汗衫，除在自己门市部零售，还批发给天津日租界的“祥记号”和“天利号”两家商店出售。1936年夏天，天津日本宪兵队首先在“祥记号”发现了这种“抗日牌”汗衫，就将该号同仁捕去；后又从“天利号”也看到过有这种汗衫，乃又将该号同仁捕去。经过审讯，这两家供认全是从天津国货售品所批发来的。早在五四运动时期，国货售品所就被日本人视为天津抵制日货的大本营，怀恨已久。当天津日本宪兵队得悉国货售品所批发这种含有抗日色彩的汗衫，对该所大兴问罪之师，并将该所同仁赵萼楼、李俊杰两人捕去，进行拷问，据供这种汗衫不是该所生产的，而是从上海中南工厂批发来的。上海中南工厂生产这种图案的汗衫，已被在上海的日本人质问过，经我国外交部与日本商谈的结果，于1936年春，由中南工厂将“抗日牌”商标，改为“抗热牌”商标，所存未卖出的“抗日牌”汗衫，以卖完为止。至于天津“祥记号”和“天利号”所售卖的抗日牌汗衫，全是去年没卖完的剩余货。经过调查属实，才于1936年6月6日将被捕的赵萼楼、李俊杰释放，了结了此案。

（《天津法制报》1989年8月10日）

六十年前的“五纲总”案

上一个戊辰年，即 1928 年，北伐的革命军打垮了残余军阀，胜利到达北方。天津市公安局突于 10 月 19 日接到南京国民政府蒋介石发来的皓密电（19 日的密电为“皓”），令将长芦五纲总郭春霖（少岚）、李宝诗（赞臣）、王益保（君直）、杨承昭（丹忱）、李玉麒（少舫）等逮捕解往南京（旧时天津盐商组织有“长芦盐商芦纲公所”，选出纲总负责办理日常事务。所谓纲总，即公所中的组织成员，类似今日各团体的委员或理事等职称）。其中的王益保，即以学老谭（鑫培）驰名的天津早期票友王君直，他精研音律，善写楷书，为人公正耿直，有较高的资望。

当时天津警备司令傅作义、公安局长曾延毅，接到南京密电后，踌躇难决，但又不能违抗上峰命令。由傅作义出面与王君直通电话，说明情况。王君直在电话中很爽快地对傅作义说：“我房无一间，地无一亩，既让我去我就去，决不能让你们为难。”于是傅作义和曾延毅研究出一个两全之道，既要维持私人关系，又不能违抗上峰命令。傅、曾柬请王君直在一家饭庄宴别，然后王君直与其他“四纲总”拘押于宫北大街（今古文化街）某银号空房内，暂时被看管了。

消息传出后，轰动南北，舆论哗然，激起了天津各界人士的气愤。特别是天津长芦众盐商们非常关切此事，首由 47 家盐商联名向天津总商会和长芦盐务管理局呼吁营救，得到的回答是“事关密令，难以为力”。当时北平没有政治分会，接受众盐商之请，转国民政府对五纲总“免于解京，就地研究处理办法”，未得到准许。“五纲总”终于在同年 12 月上旬从天津搭海轮到上海，再改乘火车解往南京，羁押于国民政府西厢房参军处内，虽待遇很好，但未及时审理。

1929 年 1 月，国民政府组成“审讯长芦盐案委员会”，延至 8 月中旬，才开始审讯，但因证据不足，迟迟无法定案。于 8 月 30 日才决定对“五纲总”准予保释，不能回籍，暂时留南京。

“五纲总”多日失去自由，身心健康受损，尤其是王君直，无辜受诬，忧郁成疾，竟于 1931 年 1 月 11 日逝于南京大华饭店。其他“四纲总”，遂被释回津。此案虎头蛇尾，不了了之。当时天津舆论界均曾为“五纲总”鸣不平，并认为“五纲总案”的发生，实是标榜法治的很大耻辱。

（《天津法制报》1988 年 12 月 15 日）

褚玉璞与桃色案

距今61年前——1927年，出身绿林的直隶军务督办褚玉璞，为了涉及他本人颜面的桃色案，在天津残暴地处决了京剧演员刘汉臣和高三奎以及褚的三姨太太等人，制造了一起轰动沽上的情海悲剧。

褚玉璞原是绰号“长腿将军”张宗昌的部下。褚玉璞依仗张宗昌的势力，在天津横征暴敛，杀害人民。

应邀由上海来天津的京剧老生演员刘汉臣、高三奎，从1926年秋在日租界旭街新明大戏院（今和平路人民剧场）登台，连演《汉光武》、《济公活佛》、《卧薪尝胆》、《七擒孟获》、《枪毙阎瑞生》等京剧新本戏，颇具号召力。褚玉璞的三姨太太，本是青楼中人，很欣赏这些戏，常带着老妈儿、马弁等乘汽车观看。她为刘汉臣的美俊扮相和精湛技艺所吸引，不时把视线从楼上包厢射向台上，刘汉臣心领神会，报之以眉目传情。不久，刘在高三奎的拉拢下，与这三姨太太有所接触，丑闻秽事，渐渐传开。

此事被嗜杀成性的褚玉璞侦悉，褚玉璞大为震怒。那时正是国民革命军进行北伐最紧张的时候，褚玉璞便以“刘汉臣、高三奎借演戏为名，充当敌探”的罪名，责令天津军警督察处处长厉大森逮捕刘、高后处死。厉大森携令后，刘汉臣、高三奎已离津去北京出演于前门外鲜鱼口某戏园。厉大森急命几名干练军警前往逮捕。见到刘高二伶正在台上演出，为免于扰乱剧场秩序，没动声色，等到戏终，刘、高退入后台，卸了戏装，尚未洗去脂粉，即予以逮捕，当夜押解回津。

正在保定部署战事的褚玉璞得到报告，立即返回天津。后来据其部属谈，次日夜晚，褚玉璞先将他的三姨太太和老妈儿、马弁、汽车司机等枪毙，接着处决了刘汉臣和高三奎。时为1927年1月18日一个严寒的夜晚。

（《天津法制报》1989年2月16日）

七十二年前的砸毁电车事件

七十二年前，因为天津比商电车公司洋稽查在电车上打死了天津消防队员，发生了一次砸电车事件。

从 1904 年 3 月开始，经直隶总督兼北洋大臣袁世凯批准由比国商人在津兴办有轨电车。初设白牌电车，1906 年开始通行，后又陆续添设了红牌、蓝牌、黄牌、绿牌、花牌等几条路线。司机和售票员全是中国人，另有外国人担任的“洋稽查”即“查票”的。

根据比商电车公司的规定，对天津警察乘车，可以免费，以示优待。1918 年秋冬之际的一天，天津警察厅所属的消防队队员蓝佩铭，因公外出，乘坐白牌电车。当时他把消防队制服穿在里边，外边罩着便服，表面和老百姓一样，但他没有买票。

这辆白牌电车，行驶到东马路时，上来一个洋稽查，名叫毕曲拉（一说是比国人，一说是罗马尼亚人），他照例在车上“查票”。因为语言不通，与蓝佩铭发生口角。突然洋稽查打了蓝佩铭一个耳光，蓝佩铭予以反击。其他乘客为蓝佩铭打抱不平向前劝解。就在这时，毕曲拉竟掏出手枪，连放三枪，蓝佩铭应声倒在血泊中死去，车上乘客大哗，乱成一团。毕曲拉趁乱溜走。消息很快传到消防队，队员和路人砸毁了几辆电车，以示愤怒。

事件发生后，天津各界人士则情绪激昂，痛斥外国人在中国土地上的残暴行为。直隶省长曹锐为缓和社会舆论，令直隶交涉员黄荣良、天津警察厅长杨以德和天津总商会等，向比商电车公司提出交涉。经过商定给予死者家属抚恤金3000元，后增到5000元，另给丧葬费400元。砸毁的电车免于赔偿。毕曲拉被解送回国惩办。

（《天津法制报》1990年9月6日）

五四运动中的“九一念九”案

今天是中国人民对外反对日本帝国主义侵略、对内反对北洋军阀统治而爆发的五四爱国运动70周年纪念日。

五四运动的第二年，1920年1月29日天津的爱国学生周恩来、于兰渚、张若名、郭隆真四位男女代表在声势浩大的请愿斗争中被逮捕，并曾一度被押解到惩治盗匪大案的天津营务处。当时形势严重，人心惶惶，是五四运动以来天津发生的一次最残酷的血腥镇压。因为公元1920年是中华民国九年，故这一事件称为“九一念九”案。

1919年五四运动在北京爆发后，天津的革命知识青年和各界爱国人士，立即热烈响应，先后组成天津学生联合会，女界爱国同志会、国民大会、天津各界联合会和抵制日货委员会等团体。其中抵制日货委员会，是以用抵制日货的办法，使日本在经济上受到致命打击。

当时天津东门里售卖日本货的魁发成商店，与日本人有勾结。天津各界联合会于1920年1月23日派员前往该店调查日货时，魁发成的掌柜找来三个日本人，殴打了天津学生联合会的调查员段鸿荫，国民大会得报，派人把魁发成的伙友裴潭溪召来，询问经过情形。转天1月24日下午，天津警察厅保安总队长丁振芝，带领武装保安队到国民大会大闹，并把裴潭溪抢走。国民大会对此非常气愤，当即公推马千里、时子周、马骏、张品题、夏琴西、李散人、尚墨卿等七人去金钢桥北直隶省长署请愿，竟遭到逮捕。因此，1月27日国民大会在南开操场又召开第二次大会，对阻碍五四运动的直隶省长曹锐和天津警察厅长杨以德进行了声讨。由于以上一系列的原因，而引起了“九一念九”案的发生。

1920年1月29日下午，天津爱国学生和各界代表周恩来等五千多人，结队前往直隶省长公署，进入东、西辕门，聚集大门外，提出面见省长曹锐，要求恢复被封的天津学生联合会和各界联合会，继续进行爱国活动，惩办天津警察厅长杨以德及殴伤代表的军警。省公署副官说：“省长有病”，但他又说：“全体学生退出辕门，举出代表三四人，与省长见面。”请愿队伍当即举出周恩来、于兰渚、张若名、郭隆真四人为代表。而该副官仍令学生大队退出东西两辕门。学生们不同意。该副官回报曹锐，来回数次，迄无具体答复。这时省公署的大门已经紧闭，周恩来等四代表不得已，从门槛下钻入，群众斗争情绪，顿时达到高潮。大批武装卫队，由东西辕门冲入，对赤手空拳的男女学生，肆意毒打，学生们仍坚持斗争，受轻伤者不计其数。最后武装保安队把周恩来等四代表逮捕，押解东门内营务处。

天津营务处，原是一个禁押盗匪的军事机关。五四运动前后，杨以德既是直隶省警务处处长兼天津警察厅厅长，又是这个营务处的处长，操着生死大权。当时营务处的总文案（即秘书长）李金榜，看到此事大吃一惊。

李金榜，是天津老一辈教育家，他立即和天津地方绅耆亲友等四处奔走，设法挽救这一危局。四位代表，才由营务处转送天津警察厅，与其他被捕的代表马千里等拘留在一起。周恩来等四位代表，才得以免遭更大不幸。

（《天津法制报》1989年5月4日）

五四天津被捕代表潦草结案

七十年前爆发的五四运动，天津的爱国学生和各界人士代表，除向北京政府请愿外，特别是对在天津的直隶省长曹锐和天津警察厅长杨以德，进行了多次反统治压迫的斗争。因此，1920年1月24日和29日，先后被捕的马千里和周恩来等26人，分别押在警察厅兵棚里，历经两个半月，未予审讯。直至经过4月2日的绝食斗争，才释放了5人，其余于7日转送天津地方检察厅。

被转送地检厅的有，马千里、马骏、杨晓林、时子周、孟震侯、夏琴西、李散人、沙主培、师士范、于骏望、陈宝聪、郭绪荣、李燕豪、李培良、祁士良、尚墨卿、王墨林、周恩来、于兰渚、郭隆真、张若名等21人。天津地方检察厅，以需要"侦查"，又拖延了3个月，才提起所谓"公诉"。天津地方审判厅从7月6日到8日，连续开庭3日。当时天津地方检察厅出庭的为检察官杨占鳌、徐家驹，天津地方审判厅出庭的为审判长俞钟，推事（审判员）谢越石、丁海瀛，书记官姚赓寿。被告聘请的辩护律师，有刘崇佑、钱俊、莫兴周。每天参加旁听的人数有四五百人，是很引起天津各界重视的。

因为当时各界代表进行的这场斗争，纯属爱国行动，本不能算是有罪。天津地方审判厅迫于社会舆论的压力，为了便于早日结案，只是草草进行"审理"，走了一个过场。对被审讯的代表们，虽是分成了犯有"妨害公安罪"、"私擅监禁罪"、"妨害公务罪”、“骚扰罪”和“侮辱官吏罪”各“罪行”，而对于在运动中活动最坚强的马千里等数人，也仅仅是判以“私擅监禁罪”，处五等有期徒刑2月，而且是以羁押2日，抵罪1日，结果是全没有服刑，即于7月17日全部释放，使这一案，形成虎头蛇尾，马虎了事。

各被捕代表，无辜被押半年之久，虽受尽折磨，但始终不屈服，与反动统治者斗争到底，这种精神，受到天津人民的称赞。在被释放时，天津各界联合会和天津学生联合会，组织慰问团，迎接慰问，为被释代表各佩戴一枚“为国牺牲”纪念章，并在审判厅门前合影留念。然后分乘汽车径往天津总商会，出席天津各界人士举行的欢迎大会。

（《天津法制报》1989年5月25日）

天津学生的反甄审斗争

1945年8月15日，横行一时的日本侵略者以失败投降告终。处于沦陷区遭受日军八年奴役欺压的天津人民，欣幸我国取得了抗战的胜利，原以为从此可以过舒适自由的生活了。但是，结果适得其反，天津人民陷入更深重的苦难之中。距今45年前，1945年9月，国民党政府教育部颁布了一项《甄审收复区中学以上学生之办法》。被视为收复区的天津中学以上各学校的学生们，对实行这种所谓的“甄审”(即对学生进行审查甄别)，感到震惊，大惑不解，发出了强烈的反甄审呼声。经过多日酝酿，由二十几个学校，先后组成了天津市学生反甄审委员会和天津市学生联合会，进行反甄审的示威请愿活动。

这年12月28日，由二十几个学校推出代表60多人，赴市教育局请愿，要求取消这项很不得人心的“甄审”。局长黄子坚接见了学生代表。代表们伤心地陈述：“我们在日军侵占天津的八年中，过着茹苦含辛的生活，夜以继日地盼望早日取得抗日战争胜利。现在是盼来了，可是学生们却成为‘伪学生’，要受‘甄审’，为此，师生们火热的心变凉了。”代表们据理力争，黄子坚被问得张口结舌，无言以对。最后他迫不得已地说：“这种甄审办法，是政府决定，我个人做不了主，大家可以向上边请示。”对此回答，学生们极为不满，非常气愤。

12月31日，天津市学生联合会再次发动各校同学，齐赴市教育局。他们组成6000人的游行示威请愿队伍，沿途高呼“反对甄审”的口号，声势浩大地来到市教育局，气愤地涌进了教育局院内。负责守卫的警察，紧闭大门，阻止学生们直入。黄子坚迫于压力，为避免事态扩大，同意取消甄审，并出具字据。签字盖章。

（《天津法制报》1990 年 11 月 1 日）

囤积倒把与摆摊抛售

七七事变后的天津，生产停滞，货源缺乏，中国货受排挤，欧美货也大多不能输入，只有日本货占主要地位。物以稀少为贵，因此囤积居奇、投机倒把之风日盛。只要是货物，多成为囤积倒把的对象，其中有许多被视为所谓“标准品”。如颜料中的BX硫化青；药品中的“六〇六”；针织品中的“狼狗袜子”和“八三毛巾”；自行车零件中的BS内胎和外胎，U字大同车链；工业品中的永利火碱和碱面；文具中的“桃牌报纸”和“地球铅笔”……都是囤积倒把的“标准品”。许多有钱人尔虞我诈，干着买空卖空的勾当。

1945年日本降伏后，天津市场情况，乃为之一变。因银根吃紧，物价下跌，许多囤积户因存货出不去，一怕亏老本，二怕放钱主催还欠款，为急于卖货，纷纷在街头摆摊抛售。如东北角的正兴德茶庄，也曾在自己门前摆摊卖过茶叶。后因国民党“法币”和“金圆券”一再贬值，通货膨胀，物价昂贵，这种投机倒把的情况一直延续到天津解放。

（《今晚报》1985年7月23日）

蝗灾和油炸蚂蚱

近日读了《飞机灭蝗记》一文，使我回想起新中国成立前蝗虫为害和天津人喜食“油炸蚂蚱”的情景。

蝗虫在天津俗名“蚂蚱”。其身长约寸许，前翅黄褐色，有黑色粗纹，后翅半透明而阔。前胸有脊线，口器阔而锐，形体类似蝈蝈。旧时遇到所谓“闹蝗灾”年头，常常可以看到成群结伙的蝗虫，遮天蔽日地在空中飞过，将大片的农作物，于顷刻之间，吃成光秆。农民每谈及这种灾害，便有谈虎色变之感。蝗虫虽为害如此，从前在我国北方，包括天津在内，却为一般人所食。每年秋后蝗虫长肥时，农民有以捕捉蝗虫为业者，把捕捉的蝗虫，盛于席篓，挑到市井，沿街叫卖，按斤出售。吃的方法很简单，先去掉蝗虫的翅膀，放入盐水里浸泡，晒干随时可吃。讲究的是用油炸，炸熟加上点葱花和酱、醋等调料，香而酥脆，习惯上是用大饼夹着吃，食来津津有味。

（《今晚报》1985 年 8 月 11 日）

抵制日货运动中的“跪哭团”

在五四运动中，天津各界成立联合会，对日本侵略行径实行经济制裁，组织抵制日货委员会。有的商人接受劝导，停止售卖日货。但也有的商号，如棉布、玻璃、颜料、海货、洋杂货批发商以及做“老头票”的钱庄等较大商号，唯利是图，阳奉阴违。甚至有缺乏民族观念的奸商，利用租界为护符，秘密购存、售卖日本货。于是天津各界联合会，组织“跪哭团”，对这类商人发起攻势。首先投入“跪哭团”活动的，是天津爱国商人王卓忱。

王卓忱祖籍浙江，1874年生于天津，曾从事茶叶行，又在北门外竹竿巷荣华泰绸缎庄当职员，后参加社会活动。五四运动时期，在宋则久创办的天津国货售品所负责交际。在抵制日货行动中，他到处奔走，演讲宣传。以他为首组成的“跪哭团”，参加者按照天津死了父母办丧事的旧俗，披麻戴孝，手执“哭丧棒”，打扮成一个“孤哀子”模样。几个人结成一伙，跪在各大商号门前，号啕叫喊：不要买卖日本货，再买卖日本货，就要亡国了，亡了国有多少钱都没用了！痛哭流涕，如丧考妣，引得许多群众围观。这种被看做是“丧气”的场面，对某些商人产生了压力，他们表示不再买卖日货。“跪哭团”的做法今天看来显然不是积极的，但对当时抵制日货起了一定作用。王卓忱自发的爱国反帝行动，当时也被人称颂。王于1931年病逝，终年五十八岁。

（《天津日报》1983年8月28日）

附录：著作编年

1981 年

马千里性格之一斑（《天津文史资料选辑》1981 年总第 17 辑）

李叔同——弘一大师的一生（《天津文史资料选辑》1981 年总第 17 辑）

李叔同忧时愤世斯磨金粉（《天津文史资料选辑》1981 年总第 17 辑）

1982 年

“老乡亲”孙菊仙生平记略（《天津文史资料选辑》1982 年总第 21 辑）

菊国人瑞老乡亲（《天津日报》1982 年 1 月 3 日　漫话天津卫）

提倡国货的宋则久（《天津日报》1982 年 3 月 28 日）

水师学堂地址和东站修建年代（《天津日报》1982 年 6 月 6 日）

马千里与《新民意报》（《天津日报》1982 年 11 月 21 日　星期专页）

傅二虞提供文史资料二十万言（《天津日报》1982 年 11 月 28 日　天津老乡志）

1983 年

谭鑫培轶事一则（《天津文史资料选辑》1983 年总第 22 辑）

一生热心兴学的林墨青（《天津文史资料选辑》1983 年总第25 辑）

殷墟文字专家王襄事略（《天津文史资料选辑》1983 年总第 25 辑）

近云馆主与云吟国剧社（《天津日报》1983 年 1 月 30 日　漫话天津卫）

天后宫戏楼和旗杆（《天津日报》1983 年 2 月 13 日）

刘宝慈与天津模范小学（《天津日报》1983 年 2 月 27 日）

那是海光寺大钟吗？（《天津日报》1983 年 4 月 24 日）

第一批留日师范生（《天津日报》1983 年 5 月 8 日　基汉）

东局子（《天津日报》1983 年 5 月 29 日　星期专页　湮尘）

幼教事业拓荒者——严仁清（《天津日报》1983 年 6 月 5 日）

“风筝魏”第三代魏永昌赴法传艺（《天津日报》1983 年 7 月 3 日　严忱）

望海寺铁钟现在大悲院（《天津日报》1983 年 7 月 17 日　基汉）

天津城外之城——新城（《天津日报》1983 年 7 月 31 日　星期专页）

抵制日货运动中的“跪哭团”（《天津日报》1983 年 8 月 28 日　严忱）

风筝传友情（《天津日报》1983 年 9 月 18 日　李志远　严忱）

64 年前珍贵照片　南开女中前身——严氏女学（《天津日报》1983 年 10 月 16 日　基汉）

天津兴学发祥地——严范孙故居（《天津日报》1983 年 11 月 20 日）

1984 年

天津近代教育事业发展概略（《天津文史资料选辑》1984 年总第 27 辑）

大罗天的盛衰（《天津日报》1984 年 1 月 1 日　严忱　来顺）

“北平”与“北京”之称（《天津日报》1984 年 1 月 22 日　基汉）

“银房刘胡同”和“银房刘”（《天津日报》1984 年 1 月 22 日）

“搭桌戏”和“封箱戏”（《天津日报》1984 年 1 月 29 日）

纪念吴梅百年诞辰演出昆曲（《天津日报》1984年3月4日　严忱）

双烈女碑重竖起（《天津日报》1984年3月11日）

“三·一八”惨案牺牲者——魏士毅（《天津日报》1984年3月18日　基汉）

法、意、奥三国兵营旧址（《天津日报》1984年3月25日）

烈士事迹重放光芒（《天津日报》1984年4月15日）

一宫举办京剧票友清唱会（《天津日报》1984年4月20日　严忱　兆林）

天津“五四”运动见证人刘嘉狻（《天津日报》1984年5月6日　严忱）

金汤桥头的“火炬”（《天津日报》1984年5月13日　基汉）

提倡素食和薄葬的王猩酋（《天津日报》1984年6月10日）

《马千里先生诞辰一百周年纪念》付印（《天津日报》1984年7月13日）

曹锟和张作霖禁戏（《今晚报》1984年7月15日）

西老公所改建文化站（《天津日报》1984年8月26日）

雅好剧曲的“琵琶张”（《天津日报》1984年10月17日）

一笛横吹乐不疲（《天津日报》1984年11月4日）

吉鸿昌天堑飞渡（《天津日报》1984年11月21日）

尚和玉拜师俞润仙（《今晚报》1984年11月29日）

早期女音乐教师张冠时（《天津日报》1984年12月9日）

从食品街想到“三不管”（《天津日报》1984年12月16日　刘炎臣　周恩玉）

老谭的翠扳指（《今晚报》1984年12月16日）

“官立中”的《爱国潮》新剧（《今晚报》1984年12月29日）

1985 年

“菊国人瑞”侯玉山（《天津文史资料选辑》1985 年总第 30 辑）

三岔河口的黑炮台（《天津文史资料选辑》1985 年总第 30 辑）

轰动天津的“双烈女”（《天津法制报》1985 年 1 月 5 日、1 月 12 日）

侯喜瑞在津二三事（《今晚报》1985 年 1 月 5 日）

天后宫的“年味”（《天津日报》1985 年 1 月 20 日）

赵景深和刘嘉猀（《天津日报》1985 年 1 月 27 日　基汉）

两处“法国菜市”（《天津日报》1985 年 2 月 24 日　基汉）

谈三点不符合史实的事（《天津日报》1985 年 3 月 10 日）

创办“白傻子布铺”的白筱舫（《天津日报》1985 年 3 月 17 日）

殷殷向学的郑菊如（《天津日报》1985 年 4 月 14 日）

“学校林立”与林墨青（《天津日报》1985 年 5 月 5 日）

幽兰悄放香（《天津日报》1985 年 5 月 26 日　关尔佳　基汉）

以诗书闻名的赵元礼（《天津日报》1985 年 5 月 26 日）

解放前后的昆曲组织（《天津日报》1985 年 6 月 2 日　汉）

谭鑫培谈塑造人物（《今晚报》1985 年 6 月 4 日）

赵天麟被害四十七周年（《天津日报》1985 年 6 月 23 日　严忱）

孙书筠与她的“洋学生”卡特（《今晚报》1985 年 7 月 13 日）

囤积倒把与摆摊抛售（《今晚报》1985 年 7 月 23 日）

日寇封锁天津英法租界（《今晚报》1985 年 8 月 6 日）

蝗灾和油炸蚂蚱（《今晚报》1985 年 8 月 11 日）

谬史之罪　不容忽视（《今晚报》1985 年 8 月 29 日）

日本留下的碉堡旧迹（《天津日报》1985 年 9 月 1 日）

天津昆曲研究会成立（《天津日报》1985 年 9 月 22 日）

1986 年

“风筝魏”和他的后代（《天津文史资料选辑》1986 年总第 36 辑）

砖刻和“刻砖刘”（《天津文史资料选辑》1986 年总第 36 辑）

屈文台与“刘海风葫芦”（《天津文史资料选辑》1986年总第36辑）

古乐研究会举行振兴昆曲演出（《天津日报》1986年1月2日　刘炎臣　张宝山）

美国人学昆曲（《天津日报》1986年2月9日　严世）

昆曲清唱（《天津日报》1986年2月13日）

《天津文史资料选辑》三十四辑内容丰富（《天津日报》1986年2月27日　严忱）

宫竹心采访施剑翘出狱（《今晚报》1986年4月22日）

北京政变始末（《今晚报》1986年6月18日）

窦宗淦和他的漫画（《天津日报》1986年8月2日）

刘楚青整理“天津十番”古乐（《天津日报》1986年8月3日）

卞白眉日记在津发表（《天津日报》1986年8月20日　严忱）

《海河春浓》与《古街新貌》（《天津日报》1986年10月22日）

1987年

严范孙与崇化学会（《天津文史资料选辑》1987年总第38辑）

陨落的艺星（《天津日报》1987年1月21日　黎炎）

老谭奖掖徐兰沅（《今晚报》1987年4月19日）

中华百货售品所的由来（《今晚报》1987年5月17日　刘炎臣　宋廷璋）

赵君达二三事（《今晚报》1987年5月31日）

柳亚子与李叔同（《今晚报》1987年6月21日）

故事片《刺杀孙传芳》将在津拍摄（《天津日报》1987年7月24日　刘炎臣　彭莱）

李叔同降生的故居（《天津日报》1987年8月13日）

南大将举办昆曲艺术讲座（《天津日报》1987年9月20日）

戏剧家杨慕兰遗物九日开展（《天津日报》1987年10月3日）

振兴昆曲　耄耋不休——记“文竹轩主”刘楚青先生（《天津日报》1987年10月4日）

旧时津门的“南纸局”（《今晚报》1987年10月6日）

四合院的艺术生命（《天津日报》1987年10月8日）

李叔同一批珍贵文物在津发现（《天津日报》1987年10月14日）

《天津便衣队暴乱》出版（《天津日报》1987年10月19日）

白全福整理单口相声二十个传统段子将试演（《天津日报》1987年10月29日）

今古文化一庙交融（《天津日报》1987年12月3日）

南北幽兰放香京城（《天津日报》1987年12月15日）

1988年

天津青帮见闻杂记（《天津文史资料选辑》1988年总第45辑）

南大将举办昆曲欣赏会（《天津日报》1988年1月8日）

访戏校昆曲教师仝秀兰（《天津日报》1988年1月20日）

盼与张学良重得相见——访九十一岁老人张同礼（《今晚报》1988年2月7日）

《弘一大师全集》开始编校（《天津日报》1988年2月21日）

渠天凰将演出昆曲《尼姑思凡》（《天津日报》1988年2月26日　刘炎臣　董明立）

河北区政协书画联谊会成立（《天津日报》1988年3月3日　炎臣　鲍国之）

扬州将举办广陵曲会（《天津日报》1988年4月27日）

一棵后起新苗（《天津日报》1988年6月15日）

文庙的泮池（《天津日报》1988年6月16日　严忱）

文史书刊服务部经营独到与固定读者结书缘（《天津日报》1988年7月17日　罗文华　刘炎臣）

天津昆曲研究会改选（《天津日报》1988年7月21日）

《李叔同——弘一法师》在津出版（《天津日报》1988年7月25日）

神机库与林墨青（《天津日报》1988年8月11日）

逝去的和诞生的（《天津日报》1988年9月8日）

《天津历史的转折》将出版（《天津日报》1988年9月10日）

劝业场地名的演变（《天津日报》1988年10月6日　严忱）

六十年前的“五纲总”案（《天津法制报》1988年12月15日）

阎锡山下令逮捕李廷玉（《天津法制报》1988年12月29日）

尊师重教竹生亭（《天津日报》1988年12月29日）

1989年

抢救“天津十番”——访民间乐师刘楚青（《天津日报》1989年1月3日　程琳　刘炎臣）

《天津近代人物录》将出版（《天津日报》1989年1月7日）

《北洋政府总统与总理》将出版（《天津日报》1989年2月11日）

褚玉璞与桃色案（《天津法制报》1989年2月16日）

褚玉璞枪毙杜笑山（《天津法制报》1989年3月2日）

慕凌飞书画展将在京举行（《天津日报》1989年3月2日）

六十年间“范孙楼”（《天津日报》1989年3月12日）

天津教案牺牲的十六位义民（《天津法制报》1989年4月20日）

“五四”运动中的“九一念九”案（《天津法制报》1989年5月4日）

“五四”天津被捕代表潦草结案（《天津法制报》1989年5月25日）

传统的古乐“天津十番”（《今晚报》1989年6月3日）

严约敏与“思敏室”（《天津日报》1989年6月4日）

文史资料抢收热（《天津日报》1989 年 6 月 17 日　张连杰　刘炎臣）

严修轶事三则（《今晚报》1989 年 6 月 29 日）

天津城隍庙的两副对联（《今晚报》1989 年 7 月 5 日）

华世奎跪请章式之（《今晚报》1989 年 7 月 18 日）

段芝贵以杨翠喜行贿案（《天津法制报》1989 年 7 月 20 日）

发生在天津的“抗日牌汗衫”案（《天津法制报》1989 年 8 月 10 日）

张绍曾被刺的前后（《天津法制报》1989 年 8 月 24 日）

谭鑫培与慈禧（《今晚报》1989 年 8 月 24 日）

国货售品所珍贵史料（《天津日报》1989 年 9 月 24 日）

李廷玉教训孙传芳（《今晚报》1989 年 11 月 6 日）

陈哲甫——《周易》教育家（《天津日报》1989 年 11 月 19 日）

谭鑫培与杨月楼（《今晚报》1989 年 12 月 5 日）

梅成栋洁身自爱不行贿（《今晚报》1989 年 12 月 18 日）

1990 年

赵元礼生平事略（《天津文史资料选辑》1990 年总第 49 辑）

赵元礼谈养生之道（《天津文史资料选辑》1990 年总第 49 辑）

天津著名画家张城事略（《天津文史资料选辑》1990 年总第 49 辑）

刘孟扬的“戒贪铭”（《今晚报》1990 年 1 月 6 日）

“绝响”的印记（《天津日报》1990 年 1 月 14 日）

天津县衙门三次迁移（《天津日报》1990 年 2 月 11 日）

“壬子兵变”天津市民成了替罪羊（《天津法制报》1990 年 2 月 15 日）

市文史馆将举办书画写生展（《天津日报》1990 年 2 月 20 日）

宋则久的节约故事（《今晚报》1990 年 3 月 16 日）

广陵派古琴传津门　李凤云独奏有知音（《天津日报》1990年3月19日　刘炎臣　程琳）

柳小五被诱杀经过（《天津法制报》1990年4月6日）

严范孙倡导移风易俗（《今晚报》1990年4月10日）

早年天津的“出红差”（《天津法制报》1990年5月10日）

京剧《罗成小显》（《天津日报》1990年5月12日）

王君直的京剧和书法（《今晚报》1990年5月17日）

丰子恺与李叔同的画缘（《今晚报》1990年5月20日）

被刺的王竹林（《天津法制报》1990年5月31日）

义和团为何围攻租界（《天津日报》1990年6月4日）

华壁臣跪请章式之（《今晚报》1990年6月10日）

天津教案中的曾国藩（《今晚报》1990年6月24日）

黄天霸与天津（《天津日报》1990年7月1日）

买瓜忘带钱　摊主通情达理（《今晚报》1990年7月5日）

轻锤凿瓷盘　妙笔探烟壶——访内画爱好者李新明（《天津日报》1990年7月18日）

冯玉祥领导的抗日同盟军（《今晚报》1990年7月21日）

余谭四代人的师徒渊源（《今晚报》1990年7月31日）

一场争夺小白玉霜的丑剧（《天津法制报》1990年8月2日）

郑菊如从教清廉（《天津法制报》1990年8月16日）

新排昆曲《贞娥刺虎》（《天津日报》1990年9月1日）

七十二年前的砸毁电车事件（《天津法制报》1990年9月6日）

余叔岩与张伯驹（《今晚报》1990年9月20日）

国旗法今起实施（《今晚报》1990年10月1日）

李叔同书画展近日举行（《今晚报》1990年10月17日）

昆曲《痴梦》和《弹词》（《天津日报》1990年10月20日）

天津学生的反甄审斗争（《天津法制报》1990年11月1日）

漫忆言菊朋（《今晚报》1990年11月2日）

“长源杨家”及其旧宅（《天津日报》1990 年 11 月 18 日）

从吴颂平遗赠文物谈起（《今晚报》1990 年 11 月 27 日）

由张春华想到稽古社子弟班（《今晚报》1990 年 12 月 16 日）

1991 年

和平昆曲研究会将举行汇报演出（《天津日报》1991 年 1 月 16 日）

昆曲《训子》《琴挑》和《思凡》（《天津日报》1991 年 1 月 19 日）

冯玉祥激发官兵抗日（《今晚报》1991 年 1 月 19 日）

送信的腊八（《今晚报》1991 年 1 月 22 日）

糖瓜祭灶的旧俗（《今晚报》1991 年 2 月 4 日）

春节刚过灯节来（《今晚报》1991 年 2 月 26 日）

严范孙林墨青称赞孙菊仙（《今晚报》1991 年 2 月 27 日）

填仓填仓　干饭鱼汤（《今晚报》1991 年 3 月 13 日）

二月二吃焖子（《今晚报》1991 年 3 月 17 日）

清明节旧俗（《今晚报》1991 年 4 月 5 日）

“杂乱无章”与“扬长而去”（《今晚报》1991 年 4 月 20 日）

估衣街唱卖估衣声（《今晚报》1991 年 4 月 27 日）

张学良与两个“九一八”（《今晚报》1991 年 5 月 7 日）

天津独有的“皇会”（《今晚报》1991 年 5 月 17 日）

孔庙（《今晚报》1991 年 5 月 18 日）

光怪陆离的“鬼会”（《今晚报》1991 年 6 月 3 日）

“五月当五”的旧俗（《今晚报》1991 年 6 月 14 日）

从“夏至”谈起（《今晚报》1991 年 6 月 29 日）

卫南洼的“峰窝庙”（《今晚报》1991 年 7 月 8 日）

六月六的旧民俗（《今晚报》1991 年 7 月 16 日）

五月十三和七月十三（《今晚报》1991 年 7 月 27 日）

香瓜“咬秋”西瓜“咬秋”（《今晚报》1991年8月8日）

再谈大罗天（《天津日报》1991年8月25日）

八月十五中秋节（《今晚报》1991年9月22日）

八月二十七“圣诞节”（《今晚报》1991年10月8日）

九九重阳节（《今晚报》1991年10月15日）

九月十七“财神”生日（《今晚报》1991年10月27日）

居然有“皮袄生日”（《今晚报》1991年11月13日）

天津的法鼓会（《今晚报》1991年11月13日）

冬至“数九”吃馄饨（《今晚报》1991年12月19日）

1992年

天津各省会馆始末概况（《天津文史资料选辑》1992年总第56辑）

高仲钧成立古琴学校（《天津日报》1992年1月6日）

宋则久多产的专著（《今晚报》1992年1月7日）

“忙年”与“坐夜”（《今晚报》1992年1月26日）

开市大吉（《天津日报》1992年2月9日）

春上加春（《今晚报》1992年2月10日）

农历三月三蟠桃会（《今晚报》1992年4月9日）

潘侠风编“京剧集成”陆续出版（《天津日报》1992年4月21日）

农历四月初八“浴佛节”（《今晚报》1992年5月10日）

棒槌山和双塔山之谜（《天津日报》1992年6月6日）

漫忆天津的屋顶花园（《今晚报》1992年6月25日）

中日昆曲曲友将在津联欢演出（《今晚报》1992年7月16日）

日本曲友来津演唱受欢迎　张玉文请袁宗泰日译昆曲（《今晚报》1992年7月28日）

爱国教育家赵天麟（《天津日报》1992年8月22日）

《津门老字号》出版（《天津日报》1992 年 10 月 17 日）

1993 年

《沦陷时期的天津》出版（《天津日报》1993 年 1 月 8 日）

减写春联起风波（《今晚报》1993 年 1 月 15 日）

《天津十番全谱》流传海外（《天津日报》1993 年 1 月 19 日）

赶春节的“数来宝”乞丐（《今晚报》1993 年 1 月 25 日）

唱片珍品欣赏会将举行（《天津日报》1993 年 2 月 3 日）

“壬子兵变”中的宋则久（《今晚报》1993 年 2 月 5 日）

1994 年

旧时天津的各类茶房（《天津文史资料选辑》1994 年总第 61 辑）

1996 年

旧社会天津妓院概况（《天津文史资料选辑》1996 年总第 70 辑）

1998 年

李麟玉先生事略（《天津文史资料选辑》1998 年总第 78 辑）

1999 年

华世奎的故事（《天津文史资料选辑》1999 年总第 82 辑）

2001 年

天津旧社会的婚嫁习俗（《天津文史资料选辑》2001 年总第 90 辑　李洁贤　刘炎臣）

2002 年

边守靖与恒源纺织厂（《天津文史资料选辑》2002 年总第 95 辑）